读懂大师

中国历代书画家的

传奇故事

Legendary
Stories of Chinese
Past Dynasties
Painter-calligrapher

谢先莹 编著

荣宝斋出版社

目录

心底一粟即三千

　　大师是什么？似乎很难用一个标准去界定。于是，在当今中国，便冒出了五花八门的大师。

　　随着时代变迁，汉语中某些名词的含金量也在不断降低。譬如相公，譬如先生，譬如小姐。"大师"二字，自然也不例外，这可能是众生趋向平等的某种体现吧！

　　初知《读懂大师》这书名，我以为这又是一本专为"当代大师"树碑立传的图书。一时间，我甚至有些担心，"文怀沙"三个字也会误列其中。后来粗粗翻阅之后，终于松了口气，呵！我欣喜地看到了王羲之、王冕、倪瓒这一组遥远而又熟悉的名字。

　　当代才子谢先莹先生酷爱书画，精于鉴藏。多年以来，他搜集、珍藏了大量书画精品。当然，他并非待价而沽的商人。他只是欣赏着这些作品，并且，从作品中读懂了作者的人生、心态。终于，他编著了《读懂大师》一书。

　　如果你闲来无聊，不妨浏览一下《读懂大师》，因为，你可以读到一些通俗、有趣的故事；如果你有心向学，也不妨品读一下《读懂大师》，因为，你可以从中发现生活的哲理，并获得艺术的熏陶。

　　是为序。

文怀沙

2013.9.24

山外青山

中国历代的书画大师们，扎根在中华悠久的文化长河里，儒、释、道等哲学长期浸染着他们的翰墨丹青。在理想与现实、传统和现代的激烈碰撞中，鲜活地为之种下了生命中注定要承受的沉重。即使那些以逸民高隐自我标识的书画大师，在显达之际念念不忘的是如何独善其身，而身处草野时却又要兼济天下，他们的人生主张有时就只好宣泄在纸素之上。

放眼古今，固然有像宋徽宗那样的最高层政治者，也有像李斯、二王、赵孟頫那样的达官显贵，但骨子里"艺术家"的身份根深蒂固，依然使他们免不掉悲剧的存在。"吾之大患，在吾有身"，他们当然要解衣般礴地释放自我，还要把心中的明珠"闲抛闲掷野藤中"。那些情肠百结，辗转反侧于社会生活中的书画大师们，在个人色彩极为强烈的艺术创造背后，都是一些内心充满激情的个人理想主义者。

以癫狂著称的张旭在唐代开元、天宝年间名高天下，但为官不过六品，在这种仕而无益于国家安危，隐而又心有不甘的尴尬处境之中，张旭常以癫狂的行动来表示他内心的不安："露顶据胡床，长叫三五声，兴来洒素壁，挥笔如流星"。作为一个文人的张旭始终怀着执着的政治理想，又因这理想的必然不能实现而经历着巨大的失望与痛苦，他以游戏的笔墨来宣泄他郁结的情感，他也以游戏人生的态度来对待生活，这种"癫狂"和"墨戏"，并不能简单地视为轻松的游戏，而应当被理解为严肃的人生行为。

即如苏轼这样正直的知识分子也别无选择，政治上的失意、仕途上的坎坷、人生的漂泊，使他在书画禅机中，求得一个庇护之地，一个精神上的"桃花源"。所以苏轼的诗文及艺术观念既是他个人一生盛衰荣辱的心迹记录，也真实地体现了他的时代社会文化的全息特性。

因此，真正优秀的艺术是对真、善、美的执着，对生命价值的守护，对人生真谛的高扬。愤怒出诗人，深情出才子，艺术家必须有一颗激情博爱的心。

谢先莹先生酷爱书画艺术鉴藏，收罗颇丰。因有感于历代书画大师们艺术之辉煌，如日月经天；更有感于他们艺术人生之卓伟，如江河行地。后之视今，犹今之视昔，乃爱发大心，勾沉索隐，所著《读懂大师——中国历代书画家的传奇故事》，寓哲理于通俗之中，一个个艺术生命的精彩故事此起彼伏，使我们如在山阴道上，由衷地赞叹那一座座艺术人生的"山外青山！"

二〇一三年十月五日

人文初始诞字圣
——仓颉

太古之初，鸿蒙化混沌，盘古开天地，无极生太极。对中国早期历史研究表明，最初人们使用简单符号或结绳以记其事，据说后来伏羲氏诞生后，据天、地、人三才之象画出了《先天太极八卦图》，用来表示各种自然事物，由此，中国古老的文明如新雏出壳一样进入了崭新的历史时期。

造字三圣人

在远古时代，黄帝轩辕氏手下有三个能干的人。老大叫梵，掌管果树；老二叫佉卢，管理鸟类；最小的老三名叫仓颉，主要照管牲畜。

张廷济题
明代仓颉画像

传说这三个人先后都造过字，但因为梵和佉卢反叛黄帝与蚩尤混在一起，在蚩尤战败被杀后，两人便逃走了。

据说逃到西北的佉卢，后越过青藏高原到达更远的地方，他以鸟类的叫声为依据制成符号，并传授给那里的人们，这是欧洲各种拼音文字的早期雏形。

梵逃到南海边并沿着海岸线往西南走，来到了身毒丈人国。在这里，水果丰富，他把看到的果树枝和果实形状造出来，形成了一种文字，后教给当地人，印度的古文字便与这种文字有些类似。

只有一直待在华夏的仓颉所创造的字在中华大地流传开来，以这种文字为依托，博大精深的中华文明和历史悠久的中华文化才得以传承至今。

仓颉诞生

汉字的创造者仓颉在中华文明史上被尊称为"字圣"，关于他的诞生还有着这样一个传说。

仓颉降生在一个寒冷的冬天，虽是黎明时分，天气却很晴朗。仓颉所在的部落叫颛顼，隶属于黄帝氏族联盟。那一天，东方的启明星发出一道耀眼的金光，然后飞到仓颉降生的屋顶就不见了。令人惊叹的是，仓颉一出生两只眼睛就能睁开，哇哇啼哭，声音非常洪亮。他长得很是奇怪，额头凸起且中央有一个凹陷的小坑，每只眼球中有两个瞳子。

仓颉的父亲是这个部落的酋长。仓颉出生的时候恰逢冬至黎明，对于部落的人来说冬至是很重要的日子，他的父亲和族人在冬至那天一起在部落神社中间的高台上，面朝东方迎接"新太阳"的诞生。（上古的人把冬至定为一年的开始，冬至这一天会有一个新的太阳诞生，代替上一年的太阳重新给大地带来光明）。正当大家满心欢喜地张罗着这个神圣的仪式时，突然听到非常响亮的婴儿哭声，令大家十分不安。这时有人跑来告诉酋长，他家又有儿子降生了，酋长听后急忙让人回去制止孩子的哭声，以免打扰他们的仪式。

但是，婴儿的哭声却没有停止，反而越来越大，怎么哄都哄不住。酋长很是愤怒，遂拿起石刀向屋子中走去，众人见此都吓得停止了庆祝的仪式。酋长一看，这个孩子不但哭得震耳，而且长相古怪，于是十分不耐烦地说道："长的这么丑，还能哭，真是个扫把星，一出生就闹得没法举行仪式，如此不吉利，不如一刀杀了了事。我数到十，你不停下来，我就杀了你！"仓颉的母亲吓得发抖，紧紧地将他搂在怀里，众人也跪地求情。但是"一、二、三……"的数数声不断地响着，仓颉还在哭，众人吓得不得了，然而当酋长刚数完九正要喊"十"时，小婴儿突然止住了哭声，并眨着大眼睛咯咯地笑起来，如此清脆动听的声音令大家忍俊不禁。酋长说了句："这个人精！"就继续去广场作仪式了。

酋长见儿子额头凸起，中间又凹进去，形状像个谷仓，遂取名仓颉。仓颉从小就很聪慧，长大后他不但能帮助大人熟练地驯牧牛羊，还会利用结绳来记事和算数。后来黄帝听说了这件事，就聘任他来管理朝廷的仓库和牲畜。仓颉做事很认真，他用绳子和石子来记事。他将大事打一个大结，小结则表示是小事，一连串的事情打一个连环结，后来绳子不能满足需要时，又用刀子在竹子木片上刻符号。他打的结划的记号太多了，以致屋子中堆满了绳结、石子和竹片。

仓颉在计算方面很有才干，黄帝见状便将越来越多的事情交予他，包括祭祀的次数、人口的增减以及与别的部落的来往记录，等等。仓颉每日都忙着用绳子、竹片、石子等作记录，但这些手段已经不能完全地将事情周全地记录下来了，必须想一个更加妥善的方法，正当仓颉犯难

丽江纳西古文字

之际，黄帝的人传他过去。原来部落里几头牛被邻族的人偷偷抢走了，黄帝找对方的首领评理，没想到对方却死不认账，于是黄帝让仓颉前来交涉。仓颉将一挂绳结和几个不同颜色的石子作为证据，让对方首领过目，对方首领一看这些个证据，不禁大笑起来，问仓颉："你能看懂你自己记的数，可我们却看不懂，你说我们偷了你们的牛，是公是母，什么颜色，你能告诉我们吗？不能吧，那你怎能凭几个绳结和几个石子就断定是我们偷的？"仓颉一听，也傻了眼，因为时间太久了，事情太多了，很多事情仓颉都不是记得很清楚了，于是谈判失败，黄帝部落白白损失了几头牛。仓颉很是失落，望着那一堆绳子和记号很是无奈。于是黄帝就对他说："仓颉，既然你知道怎么计算，那么是否应该尝试着想出一些新的记录办法啊！我准许你游历天下增长见识，让民间人们的智慧启发你，创造出新的记录方法来。努力啊！仓颉，期待你的好消息。"于是，仓颉开始了漫长的造字之路。

人祖伏羲

仓颉告别黄帝和双亲，开始踏上游历征途。

一日，他在昆仑山的白玉天池里洗澡，因闷头苦思竟待了一天。天快黑时，突然一阵风刮起，一位龙首人面蛇身的老人出现在他的面前，对他说："世间的一切事物都有他的形态，只要你时时留心仔细观察，注意身边发生的变化，看明白了，也想明白了，那么造字就不是办不到的。想象很重要，但是源于你对事物的观察和对生活的理解，只有这样，你就能造出字来了！"还送给他一块刻着《先天八卦图》的白玉，并将上面的卦图解释与他听。老人向他打了个比方，

假如今天出门打猎，首领就按《先天八卦图》向众人演示：指着震并手指前方，大家知道是去东边；指着兑并用脚踩踩地，人们便明白那个地方是片沼泽地。又指着太阳，让人看巽，再向住处指，巽在西南的位置，那人们就知道最迟要在中午后太阳偏西的时候收队往回走。举完例子，老人还告诫他，这些只是基本的道理，并不是字，只是人们在长久的生活中掌握的一套技能而已，不过借助了《先天八卦图》。若真想要造字，就要有执着的精神，不怕苦、不怕累。仓颉听后，如有所悟，他发誓自己不怕吃苦，并询问老人是谁，老人说："我就是人类始祖之一伏羲氏啊。"

赤龟授图

伏羲的话，指引了仓颉前进的方向，使得他更加坚定了造字的信念。有一年，他来到了阳虚之山，在一个叫玄扈的地方，看到一只背为赤红色的大龟正从水里爬出来。

这只大龟很大，少说也有几千年了。当大龟爬上岸晒太阳时，仓颉发现红龟背上有许多碧绿色的花纹和符号。仓颉觉得这些符号很奇特，便画在地上细心研究。经过仔细的探究和思考，仓颉发现这些花纹和符号有一定的规律，如果把这个连同《先天八卦图》记录下来，并将其中的道理教给人们，不就可以用来传达意向，记载事情了吗？这对他造字有很深的启发。

四川汉画像石伏羲

鸟迹兽印的启示

有一年冬天，仓颉在森林里迷了路，雪下得很大，来时的路已经被大雪覆盖住了，无法辨认方向。正当他在树林里急得转来转去的时候，听到一阵争吵声，寻声走近一看，发现是几个猎人正在争论，原来一个猎人认为地上分明有一排鹿的脚印，前面一定有鹿，要去捕获；而另一个则指着右边说，这地上的脚印分明是几只野雉走过。第三个人这时也抢着说，你们看，根据我的经验判断，我觉得这里的几个大脚印分明就是一只大熊！三个人各说各有理，而这时仓颉听着听着愣住了，如醍醐灌顶一般恍然大悟，不但动物，哪怕是植物和人，这些世间万物皆有其独特的形态，如果能将万物的这些特点总结下来，画在牛皮上作为符号，就更加清楚，便于识记了。

字画同源

从此以后，仓颉每时每刻都在细心观察，遇到好的灵感就赶紧记下来。他由蚂蚁打仗，想到人类的战争。从蜘蛛结网捕虫，想到人们捕鱼的渔网。久而久之，造字工作也算是有了一些进展。比如"日"这个字时，看到太阳呈圆形，便用〇来表示，仔细观看后发现太阳里隐约有些黑斑，那就在〇里加个点，变成⊙。在造"月"时，他根据月亮圆缺的变化特点，为了区别"日"字，就把"月"字画作弯月形，看到月亮里一些阴影也很特别，遂在里面添了两点。他观察大江大河的水一泻直下，把河两岸冲刷得很光滑，就造出了"川"字，表示水流湍急。小溪小河水流缓慢，只有河中间的水畅通无阻，而两岸水流就时断时连，被石块、土堆斜拦，并不畅通，于是"水"字便造出来，表示小水。他还将人的头、躯干、双腿用粗线画出，表示"人"字。两臂横伸出来，表示"大"字，再在上面加一横，表示在人之上有高高的"天"字。两个人并肩走即"从"字，两个人并肩坐即"比"字，三个人在一起则成"众"字。通过这种依物象形的办法，文字就在仓颉的手里被创造出来了。后世的人们分析说："文"，就是根据物体形象画出的各种图画，即独体字，是字的"母"；

"字"，就是把各种图形和声音结合起来的合体字，是字的"子"，统称为"文字"。

容成子挑错

经历了好几年的风风雨雨，足迹踏遍五湖四海的仓颉，造字经验也在不断积累中完善起来，返回故里。他将一路见闻和造字的经历讲给大家，众人听后都非常佩服。有个叫沮涌的年青人听说后主动前来，请求做他的助手。于是，经过两人日夜不停努力，几年后，仓颉和沮涌终于将这些字抄写在牛皮纸上。两人一同觐见黄帝，并认真向他阐述造字的经过和道理。黄帝听后非常赞叹，就命仓颉和沮涌有空到各地为人们讲解，传授这些字的写法和含义。

人们知道这件事情后，都十分佩服仓颉，想要学习这些字如何写。于是，每到一个地方，仓颉都会受到热情的欢迎，甚至都要被捧到头顶上去了。久而久之，仓颉便开始有些骄傲起来，认为自己很了不起，造字也开始马虎草率起来。黄帝知道后，担心这样下去，会令造字的工作功亏一篑。为了让仓颉认识到自己的错误，黄帝召德高望重的老臣容成子前来商量。一百二十岁的荣成子拖着自己长长的胡须来了，并表示一定不负所托。

有一天，容成子同众人一起来听仓颉讲解文字，仓颉讲完后，众人都散去了，只有容成子一个人还坐在那里，看着他，若有所思。

仓颉见容成子在此，忙上前施礼，容成子看着他问道："仓颉啊，你造的字像'马''驴''骡'等有四条腿，那么为什么'牛''羊'也有四条腿，而你只给它留了条尾巴呢？仓颉听后一想，便慌了。因为自己的粗心大意，将"牛"和"鱼"教反了，本来是"鱼"字，却教成了"牛"字。仓颉十分羞愧，一时之间也不知如何回答。容成子又问："还有你造的'重'字和'出'是不是意思也给弄反了。"仓颉听此，更加羞愧难当，由于自己的骄傲自大，竟没发觉这些错误，还教给了各地的人们，让他们按照错误的字形来使用。仓颉想到这里，深知自己犯下了大错，一边告诫自己以后要更加仔细认真，一边

伏羲先天八卦图

跪在地上感谢容成子的教诲。

容成子将仓颉拉起来说道，哪个人不会犯错，只要知错能改就是好的，已经造成的错误是没有办法更改了，只要以后不再犯就行了。你现在做的事情很伟大，也很艰巨。你创造的每一个字，将来都会得到运用，会在人民的生活中发挥巨大作用。它会成为一种工具，在各个方面都会使用的到的工具。因此你要更加谨慎认真地做这件事，将来，人们会记住你，记住你造的字，这是一件多么令人自豪和骄傲的事呀！

凤衔天书

在经过容成子的教导之后，仓颉比开始造字时更加谦虚谨慎了。据史书记载："仓颉上观天上日月星辰，下察地上山川万物，把各种事物的特征都用字记下来。"他从北斗盘旋曲折的外形领悟到写字的笔画要曲折变化，揣摩人的表情动作，就将人喜怒的情绪也表示出来了。天上的凤凰都感动得用嘴叼着一卷"天书"来让他研究。黄帝十分重视造字的事情，就让他负责整理以前传说中三皇上下的古史。

有民间传说，仓颉从最开始造字到造字成功，历时九千九百九十九天。

哑巴蛤蟆

仓颉造字这一人类壮举，惊天地泣鬼神。为了造字，仓颉和沮涌来到一处深渊，有些妖魔鬼

清风阁藏版刻
《尔雅》

怪怕仓颉一旦造字成功，人们就不再恐惧他们。于是，他们就变成蛤蟆没日没夜地叫唤，干扰得仓颉和沮涌二人无法工作。仓颉听着声音，越来越不耐烦，终于忍不住将造字的草稿扔到水中说："你们再叫，你们再叫，如果再叫一声让我听到，我就把你们的丑陋模样画出来示众，让人们都讨厌你们。"那些蛤蟆一听，都不敢叫了，变成了哑巴。直至现在，位于陕西白水县仓颉庙附近的蛤蟆都不叫，传说都是被仓颉吓成那样的。

天雨粟鬼夜哭

仓颉终于造字成功，遂向黄帝献字，在初春黄帝携百官向上天祈告仓颉造字之功。然而那天竟下了一场谷子雨，地上铺满了谷子，人们为了纪念这件事，将这一天命名为"谷雨"。传说妖魔鬼怪在知道仓颉造字成功后，竟忧愁伤地在半夜里哭泣。因而民间有几句俗话说：

仓颉造字天雨粟，孔圣读了七斗七。

还有二斗无处用，撒到外国赠蛮夷。

仓颉造字引起了诸多部落的羡慕，但也引起了盘踞南方的蚩尤部落的嫉恨，蚩尤部落害怕因为仓颉造字，黄帝的部落发展壮大起来，于是联合风伯和雨师两大部落出兵攻击仓颉所在的部落，企图杀死仓颉。然而在黄帝和仓颉的精心谋划下，众人统一布局，互通消息，配合默契，很快就打败了蚩尤部落。

君上一人，人间一君

有史书记载，仓颉原名侯刚颉，号史皇氏，是当时的部落大首领，是在黄帝伏羲氏之前的人，其年代离孔子封笔不再写《春秋》有二十七万六千余年。也有人说，仓颉应是黄帝时期的人，因其造字的功劳，黄帝赐他姓"仓"，表示"君上一人，人间一君"，还有人说他活到一百一十一岁才去世。

迄今为止，陕西白水县史官村、商丘市虞城县、新乡市原阳县、洛阳市洛宁县兴华乡、山东东阿县等地，都保留着众多的仓颉庙、仓颉祠、仓颉陵、仓颉造字台等文化建筑，全国各地也还流传着许多有关仓颉的民间传说。在全国各地，每年都举行纪念仓颉的祭祀仪式，如有名的"清水祭"，主要是读书人将身边有字的纸片搜集后在"化字炉"中烧掉，然后把这些纸灰以干净的布包住洒到河水里。

天机之门

在陕西白水仓颉庙内珍藏着一通《仓颉鸟迹书碑》，在宋王著《淳化阁帖》中以汉字楷书二十八个字将其译出：

戊己甲乙
居首共友所止列世
式气光名左互爻家
受赤水尊戈矛釜苗

"仓颉造字圣人猜，二十八字谜未开。"国内有学者认为这是一篇上古的祭祀文。这二十八个字到底是不是从上古有幸留存到今天的文字古迹呢？这些看起来稀奇古怪的文字符号是什么意思，会否蕴藏着高深莫测的天机呢？从古至今，这个堪称中国文化史上的"千古之谜"，不断引起历代人们的好奇与追问。

《仓圣鸟迹书碑》

二〇〇九年·谷雨
中共白水县委
白水县人民政府立石

鼠在所居人择地
——李斯

李斯乃秦相，可谓千古一相。他辅佐秦始皇，建章立制，创历时两千年的政治制度的格局。他拥秦王为皇帝，积极主张加强中央集权，采取统一度量衡、车同轨，书同文等对后世影响深远的政策制度。他的文艺才华也十分了得，他的小篆书法为秦朝代表，被后世奉为圭臬，由他书写的琅琊台刻石至今还陈列在中国国家博物馆，为今天所确定的李斯唯一真迹。明代思想家李贽曰："秦始皇出世，李斯相之，天崩地坼，掀翻一个世界。"

聪明之鼠

说起老鼠，世人多表厌恶或恐惧之情，但它应该是离人类生活最近也是与人接触最多的动物。

传说，当初"造字圣人"仓颉创造文字时十分用心，但是仓颉的专注造字让一些鬼怪们感到异常恐慌，他们担心造出字以后人们就会学习，就会从愚昧无知和混沌彷徨中走出来，从而变得聪明睿智，就不会任他们控制和奴役了，这对于他们来说是非常不希望看到的，甚至是毁灭性的打击，于是夜深人静的时候，鬼怪们就大声哭喊叫嚷，来制造噪音干扰仓颉，并且还悄悄去偷已经造好的字。仓颉的屋里有很多老鼠与他"生活"在一起，由于经常吃仓颉落在地上的红豆粥，因此老鼠非常感谢主人的"盛情招待"，于是，鬼怪只要来偷字，老鼠就赶紧报信，吱吱乱叫，同时去咬那些已经造好的字来提醒仓颉鬼怪来了，这样就会引起仓颉的注意，仓颉因此也提防了许多，最终那些字一个都没被偷走。因为这个巨大的功劳，老鼠得到了上天的嘉奖：名正言顺地坐稳"十二生肖"的第一把交椅。论功行赏的同时又因为老鼠咬过字，比人更早先碰到神圣的字，所以它比一般的动物更为有灵性，变得特别聪明、狡猾、奸诈。人们拿它毫无办法，猫和老鼠的争斗持续了千百年，也从未分过胜负。

老鼠哲学

关于老鼠的故事司马迁的《史记》中也记载了一篇：说有个穷书生吃了上顿没下顿，每天都为吃饭伤脑筋。一天去茅厕的时候，看见几只瘦得皮包骨头的老鼠正狼吞虎咽地吃粪便，听见有人来了的动静，惊慌之下急忙逃窜，但是有一只弱小的老鼠竟然不小心掉进了粪池，被活活淹死了。穷书生看到这种情形，联想到自己穷苦的出身，顿生怜悯之情，不禁心头一紧，掉下了几滴同情的泪水。

又有一次，因为书生的算术水平很高，当地的官员就叫他去帮忙核查官府粮库的账目。一进仓库，他看到是一群膘肥体胖的老鼠在粮囤上欢快地蹦跳，追逐打闹。看见人来了，它们也不惊慌害怕，仍然旁若无人地嬉闹，好像粮仓就是它们的家一样，书生看过之后感到非常惊讶。

回到家以后这个书生在内心深处不止一次地反复思考：同样是老鼠，它们的遭遇怎么会有天壤之别呢？这也让他联想到做人，同样是个人，做人的差距为什么这么大？有的人一生高官厚禄，荣华富贵，有权有势还说自己不幸福。可有的人终生贫穷困苦，食不裹腹，而且还被人瞧不起，不被饿死就算三生有幸了。他真是百思不得其解，到底是谁掌握着众生的命运，又是什么拉大了做人的差距呢？

最后，书生根据茅厕和粮仓中老鼠们的生活差距，理论联系实际，得出了一个结论：人与老鼠其实是一样的，人与人之间本身的差距并不大，但因所处的生存环境不同而导致了这种大的人生差距。

这个书生就是后来秦国的丞相——河南上蔡人李斯。

李斯，名斯，字通古，生于公元前284年，死于公元前208年，战国末期楚国上蔡（今河南上蔡）人。起初就是一个穷酸书生，后来混到郡中做

现代·齐白石
《油灯老鼠》
立轴　纸本设色

了一个小小的文官。再后来，因受"老鼠哲学"的影响，遂放弃官职到齐国学者荀子[1]那里拜师学习。他认为"楚国不足事，而六国皆弱"于是就跑到秦国去。起初在吕不韦门下当门客，后来受到吕不韦[2]的赏识，便被推荐给了秦国年轻的国君嬴政，就有了一代名相——李斯。

李斯发现并创建的这种哲学，后人称之为"老鼠哲学"。直到今天，还被许多人奉为为人处世的秘笈。

黄犬逐兔

始皇帝寻求长生不老之药的愿望破灭后，秦二世胡亥继承了皇位。李斯受赵高陷害，被诬陷与儿子李由密谋造反，被处死，诛灭三族。行刑前，李斯老泪纵横，悲痛地对儿子说："以后我再也不能像你小时候那样带着你，牵着我们家的小黄狗自由自在地上蔡东城门了，也不能带你去田野里追捕野兔了！"这也是成语"东门顾

犬"和"黄犬逐兔"的出处。

李斯用他的"老鼠哲学"，从一个穷书生变成一个统一六国的秦朝丞相，名利双收，功成名就。但最后却以悲剧收场，落得身首异处、暴尸街头、父子双亡、满门抄斩的悲惨下场，再想回到过去平淡的田园生活已经是泡影了。"老鼠哲学"助他成功，也使他走向了灭亡，这个结果是李斯万万想不到的。幸运的是，李斯有一个后人躲过了大难，李斯的尸首后来也被运回老家下葬。就是现在河南上蔡县李斯楼村西南角一个大土冢，四周全是庄稼地，杂草丛生，鸡鸣犬吠。牧羊的老人悠闲地抽着烟给过往的年轻人诉说着历史。

唐朝诗人胡曾游历李斯之墓后感慨地写道：

上蔡东门狡兔肥，
李斯何事忘南归？
功成不解谋身退，
直待咸阳血染衣！

同学相残

李斯在年轻时拜在荀子门下，荀子门下当时还有韩非[3]。难得的是这师徒三人都因学问和功业在中国历史上大名鼎鼎。但是人为财死鸟为食亡，韩非最终却死在老同学手里。

韩非原本是韩国人，他是国君韩王歇的庶子，出身王族。他有很严重的口吃，俗称"结巴"。但是，上天却同情他赋予了他过人的聪明才智。虽然结巴，可他对于学问和治国本领专研有精，精通刑名法术之学，他的文章旁征博引、比喻形象、道理深刻，还运用许多寓言故事来阐明自己的观点，让人读了自叹不如，连李斯也甘拜下风。李斯像后来三国时的周瑜一样，一直心存不甘："既生斯，何生非"？

李斯在秦国如鱼得水的时候，听说了秦王想

[1]荀子（约公元前313年—前238年），名况，战国末期赵国猗氏（今山西运城临猗县）人，时人尊而号为"卿"，西汉时因避汉宣帝刘询讳，因"荀"与"孙"二字古音相通，故又称孙卿。华夏族（汉族）。著名思想家、文学家、政治家，儒家代表人物之一，时人尊称"荀卿"。代表作品《荀子》。

[2]吕不韦（公元前292年—前235年），姜姓，吕氏，名不韦，卫国濮阳（今河南省安阳市滑县）人。战国末年著名商人、政治家、思想家，官至秦国丞相。

[3]韩非生于周报王三十五年（约公元前280年），卒于秦王嬴政十四年（公元前233年），是战国七雄韩国公子（即国君之子），汉族，战国末期韩国（今河南省新郑市）人。中国古代著名的道家、思想家，法家思想的集大成者，后世称"韩子"或"韩非子"，中国古代著名法家思想的代表。《韩非子》是韩非子主要著作的辑录。

要结识韩非的事情，因为韩非的著作流传到了秦国，一心想统一天下的秦王嬴政看到韩非写的文章都是治国平天下的理想，对他的才华赞不绝口，于是对大臣们说："我要是能见到此人与之交流，我今生死而无憾了。"不久之后，秦王就找了借口准备攻打韩国，但私下放出风说只要派韩非来秦国，一切都可商量。韩国迫于秦国的实力，无奈派韩非作为使者到秦国求和。秦王见到韩非，一番交流以后很是欢喜，准备委以重任，留在身边以便随时交流探讨时事政治和治国大道，之前十分受到器重的李斯等人顿时失去光彩，韩非的到来给李斯带来了前所未有的压力和威胁。

有一次，韩非见姚贾被秦皇委以大任，且他一副小人得志的样子，心理很是不快，于是就直言不讳地对秦王说，这是一个小人，不能委以重任。秦王嬴政听了这番话把姚贾降职问责。但是这个姚贾却不简单，很会察言观色，阿谀奉承，深得秦王喜爱。姚贾一边鼓吹自己是能辅佐明君的贤臣，让他担任上卿是秦国国君的福气。另一面他又反过来污蔑韩非，说他表面道貌岸然，其实是个伪君子，内心险恶，有意离间秦国君臣之间的关系，是个名副其实的"国际间谍"。姚贾的鼓吹让秦王对韩非由欣赏转为怀疑。这是因为秦王和李斯等人为了突破六国联合抗秦的战略态势并吞并六国，经常花重金派"间谍"前往六国，实施特务活动，把东方六国搞得躁乱不堪，君臣反目。作为韩非的同学，此时的李斯也没有帮他在秦王面前开脱这件事情，而是故作忧虑地对秦王进了谗言："韩非，是韩国国君的儿子。之前和他讨论一统天下的事情，他提出来要保留韩国，足以看出他还是以韩国为重，根本不是忠心地与你一起统一天下，虽然他很有才华但是不和我们一个战线，这样把他留在秦国又有什么作用呢？到关键时刻，他可能还要起到反作用！另外，大王若不重用他让他回韩国，韩国再重用他，那么日后他将是我们最强大的敌人，会成为我们统一天下的大碍。"

此时的秦王野心勃勃，稍加思索，小不忍则乱大谋，就下令把韩非囚禁起来，并处以死罪。韩非并不知道其中缘由，于是几次写信托人向李斯求助，可李斯把韩非上书秦王的辩白信全部扣留了下来。最终，韩非吃了有毒的饭菜，冤死狱中。后来秦王有些责怪自己是不是有点下手太重。心一软，想放了他。遂询问韩非近况，不料得到的回信是已病死狱中。秦王无奈叹息一声。秦王的确很欣赏韩非的才华，称得上是他学术上的知己，然而"士为知己者死！"始终也抵不上国家利益来的重要。

当年求学期间荀况曾教导韩非说："小心啊！离你老同学李斯越远越好，他是一位野心勃勃的野心家，最好不要'惊动他'。"

作茧自缚的悲剧

世事总是难料，后来李斯也受诬陷而入狱，将要处死。李斯请求免受酷刑之苦，好歹服毒自杀，以求全尸。但是奸臣赵高说："这些刑法和罪名都是丞相你亲自制定的，已经在天下使用多年。你身为丞相，虽然现在成了囚犯，理应带头遵守，做个榜样。"李斯强忍酷刑在狱中为自己写了申辩书状，并要求交给秦二世胡亥，赵高说："丞相你之前制定的法律，其中一条说：'凡是皇帝下诏处死的犯人，一律不准申辩。'韩非的申辩书你不是也扣了下来不让上交皇帝吗？"最终申辩书也没有递上去。

李斯这真是搬起石头砸了自己的脚。

文化大师焚书坑儒

在华夏五千年的文明中，李斯绝对堪称大师，他的书法在书法史上占有重要一席，他在文学上也有很高造诣，像《谏逐客书》《论督责书》《狱中上书》等都是他的文学大作。同时他还是个名副其实的大政治家。为了加强中央集权统治，秦始皇统一全国后，李斯建议实施焚书坑儒，这项举措导致了一大批的文人学者和不可估量的文学著作被伤害和破坏，从而酿成了中国历史上第一次文化惨案。同时他还主持了车同轨，书同文，统一度量衡标准，修建贯通全国的交通要道，在全国实行郡县制，制定改编《秦律》，把法家思想作为国家理国治民之本。

李斯在年轻时听说了"孔子困陈蔡"的故

事，对此产生了兴趣，就想探个明白，原来自己先祖李属是当时的蔡国大将军并参于了围困孔子的事件，后被成公诛杀九族，因此，李氏家族的灭亡跟孔子有直接的关系。

后来李斯当上了丞相，在秦国推崇法家思想，在全国推行郡县制。而博士淳于越等儒生联合起来反对，他们向秦始皇建议，主张效仿前朝制度，分封诸侯而治天下，认为在统一天下之前"乱世必用重典"是可使用的，实行"法治"也毫无问题，但现在是天下归于一统，国泰民安，应该以儒家学说管理天下。于是，对阵双方在皇帝面前展开了激烈的争辩。但是，秦国自先帝秦孝公时就以商鞅变法使国家强盛起来，一直以法家思想治国。秦国统一六国后，李斯就建议除法家外的诸子书全部烧掉，只留下农书、医书和占卜书等。严禁全国人民谈论政治，严禁传播儒家思想。这样就促成了"焚书坑儒"事件的发生，淳于越及其他儒生被坑杀，共计461人，留下了千古一叹！

千古一相

许多史书对李斯的书法艺术有非常高的评价。《书法要录》评曰："李斯书世为冠盖，不易施评。"还有《墨薮》曰："骨气风云，方圆绝妙。"李斯的书法造诣很高，被后世列为神品，他是小篆字体的创作者。他的传世小篆书刻石拓模本有《泰山刻石》《琅琊刻石》《峄山刻石》《会稽刻石》等，笔画圆厚流动，整齐划一，被称为"玉筋篆"（亦称"玉箸篆"）。现在专家确认只有现藏于中国国家博物馆的《《琅琊刻石》为李斯真迹，其余皆为后世仿刻。

先秦时代，天下局势由于长期分裂战乱，各路诸侯各自为政，造成了个地区之间的语言交流不

秦阳陵虎符

通、文字异形的局面，大篆书的写法各异，号称"九十九篆"，在《皇朝通志》[1]有记载。

秦始皇统一天下后，推行书同文的政策，这是非常具有进步意义的。他诏命李斯等人主持创制新的字体。于是李斯就根据先秦各国的大篆文字，简化结构，去难存易，尽量减少笔画，并且使结构工整。秦始皇看后很满意，指定为国家统一使用的标准文字，批准向全国推行。为了更便于让国民使用和学习，李斯亲书《仓颉篇》七章，赵高和胡毋敬书写《爰历篇》《博学篇》等临摹范本，供国民学习。后来人们把这种字体称为"秦篆"，也叫作"小篆"，与"真、草、隶、行"并称为汉字五大字体。

李斯创造的小篆字体在当时收到国民的一致赞赏。秦始皇统一全国后，下令把赵国上贡的和氏璧加以雕刻，做成了一方可流传万年的"始皇帝传国玉玺"。该玉玺龙纽方形，周长四寸，诏命丞相李斯亲书"受命于天，既寿永昌"八个小篆字，又让善于琢玉的孙寿精心雕刻成阳文，这枚代表皇帝权力和国家政权的"传国玉玺"在秦朝灭亡后，就传给汉高祖，经过王莽、刘秀、孙权、曹操、司马昭，一直到隋炀帝杨广、唐太宗李世民，又经过五代传至宋，后被损坏丢失。秦朝的"皇帝虎符""权量铭"等也都是由李斯创造的篆书所刻。李斯为秦朝制定的一系列治国强国政策并没有因他的死亡和秦朝的灭亡而被终止，反而一直流传下来，在中华大地上渊源流传了几千年，他建议秦朝货币使用的圆形方孔钱，直到民国时期才宣告退出历史舞台。

司马迁在《史记·李斯列传》中评价道：李斯对华夏文明的发展有着重要的贡献，若不是眷恋着丞相职位，对儒家思想的扼杀和对其他文人学者的滥施酷刑，听信赵高的怂恿，假传圣旨逼太子扶苏自杀，又立胡亥为帝，最终自取灭亡的话，他的功绩可以和周公、召公两位圣贤相提并论。

有人称赞他为"千古一相"，从某些角度来看，他是可以担此盛名的。

［1］《皇朝通志》曰：回鸾篆、璎珞篆、科斗篆、悬针篆、金错篆、芝英篆、剪刀篆、倒薤篆、雕虫篆、垂露篆、鸟形篆、飞龙篆、鹄头篆、刻符篆、上方大篆等名目。

高古游丝写形神

——顾恺之

随着三国鼎立格局的结束，开始了两晋南北朝三百多年漫长的动乱和分裂时期，这个时代被鲁迅先生评价为"最黑暗的时代"，但同时这也是思想、文艺异常活跃和广泛及深入发展的一个时期，造就了中国文艺史上的一个高峰。顾恺之是这个时期的代表人物，世称三绝：才绝、画绝、痴绝。他博学有才，"尤善丹青，图写特妙，谢安深重之，以为有苍生以来未之有也。"

东晋·顾恺之
《洛神赋图》（宋摹本）
（局部）

顾恺之（约345—409年），字长康，小字虎头，晋陵无锡（今江苏无锡）人，是东晋最伟大的一位人物画家，他现存传世的绘画作品极少，最著名的当属《洛神赋图》，还有就是《女史箴图》《列女仁智图》等。他也是早期的绘画理论家，他的绘画理论对中国绘画的发展产生了极为深远的影响，其中画论著作有《魏晋胜流画赞》《论画》《画云台山记》。

顾恺之出身名门望族，与上层社会名流桓温[1]、桓玄[2]父子等人过从甚密，先为桓温和殷仲堪[3]参军，晚年曾任通直散骑常侍，多才多艺，能诗善赋，擅长书法，尤其精于绘画，是少年成名的天才艺术家，后人称顾恺之为"三绝"，即才绝、画绝、痴绝。"才绝"是说顾恺之聪颖博学，擅长文辞；"画绝"则指他精于绘画；"痴绝"是对顾恺之的痴笃个性而言。

［1］桓温（312—373年），字元子，谯国龙亢（今安徽省怀远县）人。东晋杰出的军事家、权臣，谯国桓氏代表人物。曾三次出兵北伐（伐前秦、后秦、前燕），战功累累。

［2］桓玄（369—404年），字敬道，一名灵宝，谯国龙亢（今安徽怀远）人，桓温之子。东晋杰出将领、权臣。后篡位在建康（今南京）建立桓楚，改元"永始"。

［3］殷仲堪（？—399年），陈郡长平（今河南西华）人。东晋末年重要官员，官至荆州刺史，曾与桓玄及杨佺期结盟对抗朝廷，逼令朝廷屈服。后来却被桓玄袭击，被逼自杀。

"虎头"的来历

直至今天，我们在生活中经常能听到人们形容可爱的小孩子"虎头虎脑"，也有很多家长对孩子昵称为"虎头""虎子"等，这大概是受到顾恺之小名"虎头"的启发。

顾恺之的父亲顾悦之，性鲠而敢谏，学问专深，年轻时就以正直而闻名。然而，与其父秉性截然不同，顾恺之多才多艺，生性风趣幽默，喜欢开玩笑，其诙谐的言谈举止常让人忍俊不禁，人们经常将他在生活中的戏语、痴状、痴事作为茶余饭后闲谈的笑料，并为此而津津乐道。他本人热爱书画丹青，其创作的人物画线条生动遒劲，造型栩栩如生。他流传的画作不多，其画作被后世视为瑰宝，在历史上留下了"虎头三绝"的美称。

倒吃甘蔗

众所周知，甘蔗的生长特性是由短株一节一节长高，糖分贮存在地下茎根部，甘蔗头越接近地面，甜度就越高，因此，一般人们吃甘蔗都是先吃靠近根部的，再逐渐往梢部吃，而顾恺之却先从甘蔗梢部吃，然后再往根部吃。有人好奇于他这样与常人截然不同的吃法，问他为何这般品味。只见顾恺之满足地品着甘蔗，慢条斯理地说道："这才能感受到渐入佳境的愉悦。"人们听他这么一说陷入沉思，后来觉得颇有道理，于是"倒吃甘蔗"就变为成语流传下来，用来形容人的处境越来越好。也演变出歇后语：倒吃甘蔗——渐入佳境。我们不得不佩服顾恺之的才思

南京陶冶古渡

敏捷和惊人的诙谐戏语。

布帆无恙

据《世说新语》记载，宁康年间，顾恺之在荆州刺史殷仲堪（当时朝廷重要官员）幕下当参军的时候，有一天，顾恺之请假要去会稽，但船上的布帆破了，没办法航行，殷仲堪行事比较吝啬，顾恺之百般请求，殷才借给他一挂崭新的布帆派人给他挂到船上。途中，当船到了一处名叫"破冢"（今湖北华容县）的地方，突然狂风四起，船在风力下失控以致被撞坏，但布帆完好无损。待顾恺之爬上岸缓过神来，都来不及顾及其他，而是马上伏在堤岸上给殷仲堪写信："地名破冢，真破冢而出。行人安稳，布帆无恙。"了解殷仲堪平时过分惜财的人都知道顾恺之"布帆无恙"四个字一语中的殷公的心事。

后来，顾恺之从会稽返回荆州后，有人向他打听往返途中一路风景如何，他不假思索，脱口便是："千岩竞秀，万壑争流。草木蒙笼其上，若云蒸霞蔚"。当时在场的人无不钦佩顾恺之的文思和才情。

发誓不吃御寒饼

顾恺之的才气得到桓温的赏识和器重，因此，桓温在政务闲暇之时，经常派人去邀请顾恺之和羊欣[1]一同鉴赏和评论书画，三人聊得很投机，喝酒畅谈，兴致很高，但却常常忘记时间，连觉也不睡了。有一次，他们三人正在欣赏顾恺之画作，恰巧家里来了几位客人，正值当时天气寒冷，于是就端给客人一些刚出炉的御寒油炸食品。等吃过之后又请客人一起赏评画作，这时有个客人为顾恺之的画作着迷，已然忘了吃食饼后洗手，就伸手上去把顾恺之的作品沾染上一些油渍。桓温见此十分恼怒，就撵走了那个客人，郑重其事地发誓："以后品鉴画作的时候，不论何人，不论多么寒冷的天气，再也不会让客人吃御寒食饼了"。自此以后，桓温说到做到，

---

[1] 羊欣（370—442年），东晋、南朝宋时泰山人。著名书法家。著有《采古来能书人名》。传世书法作品有《暮春贴》《大观帖》《闲旷帖》等。

事实也证明他并没有食言。

虎头金粟影

由于顾恺之天资聪颖、博学多才，并擅长丹青，于晋哀帝司马丕兴宁元年（363年），被大司马桓温赏识，随即召为参军。那时候，佛教盛行，因此也大兴修建寺庙，朝廷下旨迁建康（今南京）陶官（管理治陶的官府）于淮水北岸。兴宁二年，有一位叫慧力的高僧奏请修建一座寺庙寺院，于是朝廷诏令布施在河内陶官旧地建寺，故有"瓦官寺"之称。

瓦官寺建成后不久，僧众为向民众募捐善款，特意设立了功德大会。顾恺听说这件事后，拿起笔在功德簿上注明捐百万钱，当时上层名流和达官贵族的捐款没有超过十万钱的，人们都觉得他那是说大话，以为他痴劲儿又来，因为他一向轻财好施，募捐数额根本就不在他的支付能力内。后来，在功德大会上要宣读的祝祷文上捐款数额必须要兑现之时，顾恺之笑着对众僧许诺："还请贵寺留出来一堵干净的空白墙面，我进去之后，门窗遮掩，不得他人进去。"说完，他就在寺里住了下来，整整一个月过去了，这段时间他潜心作画，在墙上精心绘制了一幅巨大的《维摩诘画像》，唯一不完整的是眼睛还留着没有画，就在他准备画眼睛的时候，对寺僧叮嘱道："画完成后，在寺院门口贴一张告示，前来寺院观看画的人，第一天观看的人募捐十万，第二天观看的人募捐减半，而第三天随意募捐，数额不限"。说完，他执笔最后完成了画像，维摩诘像画上眼珠后眼神精妙入微，十分传神。传说，当打开房门的时候，佛像上发出道道金光，照亮整个寺院。

告示一贴出，当地文人雅士和上层名流，乃至商贾民众蜂拥而至，寺院里挤满了观者，众人对这巨幅壁画交口称赞，很快就募集齐了百万钱。

鱼鸟将何依

373年8月，桓温病故。一天，顾恺之缅怀故交，悲痛不已，带上祭品只身前去桓温墓前哭祭。他从早上一直哀哭到夜里，而且还夹杂诗句吟唱："山崩溟海竭，鱼鸟将何依。"凄惨的哭声令人耳不忍闻，顾、桓二人交情甚好，顾恺之又是一个重感情的人，他的哭诉意思是说大山崩陷了，鸟无栖身之地；大海干涸，鱼没藏身之所。鸟和鱼还有什么可依靠，还有什么可以生存下去的空间呢？人们也都清楚顾恺之的行事态度和做人准则，有人后来问顾恺之："你如此崇敬桓温，但人都离世了，你该如何祭拜？哭又有何用？"自此就有了顾恺之戏谐之语"声如震雷破山，泪似倾河注海。"问话的人本想故意引发他的诙谐，不想他神色立刻变得凝重起来。正是由于他的幽默诙谐，才使得当时与他接触的人深感他的亲和力，都愿意与他交往。

桓玄偷画

桓温的儿子桓玄与顾恺之也交往甚密，与其父一样，他也十分喜爱书画，尤其钟情于顾恺之的书画作品。有一次顾恺之要外出，但是他不放心自己创作的一批未面世的上乘画作，临行前决定把这些"心头之肉"暂寄到好友桓玄家里。他小心地把这些"珍宝"包裹放在一个柜子里，为了保险起见，又上了把锁，并贴上封条，亲笔题写封记。

桓玄得知箱子里都是顾恺之的精品画作，等顾恺之前脚刚走，就迫不及待地研究起箱子来。终于趁人不注意时，用工具将木柜后面的挡板拆开，把里边顾恺之的珍藏画作拿了出来，然后留下包裹还按原样系好，在神不知鬼不觉的情况下把顾的画收归自己所有，接着把木柜后的挡板恢复原样，从外观看柜子前面的封条和锁丝毫未动，一切都做得天衣无缝。

过了数日，顾恺之外出回来去桓玄家拿自己的作品。桓玄自然心虚了，但是故作淡定不动声色，他当着众人面把顾恺之领到木柜前，顾恺之见箱子、锁、封条都完好，心里暗喜，于是打开箱子让众人一览他的上品画作，就在箱子盖掀开的一瞬间，众人皆惊诧不已，箱子里除了空的包裹原样系好放在那里之外一无所有了，顾恺之霎时脑子一片空白，犹如晴天霹雳，心一下子凉了，众人陷入各种猜想和疑惑。而此时的桓玄本人当然也是极力掩饰着自己不安的内心。正当局面陷入僵持的时候，桓玄家庭院里畜养的仙鹤仰天长鸣了几声，顾恺之听到鹤唳之声，想看个究竟，便大步走到庭院，只见两三只仙鹤跃身而起，翱翔在白云之间，顾恺之看到这个惬意的画面，突然仰天大笑，欣喜若狂，乐而忘形。众人见此，都束手无策，摇头叹息，以为是顾恺之失画心痛，病狂而发疯了。等顾恺之缓过神儿来才注意到大家用异样的眼神看着他。他拉过桓玄，并高兴地且郑重其事地给众人解释："太神奇了！一定是我的画太精妙了，乃至通灵变化，幻化成刚才那些仙鹤汇入天际了，这不正如人'羽化而登仙'嘛！"他一边神采飞舞地解释，一边毫无顾忌地沉浸在自己的世界里。

桓玄在他后来的政治生涯中，为夺取朝权，兵败身亡，据说，在他临死前，将所携名迹和私藏顾恺之的画作一并投入江中，使得这批艺术瑰宝横遭劫难，令人痛心不已。

顾恺之生性痴顽，视为珍宝的画作悄然失踪，换做别人早就气急败坏，哪里还会如此从容淡定。他却始终不去猜想会有人投机取巧，玩弄手段将他的作品据为己有，而是认为整个世间美妙，人心美好，在莫测的人心世情之中，出此看似无聊却痴黠的话语，真是"痴"状至极。

花痴还是画痴

自古才子多风流。宁康年间，顾恺之还在荆州殷仲堪部下当参军的时候，公务闲暇之时，经常约上三五好友外出漫步游玩。在一次游玩时，一位女子闯入顾恺之的眼帘，还没等他上前寒暄，那位美人嫣然一笑转身离去，他半天没缓过神儿来，久久沉醉于这位如月中嫦娥、水中洛神的女子。

那次游玩归来后，顾恺之黯然销魂，陷入了单相思的煎熬，为了抒发自己内心的对女子的思念和爱慕之情，他依靠回忆借生花妙笔在素绢上默画出那位心仪的美人，画中的美人眼神灵动，身姿婀娜，使得之后的每天顾恺之都会对画凝望许久诉说衷情。碰巧的是，天公作美，一次偶然的机会，他发现那位女子就住在离他不远的庭院里。从此以后，顾恺之尝试各种努力，多次制造机会，以期再会，可是女子貌似有意躲避，不给他机会，以至于每次都扫兴而归。

日子一天一天过去了，女子对顾恺之的冷落让他心里不禁萌生怨气，有一天，顾恺之像往常一样，依旧对画伫立良久，苦诉情肠，随手将一枚长长的棘刺，扎在美女子画像的心口，以泄自己单相思的苦闷之气。出人意料的是，仆人很快就神色慌张地来向顾恺之禀报说，那位女子突然心脏患病，犹如针扎一样疼痛，连大夫都没办法！顾恺之听仆人这么一说，心惊肉跳，差点晕

东晋·顾恺之
《洛神赋图》
（宋摹本）
手卷　绢本设色

厥，突然他目光落在了女子画像上的棘针。不容他细想，就立刻拔掉荆棘。很快，这位女子心脏的疼痛不治而愈，连顾恺之自己都难以置信，他的画是这样的通灵气。

顾恺之上司殷仲堪听闻后为之震惊，遂将此段传奇情缘说与女子听，女子为此深深感动，可想而知的是，顾恺之终于如愿与女子修成正果。

至人无心自吟诗

晋安帝司马德宗义熙三年（407年），年近六十的顾恺之被任命散骑常侍，走马上任之后，与安城太守谢瞻[1]相识，此人年仅二十岁，善文辞诗赋。两人一见如故，经常在一起谈诗论画，很快就结为忘年之交。一天晚上，正值秋高气爽，皓月当空，二人正在品茶赏月吟诗。此时的顾恺之正对月寓怀，坐在一旁的谢瞻也时时应和，一直更深夜静，顾恺之都兴致高涨，毫无睡意。此时的谢瞻恹恹欲睡但又不忍扫兴离开，于是在脱身回屋睡觉之前，趁顾恺之陶醉于诗歌吟咏之时，悄悄让仆从替换自己陪好友尽兴。仆从每隔一会儿就应和几句，然而顾恺之豪情未减，竟一点也没有察觉到旁边已换别人，此时的谢瞻早已酣然入梦。直到天亮，顾恺之才发觉身旁的人早已"偷梁换柱"，还是兴致益然地回屋就眠。

庄子有言："至人无心，乘万物以为心。来去无碍，而不居其一，所谓游心者也。"顾恺之以他的"童真"达到"至人"，也许正是有了他做事的全身心投入，忘人忘我的境界，痴到真时是无心，才能写得出"春水满四泽，夏云多奇峰。秋月扬明辉，冬岭秀孤松"这样诗情画意的诗句。

蝉叶蔽身

在顾恺之生活的年代，他的"痴"人尽皆知。像他这样的才子，我们肯定不会想到类似"掩耳盗铃"之事会发生与他的身上，可事实上，确有发生。在《晋书·顾恺之传》中就明确记载了顾恺之一个趣闻——"蝉叶蔽身"，与寓言故事"掩耳盗铃"有异曲同工之妙。

一年的夏天，顾恺之与桓玄在一棵大树下乘凉，桓玄突发奇想，想看看顾恺之到底能"痴绝"到何等程度。于是故作神秘地对顾恺之说："你快来看，我拿的这片柳叶，就是仙家所说的神叶，是蝉用来藏身的，无论是蝉还是人，只要将其遮在脸上，就会隐身于无形，没有人会看到你。我有幸得到它，念你我交情深厚，就把它赠与你，希望你悉心珍藏"。

听桓玄这么一说，顾恺之马上来了兴趣，就将柳叶佩戴在身上，并问桓玄和周围的人能否看到自己。众人了解顾恺之是个诙谐幽默之人，都异口同声地回答看不见，他像得了个宝似的异常兴奋。又过了一阵，天色不早，桓玄起身有意走到顾恺之身旁，对着他解小便。顾恺之见桓玄目空一切的样子，责备他的傲慢，桓玄赶忙解释说自己没看见他人就在这里。这样，顾恺之对蝉叶蔽身的说法更是深信不疑，回到家后就立刻把这片柳叶珍藏在一只精致的盒子里，不允许任何人乱动，更夸张的是还随身携带。

如果说顾恺之的痴黠只是偶然的话，那后来这件事就足以说明这其实是他的生活态度。后来，由于战乱，孝武帝司马曜移驾至江陵，刚到宫里就碰上了顾恺之，当时的顾恺之并不是奉诏进宫，闪躲不及，就赶忙从盒中里取出柳叶遮在脸上，司马曜见顾恺之坐在厅中，也不见驾，也不跪拜，当真无礼之极，心中很是不解，于是生气地大声质问身边的官员。官员悄声向司马曜禀明了事情的缘由，司马曜听完怒气全无，一阵大笑，没有责怪顾恺之而是悄然离去。从此以后，只要有人见顾恺之拿柳叶遮挡，都假装视若空气，直至他晚年，那片"神叶都完好无损"。真是让人可笑可敬的"痴绝"啊！

上楼抽梯

东晋宰相谢安[2]特别推崇顾恺之的绘画，他是这样评价的："虎头的画作，从古至今，前无古人，后无来者，妙啊！"谢安对顾恺之的评

---

[1] 谢瞻（385—421年），字宣远，陈郡阳夏人。著有《紫石英赞》《果然诗》等。
[2] 谢安（320—385年），字安石。陈郡阳夏（今河南太康）人。东晋著名政治家、宰相，名士谢尚的从弟。

价堪称到了极致。晋太元十年，谢安离世，为缅怀他，顾恺之特意创作《谢安像》。当然，谢安对顾恺之如此高的评价绝对不是空穴来风、无中生有。顾恺之精湛的画技是他二十多年认真钻研和勤学苦练的成果。相传他在无锡南林故乡特意修建了一座画楼，周围竹茂松青，景致优美，每逢阴雨天气或兴致不高时他都不画，只有在情绪很好，天气又十分宜人，又或是灵感来了时他才会动笔。为了避免别人干扰，特意不设楼梯，他自己架着梯子上去，可长达几个月不下楼，饮食起居都在里面，就连家人都不得随便打扰。

传神阿堵

顾恺之最擅长人物画，但是画人物时从不轻易画眼睛，非成竹在胸，精力充沛之时不"点睛"。关于绘画中对人物的刻画，他曾经有过这样的论断："表现人物时，本身的妍丑和衣服都不重要。唯独眼神能传达人的气质和内心世界。比如说画一个人弹奏五弦琴的形象不难，但要画出弹琴者内心活动和神韵气息，关键就在于眼神的描绘上，这决定人物画能否气韵生动，神采飞扬。"

有一次，顾恺之执意要为殷仲堪画像，但仲堪坚决不同意。是因为殷仲堪右眼患有眼疾，自认为会影响美观，不想让自己的容貌贻笑后世。顾恺之看穿了他的顾虑，自信地说道："你无非就是顾虑你的眼疾罢了。这好办，我可以把右眼的瞳孔画成白色的圆点，由周围黑眼珠暗色背景映衬，就像一轮明月挂在碧空，再在其旁用白粉淡扫一笔，如同轻云笼月般朦胧，你肯定会满意的。"殷公听他这么一说，顾虑全消，至于结果可想而知，必然是成了传神写照的典范。

名画的命运几经周折

顾恺之生活的年代距今一千六百余年，历经历史的变迁，作品基本都散佚无存，仅能从后人的摹本中窥其风貌。他的代表作之一《洛神赋图》，现存版本就有四种，其一藏于故宫博物院，为设色绢本长卷，经考证为宋代摹本。其二藏于辽宁博物馆，也为设色绢本长卷，为宋摹本，曾经宣和、绍兴及清内府藏，又有项子京、梁清标诸人藏印，流传有序，装裱形式略具六朝特点。其三现藏台北"故宫博物院"，为《名绘集珍册》中的一页，仅为《洛神赋》"腾文鱼以警乘，鸣玉鸾以偕逝"的一段，当为宋摹本。其四现藏美国弗利尔艺术博物馆，绢本长卷，设色，为现存最早的摹本，曾为宋李公麟藏，有宣和内府"双龙半玺印"，后又经项元汴、董其昌、梁清标藏，清末为端方所有，后经福开森之手流传到海外。尽管这些现存版本都为摹本，而非顾恺之之原作，但仍可窥见大师精湛的技艺和绝妙的笔法。

更为遗憾的是，顾恺之有很多画作历经历史的长河销声匿迹，以致我们今天只闻其名。其中，他的《清夜游西园图》，是描绘曹操在其建造的西园里举行文艺雅集的画面。这是他根据曹植一首《清夜游西园诗》创作的，以记当时西园曹操敬贤礼士的盛况。这幅画曾被南朝梁内府收藏，后流传到唐代为李世民老师褚遂良所收藏，大历年间又传到河南法曹姑苏人张从申家。元和年间宰相张弘靖又从张从申之子张维素处获得此画，奉诏献于朝廷。后值战乱，宫内太监崔潭峻从大内窃出，张维素的儿子张周封时任泾州从事，因述职至长安，遂得复购此画携至江南。唐宝历年间翰林学士王涯出任江淮大盐院判官，有江南一富豪欲求谋官职，富豪派人假冒仇中尉以绢三百匹从张周封家诈取索得，进献于王涯。后因政乱，王涯被宦官杀死，此画流落到一个民间画铺中，开成年间又被郭承嘏侍郎以重资购得，后又流传到唐宣宗宰相令狐陶家，令狐陶贡献于皇宫。后至五代战乱，下落不明。虽《清夜游西园图》几经周折不知所终，但顾恺之依然如同一颗明星，光彩夺目，照亮画坛。

士族风流冠江东
——王羲之、王献之

在汉末，选官的途径是察举和征辟，主要靠乡党评论，人物品藻之风遂大兴。魏晋玄学兴起，品评人物转向人的才情、气质，甚而容貌举止和精神状态。当时的士族子弟以清高自尚，不屑于日常事务，对文艺却十分投入，魏晋成为人文自觉的时期。在当时士族门阀制度与时尚风气影响下，产生了一些风流高标的人物，书法史上的"二王"即是代表。梁武帝曾赞王羲之："字势雄逸，如龙跳天门，虎卧凤阙，故历代宝之，永以为训。"

东晋·王羲之
《兰亭序》
（唐·冯承素摹本）
手卷 纸本水墨

天下第一行书

王羲之（303—361年，一作321—379年），字逸少，东晋时期著名书法家，有"书圣"之称。祖籍琅琊（今属山东临沂），后迁会稽山阴（今浙江绍兴），晚年隐居剡县金庭。历任秘书郎、宁远将军、江州刺史，后为会稽内史，领右军将军。其书法兼善隶、草、楷、行各体，精研体势，心摹手追，广采众长，备精诸体，冶于一炉，摆脱了汉魏笔风，自成一家，影响深远。

天下有三大行书，书圣王羲之的《兰亭序》被称为"天下第一行书"。据《晋书》记载，晋穆帝司马聃永和九年（353年）三月三日，时任会稽内史的王羲之与当时城内的文人雅士谢安、谢万、孙绰、王凝之、王献之等42人，在浙江绍兴会稽山的兰亭举行盛大的"修禊"文会，周围有崇山峻岭、茂林修竹，脚下流觞曲水，饮酒作诗，畅叙幽情。书圣王羲之兴致高昂，借微醉之意为这次盛会写下了流芳千古的美文《兰亭序》，而其书法更是通篇气势完足，神清秀骨，似有神助，笔精墨妙，铁划银钩且潇洒飘逸，为

历代书法之精品。据称待王羲之第二天酒醒后重写，却怎么也写不出第一幅的精妙。

《兰亭序》代表着王羲之以及书法史上行书的最高水平，所以当时就受到世人的追捧与膜拜。后世文人及各书法家皆以此为典范，争相模仿。《兰亭序》真迹在王羲之后人中代代相传，隋朝末年的时候传到七世孙智永和尚的手中。

铁门槛

王羲之可谓算得上是书法世家，王氏家族出来许多能书善文的人，如王洽、王荟、王徽之、王珣等。隋代时，王羲之第三子王徽之的后代有个名叫智永的人，后来在诸暨县永欣寺出家为僧，也称智永和尚。因其酷爱先人王羲之的书法，日夜临写，一生精勤传播右军书，善写楷、行、草诸体，临得《真草千字文》八百本分施江东诸寺院，为隋唐书法所宗奉。他的书法名扬千里，登门求墨宝者川流不息，门槛都被踏破了，只好将门槛用厚铁皮包裹起来，被后人称为"铁门槛"。

辩才护宝

盛唐时期，唐太宗李世民对王羲之、王献之父子的书法推崇备至，多次下旨搜寻二王书法作品，真赝相杂多达成千上百件，但唯独缺少"天下第一行书"《兰亭序》。为了得到这件书法珍品，唐太宗四处打探后终于有了一丝消息，有人报告说据传在永欣寺辩才老和尚那里，从而谱写了一段被称为千古佳话的传奇故事。

智永法师因为出家为僧，没有子嗣，所以他在临终前，将祖传家宝《兰亭序》的真本传给他的弟子，接任住持的辩才和尚，叮嘱他一定保管好《兰亭序》，不得落入他人之手。转眼间已是唐代贞观四年，这时的辩才和尚也已步入耄耋之年。虽然辩才早就听说当今圣上正在四处搜寻二王的书法真迹，尤其是王羲之的《兰亭序》，但他仍顶着欺君之罪，谨遵先师遗训，对《兰亭序》的事情闭口不提，但辩才因害怕官府搜查，于是将《兰亭序》用铁匣子藏好放在方丈寝室的房梁上，即使这样，他还是每日都惴惴不安。

唐太宗得到报告说《兰亭序》在辩才老和尚那里，太宗便立即命人去索取。大臣魏徵进谏说："辩才把《兰亭序》看得比生命都重要，强索硬要，恐怕会玉石俱焚，倘若他坚不松口，即使杀了他也无济于事！"太宗虽焦急，也无计可施。只好派人礼请辩才进宫，婉言试探问道："老师父，朕酷爱二王书法，唯独《兰亭序》无缘见到真迹，王羲之写这三百二十五个字，笔法精妙，堪称王羲之第一神品，听说现在浙东，老师父您可要帮朕多多打听，一旦有了下落，朕一定重重有赏。"

辩才对唐太宗十分尊敬地回禀道："贫僧不敢欺君犯上，只是这《兰亭序》我从未有幸见过，恐怕贫僧无能为力。如果真能获见，一定赶快呈报。只怪贫僧年事已高又体弱多病，敝寺中俗务繁冗，恳请陛下开恩，让贫僧早日返回。皇恩浩荡，永生不忘。"其实太宗用了"调虎离山之计"，与辩才周旋的同时早就派心腹大臣去寺院里搜寻，但无功而返，只搜来智永真草字文若干本。现在看辩才守口如瓶，只好作罢。

唐太宗李世民整日仰天长叹，食不甘味，夜不能寐。大臣房玄龄也禁不住为皇上着急。思之再三，灵机一动，有主意了。有一天他向太宗觐见，说："皇上若想得到那《兰亭序》，也许让萧翼去与那辩才和尚周旋一下，兴许事情会有转机。"萧翼是何许人也，这个人可不简单，他是梁元帝萧绎之曾孙，出身名门贵族，琴棋书画样样精通，并且心思机敏，才智过人，萧翼还精通佛道经典，出口讲论，连一些高僧高道也会翘指称赞。另外他还生得眉清目秀，仙风道骨，举手投足颇有世外高人之风。人们给他取了个绰号"萧神仙"，还有叫他"活诸葛"的。太宗听后，连声说："妙哉！妙哉！就让萧翼去试试吧，如果事成朕必会重赏他！"于是萧翼入宫见驾，他对太宗说："微臣此去有一个小小的要求，希望能带皇宫所藏王羲之真迹三四件及古画数件随行。另外我要微服乔装而去，请皇上不要规定时日，更不能露出半点消息。"太宗点头应允。

于是，萧翼在家准备了一段时日后准备出发，并把自己乔装成一个儒商模样。先是在湖南湘潭贩了一些茶叶和丝绸绣品，然后又跟随一帮商人到浙江，颠簸奔波，这使萧翼看起来完全和其他商人没有任何区别。之后他又辗转到了诸暨，把货物低价售出，只留一些散碎银两以备后用，又吃了些泻药，故意病倒在永欣寺山门，一个劲地连声呻吟，唉声叹息。恰巧被一群善男信女碰上，于是辩才在询问过后收留了萧翼，让他在寺内住下。

萧翼在永欣寺里居住了些日子，吃了大夫开的药，身体也慢慢好转起来了。每天清晨，随僧众早课，诵经念佛。由于他没有别的事情可做，萧翼便常在殿堂的壁画前观摩，连捋胡须，还在寺壁上做诗题跋，众人看后，都佩服他才高八斗，风流儒雅，这便引起了辩才的注意，遂将萧翼请入内室，二人谈古论今，又与萧翼交流佛禅，没想到萧翼又应对自如，辩才和尚仿佛遇到了知音。

萧翼趁热打铁，经常借机去找辩才，两人一有空就喝茶下棋，谈诗论禅。原来这辩才乃是梁代大司空袁昂的后代，书香门第，琴棋书画样样俱佳，后来因父母早亡，又无兄弟，就出家为僧了，拜智永为师。这次遇到萧翼，正所谓是遇到

018

知音，相见恨晚哪！

唐代寺院中允许酿"素酒"自饮，也就是所谓的"糯米酒"。辩才每年都会自酿一些给僧众们饮用。有一天，明月当空，美酒新熟，辩才便与萧翼推杯换盏，相谈甚欢。酒过三巡，兴致使然。辩才作诗道：

> 初酝一缸开，新知万里来。
> 披云同落寞，步月共徘徊。
> 夜久孤琴思，风长旅雁哀。
> 非君有秘术，谁照不燃灰。

萧翼鼓掌称赞，并书之于壁，也和诗一首：

> 邂逅款良宵，殷勤荷胜招。
> 弥天俄若旧，初地岂成遥。
> 酒蚁倾还泛，心猿躁似调。
> 谁怜失群翼，长苦业风飘。

辩才听后，更加对他的才华赞叹有加，遂引为知己。没事就互说衷肠，把酒谈天，往往直到天色露白才散。这样过了两月，二人你来我往，生活过得好不得意。时间一久，萧翼故作说离开家乡已久，挂念家人，思乡心切，屡向辩才辞行回家，但是辩才却诚恳挽留再三，萧翼只好又住了下来。一日，辩才与萧翼在内室相谈。酒过三巡，两人的话题论及书画之道。萧翼趁辩才半醉半醒，便从行李中取出祖上所传珍宝《职贡人物图》给辩才观赏，辩才赞叹不已。接着萧翼又取出两幅二王真迹和其他名手书法展于桌上和辩才观看。辩才看后不禁大笑起来说："萧弟家世诚为雅道之家，藏画确为精品，老衲不敢置评。然而所携之书法，只能算书法中的次品。这样的书法，即使你学到老也不能得"书圣"王羲之书法之精髓，所谓取法乎上，得乎其中，取法乎中，得乎其下也。"萧翼一怔，立刻故意搥胸而叹，懊恼之情溢于言表，悲叹自己没有眼福。辩才见萧翼伤心落泪顿时觉得不好意思起来，忙宽慰他说："贤弟且勿悲伤。你我今生有缘，今天就

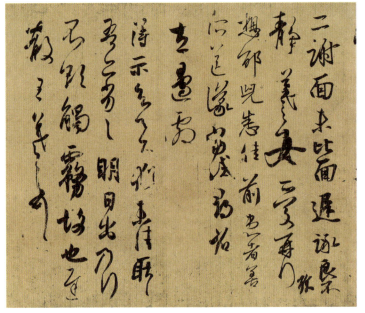

东晋・王羲之
《二谢、得示帖》
手札 纸本水墨

让你大开眼界，实不相瞒，老衲珍藏有传为天下第一行书的《兰亭序》真迹，那可是天下独一无二的神品。师父圆寂后，传于老衲藏，并再三叮嘱要誓死珍存。之前即使皇上过问，老衲也未曾透露半个字。你我二人三生有缘，让你见识一下《兰亭序》，也算不枉此生了！"于是约定明日到方丈室共同观看。

一夜难眠。第二日一早，萧翼便来到方丈，他已经迫不及待了，辩才见状就把藏画的匣子取了下来，拿出《兰亭序》让萧翼欣赏。萧翼一看，心里的鬼主意就油然而生，他不禁眉头紧锁，惊问："老师父，这帖可能是赝品，你看这笔力疲弱，结构松散，毫无右军之神气，怎么可能是真品？虽说我家祖上所传之物不敢称为珍品，但也比这神采精妙许多。咳，可惜，可叹！"辩才自然不服，萧翼又取己藏之书帖来比较，两人争得面红耳赤，互指瑕疵。萧翼回房之前将自己收藏的二王书帖留下，让辩才自己有空再仔细比照，以求查出真相。从此，毫无心机的辩才就把《兰亭序》与萧翼所带二王书帖杂一同放在案上，有时间就观摩比较，并执笔临写，反复思考。

某日，山下有人祭祖，请辩才主持法会。辩才念及对方素有善名推托不过，只好应命。因与萧翼已交谊情深，对他毫无戒备之心，就下山赴会而去。这一去就是两天，做完法事才能回来。

萧翼知道后，立刻行动。他找到方丈守门童子，借故说自己的书帖和毛笔前几天来方丈这落下了，现欲就近游览，寻觅诗句，以遣雅兴，想进去拿完物品立刻出来。幼稚的门童怎么是萧翼的对手，加上萧翼多日与师父的亲密往来，好得像一个人似的，因此，小和尚没有一点戒备，就把门打开，让萧翼自己进去寻找物品。萧翼假装不知遗落何处，拖延时间，又指派童子去做些其他的事情。童子一走，萧翼立即将《兰亭序》及二王法帖等一并携入包裹，匆忙向寺院后角门奔去。

萧翼不敢怠慢，一路跑到永安驿馆，拿出太宗御笔圣旨对那里的驿丞说："我乃御史萧翼，今有皇帝圣旨在此，请速召你们都督齐善行回来，有要事。"驿丞跪接圣旨，知道有大事发生，火速派人请齐善行到驿馆见萧翼。然后萧翼又命齐都督亲自去严迁家找辩才和尚，就说御史奉皇上旨意请辩才大师前去。辩才被弄得丈二的和尚——摸不着头脑，急忙来见。一见萧翼，不禁大笑："贤弟怎开这种玩笑装作御史戏弄老衲？"萧翼正色道："请大师恕罪，萧翼的确是御史。因前年皇上求《兰亭序》没有成功，特命我来奉取。"说罢，他把圣旨及所得的《兰亭序》拿了出来。辩才一见，方知自己糊涂至极，不由得悲恨交集，急火攻心，晕倒在地。萧翼急忙找大夫把他救醒，但辩才无颜面对已死去的师父，欲寻短见，以表对恩师的愧疚之情。萧翼一

通安慰，向他解释了好久，辩才才平静下来。

于是萧翼与辩才一起带领其他官员来到长安觐见皇上，萧翼将《兰亭序》并所携其他法书名画一起献给皇上。太宗大悦。也能理解辩才的难处，为安抚辩才，免其欺君之罪，令赏绢三千段，谷三千石，并宣赐大师尊号。后来，辩才将财物带回寺院，为智永恩师建塔谢罪，然而还是终因悔恨成疾，一年后圆寂。房玄龄因举荐有功，得到奖赏。萧翼不辱使命，寻得宝物，亦得到大大的奖赏。

《兰亭序》谜踪

李世民得到《兰亭序》后将其藏于皇宫内府，整日反复临摹，仔细观赏，爱不释手。又命翰林供奉赵模、韩道政、冯承素等人轮流精勾细拓，把摹本分赠皇太子及诸王贵臣。大书法家欧阳询[1]、褚遂良、虞世南等也有幸恩准对真迹临摹描写。据传言，贞观二十三年，太宗李世民病重，临终前遗诏要将心爱的《兰亭序》陪葬，太宗去世后，高宗奉遵其遗愿，将《兰亭序》葬于昭陵。

据传后来，五代时后梁有一位叫温韬的节度使起兵造反，将昭陵内的珍宝洗劫一空。据说《兰亭序》被贪心的温韬盗走，后兵败被杀，《兰亭序》却也从此下落不明。不知这种说法是否可信，但《兰亭序》这幅世上独一无二的珍宝就这样消失得无影无踪，被蒙上了一层扑朔迷离的神秘色彩。

东床快婿

南朝宋代刘义庆《世说新语·雅量》中对"东床快婿"有所记载，明代岳正《类博稿》诗中写道：

东晋·王羲之
《远宦帖》
手札　纸本水墨

群公各收新亭泪，诸王独擅江东名。
王家子弟谁如玉，郎君解坦东床腹。

[1] 欧阳询（557—641年），唐朝潭州临湘（今长沙）人，字信本，楷书四大家{唐朝欧阳询（欧体）、唐朝颜真卿（颜体）、唐朝柳公权（柳体）、元朝赵孟頫（赵体)}之一。欧阳询楷书法度之严谨，笔力之险峻，世所无匹，被称之为唐人楷书第一，号为"欧体"。代表作楷书有《九成宫醴泉铭》《皇甫诞碑》《化度寺碑》，行书有《仲尼梦奠帖》《行书千字文》。对书法有其独到的见解，有书法论著《八诀》《传授诀》《用笔论》《三十六法》。

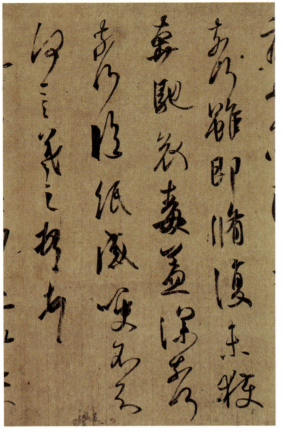
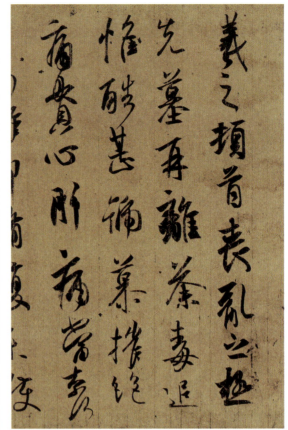

东晋·王羲之
《丧乱帖》（局部）
手札　纸本水墨

　　这里所说的王家子弟就是指王羲之，除"东床快婿"外，还隐含了一个成语"坦腹东床"。

　　王羲之二十岁时，由于他风度翩翩，仪表堂堂，是个典型的"美男子"，在当时的东晋士人中已经名声大噪了。太尉郗鉴[1]有个女儿叫郗璇，字子房，天生丽质，温文尔雅，端庄优雅，兼通诗书，有"妙笔仙"之称，爱慕她的人比比皆是。到了出阁的二八芳龄，把女儿视为掌上明珠的郗鉴，自然一定要选个好女婿。

　　他的好友丞相王导在闲聊中，得知了他的择婿想法，喜上眉梢，连忙说："久闻令嫒秀外慧中，娴静脱俗，不知太尉是否对我们王家子弟中的俊才后生有兴趣，阁下可以法眼一阅，若有中意，实乃王家之幸也！"郗鉴听了也很高兴地说："丞相家是琅邪世族大家，门第精雅，人才辈出，个个仪表堂堂，各呈奇姿。能得丞相不

弃，是我郗家的荣幸！"没过多久，郗鉴就命管家和门生带上亲笔书信及礼品前往王导府中，王丞相就让家族中的年轻后生齐集厅堂，以便郗家挑选。王家子弟得知后无不喜上眉梢，一个个打扮得潇洒倜傥，风度翩翩，只盼雀屏中选。其中王导的侄子王允之生得仪表堂堂，文质彬彬，慈眉善目，而且早被封为番禺县侯，众人都自愧不如，皆认为王允之中选的可能性最大。王允之也很有信心，认为自己是最合适的人选，又加上早听说郗小姐美名，所以更是刻意装扮，看上去比平日更是英俊潇洒。郗府门生和管家对众多王家青年子弟上下打量，感觉王家果然是名门望族，诗书簪缨，群英荟萃，个个气质不凡，一时竟不知该选哪个好。就在此时，从东厢房中隐约传来一阵阵吟啸之声，这声音洪亮而悠远，犹如龙吟虎啸，又蕴含着无限的韵味和生机。

[1]郗（xī）鉴（269—339年），字道徽。高平金乡（今山东省金乡县）人。东晋书法家、将领，东汉御史大夫郗虑的玄孙。少年时孤贫，但博览经籍，躬耕吟咏，以清节儒雅著名，不应朝廷辟召。代表作品《灾祸帖》《上疏逊位》《周札加赠议》。

……
朝驾东门兮，见此雄姿。
徂徕难舍兮，怀此奇笔。
羡龙凤兮鞠如，叹翰章兮依依。
……

众人听到这声音后顿时鸦雀无声，无不惊叹。郗府管家和门生好奇地循声一看，只见有一位年轻人正袒腹仰卧在靠东墙的一面床榻上，浓眉大眼，玉树临风，气质高贵，颏下长出一绺稀疏但浓黑如墨的胡须，一袭白色衬衫里露出一张俊逸的脸庞，神情闲逸，有如深山里隐居的一位神仙，此人就是王导的堂侄王羲之。王羲之与友人几日前出门游山玩水，被家僮召回，奉父命前来王导府相亲，但在半路上无意中发现东汉大书法家蔡邕书写的一通古碑，立刻被吸引住了，就连忙拂去青苔，仔细观赏，又用手反复揣摩比画，把相亲的事也忘得一干二净。看完碑之后已过晌午，他才来到相府，但见众人齐集厅堂里叽叽喳喳，他就一个人悄然到东厢房，脱下外衣，躺在床榻上闭目养神，心中仍不忘那古碑，还在品味蔡邕书法的神妙之处，兴之所至，不由得吟诗一首，抒发感慨之情。郗府门生和管家看到王羲之才情横溢，举止潇洒不羁，很是满意，急忙向丞相询问这是何人。

郗府管家和门生回去之后回禀郗鉴说道："丞相家族中年轻俊才二十多人，听说我府觅婿，都争先恐后，积极表现，唯有一位叫王羲之的，躺在东床上袒腹吟诗，若无其事，毫不上心。"郗鉴一听，不禁觉得诧异起来，哈哈大笑说道："痛快，痛快，快、快、快，让老夫也去会会这个与众不同的年轻人！"于是郗鉴立刻命

鹅池

令管家和门生驾着马车赶往王府。王羲之本来已向伯父道辞要走，而郗鉴却已到了，要立刻见王羲之。王导忙命羲之向郗鉴问好。郗鉴一见王羲之才思敏捷，且又谈吐文雅，气质不凡，更加高兴，当场就下了聘礼。这速度之快，让人"望尘莫及"，这就是"东床快婿"的来历。

黄庭换鹅

王羲之对鹅的喜欢众所周知，每当看到水塘庭院中的白鹅自由自在，引颈高歌的样子就会站在一边注目欣赏。

民间流传王羲之爱鹅的故事很多。据说某日晚上，明月当空，王羲之独自踱步在山阴县的幽溪边，走走停停，不知不觉已走出去了很远。就在这时忽听见几声嘎嘎的鹅叫，这一下吸引了他的注意力，鹅的声音对他来说太亲切熟悉了。他暗自纳闷，心想这一带人烟稀少，哪里来的鹅呢？于是他赶紧四处查看，只见不远处的竹林中隐隐约约有一座寺观，迷雾缭绕，殿宇笼罩在朦胧的月色下，云雾飘拂而过，笼罩着一层神秘的色彩，耳边隐约听见诵经念佛的声音，恍如仙乐一般。王羲之急忙来到寺观前，见门大敞着，就径直走进去。这时，王羲之发现大殿前坐着一身仙风道骨之气的老道士垂目诵经，有一位小道童正在专心磨墨，面前书案上放着一卷白绢，一只大白鹅不时嘎嘎地叫着，这只白鹅被关在一只笼里，从笼里伸出长长的脖颈望着王羲之，像是与王羲之相识一般，甚是可怜，羲之惊讶不已走近观看。"羲之道友，你来了，贫道今天知道你会来。快请坐吧！"王羲之一怔，知道今夜遇到了世外高人，连忙作揖入座。老道长捋须说道："贫道看今夜天朗月清，有先师所传《黄庭经》一卷，想抄写一下，以便教示世人。无奈贫道年事已高，眼睛已不能看清，写不好了。如果你帮忙抄写，贫道不胜感激，就将这只白鹅相赠于君。不知你意下如何？"羲之一听，顿时来了精神，忙说："老师父青眼眷顾，又有白鹅相赠，如此抬举在下，羲之自然愿意。"于是坐到案前，专心抄写。月色这时也更加皎洁，映得素绢如晶莹的白玉一般。大约写了一个时辰，月影横

照，《黄庭经》也抄写完了，真是字字珠玑，神清骨秀。老道长连声道谢，吩咐童子将笼打开，让王羲之将鹅带走，直到送至门口。

王羲之出来之后，边走边想，想到今夜的奇怪遭遇，百思不得其解，回头一看，刚才还在的竹林、寺观，已经统统消失，无影无踪，唯有一块巨石耸立在溪流边。他不由心里一惊，手一松，手里的那只鹅便展开双翅飞向天空，变成了一只天鹅。王羲之愣在那里半天说不出话，再抬头细观，忽然看到刚才的老道骑在天鹅背上，下绕祥云，向下俯身示意，吟唱道："山阴道士飞天去，人间留得《黄庭经》。千里送鹅毛，礼轻情意重。"王羲之仔细一看，自己手里捏着一根洁白如雪的鹅毛。想必老道是仙人下凡，专门到此处请王羲之抄写《黄庭经》的！从此之后，王羲之以写《黄庭经》出了名，甚至连皇帝都请他写，致使王羲之的《黄庭经》石拓本也能流传于世！

王羲之换鹅之事，流传有多个版本。《历代诗话》中对唐朝大诗人李太白题写的两幅《羲之换鹅图》就有所评论。李白诗之一：

> 右军本清真，潇洒出风尘。
> 山阴遇羽客，爱此好鹅宾。
> 扫素写道经，笔精妙入神。
> 书罢笼鹅去，何曾别主人。

诗之二：

> 镜湖清水漾绿波，狂客归舟逸兴多。
> 山阴道士如相见，应写黄庭换白鹅。

这里明确地说写的就是《黄庭经》。后来，直至中唐时期，王羲之换鹅的故事已经有各种各样的说法了，就连大诗人李白也弄不清楚，只好让后人来议论了。其实，王羲之换鹅不仅写过《黄庭经》，也写过《道德经》。

戒珠寺来历

据会王羲之有一颗明珠，他非常喜欢，经常拿着把玩，还可以双手摩挲用来锻炼腕力。但是，有一天他发现明珠丢了，怎么找都找不到了，他又气又恼，到底去哪了呢？难道被人偷了？可家里也没有别人啊，都是自家人，有一个寄住在这的和尚，难道被他偷走了？于是，王羲之慢慢就和和尚之间产生了隔阂，而和尚也发现了王羲之怀疑他偷了明珠，为表示自己的清白，和尚不吃不喝，后来饿死了。

后来，家里有一只鹅死了，家人在宰杀的时候在鹅的腹中发现了王羲之丢失的那颗明珠，原来是被鹅吞下去了。事情真相大白，王羲之十分愧疚，他冤枉了那个和尚，为了纪念这个和尚，他把自己家的房子改建成"戒珠寺"，表示自己的悔过，也告诫世人不要随意冤枉一个好人，要真诚对待自己的朋友，不能让别人蒙受不白之冤。

永字八法

"永字八法"是书法艺术界人人皆知的书法用笔法则，有人说是王羲之的老师卫夫人[1]传授给王羲之的，元朝盛熙明在《法书考》卷四中也表达了同样的观点，但也有人说不是，众说纷

永字八法示意图

[1]卫夫人，名铄，字茂漪（272—349年），河东安邑（今山西夏县北）人，是晋代著名书法家。卫铄为汝阴太守李矩之妻，世称卫夫人。卫氏家族世代工书，卫铄夫李矩亦善隶书。卫夫人承钟繇，妙传其法。王羲之少时曾从其学书。代表作品《笔阵图》《名姬帖》《卫氏和南帖》。

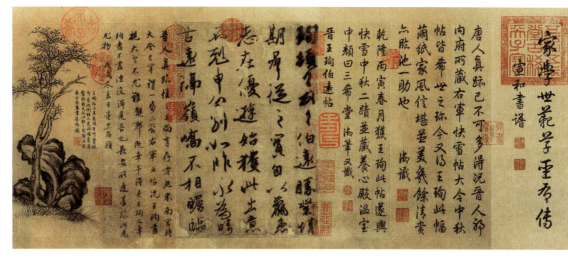

晋·王珣《伯远帖》
手札　纸本水墨

绘。有一说认为："永字八法"是从隶书中演变过来的。明代学者陶宗仪在《书史会要》中解释"永字八法"说：永字八法是从隶书笔法演变来的，一个"永"字包含着楷书的八种基本笔画的书写要领。

传晋卫夫人《笔阵图》对这八种基本笔画是这样说的：

横如千里阵云，点如高峰坠石。撇如陆断犀象，竖如万岁枯藤。折如百钧弩发，短撇如燕啄掠水。钩如劲弩筋节，捺如崩浪雷奔。

后世在儿童开始学习毛笔字初期，就在纸上写好"永"字，常常让孩子们以掌握"永"字的基本笔画开始作为笔画练习，以期精通揩法的笔法定则，并能领悟到"永"字中所包含的书法精神。

神仙之师白云子

传说王羲之年轻时练书法也是一直找不到秘诀，水平也停滞不进，有一天夜里，他正在点灯练字，练了整夜，满地都是他写的纸页，就在拂晓时分，一阵清风吹进，一位老神仙乘着白云从窗户里飞了进来，用毛笔在王羲之手掌心里写了一个"永"字，并叮嘱他要加倍练习这个字。如果练好了，就可以领悟到笔法心诀，得到写书法的真谛。说罢乘云而去。羲之急忙跪拜在地，大声询问："请教老先生尊姓大名，哪里人也？"只听空中隐约传来一声："天台白云……"后来，王羲之就尊称他为"白云子"了。

王羲之遵照老神仙所说的方法，日夜练习"永"字，终于领悟了：横竖钩点，撇提折捺，一个"永"字，不仅包含了中国楷书的笔法和结构的精髓，而且把用笔的速度和力度，以及形态和神采表现得出神入化，堪称笔法秘诀。从此之后，王羲之经常照这个"永字八法"练习，功力越来越沉厚，最终成为中国书法的"千古书圣"。当然，这只是一个传说。2010年，王羲之传世的《平安帖》摹本以3.08亿元的身价被拍卖成功，而且这只是摹本，真迹就更是无价之宝了。

王献之一笔书

王献之，字子敬，王羲之第七子。与其父并称为"二王"。在晋代，他的潇洒风流风靡一时，又出身名门贵族，长得也仪表堂堂，因此很年轻就享有盛名。

王献之的楷书虽不及其父王羲之，但行草书法却在王羲之基础上更进一步，用笔绵绵不断，被称为"一笔书"，为后世的狂草书法提供了基础，在书法史上被誉为"小圣"。古人评价他的草书说："丹穴凤舞，清泉龙跃。精密渊巧，出于神智"，当时被世人推崇为"草书第一"。

池水尽墨

王羲之一生中共有七个儿子，其中五个很有名气，这五个又都继承了其父王羲之的书体，但

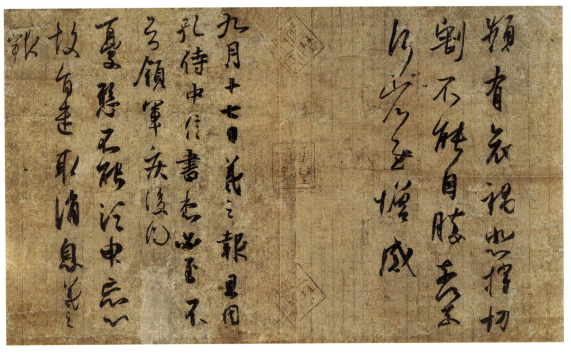

东晋·王羲之
《频有哀祸、孔侍中帖》
手札　纸本水墨

最得他书法精髓的要属小儿王献之了。

王献之自幼用功练习，以至于袖子都磨破了。有一天他正专心致志地练字，王羲之想趁机看看他的功力如何，就悄无声息地从背后走过去，毫无预兆地突然伸手去抓提王献之的毛笔。但毛笔像吸铁石一样吸在了献之手指上，竟然抽提不掉。王羲之十分高兴地说："小儿献之才七岁，就已有这样的笔力，将来书法必定名扬天下，甚至要超过我呢！"由于王献之的努力又加上其父的细心指导，他的书法写得越来越好，甚至超过了他的几个哥哥。年幼的王献之开始放松了练习，自鸣得意起来。有一天，王献之写了一个大大的"大"字，他自己觉得写得很好，大家也都这么认为，他就兴高采烈地拿去让父亲看，但是王羲之却一句话也没说，只在"大"字下面随手加一个点，使之变成了"太"字。王献之不知道父亲是什么意思，想问父亲，却被王羲之轰出去了。献之又急忙拿着字去找母亲郗氏观看。郗氏也是很懂书法的人，看了一眼后，说："献之啊，你的字进步很快，也写得不错，但与你父亲比还差太多！你看看，你今天写的这个'太'字，只有下面这一点还写得不错！"

王献之听后大吃一惊，遂又羞得面红耳赤。

郗氏又将纸翻到背面，对王献之说："你再认真看一下，这个'太'字，上面的'大'在背面看不到痕迹，下面的一点却看得清清楚楚，这就叫"力透纸背"，你的这一点已经达到你父亲的功力了，当然，你父亲的笔力早已达到出神入化、入木三分的水平了，你可要加倍努力。"

王献之羞愧地赶紧向母亲禀明情况，然后去找父亲接受批评，请教父亲书法的秘诀，教他如何才能也像父亲那样达到"入木三分"的上乘境界。王羲之就带献之到后院，指着墙下的十八缸水说，书法的上乘秘诀就在这十八缸水里，你把这十八缸水研墨写完，洗笔水倒在旁边的水池中，池中的水什么时候也成墨了，你也就悟出书法的秘诀了。从此之后，王献之苦练书法的程度令人惊叹不如。

两次婚姻

王献之英俊潇洒，气质不凡，成为女婿的上佳人选，他也因此受到了终生的苦痛。在他一生中有两位正妻，一位是他的表姐郗道茂，一位是东晋简文帝的女儿新安公主司马道福，另外还有两个爱妾桃叶、桃根姐妹。

所谓才子配佳人，第一个妻子郗道茂是王献

之母亲郗氏的娘家侄女，生得楚楚动人，品质贤淑，是个有名的才女。王献之和郗道茂也算青梅竹马，两情相悦，可以说是郎才女貌。后来到了婚嫁年龄，王羲之就亲自写信向郗家提亲，也就促成了二人的美满婚事。他们婚后也非常恩爱，羡煞旁人，好似神仙眷侣一般。361年，王羲之和郗道茂之父郗昙竟在同一年亡故，而献之母亲也于此前去世，接二连三的不幸虽然使这对小夫妻伤心欲绝，但他们互相抚慰，患难与共，一起徜徉于山水之间，排解心中的忧伤。后来，郗道茂生有一女，取名玉润，但不久就夭折了。痛失爱女，又让夫妻二人陷入了无尽的悲伤，但哪知还有更大的苦难在等待着他们。也就是新安公主的出现，彻底改变了他们的人生，从此走向悲剧。

新安公主司马道福是简文帝与徐贵人所生之女，从小娇生惯养，整天无所事事，泼蛮刁横，但当她在无意中遇见才华横溢、英俊潇洒的王献之时，却一见钟情，倾慕不已。但是她早在几岁时就已和临河郡公桓济订了婚，桓济是东晋大将军、晋明帝女婿桓温的小儿子，桓温后来权倾朝野，甚至夺权篡位。虽然新安公主自从见到王献之后就一见倾心，爱得死去活来，却又扛不过皇室的利益要求和规矩，最后是心有不甘地成了桓济的妻子。

桓济是个富家子弟，也是个标准的纨绔子弟，整天游手好闲，惹是生非，新安公主对他根本毫无感情。而且她对王献之从未死心，日夜派人监视。没过几年，权倾朝野的桓温病重，宁康元年（373年），驸马桓济和大哥桓熙相互勾结企图造反，不料被他的叔父，晋朝的车骑将军兼都督七州军事的桓冲发现了，阻止了他们。桓济兄弟怕事情败露，派刺客暗杀其叔父桓冲，却反被抓捕。桓温老谋深算，虽然自己早有篡位野心，但如今已力不从心，为了保全晚节，也为了不被灭门九族，在病危之际，把两个儿子捆绑起来交由朝廷治罪，痛哭流涕地自责他教子无方，向皇帝表明忠心。

当时的晋孝武帝司马曜才十一岁，刚刚登上皇位，未经世事，根基不稳。辅政大臣谢安、王坦之等人也明知桓温虽病危，但其羽翼甚多，还是个极大的隐患，但桓济毕竟是个驸马爷，就劝说皇帝废除驸马桓济爵位，贬为庶民，流放长沙。

新安公主知道此事后，不但毫无伤心之意，反而幸灾乐祸起来。她向皇帝哭诉自己的悲惨遭遇，要以后独守空房还不如赐她一死。于是，就提出要招王献之为驸马爷，皇帝无奈恩准。王献之与妻子郗氏一往情深，同甘共苦，患难与共，要他休掉结发妻子与别的女人生活在一起，那是他万万做不到的。被逼无奈，他就偷偷点燃一堆艾草，故意烧坏自己的一只脚和小腿，郗道茂发现后赶紧将他从火里救出来，但落下了终生的残疾，夫妻俩悲痛欲绝。

但即使这样也丝毫不能改变新安公主的想法，皇帝圣旨也不可违，王献之只好忍痛休掉爱妻，被迫与新安公主成婚。郗道茂回娘家后誓不再嫁，日夜挂念自己的丈夫，终日以泪洗面，生活悲惨，很快便香消玉殒。王献之在和公主完婚后，内心恨透了这个破坏他幸福家庭的女人，每天都游山玩水，不理会新安公主，以此抒发内心的郁闷。

爱妻托梦

喜爱游玩的王献之又一次和几位好友到南京城附近的秦淮河游览，一路上把酒言欢，吟诗作对，后来来到河边的渡口处划船，内心抑郁的王献之借酒浇愁，饮了好几斗酒，就迷迷糊糊地在船上睡过去了，朋友们怎么都叫不醒他。太阳落山了，众人无奈，把他背到岸边附近的一处道院让他在那休息，托道院里的老院主照顾他。献之被安置在临河的一间屋子里。

子夜时分，王献之梦见自己腾云驾雾来到了一处仙境，这里百花争艳，鸟语花香，美不胜收。就在这时，他的亡妻郗道茂突然从一扇门中走出来，略施粉黛，比生前还要漂亮，眼含热泪地望着他。夫妻二人久别重逢，嘘寒问暖，真有无限的缠绵。将要分别时，郗氏笑着安慰献之说："你我本来是天上的仙子，在瑶池为西王母浇灌琅玕异花和玲珑果，但我们凡根未了，被王母罚下天庭，才受此人间离别之苦。琼华仙子也

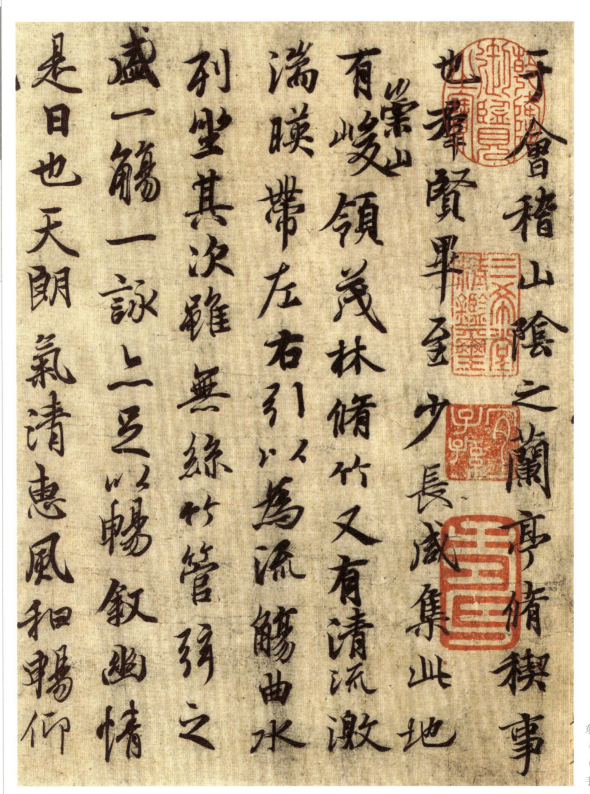

东晋·王羲之
《兰亭序》（局部）
（唐·冯承素摹本）
手卷　纸本水墨

非常同情你我，就向西王母求情，西王母看你虽堕尘世但仙根已熟，就让月桃下界陪你度过余生。"说罢，将自己头上一枚桃枝形碧玉簪向空

中一抛，只见一道闪电，王献之惊倒在地上……当献之惊醒时，不禁热泪盈眶，梦中景象是多么美好真实，但现在又和心爱的人永隔了。他走向

窗子，向河边远处眺望，似乎隐约可见爱妻的情影。在朦胧的月色中，道院西墙边有一株大桃树正吐着满身的花香。第二天一早，献之就独自一人踏上归途，走得累了，他就来到渡口租一叶小船回家。

就在这时，从远处道院方向划来一叶扁舟，一位美貌的女子正坐在船头上低头抚琴，泠泠弦音如同天籁，沁入献之的心田。船后也有一位美人，二人划桨将船靠岸，让献之步入舟中。献之上前与两位女子交谈了几句，才知道她们是姐妹俩，大的叫桃根，小的叫桃叶，父母早故，二人孤苦相依为命，如若献之不嫌弃，愿为献之为奴，伺候终生。献之正要推辞，却见桃叶头上斜插着一支桃枝形碧玉簪，与昨晚梦中妻子的玉簪一模一样，再仔细端详，桃叶容貌也与亡妻十分相像，顿时让他想起梦中之约，就欣然应允了，三人都喜上眉梢。

于是，王献之即景赋诗一首，名为《桃叶歌》：

桃叶复桃叶，桃树连桃根。
相怜两乐事，独使我殷勤。

桃叶见王献之手里总是拿一把团扇，又仪表堂堂，就戏称其为"团扇郎"，也和赠一首：

七宝画团扇，灿烂明月光。
与君却喧暑，相忆莫相忘。

二人互诉衷肠，就带着两姐妹一起回驸马府了。王献之向家中长辈说明实情，又说通公主，

南京桃叶古渡

于是就纳桃叶为妾，桃根随侍，看起来好像生活又恢复了平静。

公主设计

然而好景不长，公主发觉献之虽比往常时对自己态度好了一些，但仍然不够关心她，反倒听手下人说王献之每天与桃叶姐妹在一起，抚琴作画，饮酒赋诗，还经常结伴而行出去游玩。新安公主不禁醋意大发，满腔怒火，恨得咬牙切齿，心中发誓要给她们点颜色看看。

于是，没过几天新安公主假装自己有了身孕，想让桃叶来陪伴自己，要王献之答应，无奈之下，献之只好答应。于是，桃叶就到公主那里细心地侍候她。一个月过去了，新安公主不准桃叶和献之相见，也不让献之到公主住处来，说是怕惊了胎气。王献之无奈，只好托桃根捎信给桃叶。桃叶暗地接到信一看，上面又是一首诗：

桃叶复桃叶，渡江不用楫。
但渡无所苦，我自迎接汝。

王献之的诗意是在安抚桃叶：你不要担心，更不要难过，你一定能平安归来，到时我亲自去迎接你。桃叶噙泪在来信空白处也题诗一首：

青青林中竹，可作白团扇。
动摇随郎手，因风托方便。

桃叶的意思是说心爱的郎君，你一定要尽快把我带回你身边，有事可以让桃根暗地捎信给我。

又过了三个月，新安公主的肚子慢慢大了起来。然而突然有一天晚上，桃叶服侍公主用过膳后，公主大喊肚痛，让贴身侍女挽着入厕，没料到竟晕倒在地。急忙把太医叫来查看，太医见厕内鲜血满地，公主身上也沾着血迹，立刻施救。

公主醒来后就大哭说胎儿没有了，一定是桃叶心中妒恨她怀了孩子，在食物中下了毒，害死了自己的孩子，于是就命人立刻将桃叶抓起来。当天夜里桃叶受尽折磨和凌辱，最后他们竟还把桃叶的脸毁了容，还弄瞎了一只眼睛。王献之闻

讯后前来救护，才保住了桃叶的性命，狠心的公主又逼献之必须将桃叶桃根二人逐出府中。献之无奈，只好让桃叶暂且在自己酒醉时的道院住下，让桃根细心照顾她，献之每天只要一有空就去看望她们。

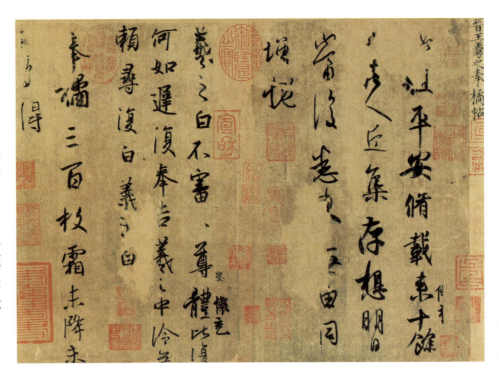

东晋·王羲之
《平安、奉橘帖》（摹本）
手札 纸本水墨

桃庵

一段时间后，桃叶的伤势好了许多。一天，王献之又去探望姐妹二人，却发现桃叶姐妹不见了踪影，急忙向院主打听，院主也摇头说不知道。他就在道院里四处寻找，后来在床头条案上发现了桃叶留给他的一封书信，上面写道：

团扇复团扇，持许自障面。
憔悴无复理，羞与郎相见。

王献之一看就明白了，原来桃叶觉得现在的自己相貌丑陋，还瞎了一只眼睛，配不上他了，羞与他相见，就悄悄地离开了。王献之于是费尽心思地四处打听，最后听人说姑苏一个道观中来了两位道姑，其中一个是半瞎，脸上还有疤痕。王献之急忙连夜赶往姑苏寻人，到了所在道姑庵后，两姐妹都不与献之相见。王献之久候不见回音，只好在墙上题诗：

桃叶复桃叶，渡江不待橹。
风波了无常，没命江南渡。

桃根见献之失望地走了，就赶紧出门将诗抄写下来。其实王献之并没走远，只是在道姑庵旁的竹林中隐藏起来，当他一看桃根出来，就立刻现身和她相见，表明自己绝不会嫌弃二人。桃根深深感动，就回到庵中把王献之的话告诉了桃叶，并帮王献之劝说桃叶。但桃叶无动于衷，回说自己既然已经出家就不能再作献之侍妾，献之可以在这近处找一道姑庵住下，可互相切磋道法，相互照料。并赋诗一首让桃根赠与献之：

桃叶映红花，无风自婀娜。
春花映有限，感郎独采我。
手中白团扇，净如中秋月。
清风任意生，道心任意发。

桃叶这是对王献之的一往情深表达感激之情，但同时也表示了自己已看破红尘，凡心已死，以后要苦修道行，希望献之理解和成全，更祈盼献之能放下尘世爱恨情仇，以道心自励。王献之回忆往日所梦，结发妻郗道茂谆谆之言犹在耳。心想，如果还逼桃叶还俗，回到自己身边，以后的事也不好预料，于是就不再勉强她们。

无奈的王献之就赶往秦淮河边的道院，修缮了长着那棵大桃树的西厢院，改名为"桃花庵"，接来桃叶姐妹在此净心修行，离别时，桃叶将头上的那枚桃枝形碧玉簪相赠。后来，王献之有空闲就来道院，拜访老院主参学道法，顺便探望桃叶姐妹。

兄弟趣事

《晋书》上记述说王献之小时候与兄长王徽之、王操之一起去拜访名士，也是父亲的好友谢安。他的两个哥哥故意谈论不休，趾高气昂，生怕别人不认识他们，而王献之只是向众人客气地打了个招呼，就在一边默不作声了。他们走后，朋友问谢安这王氏兄弟三人谁看起来更优秀。谢安立刻就回答道："老小最好。"朋友问这是为何，谢安说："贵人语少，贱人话多，所以一眼就能分辨出来。"

年少时，王献之和五哥王徽之同住一个房间，有一次却不小心发生了火灾，火势凶猛。徽之吓得连鞋也顾不上穿，赤脚就跑了出去。而献之却一直神态安然，十分镇静，一边喊人来救火，一边穿戴整齐，让仆人搀扶着走出来。还有一次，家里进了盗贼，几个拿着刀的小偷半夜来偷东西。徽之发觉后，吓得蒙住头抖作一团，大气都不敢出一声。而献之等众贼偷了很多东西后，语调很平和地对盗贼说："那点钱财你们拿走吧，但那块青毡子是我们祖传之物，我要留个念想，你们就不要动它了！"几个持刀贼一听，瞬间被王献之的气场镇住，吓得把东西扔下就逃走了。

悔与郗氏离婚

王家人祖祖辈辈信奉道教，而且特别尊奉张天师，道教有一个特有的宗教仪式，就是让将亡者在请来做法事的道士前，当着众人的面忏悔自己此生所犯下的过错，就像西方的基督教神父给亡者做临终忏罪一样。道士将临终者所说的过错和忏悔写在一张黄表纸上，然后在神像前焚化，替他悔过，传说这样就能得到上天的宽恕，从而死后升入天堂。

王献之临终前，老泪纵横，用颤抖的手摸着郗道茂生前弹过的那张古琴，噙着泪对众人说道："我这一生从没做过亏心事和坏事，唯独对不起以前的妻子郗氏，非常后悔和她离婚！"说罢，痛苦大哭，含泪而去，年仅四十三岁。

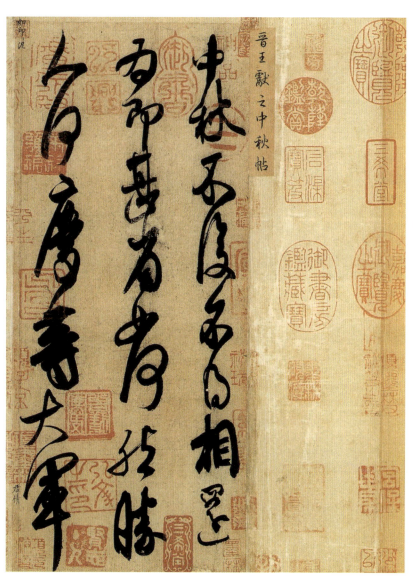

东晋·王献之
《中秋帖》
手札　纸本水墨

澄怀观道以卧游

——宗炳

南朝宋时期，画家南阳人宗炳，写了《画山水序》，为中国早期山水画论的开山之作。他提出"畅神"说，指出观自然山水，引无限遐思，重在精神体验。表明中国山水画的审美进入一个自觉的时期。

庐山

隐居高士

宗炳，字少文，南北朝时南阳涅阳人，是中国绘画史上最早以画山水著称的画家之一。精于书画，善琴瑟，好山水，思想兼受儒、道影响，其家风崇尚隐逸，对于佛理深有研究。宗炳平生喜山水，好远游，每到之处，常常流连忘返。归来之时，也必将自己所游历山川景色"图之于室"，自称："澄怀观道，卧以游之"。宗炳的山水画早已不存在，流传至今的是其绘画理论著作《画山水序》。

宗炳一生行遍汉水以南的名山大川，常常居住在衡山、庐山的草屋，即便这样也流连忘返，栖谷饮溪，三十余年。宗炳晚年得了许多常见的病症，时常发作，迫不得已只得返回江陵三湖家中。看着远处的山山水水，常常唏嘘不已，唉声叹气，只叹自己在年轻时为什么不能多走多看些地方呢？想着自己以前走过的地方，往事一幕幕浮上心头。想着想着便动起笔来，屋内的墙壁上到处是他作的画。宗炳坐在躺椅上，看着自己面前心目中的名山大川，神游其间且弹琴自娱。他的山水画并不追求外在的形似，而是将自己的感情和精神借画山水表现出来，使两者融为一体，达到永恒不灭，心灵和思绪都能得到极端平静与安宁，从而体悟到了老子所谓的"道"。他画了多幅传世名画，《瑞应图》是其中之一。图中古代珍奇异物近二百种，包罗万象，有獬豸、狻猊、神凤，还有金縢，玉英、玄圭、丹草，等等，见到此图的人无不惊叹，唐代张彦远[1]在《历代名画记》中评说："宗炳《瑞应图》，千古卓

[1] 张彦远（815—907年）中国唐代画家、绘画理论家。字爱宾。蒲州猗氏（今山西临猗）人。出身宰相世家，家藏法书名画甚丰，精于鉴赏，擅长书画，无作品传世。著《历代名画记》《法书要录》《彩笺诗集》等。《历代名画记》是我国第一部系统的完整的关于绘画艺术的通史。

绝。"宗炳弹琴技艺可谓当时首屈一指，古曲《金石弄》在桓氏死后只有宗炳一个人会弹此曲。刘裕要想听此曲，还得专门派遣宫廷乐师前去学习。宗炳的琴艺出神入化，不是他的技术多么高招，而是琴音与精神的完美融合，境界之高无人能及。

宗炳生于晋孝武帝宁康三年（375年），宗家是当时南阳有名的名门士族，家人世代为官，但宗炳却不热衷于仕途。东晋末至宋元嘉中，当局屡次征他作官，都推辞不就。在南北朝时期，宗炳曾经得众位皇帝赏识，他们多次想重聘礼请他出来做官，甚至委任大官，他都不屑一顾，直说自己乃是一介普通文人，只想一直过着隐居的生活，不想出仕为官。宗炳曾经为躲避征召，还携妻子从涅阳城移居到湖北江陵高沙湖畔隐居。这样的事情发生过多次之后，皇帝终于死心。宗炳一生高尚其志，不事王侯，一辈子只乐意游山玩水，弹琴作画，参禅论道。

《画山水序》

宗炳的《画山水序》是其所处时期的重要画论著作。《画山水序》为宗炳晚年所作，成于430年前后。该著作篇幅不长，但在我国绘画理论史上占有重要地位，对山水画理有较深的论述。

宗炳的《画山水序》从本体论的美学高度提出了三个主要论点：

一是山水景物本身具有自然之美，是客观的存在。

二是人类是万物之灵长，是发现、欣赏、体验山水客观自然之美的主体，有了人从审美的高度对自然山水的欣赏和体验，自然山水之美才具有其存在的价值。

三是强调山水画的创作和欣赏，并不是为了单纯去描画山水自然之美，更重要地是为了人类的精神愉快和审美享受。

此外，宗炳于其中还提出了"以形写形，以色写色"，同时提出"应目会心"，须"万趣融其神思"，且需"不违天励之丛"，而后"披图幽对"，从而实现"畅神"。文中结合古代圣贤

爱山水的"仁智之乐"和山水是"道"的体现，总言山水之美，继而表明自己创作山水画的缘由，接着阐明了山水画之能成立及其意义；论证了用透视法以"存形"的原理，及更进一层的"栖形感类，理入影迹"，最后以"畅神"言山水画的功能、价值，表明其所具有的精神解脱意义。这是将山水画看作能开拓人的精神世界的艺术。

《画山水序》在我国的画论史上占有重要地位，它是于谢赫画论之前，顾恺之绘画理论之后的重要画论著作。宗炳第一次将形神论，从人物画引入山水画理论，不仅对宋代山水画论产生影响，而且使形神论在造型艺术领域具有普遍意义。

《画山水序》一反儒家的政教观，从佛学角度以"澄怀味象""神超理得""闲居理气"言山水画欣赏及其心态，是一种超功利的审美愉悦，幽闲平和的虚静情怀。同时，它阐明了欣赏山水画的虚静情怀和畅神功能，发展了传统的美学理论。宗炳以佛学眼光提出"山水质有而趣灵""山水以形媚道"的观点，且由于"圣人以神法道"，山水既为"道"之表现，亦必是"神"的表现，因而"以形写形"还要得其"神"。这是对顾恺之"以形写神"论的延续与发展。

从绘画的角度而言，《画山水序》道出了画家应该注重观察，"应目会心"，使山水画创作形成丘壑内营的规律，并科学地阐明了透视学原理。宗炳曾过着"栖丘饮谷，三十余年"的生活，所以对山水及进而作画有深刻体会，"余眷恋庐、衡，契阔荆、巫"，即饱看山水的过程，"身所盘桓，目所绸缪，以形写形，以色貌色"，这是于饱游饮看之后，就着对象作画，但是"画象布色，构兹云岭"是有疾还江陵之后，并非坐对山水写生。序中所云"以应目会心为理"，又道出了目击心存、储藏表象的原理，在达到"目亦同应，心亦俱会"的境界后，"虽复虚求幽岩，何以加焉？"终非亲临，亦能得极美形象。"应目会心"的原理，重在观察、记忆，而非对面写实，与西方绘画原理截然不同。后

南宋佚名
《白莲社图卷》（局部）
手卷 纸本水墨

来的山水画家，均遵循"丘壑内营"的规律，其理论起于宗炳所提论点。如何将巨大的山水缩入较小的画幅？针对这一问题宗炳又提出了山水画空间处理的办法和原则。在实践中，他懂得"去之稍阔，则其见弥小"，故"张绢素以远映"，"竖划三寸，当千仞之高，横墨数尺，体百里之迥"。中国山水画固然非焦点透视，但无论是长卷、大幅、小景，皆可"咫尺万里"，这与早期山水画的发展中宗炳们的贡献不无关系。

《画山水序》作为我国山水画论的开端，对后来的画论产生了重要影响，并具有普遍的美学意义。跨越古今，体现了博大深远的艺术视野。宗炳于绘画理论上的建树，为后来中国山水画的发展奠定了坚实的基础。

莲社十八高贤

宗炳信仰佛教，是中国佛学思想史上一位大名鼎鼎的人物。艺术家兼美学家宗炳废寝忘食苦研佛禅文化，诚挚地汲取外来文化的营养。

东晋末年，高僧慧远在庐山潜研佛学，年27岁的宗炳得知后，不远千里从江陵至庐山，跟随慧远学习佛法。慧远专门为宗炳和雷次宗讲授了儒家经典《孝服经》。390年慧远在庐山东林寺创立"净土宗"[1]，净土宗开始是从北魏昙鸾，后经过唐代善导法师（613—681年）把其发扬光大。慧远创立"净土宗"后，召集了一批中外高僧前来讲学，其中有慧永、慧持、佛陀跋陀三藏，并邀请高人隐士宗炳、刘逸民等其余僧俗来参加这一盛会。为了更好地宣传"净土宗"的教义，由包括慧远、宗炳在内的123人创立"白莲社"，"提倡专修该往生净土的念佛法门"，又称莲宗，宗炳名列"莲社十八高贤"之一，现在庐山东林寺"莲社高贤堂"，还建有纪念他的塑像。

禅宗论辩

宗炳学问贯通诸家，精于言理，是有名儒学、禅宗大家，他是庐山东林寺创立"净土宗"的慧远法师的得意弟子，在玄学界是响当当的人物。

刘宋元嘉十二年彭城寺高僧慧琳[2]写了《白黑论》，书中认为：儒家思想、佛学佛理以及道家理论，都有其优点和缺点，所谓"各有所长，取长补短"，三者之间应该可以并行，而不该互相对立，并且还对佛教有些理论提出异议。据记载，此书一出，立马得到了宋文帝刘义隆的赏识，邀请他进宫与他共谈国家大事，一时之间

[1]净土宗：汉传佛教十宗之一。根源于大乘佛教净土信仰，专修往生阿弥陀佛净土之法门而得名的一个宗派。中国净土宗第一祖庭源于江西省九江市庐山东林寺。净土宗与禅宗是对中国汉传佛教影响最大的两个支派，其影响深远，自唐代创立后流传于日、韩、越等地，至今不衰。与禅宗一样，净土宗的历史渊源传自古印度佛教，不过，在古印度净土法门并未成为一个专门宗派。
[2]南朝僧人，俗姓刘，为道渊之弟子。少年出家，住建业冶城寺。学通内外，尤善老庄，好语笑俳谐，长于著作。生卒年不详。秦郡（陕西省）人。宋文帝元嘉十年（433年）前后，作《白黑论》（又名《均善论》《均圣论》）；该书内容主要针对当时佛教与反佛教双方争执的根本问题，假设白学先生（代表儒、道）与黑学先生（代表佛教）相互辩难，对于佛教的基本理论（尤其是"来生说"），颇多讥评。

突然变成朝廷的要臣，权利极大，被尊称为"黑衣宰相"。天文学家衡阳太守何承天将慧琳著作《白黑论》寄给宗炳，想让宗炳看看，顺便表达了自己的一些观点。宗炳当时也已写了一本佛学著作《明佛论》，已经完成，正在整理当中。宗炳就两篇文章，与何承天讨论了一些自己的观点，即"神不灭论"。后来何承天写了回信，就《明佛论》中的观点予以了批评，并写《性达论》驳斥轮回之说。宗炳始终坚持自己的意见，

写了《答何衡阳书》和《又答何衡阳书》两篇佛学文章来反驳何承天的理论，双方辩论很是激烈。文帝刘义隆对宗炳的矢志不改表示尊重，看了他文章认为他说的很有道理，最终宗炳在这场辩论中大获全胜。

宗炳时常接济穷人，自己却过着艰苦的生活，一概不收朝廷和官员馈赠给他的财物，带领家人勤劳耕作，以备衣食之资。宋文帝元嘉二十年（443年），宗炳卒于江陵。

附：宗炳《画山水序》原文

圣人含道暎物，贤者澄怀味象。至于山水，质有而灵趣，是以轩辕、尧、孔、广成、大隗、许由、孤竹之流，必有崆峒、具茨、藐姑、箕、首、大蒙之游焉。又称仁智之乐焉。夫圣人以神法道，而贤者通；山水以形媚道，而仁者乐。不亦几乎？

余眷恋庐、衡，契阔荆、巫，不知老之将至。愧不能凝气怡身，伤砧石门之流，于是画象布色，构兹云岭。

夫理绝于中古之上者，可意求于千载之下。旨微于言象之外者，可心取于书策之内。况乎身所盘桓，目所绸缪。以形写形，以色貌色也。

且夫昆仑山之大，瞳子之小，迫目以寸，则其形莫睹，迥以数里，则可围于寸眸。诚由去之稍阔，则其见弥小。今张绢素以远暎，则昆、阆之形，可围于方寸之内。竖划三寸，当千仞之高；横墨数尺，体百里之迥。是以观画图者，徒患类之不巧，不以制小而累其似，此自然之势。如是，则嵩、华之秀，玄牝之灵，皆可得之于一图矣。

夫以应目会心为理者，类之成巧，则目亦同应，心亦俱会。应会感神，神超理得。虽复虚求幽岩。何以加焉？又神本亡端，栖形感类，理入影迹。诚能妙写，亦诚尽矣。

于是闲居理气，拂觞鸣琴，披图幽对，坐究四荒，不违天励之藜，独应无人之野。峰岫峣嶷，云林森眇。

圣贤暎于绝代，万趣融其神思。余复何为哉，畅神而已。神之所畅，孰有先焉。

右相驰誉在丹青

——阎立本

　　阎立本是唐初重要的人物画家，官至宰相，传世作品有故宫博物院所藏《步辇图》。此画描绘了唐太宗李世民会见松赞干布的使者禄东赞等一行人。通过此画可以窥探唐初人物画的基本面貌，此画墨线为骨，略施重彩，墨线的写意灵动与矿物色的浓艳相得益彰。

营造世家

　　阎立本（约601—673年），汉族，今陕西省西安临潼县人，中国唐代著名人物画家。他从小出生在贵族官宦之家，在其从政期间官至宰相。其代表作品有《步辇图》《历代帝王图》等。阎立本，其父阎毗（北周时为驸马）、其兄阎立德父子三人并以工艺、绘画闻名于世。阎立本设计和督造大明宫，其父阎毗是隋大运河北段工程的总设计。阎立德主持设计和营造翠微宫、玉华宫等长安宫殿群、太宗陵墓昭陵等。他们三人的设计杰作，足以说明这是一个设计世家，父子三人在建筑、工程设计和绘画等方面为唐代的恢宏艺术殿堂拉开了大幕。正是由此，李世民非常赏识阎立本，在唐高祖武德年间便让他在秦王府担任库直官，贞观年间升任主爵郎中、刑部侍郎。唐高宗显庆元年（656年）其兄去世，他又由匠作大匠升迁为工部尚书，总章元年（668年）又被高宗拜为右丞相，封博陵县男，可谓官职节节高升。这不得不让人重新审视他在历史上的社会地位。

左相右相

　　让我们重新审视阎立本的社会地位的原因还在于当时他还是一名不为人知的军事决策者。古往今来，有许多人本身具备多种才能，却因为某一方面太突出而掩盖了其他才能，结果对他缺少了解的人，就误以为这个人只有这一种才能。比如有一年遇上闹饥荒，朝廷为了节约开支，让国子监里的太学生都放假回家自谋衣食，又规定凡是在三省六部及御史台任职的低级办事人员必须抽空学习，通晓一门经书。长安的读书人中有一个好事者，读到《千字文》中"宣威沙漠，驰誉丹青"这句话时不禁联想到阎立本、姜恪拜相的事（被拜为左丞相的边塞大将军姜恪和因画艺卓绝被任命为右丞相的阎立本两人享得高位，部分人认为只是因战功和艺术受到青睐）来，就稍加修改为一首打油诗：

　　左相宣威沙漠，右相驰誉丹青。
　　三馆学生放假，六部令史经明。

唐·阎立本
《步辇图》
手卷　绢本设色

一时成为人们茶余饭后的笑谈，并在民间广泛流传。事实上，阎立本人觉得很是委屈与无奈，区区六字便抹掉了他性格忠厚、做事沉稳、具有较高的决策和领导才能等多方面的优点。阎立本在出征突厥时就力排众议认为不可行，结果朝廷军队无功而返的事就足以见证了他的实力与才能。

画鸟受辱

阎立本是一个很在意自己及家门尊严的文人，从他为太宗俯身于地作画的事来看就能让我们感受到。某年春，唐太宗因政务劳累，空闲时与侍臣们一起在御苑中赏玩奇景。忽然看见一只不知名，长相奇特而又漂亮的水鸟游于湖面，太宗顿时兴起，便下令设摆酒宴，让文人作诗唱咏，可是不够尽兴。便下旨召画师阎立本前来画鸟。立本不敢怠慢，和宦官一起快速来到玉池边，提心吊胆地摆好纸笔，俯身于草地上对着那只怪鸟画起来。在场文人对狼狈不堪的阎立本趾高气扬，互相嘲弄。太宗只顾专注地推敲一首诗，也未加制止。后阎立本以出色的技艺画好怪鸟，向太宗交旨。太宗看着这幅作品很是喜欢，就命立即予以褒奖。可是收到褒奖的阎立本却一点也高兴不起来。回到家中，阎立本抑制不住内心的羞愧和激愤，就召集其子们在庭堂里训诫："我从小喜欢读书研究学问，著文章干时政一点儿也不比同僚差，现在也在朝廷中身居要职。只因为擅长绘画艺术居然被人呼为'画师'，状若

唐·阎立本
《锁谏图》（局部）
手卷　绢本设色
此图描绘十六国时汉的廷尉陈元达，向皇帝刘聪冒死进谏的情景

杂役一样供人使唤，这真是有辱家门，愧对先祖。今天我要郑重地提醒你们，要以我的遭遇引以为戒，决不可再去学画了！不要让这种世俗眼里的'末技小道'给你们带来耻辱，玷污自身的尊严。"殊不知，阎立本的这番话，却使他的子孙们从此徘徊在艺术门槛外，阎家"艺术世家"的招牌就这样消散。这样的结局，不得不让后人惋惜。

十八学士画中传

武德年间，秦王李世民为实现自己的宏图大志，首先积极网罗人才，在府中特辟馆阁礼贤下士。于是，他请阎立本专门画图记载这些人中的十八人，号称"十八学士"，简称《秦府十八学士图》，以示李世明对他们的特别礼遇。后又让擅长作文的褚亮给十八学士房玄龄、杜如晦、于志宁、虞世南、孔颖达等人题上赞语。时称"十八学士登瀛洲"，喻为上天的神仙，这在古代文化史上很有名。

巧解佛道纷争

历史上宗教的存在和影响度与当时的社会文人有很大关系，《隋唐嘉话》就记录一件阎立本以绘画平佛、道两宗教间矛盾的趣闻。据说，梁代的大画家张僧繇画过一幅《醉僧图》，流传到唐代，长沙僧人怀素看了《醉僧图》拍案叫绝，就题诗一首：

人人送酒不曾沽，终日松间系一壶。
草圣欲成狂便发，真堪画入醉僧图。

但当时唐朝建立时间不长，道家和佛家互不相让，经常打口舌之战。有一天，一个江南和尚不远千里来到长安，找到阎立本言说佛门苦衷，以十万两募化白银作为润笔酬金，恳请他为他们作一幅《醉道士图》，要求道士图形神兼备。阎立本觉得此事有趣，其艺术水平亦可与僧繇媲美，就爽快答应为其作画。后来那些到处嘲笑道士僧人们见到阎立本画的形象逼真烂醉如泥的《醉道士图》后，再也不说佛门的坏话了。

唐·阎立本
《历代帝王图》之一
册页 绢本设色

狄仁杰像

的了。你现在身份卑微，就像一颗大珍珠被遗落在沧海之中啊！"于是，阎立本亲自举荐，让狄仁杰担任并州都督府法曹一职。后来狄仁杰果然不负所望，武则天时官至宰相，并得"狄青天"的称号，亦有"中国的福尔摩斯"之誉。由此可见，阎立本也是一位知人善任的好官员。

丹青神化

在美术史上对于阎立本大多以数字来评价，所以很多人对阎立本的印象不够深刻，其实他的作品甚多，代表作有《凌烟阁二十四功臣像》《历代十三帝王图》《萧翼赚兰亭序》等。现在虽看不到真迹，我们却可以从一些画史画论著作中领会到他的绘画技能，清《御定佩文斋书画谱》说他的画可与李白的诗相比。张丑《清河书画舫》中也引用释彦悰的评价说："立本学宗张（僧繇）郑（法士），奇志不穷。变古象今，天下取则。"对于他的画的评价用"能"已显浅浅，《唐朝名录录》将他的作品列为神品，是对他的高度评价，并有"艺兼众美，丹青神化"之称，也由此，阎立本在绘画品评中位于前列。

三评张僧繇

阎立本是一个对绘画艺术很痴迷，又善于发现并兼学的画家。有一次，他到荆州去办事，无意中听到大画家张僧繇有一幅石刻画作，便立刻前去观看。第一次去看过后，认为张僧繇此画作水平一般，是浪得虚名。第二次去看，他发现画还是有一些可取之处的并评论说："张僧繇也算是近代的一位作画好手。"第三次去看，反复推敲揣摩之后，才发现这幅画的气韵和境界无不神妙精彩，心里非常叹服，认为张僧繇的画作真特神奇。后来他停留在荆州十余天，反复研习这幅作品，直到心有所悟才恋恋不舍地离开。这样一位热爱绘画的艺术家却没能长命百岁，唐高宗咸亨四年十月（673年），阎立本在隐居的江西省玉山普宁寺别墅去世。

有个诗人林子来为《醉道士图》题诗说：

餐霞服气浪自苦，自厌神仙足官府。
脱巾解带衣淋漓，眼花错莫谁宾主。

可见，"画"解纷争，功劳在阎立本此人。

力荐狄仁杰

狄仁杰是历史上有名的神探，他的出人头地，与阎立本慧眼识珠以及唯才是举是有一定的关系的。话说当时狄仁杰是一个不入流的下级官吏，由于清廉，就被手下人诬告。他不服便把申诉书递到阎立本那里，而阎立本正升任为工部尚书，是管理决定官员罢免或升降的钦差大臣，权力很大。

经阎立本严厉质审，狄仁杰当庭对证一番剖白，最后冤枉被洗雪。最后，阎立本未降罪狄仁杰，并大加赞赏道："孔子说过，观察一个人所犯的错误，就可以知道他是否是一个有仁德的人。你对刑律这样明晰，又对邪恶的人和事是这样的仇恨，那么让你来管理审判的事是再好不过

吴带当风为画圣
——吴道子

在中国古代画史上被尊称为"千古画圣"的是唐代传奇画家吴道子。与鲁班被木工供奉为祖师爷一样，他被奉为民间画工的祖师爷。苏东坡曾说："诗至于杜子美（杜甫），文至于韩退之（韩愈），书至于颜鲁公（颜真卿），画至于吴道子，而古今之变，天下能事毕矣！"

（传）唐·吴道子
《八十七神仙卷》（局部）
手卷　纸本水墨

道子画钟馗

吴道子，唐代画家，汉族，阳翟（今河南禹州）人。画史尊称吴生，后改名"道玄"，被后世尊称为"画圣"。最初学书法后转习绘画，善画道释、神鬼、山水、草木等，尤精于道释人物，长于壁画创作。苏轼在《书吴道子画后》中曾说："道子画人物，如以灯取影，逆来顺往，旁见侧出。横斜平直，各相乘除，得自然之数，不差毫末。出新意于法度之中，寄妙理于豪放之外，所谓游刃余地，运斤成风，盖古今一人而已。"吴道子的画中有一个著名的题材便是"锺馗杀鬼"。

"锺馗杀鬼"作为中国民间广为流传的故事曾多次被搬上戏台。作为正义的化身，怒目仗剑、杀鬼辟邪的锺馗深受人们喜爱，被奉为"赐福镇宅圣君"。《唐逸史》中有这样一则记载：唐开元年间，玄宗从骊山回宫后常夜梦恶鬼入殿，每受惊吓便身体不适，夜间失眠，精神减弱，太医为其治疗许久仍未见好转。这天夜里，

唐玄宗在龙床上翻来覆去毫无困意，终于在四更天时入睡了，入睡不久，又做起梦来。梦中有一青面獠牙恶鬼来到玄宗寝宫，将他的一支玉笛和杨贵妃的香囊给偷走了，梦中的玄宗又怕又急。这时，忽然一个身着绿袍，高丈余，头发蓬松且带有卷卷的大鬼闯入殿内，大鬼的胡须如钢针向上竖起，头系乌角巾带，脚穿黑色短靴，面容极为丑陋。又见大鬼双眼怒瞪，伸出一条长胳膊抓住了拿玄宗之物的恶鬼，另一只手剜出了恶鬼之眼珠，后将恶鬼用双手一捏，变成肉团，张口将恶鬼吞入肚中。

大鬼正要离去之时，玄宗顾不得惊恐，颤着声音问其为何人，大鬼闻声，急忙转身，跪倒于地，说："我是锺馗，虽然屡中武举榜首，但因相貌丑陋未被点为'武状元'，后因为不满撞死于金銮殿上。太宗事后怜悯于我，加封'武状元'并赐绿色官袍随我同葬，了我心愿，我铭记圣上的恩德，发誓要为大唐扫除妖魔。"睡梦中唐玄宗突然被惊醒，吓得一身热汗，病也不

治而愈。唐玄宗痊愈后，想起梦中之事，便诉说于对内侍大臣，经过查证，确有其人，玄宗心中生感激之情，遂宣召吴道子进宫，命吴道子根据玄宗回忆依梦中所见，画出钟馗杀鬼的情形。吴道子精心构思，终于画成，入宫呈于唐玄宗，玄宗观后，大为吃惊，叹道子画工。画中钟馗神采奕奕，与其梦中钟馗如出一辙，神气更加威武，如天神下凡，实在逼真。玄宗立即大赏吴道子，并赐名号"吴道玄"，同时下旨加封钟馗为"驱魔真君"，赐红袍玉带。玄宗还下旨允许老百姓在每年的五月端午和除夕可以张贴钟馗神像，来驱邪保平安。此后，朝廷以桃木雕版刻印的方法把吴道子所创《钟馗杀鬼图》保存下来，每年的两节期间把其印制出来，得以在民间广泛流传。在门上张贴一幅"钟馗爷"，不但能辟邪降福，还能助学子金榜题名。钟馗题材被许多画家所钟爱，龚开、戴进、陈老莲等人都是擅画钟馗画像的，当代画家范曾的《钟馗图》，也颇受人们的喜爱。

在中国民间，钟馗历千余年而不衰广为流传，尤其在陕西、江淮，在港澳台地区也备受推崇，甚至在东南亚、日本同样如此。日本的浮世绘名家歌川国芳、葛饰北斋曾画过钟馗像。钟馗的形象在日本随处可见，有屋脊上的钟馗瓦像，在家里摆放祛痘钟馗，端午节时还插钟馗旗。历史中究竟有无钟馗此人呢？答案是肯定的，历史上确有其人，出生于陕西省终南山阿姑泉的钟馗生来体格魁梧，擅钻研学问，文通三坟五典，武能十八般兵器。当时他已经取得武贡士资格，在唐太宗贞观年间到长安应试，不料在路上的阴谷涧受邪魔干扰，被群鬼掠去。他保护着杜平和众恶鬼一场好战，终于杀败群鬼，逃离魔窟，可是他的脸上被恶鬼抓得几近毁容，留下了人见人怕的难看伤疤。这便是广为流传的钟馗捉鬼的故事。

画圣仙术

吴道子的书法师从张旭、贺知章，因在观看公孙大娘舞剑时受到启发，体会出了书法的用笔之道。后来因其书法十分喜爱绘画，又在画画的道路上很下了一番功夫，曾创作大量的壁画作品，其内容无一雷同，在这样丰富地积累之下，他作画时常常一挥而就。吴道子年轻时作画风格内敛谨慎，用笔细致，到中年时则变得粗放，线条有节奏感，粗细相间，变化丰富，状似"莼菜条"，遂有"莼菜描"之说，笔不周而意周，与张僧繇可称为"疏体"的代表。

在唐开元年间，吴道子因善画而被召入宫廷。苏轼说："画至吴道子，古今之变，天下之能事毕矣"，由此可见吴道子的绘画技术在当时是非常高的。他之所以有高超的绘画技术除自己的勤奋努力外，据传是因为得到了蜀中桃源真隐的真传，向其学习了山水神仙术。

一日，唐玄宗得知此事，想见识一下这种山水神仙术，便令吴道子进宫表演给他看。吴道子将墨与七彩放入一个盘中并搅动，然后泼在一堵雪白的宫墙上，后命人用布幔遮掩起来。一切准备就绪，吴道子便拿起毛笔，边舞边画，嘴里还振振有词。画完之后，撤掉布幔，一幅绝妙的的山水美景呈现出来，墙壁上似有白色的云在飘浮，美景吸引着人走近，潺潺的溪水伴随着琴声，就像人间仙境一般。山峰之下有画一石洞，上刻"桃源洞天"，石门紧紧地闭着。吴道玄上前轻轻扣敲那扇石门，石门一开，一位童子缓缓走出，并向大家躬身施礼。这时吴道子请玄宗进去游览一番，玄宗不敢冒然前去，吴道子便孤身飞入画中，石门合上后，壁画瞬间消失，令人目瞪口呆。两个时辰后，有目击者称吴道子与一小童从城墙上穿过便不见了。大家正议论之时，不知何时返回的吴道子已站在原地，并向玄宗说了此番的所见所为，玄宗听后十分后悔自己没有前去游览一番。

云游

吴道子自幼父母去世，生活艰难，酷爱绘画的他在11岁时，不得不以放牛为生。有一次，他随主人到河北定州的柏林寺进香，在殿堂里看见一位老和尚画壁画尽然看得入了迷，浑然不知主人在寻他。这位得道高僧见他如此痴爱绘画，考校之后便收他为徒。一日，大师对吴道子说："我一直想在后殿的墙壁上画在一幅《沧海涌浪图》，但却画不像海浪。因此想出外云游一番，观察各地的江河湖海，三年后回来再画它，明天你与我一道同去。"于是两人收拾好行李，第二天一早就出发了。途中只要看到好看的山水，大师便写生记下来，同时也让吴道子如此练习。最初吴道子还觉得很新鲜，态度也很端正。然而日子一长，便心生腻烦，不能认真作画。

老和尚语重心长劝说道子，劝其做任何事情当善始善终，决不能心猿意马，马虎应付。要想把江河湖海奔腾的气势画出来，绝非易事，非下苦功夫不可。说罢，老和尚打开画箱，一箱子画稿满满地堆在里面，画的是各种各样的波浪。这时吴道子才认识到自己的不足，并开始每天艰苦地写生，风雨无阻。时光荏苒，三年后，他的绘画水平有了很大的进步，老和尚很是欣慰。刚回到寺院，长期劳累加上年老体衰导致老和尚病倒在床。吴道子为完成老和尚心愿，决定帮他画《沧海涌浪图》，禅师知道后很高兴。于是吴道子精心构思九月之久，终于在深秋时节完成此画。禅师听后，高兴得病也好了，于是同寺僧一起前往观看。殿门一开，顿觉波涛汹涌的海浪迎面扑来，甚至有和尚叫道："不好啦，天河开口了！"禅师细赏过后，笑着称赞他已掌握画水的神韵。

从此以后，吴道子便以画水而闻名于世。他出名后，非但不骄傲，还经常向民间画师请教绘画技巧。禅师知道后，说道："要知道艺无止境，转益多师是我师。更要不拘成法，另辟蹊径，画出古今人都达不到的境界，方可超凡入圣，得画家三昧妙法！人生苦短，世事无常，老衲就让你出师，云游天下广拜名师去吧！"

拜师张旭

张旭为我国唐代书法家，与怀素并称为"颠张狂素"，张旭擅长狂草，书写全凭自身意气，草字虽奇怪百出，却无一点一画不合法度。

与禅师拜别后，吴道子四处游历。一日，他来到东都，看到张旭现场正在表演狂草书法，其字变化多端，于醉意阑珊中开合自如，真有惊天地泣鬼神之功。这令吴道子想起了自己缺少变化

的线条。于是，隐姓埋名的吴道子开始向张旭学习草书。

张旭见其好学，欣然应允。时隔几年，当吴道子对书法有了较深的领悟后，便对张旭道出了自己的真名，并真诚地告诉了他自己学习书法的目的，并将所学的书法技巧试做的几幅人物画让拿给张旭看。张旭看后，赞他："绝顶聪明绝顶狂，天生道子世无双。"吴道子的一生，主要是从事宗教壁画的创作，题材很丰富，有宣传教义的，有《梁武帝》《郗后》等人物。他的画作有《明皇受篆图》《十指锺馗图》收录在《历代名画记》；《孔雀明王像》《托塔天王图》《大护法神像》等九十三件，收录在《宣和画谱》。

大唐三绝

时隔不久，吴道子善画的名声传入宫中，唐玄宗亲召其入宫任绘画供奉和内教博士，除了为皇族子弟教授画艺外不准为别人作画。

一日，吴道子跟随玄宗来到洛阳，见到了裴旻将军和张旭老师。当时被称为"大唐三绝"的

明·戴进
《锺馗雪夜出巡图》
立轴　绢本设色

民国粉彩瓷
《锺馗嫁妹》

三人，各怀绝技：裴旻精于舞剑，张旭擅长狂草，而吴道子则长于丹青。三人在唐玄宗面前分别表演了自己的拿手绝活，真是一日之中，获观三绝，大饱眼福啊！

后来，裴旻的母亲去世了，裴将军守孝在家，为了超度母亲的亡灵，请吴道子到洛阳天宫寺画佛道神像。吴道子作画时请他舞剑一曲，以助画兴，裴旻听了，二话不说，当即脱掉孝服，穿戴整齐后便在院中舞起剑来。宝剑在裴旻手中舞得虎虎生风，剑影如云。突然，裴旻将宝剑抛向数十丈高的空中，寒光逼人的宝剑直直地从天空中掉下来，围观的众人都吓得四处躲避，谁也不知该怎么办，这时，只见裴旻一个鲤鱼打挺，手持剑鞘，向空中猛然一指，"啪嗒"一声，宝剑仿佛长了眼睛不偏不倚正好插入鞘内，围观者无不大声喝彩。吴道子看到如此精彩的表演后，画兴大发，当即饮酒挥毫，丈高的神像不一会就画完了，更令人称奇的是他先从神像大足拇指画起，挥洒之间如有神助，人们看到此情此景，皆啧啧称奇。怪不得苏东坡赞他说："出新意于法度之中，寄妙理于豪放之外。当其下手风雨快，笔所未到气已吞"。

各尽其妙

作为古代最负盛名的画家之一，吴道子在绘画技术上不断创新，在一定程度上体现了时代精神与审美趣味的变化，享有"百代画圣"之誉，所创"吴代当风"成为后世之典范。他曾奉旨在大同画壁画五飞龙，又曾与韦无忝、陈闳等人合作画出了大型历史画杰作《金桥图》。有一次，唐玄宗下旨让他和李思训各画一幅《嘉陵山水图》。李思训是历史上的"大李将军"，他善用青绿重彩，所创金碧山水令人称道。李思训游览完嘉陵江后，所创作的《嘉陵山水图》重彩工笔山水是在十日一山，五日一水，反复积染，花了三个月的时间才完成的。玄宗看过李思训的画后，问吴道子："你的画呢？"吴道子说："尽在臣胸中。"于是，吴道子根据自己对嘉陵江的所见所闻以及所感，采用疏体水墨，一日就完成了此画。玄宗手托两张画，不由得感慨，吴道子真是"一日之迹，各尽其妙"！

皇甫轸之死

皇甫轸，唐代洛阳人，擅长画鬼神、仙鹤和大雕。他拥有极高的绘画天赋，没有经过名师指导，自学成才。随着他绘画经验的不断积累，他绘画上的造诣也日见高超。一次在净域寺，吴道子遇见有上千人围观皇甫轸作画，心中甚是感慨。当时，皇甫轸的名气之大已经超过了吴道子的高徒，绘画上的成就在某些地方甚至超越了吴道子。于是，吴道子捎信给皇甫轸让他拜在自己门下，皇甫轸虽对吴道子非常敬佩，且私下也时常临摹他的壁画，但是，原本就有师父的皇不愿违背自己的老师，遂婉言回绝了。据传，后吴道子为了保全自己的地位，甚至雇人谋杀皇甫轸。直到临死，皇甫轸才得知要杀自己的人竟是吴道子，遂痛心疾首。当时，皇甫轸仅33岁。

屠户改业

吴道子所创作的形象栩栩如生，非常逼真。相传，朱景玄曾请吴道子为其家庙景云寺作画，吴道子便作了《地狱变相图》及各佛道像。在描绘佛头背后圆光时，有数千人跑来观看，只见吴道子凝神聚气，抡圆胳膊，提笔轻轻一挥，圆光竟能够画得像用圆规画出来的一般，博得观看者的高声喝彩，震动整个街道。再看他所作的地狱悲惨景象，画中不见后世所描绘的刀山、火海

等，却将笔墨集中于人物自身的表情动作，以此来表现忧愁痛苦的情形，所绘人物的衣带和头发仿佛被风吹过，因而有"吴带当风，千古奇迹"之说。城中的人在观看《地狱变相图》后，深深被其震慑并发誓不再吃肉，连屠户和卖鸡鸭鱼虾的商贩也纷纷关门并改行做其他生意去了，可见吴道子画作的艺术感染力之深。

钧瓷传说

正所谓鱼与熊掌不可兼得。吴道子在宫廷当画师期间，虽然备受皇家恩宠，但在艺术创作上却受到了诸多限制。他出身于社会底层，在很多方面缺少与皇家的契合之处，最终，他放弃了宫廷画师的职位，开始了浪迹天涯的自由生活。

吴道子和钧瓷的传说就发生在他云游各地山水的时候。钧瓷在宋代非常贵重，据说有"家藏万贯，不如钧瓷一片"的说法。钧窑是五大名窑之一，传说它的由来与吴道子有直接的关系。吴道子辞官回乡，来到神垕，这里有一个兄弟窑场，哥哥叫卢青，弟弟名卢红，两人因烧的瓷器颜色暗淡而发愁。吴道子看到这个情况后，便主动提出去给他们帮忙。卢青告诉吴道子在其爷爷曾烧出一种瓷，红的像晚霞，紫的如葡萄，蓝得犹如青天，颜色很是鲜亮，受到人们喜爱。但由于爷爷去世匆忙，并没有将这种釉料配方传下来。吴道子听罢，便要试一试，于是他认真地用笔刷蘸色在素胎上打底描色，晾干后，让卢氏兄弟将这批瓷器入窑烧制。出窑后，他们惊奇地发现釉色极其美丽，比兄弟俩的爷爷烧得还要好。于是两人非常高兴，向吴道子道谢，吴道子让他们将这个经验告诉神垕的乡邻们，使得大家都能烧出好瓷。从此以后，精美的钧瓷被大家所喜爱，在宋朝时，还被作为贡品进献皇宫。

墙上画月亮

有一次，吴道子在赶路途中忽觉口渴，抬头一看远处有一个小村庄若隐若现。此时天色已晚，走至村边发现一间破旧的茅草屋子，里面有一位老婆婆正在纺线织布。她得知吴道子要讨水喝，热情地接待了他。屋子里光线昏暗，视线不清，于是吴道子就问老人家为何不点灯，老人告诉吴道子仅靠自己纺线来维持生计，无钱买灯油。吴道子心生同情，借着昏暗的月光，在老婆婆家的墙上画了天空和月亮。老婆婆心生疑虑，吴道子笑而不答，说等天完全黑下来之后你就明白了。果然，吴道子走后，天完全黑了下来，老婆婆惊喜地发现，墙上一片蓝天，一轮明月高悬空中，使屋里一时亮如白昼。老婆婆高兴地对着墙磕头，认为自己遇见了神仙下凡。

（传）唐·吴道子《八十七神仙卷》（局部）手卷 纸本水墨

（传）唐·吴道子《送子天王图》（局部）手卷 纸本水墨

驴怪闹和尚

据传，吴道子在游历的途中经过一座寺院，想讨杯茶喝休息一下。该寺方丈乃是一势利之人，见他风尘仆仆，又无随从，于是态度很是冷淡，推说没有茶水爱理不理。无奈，吴道子只好报出姓名，方丈一听说他就是赫赫有名的吴道子，连忙端来茶水，并求吴道子的墨宝一幅。吴道子暗暗气恼，却也没有当面表露。他在方丈室的墙壁上画了一头栩栩如生的毛驴，毛驴正在蹬蹄子，非常生动。画完之后，吴又对毛驴轻轻地吹了一口气，便离开了寺院。不曾想到了晚上，画上的毛驴突然从墙跑下来了，满屋子乱踢，将方丈的居室破坏了一通。待方丈叫来人，毛驴就又进入画中，人一走，便又下来闹腾，一连几天皆是如此。方丈烦恼至极却又毫无办法，只好四处打听吴道子，请求他收回这头驴子。吴道子又对着画呵出一口气，用抹布一抹，毛驴便消失不见，至此方丈的日子才又恢复了安宁，他在叹息的同时不得不暗自惊叹吴道子画功之神奇。

秃尾马化龙

有一年，吴道子在拜访了鸡足山的跃治禅师后，为他画了一幅《立马图》当作留念，但慌张之余忘记了画马尾巴。即便如此，跃治禅师仍非常喜欢此画，将其挂在西禅房中，以供随时观赏。从此，寺院山下的农人总能在晚间发现一匹没有尾巴的马跑到庄稼地里偷吃麦苗，赶走它复又回来。恼火的农人集合起来，一起驱赶这匹马，并想抓住它，但马的速度非常快，总被它

抛在后面。在农人的穷追不舍下，马竟跑到寺院里不见了。农人生气地问禅师："你们寺院是佛门净地，应该慈悲为怀。为何养一匹秃尾巴马夜里放出去偷吃我们的庄稼？"禅师一开始还否认这件事，后来一想，便明白了几分，遂将众人带到了西禅房，让他们观看那幅《立马图》。农人们一眼就认出画上的马正是偷吃庄稼的那匹马，毛色、形状都一致，竟然也没有尾巴。除此之外，人们还隐约看见它嘴边正叼着一棵麦苗。跃治禅师立即在画前焚香，并当着众人的面教训那匹马："本为天上龙种，画师写在人间。虚中来，玄中去，因果终须自己还。了脱三生债，神骨腾尘凡。从此莫把青苗偷，勤修善业列仙班。若再违戒，定打不饶。"

此后，人们经常看这匹秃尾巴马在溪边饮水、路边啃草，再也没有糟蹋过庄稼。有时使唤它拉东西，竟一点也不偷懒。人们心疼这匹马，便拿来草料喂它，它一口也不吃，众人十分感动，后来，都跪到西禅房《立马图》前焚香礼拜。突然有一天，雷电交加，画中骏马大白天腾空而起，四蹄云烟缭绕，向禅师三点头后，长嘶一声便乘云而去。村庄的人远远看到它飞到高空便化作一条长龙，在村庄上空盘旋多时，才消失在云中。农人们感念他的功劳，便为其在村边塑像纪念。以后，每逢遇到干旱，农人们就到塑像前焚香，祈求降雨，常常一炷香还没烧完，空中就已经乌云密布，风雨来临，因而人们亲切地称它"龙马神"。

一身正气满乾坤
——颜真卿与柳公权

　　"三更灯火五更鸡，正是男儿读书时。黑发不知勤学早，白首方悔读书迟"。这首脍炙人口的《劝学诗》，激励了许多求学的人。这首诗的作者是唐代著名的政治家、军事家、书法家颜真卿。他的楷书被称为"颜体"，其书广收博取，一变古法，形成方严正大，朴拙雄浑，大气磅礴，神气内充的自家面貌，对后世书法艺术影响极为深远，与晚唐的柳公权并称为"颜筋柳骨"。

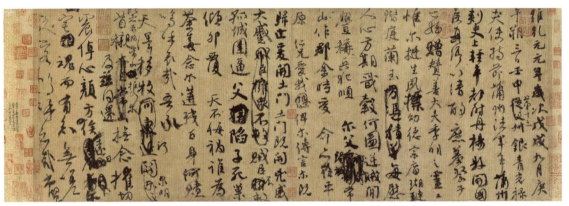

唐·颜真卿
《祭侄文稿》
手卷　纸本水墨

颜鲁公

　　颜真卿祖籍山东，生于长安京兆府敦化坊。其家庭背景不凡，六世祖颜之推曾经出任北齐黄门侍郎，父颜惟贞任太子文学。不过到他这一代也算是不幸的，709年颜丧父，和母亲殷氏寄居舅父家中，他学习很刻苦，为了习字，经常用黄土和泥水混合起来在墙上练习。734年中进士，从此步入仕途入朝为官，任城府屯交兵使，由于其才貌双全与太子中书舍人韦迪之女结婚。在他有生之年历经了唐玄宗、唐肃宗、唐代宗、唐德宗四朝，历任太子太师、工部尚书等要职，是一位清廉正直的官员，后被封为鲁郡开国公，世称"颜鲁公"。

鲁公平叛

　　历史上的颜真卿是书法名家，但他也是一位不为人知的军事家。755年，安禄山叛乱，在安禄山刚准备谋反时，颜真卿便暗中做好防御工作。为了不让安禄山起疑心，他表面上每日作出一副不问世事的假象，不仅如此，他还以杀庞宣远（宦官），救李铣母来得人心。后来他联手堂兄，共同抗敌，有力牵制叛军。安起兵谋反短短三十天之内，河北二十三郡全部失守，只有颜真卿所在的郡击退了叛军。

　　安禄山攻陷洛阳后，命亲信段子光带着李憕、卢奕、蒋清等三人的首级到河北招降颜真卿。

　　当时安禄山进攻势如破竹，颜真卿孤掌难鸣，虽然见了三人的首级悲痛难忍，但是为了稳定军心，对比当时的情况，颜真卿马上作出决定当众腰斩了段子光。事后，义军声威大振，鼓舞了士气，失地也连连得到收复，安禄山的南下叛军无法与后方取得联系，进退两难，不得不暂缓攻打潼关，转而攻击守军薄弱的博陵和常山。

　　颜杲卿驻防常山，由于未能做好万全的准备，且又是孤军奋战，常山终于在叛军攻击下再度沦陷。紧接着叛军直下平原郡，久攻不下，朝廷的形势一片大好，河北的十七个郡县也相继归顺朝廷，在反抗叛军的过程中，颜真卿被推举为义军盟主，统帅二十万兵马横扫燕赵，后来又与清河郡李萼联手在堂邑破敌二万余人。颜真卿的功绩受到了朝廷的表彰。唐肃宗即位后，更是对他加官进爵，步步连升。由此可见，颜真卿在那个时代也是一位风云人物。

颜杲卿骂贼

曾与颜真卿联合抗敌的颜杲卿是一位忠烈之将。颜杲卿字昕，唐朝长安万年人，和颜真卿同为颜师古第五代孙。安禄山叛乱后，颜杲卿应颜真卿之邀，联合起兵断禄山后路，设计斩杀了安禄山的多员大将，常山攻陷被俘遇害。他的事迹感人至深，也让人钦佩不已。事情的原委是这样的：颜杲卿在抗敌中不幸被俘，面对叛军的严刑拷打时决不屈服；面对敌人的劝降，竟对他们破口大骂起来："呸！你这个放羊的羯奴，本来不过是一个普通人，天子看你有才提拔你为节度使，却不想你恩将仇报，现在做起反叛的事情来，造成天下人因为你此举流离失所、挨饿受寒。想我颜家世代忠良，即便与你素有交情，怎么会因为这点私利而忘本呢？现在我只恨不得为国家杀了你，又怎么会和你同流合污。你要杀就杀，要剐就剐！"凶狠的安禄山听到这里大怒，遂将颜杲卿和袁履谦当场杀死。直到真正面临死亡之时，颜杲卿依然骂得停不下来，安禄山只得割了颜杲卿的舌头。尽管这样，颜杲卿依然从嘴里发出模糊

颜真卿像

的声音，直到最后一刻倒下。手足被砍的袁履谦看到这一幕，也咬舌自尽。这就是历史上著名的"颜杲卿骂贼"。颜真卿一家可谓满门忠烈，值得后人尊重和敬仰。

天下第二行书

颜杲卿骂贼后产生的一系列后果实在让人惨不忍睹，事后颜真卿派大侄子泉明前去处理善后，颜杲卿的尸骨基本无存，仅得一足和一头骨。数年后，公元758年（唐乾元元年）颜真卿对此事念念不忘，悲愤之余写下了《祭侄文稿》，借以追祭从侄颜季明（即颜杲卿）。所以《祭侄文稿》又称《祭侄季明文》，被后世誉为"天下第二行书"（王羲之的《兰亭集序》称为"天下第一行书"），此行书纸本，高20.8厘米，长75.5厘米，二十三行，全文共二百三十四字。

此书法满篇篆籀之气，横涂竖抹，勾勾写写一任自然，一气呵成，完全是天合之作，属不可复制的神品。故宋代大书法家黄庭坚在其《山谷题跋》说："鲁公《祭侄季明文》文章字法皆能动人。"事实上，此作故事内容和书法功力皆动人。

直言为官

如果书法大家颜真卿一直是一位文化名人，如果他不从政，也许他的生活就会变得不一样，也许活的时间更长，留给后世的佳作也会更多。他是为国家安危而牺牲，是爱国的忠臣，即便是舍生取义，但还是使人备感遗憾。他的境遇以及死与他的性格和气节有很大的关系，主要就是他不畏权贵，直言不讳，以致得罪很多人，最后被人陷害。

例如他曾两次直言上书。一次是皇上祭祖，本身这件事就比较麻烦琐碎，唐肃宗在祭祖的过程中早就不耐烦了，可是颜真卿依然上书皇上需按礼仪祭祀，先祭太庙，后需向东哭三日，然后再能入宫。皇上当时就很来气，但没发作，只是事后把他贬为蓬州长史。

第二次是他上书唐代宗揭发宰相元载，又被

贬为硖州别驾。后来，宰相元载被杀，他才被从新调了回来，提升为刑部尚书。不过，颜真卿这一回却遇到卢杞，据说此人是大唐最为阴险毒辣的宰相，人送绰号"蓝面鬼"。卢杞对他早已怀恨在心，无奈时机不成熟，而颜真卿在朝内德高望重，人人都对他十分敬重。卢杞只得等待机会除掉颜，终于遇到了一个借刀杀人的机会。他上奏唐德宗让颜真卿去招降李希烈，这样可以不费一兵一卒，定能让颜丧命。果然如卢杞所料，颜真卿一到就被叛军扣押。叛军对颜真卿又是谩骂又是威胁，却始终不能软化颜真卿的心，关押监视他有一年之久。即使不断的有人对他威逼利诱，颜真卿始终面不改色，朝着他们冷笑。直到李希烈称帝，又派部将逼颜真卿投降，颜真卿依然不屈服，最后李希烈为了以儆效尤，于公元785年将颜活活勒死，颜真卿享年七十七岁。

颜真卿判案

颜真卿判案很有一手，这在《云溪友议》中有所记载。

故事是这样的。在唐代宗大历年间，有个叫杨志坚的人，家里很是贫穷，因为喜爱读书做学问，整天在家只是看书写字。妻子看他只知道学习，却不事生产，生活状况每况愈下，简直难以为继，于是向他提出"离婚"。可是，那个时候，哪有女人休男人的，只有男人才可以休了女人。杨志坚听到他妻子的话大吃一惊，劝说于她，怎奈妻子主意已定没有回旋的余地。于是他写了一首休离的诗给妻子：

当年立志早从师，今日无成鬓有丝。
落拓自知求事晚，蹉跎甘道出身迟。
金钗任意撩新发，鸾镜从他别画眉。
此去便同行路客，相逢即是下山时。

妻子拿着休书到官府办理公文，以便改嫁。

这起案子正是由颜真卿办理的，他了解了前后情况，略作片刻沉思后写到，此女不通教化，不贤惠懂礼，重利忘义，做出此类轻浮之举，当人人弃之！同意杨志坚休离此妇。判决一下，先

是让人打了妇人二十大板，后丢出大堂任其改嫁。同时由官府资助杨志坚粮食和布匹，并封了个小官给他。一时之间，杨志坚扬眉吐气。杨的妻子一看追悔莫及，想要复合却又因为当初的做法令人寒心，羞愧离去。

麻姑献寿

麻姑长得像十八九岁的大姑娘，可她的实际岁数是无法估算的，所以麻姑被誉为中国传说中有名的女寿仙。据说王母娘娘每年在三月初三那天，都要举办蟠桃盛会，让大家齐聚一起为她过生日，麻姑每年的此日都要把自酿的美酒献给王母娘娘，以表心意。"麻姑献寿"就是由此得来。这个传说流传甚广，这个题材被许多画家、诗人所引用，成为中国民间民俗画中最重要的题材之一，深受广大人民群众的喜爱，不仅古人常画这个场景，就连现代艺术大师任伯年、齐白石、傅抱石等也都曾经画过《麻姑献寿图》。

麻姑是中国古代道教神话中的人物。据《神仙传》中记载："姑为女性，修道于牟州东南姑馀山（今山东莱州市），中国东汉时应仙人王方平之召降于蔡经家，年十八九，貌美，自谓'见东海三次变为桑田'"。其实麻姑文化之所以能源远流长，这和人们追求长寿的愿望有密切相关，追求长生不老是道家修行的一个主要内容。早在魏晋南北朝时期，就有记录麻姑事迹的道教典籍。

现代·任率英
《麻姑献寿》
团扇　纸本设色

唐·颜真卿
《东方朔画赞》（拓片）

东晋葛洪的《神仙传》中的《麻姑传》曰：

汉孝桓帝时，神仙王远，字方平，降于蔡经家，……与经父母、兄弟相见。独坐久之，即令人相访(麻姑)。"继云："麻姑至，……是好女子，年十八九许。于顶中作髻，余发垂至腰。其衣有文章，而非锦绮，光彩耀目，不可名状。

此外，《抱扑子》《云笈七笺》中也有对麻姑的记载。到了清代《南城县志》《麻姑山志》也有。

颜真卿由于信奉道教，对麻姑的各种传说并不陌生，他还致力于考察和研究麻姑的遗迹，写下著名的《有唐抚州麻姑仙坛记》，简称《麻姑仙坛记》，在里边记录了麻姑如何亲眼见证"沧海变桑田"的故事。其碑通篇楷体，901个字，风格古朴苍劲，线条挺拔，变化多端，多用"蚕头燕尾"，是颜真卿的楷书代表作之一，是中国书法史上的典范之作。

巧募军资

颜真卿从小受家庭影响一生奉持佛道，他与兴国寺和摩天塔有着一段有趣的历史故事：

753年，颜真卿担任平原郡太守，除了忙于公务关心国事之外，他还喜欢和各界朋友联络联络感情，小小聚会一下。兴觉寺的摩天和尚就是他来往比较密切的朋友之一。颜真卿府衙的附近有一处兴觉寺，寺内住着一个摩天和尚。此人不仅精通佛学道理，而且对时事格局也有判断，因此颜真卿常常在空余时和大和尚进行交流，大到国家大事，小到出谋划策，两人都要商量，莫逆之情油然而生。

在安禄山还没有造反之前，两人就时时谈论安，觉得是一隐患。于是在安造反前的四年里，颜真卿囤积粮食，加固城墙，修筑堤坝，以备不时之需。然而，在没有国力的支持下想要备战，做些事情是很不容易的，不仅需要人力物力，而且需要财力。这巨额的经费该如何解决呢？于是，摩天和尚向颜真卿献了一计。他让众弟子四处化缘，假借要维修寺庙的名义，让大家募捐钱财。出乎意料，集资了大批的物资和钱财。可是军费就是一个无底洞，这些钱很快就见底了。无奈之下，摩天和尚发动了二次募捐。这两次集资，让捉襟见肘的颜真卿做好了备战的准备，也因此在安叛变之后，颜真卿才能打败他，这样的丰功伟绩，成就了颜真卿能注入史册。此后，人们为了纪念摩天和尚，为其重修寺院，取名"兴国寺"，规模要小于原来的兴觉寺。

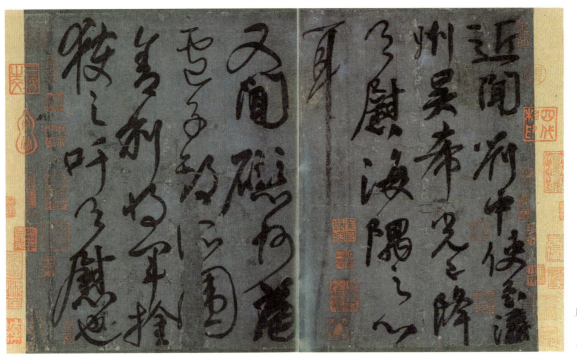

唐·颜真卿
《刘中使帖》
手札　纸本水墨

死后封神

在许多百姓心里颜真卿不仅是著名的书法家，而且是刚正不阿的清官，像神明一样为大家点亮心中的那盏灯。民间之所以会把颜真卿神化，这是有道理的。

传说一：颜真卿德才兼备，他死后天帝得知他的人品就任命他为"北极驱邪院判官"，专职是驱除妖魔鬼怪。

传说二：颜真卿十八九岁时患重病，某天，一道士路过，让颜真卿服用他自带的丹砂，并对他说，你一世的清廉天地可鉴，等你以后死去的时候，可以度化成仙。

传说三：颜真卿死后，他家的一个仆人去收租，在返回的途中偶然来到同德寺，竟然看见颜真卿穿着白色的长衫，端坐在佛殿上，他的脑后金光闪闪佛光一片，看见仆人，于是向他询问儿子和侄儿的情况。还拿出十两黄金，让他交给主人贴补家用。简单寒暄之后，就叫仆人回家了。仆人回家之后，把见到颜真卿的事情一说，当下家人就找了过来，结果当然是颜真卿已经不在那里了。家里人不死心掘墓观看，见颜真卿的尸首状貌如生便急忙重新掩埋。

传说四：颜真卿奉旨前去劝降李希烈，他前脚一走，后面大家就议论纷纷，大部分朝廷内外官员都认为他此去凶多吉少，甚至有可能一去不复返。果不其然。然而神奇的是，有一位洛阳商人上罗浮山，偶遇两道士下棋。其中一道士得知商人乃洛阳人，遂叫他带一封信给颜家人。颜家子孙得信拆开一看，竟然是颜真卿的亲笔书信。颜家人甚觉奇怪，于是再开棺验尸，尸体竟然不翼而飞。难道颜真卿真的化羽成仙了。

一字千金

书法史上常有"颜筋柳骨"的说法，这里的柳即指柳公权（778—865年），是晚唐书法家，京兆华原（今陕西铜川市耀州区）人。他的书法字字严谨，字的技术风格既有王羲之影子，又有颜真卿的特色，以瘦劲著称。他的楷书字形偏纵长，体势劲节锋利，骨力遒健，以楷书最有特色，也最为精妙，因此有"柳体"之称。他的代表作品有《送梨帖题跋》《金刚经碑》《玄秘塔碑》《神策军碑》《平西郡王李晟碑》等

因为他的书法功底以及个人侍奉七朝天子的境遇，所以名噪一时，民间有"柳书一字值千金"的说法。《旧唐书》曰：

公权字诚悬。幼嗜学，十二能为辞赋。元和初，擢进士第，释褐秘书省校书郎。李听镇夏州辟为掌书记。穆宗即位，入奏事，帝召见，谓公权曰："我于佛寺见卿笔迹，思之久矣。"……初学王书，遍阅近代笔法，体势劲媚，自成一家。当时公卿大臣家碑板，不得公权手笔者，人以为不孝。……真书十字，曰"卫夫人传笔法于王右军"；一纸行书十一字，曰"永禅师真草《千字文》得家法"：一纸草书八字，曰"谓语助者焉哉乎也"。赐锦彩、瓶盘等银器，仍令自书谢状，勿拘真行帝尤奇惜之。公权志耽书学，不能治生，为勋戚家碑板，问遗岁时巨万，多为主藏竖海鸥、龙安所窃。……《国语》《尚书》《毛诗》《庄子》。每说一义，必诵数纸。性晓音律，不好奏乐，常云"闻乐令人骄怠故也。

由此可见他在当时的不同凡响。

唐·柳公权
《神策军碑拓本》（拓片）
此为柳公权楷书代表作

心正则笔正

柳公权是我国唐代著名的书法大家之一。他和颜真卿一样也是一位敢于直言的人。

唐穆宗对柳公权的字很是喜爱，他见柳的字写出来端端正正，且笔中带力，骨感十足，自己怎么就写不出来呢？于是柳公权到朝廷公干的时候，穆宗见了他，让他指出自己书法上的不足。柳公权平常听闻皇上醉心于饮酒玩乐，整天摆弄的都是些花鸟鱼虫，闲时写写书法画画画，根本不理朝政。于是柳公权就想何不借此机会，规劝一下皇上。他看着皇上说道，练习书法，首先要用心做，用了心，有毅力，能坚持，自然可以写好书法。做人做事都一样，不用心做事，怎么能成功。皇上应以国家大事为重，不要一味痴迷于玩乐，多处理些朝堂之事，用心做自己分内之事，这样任何事情都能做好。只要用心做，书法亦能水到渠成。

皇上对于柳的直言劝告，不置可否，赏赐了他一些钱财，并提出让柳公权为自己写一幅字。柳则以"国家之事兹事体大，书法之事无足挂齿"为由拒绝了。唐穆宗一直很想得到柳公权的字，可是又不能威逼利诱，愁苦至极。内侍官陈弘志得知此事，为穆宗出谋划策。柳公权再次奉诏入宫。唐穆宗假借柳公权讨论西北少数民族引兵犯境的问题，想要利用柳公权写劝降诏书。柳一听这是好事呀，我得写，于是就中了穆宗的算计。在写诏书的时候，还有一段小插曲。为柳研磨的小婢女打翻了墨，皇上下令要杀了婢女，柳公权为保她，被迫终答应穆宗在诏书上写上落款。大家想一下，诏书上怎么能有除皇上以外别人的落款呢，这不明摆着是个骗局吗？

此事过后，有朋友向他道出了实情，柳才知道自己上了皇上的当，于是很气愤，入宫找皇上询问事情是否属实，穆宗自知理亏，对柳作出了很大的补偿。柳公权何尝在乎这些个补偿，他仍是不改初衷地规劝着皇上。

后来，到了唐文宗时代，柳公权仍是如此。从不阿谀奉承，只想着时时刻刻规劝皇上，直言进谏。

挥毫落纸如云烟

——张旭和怀素

　　唐朝的草书发展是划时代的，出现了以张旭和怀素为代表的狂草书家。他们那种无拘无束、纵情恣肆、连绵起伏、夸张怪诞的书写，拓展了草书的表现领域。

　　张旭被称为"草圣"。唐文宗称其草书与李白诗歌、裴旻剑舞为三绝。怀素自幼出家，痴迷书法，异常刻苦，其用笔圆劲有力，使转如环，奔放流畅，一气呵成，与张旭齐名，后世有"颠张醉素"之称。他们浪漫狂放的书法艺术，对后世影响深远。

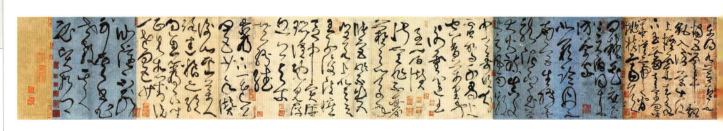

颠狂张长史

　　张旭，字伯高，史称吴郡（今江苏苏州）人。约生于上元二年（675年），卒于乾元二年（749年），初仕常熟县尉，后官至左率府长史，世称"张长史"。他精于书法，尤以草书为最，被誉为中国古代"草圣"之一。

　　开元年间，词科出身的张旭，与会稽贺知章、扬州张若虚、润州包融以诗文并名天下，号称"吴中四士"。张旭的诗，现仅存六首，都是写自然景色的绝句，质朴无华，感情真挚，意境幽深，尤以清新俊逸见长。他的七绝《桃花溪》更是千古传诵的绝句名品。

　　草圣张旭喜欢饮酒，与贺知章、李白、左相李适之、汝阳王李琎、崔宗之、苏晋、焦遂诸人结为"酒中八仙"。他平生嗜酒，性情放达不羁，往往醉后一边号呼一边狂走，索笔乘兴挥洒，落笔成书，变化无穷，若有神助。诗圣杜甫《饮中八仙歌》："张旭三杯草圣传，脱帽露顶王公前，挥毫落纸如云烟。" 就是对张旭"颠状"的最好写照。另据李肇《国史补》记载，张旭饮酒后甚至会把头发浸在墨汁里，用头发书写狂草，他的"发书"飘逸奇妙，异趣横生，连他自己酒醒后也大为惊奇。诗人高适《醉后赠张九

旭》称其"兴来书自圣，醉后语尤颠"，"张颠"的称谓便由此而来。

　　所谓"张妙于肥"就是说张旭的草书之势，他的草书连绵回绕，线条厚实饱满，起伏跌宕，极尽提按顿挫之妙。唐文宗时，李昂将张旭草书、李白诗歌、裴旻剑舞诏称为"大唐三绝"，韩愈在《送高闲上人序》中也对张旭的草书艺术大为赞赏，推崇备至。

天下工书者

　　据唐人张固在其《幽闲鼓吹》中记载，张旭初任常熟县尉后的一天，有一位老翁为一件小事到县衙告状，张旭为他写了判决书，但是没过数日老翁又来请求复判。张旭很不解，就怒斥老翁："你的事情已解决，可是现在还为这件琐碎闲事屡次前来求判，惊扰衙门该当何罪！"

　　老翁回答说："大人，这不是我的本意，请求复判只不过是个借口罢了，上次看到您判决书上的书法笔迹奇妙，此次来是想多讨几件墨宝珍藏起来。请恕罪！"之后，张旭在同老翁的谈话中得知老翁家中藏有其先人的遗墨精品。亲眼目睹了老翁先人的墨迹后，张旭感慨道"天下工书者也"，此后他深入研究和学习，尽得草书用笔之

唐·张旭
《古诗四帖》
手卷　色笺水墨

妙，技法大进。

书肇自然

日常生活中，张旭也是个有心之人。关于他因"担夫争道"而悟笔法的故事可谓家喻户晓。唐代李肇《国史补》中的"担夫争道"说的就是关于张旭的书法典故。典故记载张旭看到公主与担夫在羊肠小道上偶然相逢，而又势在必争的现象。在"书肇自然"的文化体系中，张旭做到了从总体上展开具象化的接近联想或类比联想来把握中国书法的美。他们之间谁让谁、谁侧身、谁正步、谁快步、谁慢步，妙在主次揖让之间，闪避行进得法，能违而不犯。从而启发他在书法上对结构布白、偏旁组合的处理。而且，张旭将外在发生与书艺创作中笔法、结体、章法的擒纵、映带、避就、揖让、呼应、贯气等相联系，认为两者有相似的地方或相同的理法。

"争道"中一个"争"字，显示出公主与担夫之间的矛盾关系，即斗争性。另外，他还注意到，公主与担夫身份悬殊，形成强烈而鲜明的对照，二者之间的对立与统一关系，显示出对立双方是处于两种层次、两种势力之下的，其本质根本不同，对立双方两种性质的尖锐对立已经达到极限，即：至尊与至卑、至柔与至刚、至强与至弱。这就映射出张旭在书法创作上的创新：极端对立的两方都在寻求最大的艺术张力，只有在夹缝中才能求得生存，由大异到大同，由大逆到大顺，体现在书法艺术上即是书法结字的揖让呼应、铺毫运笔的轻重缓急、视觉美感的力与势纠结和多层次的时空规律。他从分析担夫争道意象出发，概括出担夫争道的形态、空间特征，并上升到书法美学涵义层面。从而达到有机融合、完美和谐，最终运化出最醇厚的书法韵味。

草书称圣古今颂

张旭辞世后，当时人们都很怀念他。诗圣杜甫入蜀后，目睹了张旭的遗墨，悲痛不已，作诗《殿中杨监见示张旭草书图》以纪念：

斯人已云亡，草圣秘难得。及兹烦见示，满

目一凄恻。

当时，常熟城内还建有"草圣祠"，祠内有一副楹联：

书道入神明，落纸云烟，今古竞传八法；酒狂称草圣，满堂风雨，岁时宜奠三杯。

此外，张旭洗笔砚的池塘也曾长期保留，称为"洗砚池"。直至今天，城内东门方塔附近还保留着一条"醉尉街"。可见当地人们对这位草圣书家的深深崇敬。

醉僧狂草

怀素（737年—？），字藏真，享年六十有余，永州零陵（今属湖南）人，旧说俗姓钱。怀素自幼在零陵书堂寺受戒出家为僧，法号是怀素，是"大历十才子"之一大诗人钱起的外甥。他在经禅的闲暇之余，专注艺文，尤其潜心钻研草书。

怀素与张旭是同时代人，也是"狂草"书家，两人并称"颠张狂素"，怀素亦善作诗，与杜甫、李白、苏涣等诗人都有往来。怀素是一个随性之人，平日里喜好饮酒，每当酒酣兴发，屏幛、衣裳、器具都是他任意挥写的媒介，时人谓之"醉僧"。时人对怀素的评价很高，唐吕总《续书评》中有：

怀素草书，援毫掣电，随手万变，宋朱长文《续书断》将怀素之书列为妙品，评论其书法：如壮士拔剑，神采动人。

怀素善以中锋用笔，纯任气势作大草，如"骤雨旋风，声势满堂"，达到"忽然绝叫三五声，满壁纵横千万字"的境界。前人评价怀素狂草是继承张旭，但又有新的发展，谓之"张长史为颠，怀素为狂，以狂继颠，孰为不可"。虽然如是疾速，但怀素却能于通篇书法之中，极少失误。

怀素书蕉

怀素自幼聪颖出众，他的《自叙帖》里有：

怀素家长沙，幼而事佛，经禅之暇，颇好笔翰。

可见，怀素游于文翰之间，在禅房经常可以看到他在那里习字，却很少能够听到他的念佛声，这样的"异类"在寺院这种清静之地当然无法容纳，加之他的性格也不适宜于做一个诵经念佛的教徒。因此，不久后怀素就告别了书堂寺。

怀素离开书堂寺后，回到家中，除了一些简单劳作之外，他依旧将主要精力投入到书法练习中去。然而，练字需要几项最基本的开销。墨水用毛笔蘸水练习也无妨，最头疼的就是纸张。加上他喜欢写草书，以他须臾之间即可纵横挥洒之势来看，这无疑是一大经济负担。

为解决纸张的问题，怀素做了不少尝试。起初，怀素找来一块木板和圆盘，涂上白漆书写。然而漆板光滑，不易着墨，这就激发他继续寻求适合代替纸张的材料，后来他发现芭蕉是多年生草本植物，叶子大而宽，就像一张宽大的宣纸。既可以放开手脚，任意挥洒，又可以反复书写。于是，在自己的居处附近种上了大片芭蕉，写完一处，再写另一处，从未间断，传说怀素种植的芭蕉有上万株，因此，怀素的居所有极富诗意的"绿天庵"雅称。

怀素以芭蕉叶代替纸张勤奋书写的故事广为流传，甚至成为画家笔下经常出现的一个题材。现代著名国画大师徐悲鸿、李可染、范曾都画过《怀素书蕉图》。

邬彤传笔法

怀素自幼耳闻，有一个叫邬彤的著名书家是其姨表兄弟，师从张旭。于是他试图通过邬彤探寻"草圣"成功的秘密。他不惜辛劳，向他学习笔法，并拜其为师。然而，邬彤传授书法方式灵活，学习的内容多属于随机点悟，并没有条理与系统。有一天，邬彤语重心长地对怀素说："草

书的'古势'很多，唯有王献之的草书奇特。太宗皇帝称他的草书如凌冬枯树，寒寂劲硬，不置枝叶。"听闻后，怀素便对王献之的草书加以留心学习，汲取他书中的"劲硬"。

一次邬彤把怀素叫到身边，缓缓说道："我时常琢磨先师张长史曾经私下对我说的'孤蓬自振，惊沙坐飞'的含义，或许就像那随风转动、漂浮的蓬草正如一种草书的笔法；风卷细沙在空中飘舞，仿佛草书变动不拘的气势。我尝试师法这种自然景象中包含的艺术情趣，草书的进展有了很大突破。"怀素闻听此言，沉默良久，突然他连声大叫："对！就是这样！得之矣！"也许怀素曾有过类似的经历与感受呢，亦或许他也曾观察过那夏日的云彩，其形状随风变化，情态各异，他将这情状记在心里，慢慢琢磨，总感到这夏云多奇峰与草书的表达有一种说不出的密切关系。

现代·李可染
《怀素书蕉图》
立轴　纸本设色

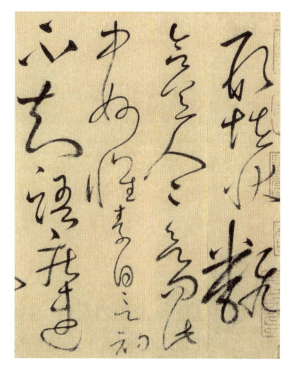

唐·怀素
《自叙帖》（局部）
手卷　纸本水墨

僧儒论书

长安是才子云集之处，也是皇宫贵族聚集之所。一时间，京城掀起一股"怀素风"。达官贵人也都爱结交这个"狂僧"。一时间，"朝骑王公大人马，暮宿王公大人家"的风气居高不下，那些平素姿态高高在上的上层人，均以谦恭的姿态牵出自家的好马良驹，让怀素来驾驭，让出自家的"豪华别墅"，请怀素独享。而王公贵族的最终目的无非就是希望能一览并得到怀素的草书作品。但是由于应酬过多，以至于那些想见怀素的尊贵之人不得不排队"预约"。这些人最终总是要用骏马将怀素接到家中，款款相待，准备好足够的美酒，怀素自然会在狂醉之后，留下令人回味的变化万千的线条。

就这样，怀素在这才子云集的长安前后大约滞留了五年的时间。大历七年（772年）秋天，怀素为拓展自己的眼界，在回乡的路上，将路线刻意做了调整。与西都长安一样，洛阳在当时被称为东都，是全国文化中心，他向东绕道洛阳，然后从洛阳南下。许多知名的文学家、音乐家、画家都聚集于此。那里也曾是书家张旭活动过的地方，并且藏有大量书法名迹。抵达洛阳后，他还到张旭曾经去过的地方去凭吊。那时，正逢书

家颜真卿也路过洛阳，怀素还专门前去拜访并虚心求教，僧儒论书一时传为佳话。

屋漏痕悟笔法

颜真卿曾与邬肜一同拜师张旭，怀素师从邬肜，而颜真卿为人敦厚信奉佛教，常常与僧人有来往，再加之怀素有书堂寺出家为僧的经历，因此，这就为颜真卿与怀素相识相知提供了种种可能，事实上他们两人确有进行过书法的切磋与交流，并且颜真卿对怀素在书法上一些独到的见解是认同和赞赏的。

颜真卿认为学习书法除了吸收先生传授之外，还必须有自己的体会。一日，他同怀素论及书法，问怀素："张长史观看到'孤蓬自振，惊沙坐飞'掌握了草书的回环低昂之状。邬肜曾向你讲过他的心得吗？"

怀素答道："邬师认为，从折钗股中可以体会草书的笔法。"听怀素这么一说，颜真卿只是笑而不语。此后几天，他都没有和怀素谈论书法。

怀素很不解，准备告别友人离开的时候，颜真卿并无挽留之语，而是冷不丁地冒了一句："你认为屋漏痕怎么样？"几天的沉寂终于被打破，怀素突然顿悟：墙是泥质，雨水在顺着漏屋墙壁蜿蜒而下的过程中，水滴受自身重力的牵引向下滴淌，但是受到泥的吸引与牵制，不能迅速下行，因而形成凝重、曲折之美。这是书法艺术为避免流于圆滑无力而增强凝重感的有效途径，也正是草书创作中的诀窍啊！

紧接着，颜真卿又问："你自己有什么心得吗？"

怀素若有所思："我观察到夏天的云彩，由于风的无常，使得云彩没有常势。从夏云随风中，我领悟到了草书的变化不居。这种变化到了痛快处，如飞鸟出林，惊蛇入草。笔画间的牵丝，就像墙壁的自然裂缝，非常自然，并无人工雕琢的刻意。"

颜真卿听闻怀素的一席话，不禁感叹道："对啊！草圣之奥妙，历代不乏高人点拨。第一次有幸听闻你的独到见解啊！"

目识心记写经典
——顾闳中

顾闳中，江南人，南唐后主时任翰林待诏。南唐著名人物肖像画家，曾画过后主李煜的肖像。工画人物，用笔圆劲，间以方笔转折，设色浓丽，善于描摹神情意态。传世代表作为《韩熙载夜宴图》，见于画史著录的作品还有《皇击梧桐图》《游山阴图》《雪村图》《荷钱幽浦》等

多疑的皇帝

画家顾闳中，曾任南唐画院待诏，并为南唐后主李煜画过肖像画，深得后主李煜的喜爱。现存留世作品《韩熙载夜宴图》。

唐朝灭亡直到宋朝建立，中国历史上出现了众多的割据政权。南唐就建立在这个时期。南唐建立之初很是强大，但是随着北方的后周和宋王朝迅速的建立，南唐面临着严重的威胁，逐渐衰落下来，国势渐弱。南唐后主李煜对此深感担心，一方面想要重用有才之士强大国家，另一方面又对这些人心存猜忌。韩熙载就是这样一个又被重用，又被怀疑的人。韩熙载因为战乱的原因，避祸到了南方。因为其博学多才，又参加过科举考试，得举荐出任了南唐中书侍郎、光政殿学士承旨等职。韩熙载不仅在政治上颇有建树，对音乐、舞蹈也颇具造诣，擅长诗文书画。他眼见着南唐国势衰落却无能为力，不愿继续担任宰相，纵情于歌舞夜宴之

中。后主李煜不相信，于是派顾闳中悄悄地潜入到韩熙载家，监视他，看他是否真的纵情声色之中，顾闳中领命而去。

在监视过程中，顾闳中发现新科状元郎粲、太常博士陈雍、紫薇郎朱铣等官员和教坊副使李嘉明都是韩熙载的座上宾，他们并不是常常沉迷声色，而是通过这个来消磨时光。顾闳中明白韩熙载的这种做法实际上是为了力求自保，想以此来表明自己对权力没有兴趣，消除后主李煜的戒心。顾闳中根据所看所想，绘制了一幅《韩熙载夜宴图》送给后主李煜。李煜看后，对韩熙载的戒心减少了许多。

《韩熙载夜宴图》

《韩熙载夜宴图》，五代时期绘画名作，是一幅宽28.7厘米、长335.5厘米的长卷形式的绢本人物，现藏于故宫博物院。

全图以长卷形式表现了南唐巨宦韩熙载放纵

五代·顾闳中
《韩熙载夜宴图》
手卷 绢本设色

五代·顾闳中
《韩熙载夜宴图》
（局部）

不羁的夜生活，刻画了失意官僚的心理矛盾。此卷线条准确流畅，设色绚丽清雅，工细灵动并充满表现力。

这幅画的价值不仅在于描写了私人生活，更重要的是它反映出那个特定时代的风貌，成为研究中国工艺美术史、绘画史和音乐、舞蹈史的重要形象史料。

一般将此长卷分为五个片段来看，相当于连环故事画，将主要人物穿插于其中不同的生活场景之中，而又容纳于一幅画面里，在有限的空间里表现了主题人物丰富的生活故事。画中共描绘了四十多个神态各异的人物，这些性格各异的人物生动地反映了当时官员的生活场景。

全图以韩熙载为中心，将听乐、观舞、休息、清吹、客散五个既相互独立又彼此联系的部分并置在画面上。第一段"听乐"，描绘的是在夜宴上，韩熙载和众宾客们听教坊副使李嘉明的妹妹弹琵琶。

第二段"观舞"，众人观看江南名妓跳舞，韩熙载亲自为其击鼓。

第三段"休息"，宴会中间休息，主人在侍女伺候下休息盥洗。

第四段"清吹"，听女伎吹奏管乐。

第五段"客散"，宴会结束，客人和诸女伎调笑徐徐离去。

整幅画卷笼罩在既沉郁肃穆又华丽奢侈的氛围中，在这种表面上纸醉金迷的的欢乐之外，将韩熙载的颓靡与失望隐隐表现出来。不得不提的是，画面中屏风和床榻等家具的使用起到一种特殊的作用，既分隔画面，使每一段都可以独立成章，同时又将各部分连系起来，成为一个统一的画面。画中人物形象十分传神，身姿容貌乃至衣冠服饰都表现得很出色，如对韩熙载胡须、眉毛的刻画，蓬松的质感极生动地变现出来。全画笔致细丽，色彩明丽，对人物衣服纹饰的描摹既严整又简练，对器物的刻画极具真实感，有一定的比例透视关系，成为古代人物画精品。

才高气逸韩熙载

韩熙载[1]，字叔言，北海（今山东潍坊）人，在五代十国的南唐官拜宰相。韩熙载出生于北方的世族大家，从小就多才多艺，懂音律，擅绘画。不仅如此，他诗文读书也样样都行，还极富政治头脑。唐朝末年时，考取了进士。到了吴国，他向吴睿帝杨溥递交了一个《行止状》[2]，后入朝为官。

韩熙载博学善文，《佩文斋书画谱》[3]称赞他："才高气逸，善谈论，听者忘倦。分书及画，名重当时，见者以为神仙中人"。不但如此，他足智多谋且不畏强权。据说，南唐后主李

[1] 见中国画著录书《宣和书谱》记载。
[2] 现在的个人简历。这份《行止状》现收入《全唐文》之中，至今尚存。
[3] 《佩文斋书画谱》，中国清代书画类书。王原祁、孙岳颁、宋骏业、吴暻、王铨等纂辑，康熙四十七年（1708年）成书，共100卷。全书分为论书、论画、帝王书、帝王画、书家传、画家传、历代无名氏书、康熙皇帝御制书画跋、历代名人书跋、历代名人画跋、书辨证、画辨证、历代鉴藏等。所引古籍1844种，其中对书画家传记的引证，均注明出处。保存了许多重要的资料，为中国第一部集书画著作之大成的工具书。

056

煜在宫中大摆宴席以庆贺纳小周后为妃，于是韩熙载赋诗一首，讽刺李煜这种强行纳娶的行为。李煜有一次在青龙山狩猎后，突至大理寺监狱并赦免了许多人。李煜这种任意行事的做法让韩熙载非常不满，于是再次上书直言进谏，说此事君主办得极为不妥，犯人的关押与释放自有司法部门负责，君主不能说放就放，况且君主就不应该到牢狱这种地方，针对此事君主应自罚三百万钱以充军费。李后主听他说罢并没怪罪他。韩熙载的耿直，后主李煜是知道的，也知其好意，遂一般不会责难于他。为了感念主子的知遇之恩，对于朝中大事他必事事躬亲，且刚直不阿，他的行为引起朝中权贵如宋齐丘、冯延巳的不满，这也使其日后的仕途充满了艰辛与坎坷。

点艾熏文

宋齐丘，字子嵩，出生于官宦世家，官居宰相之职。他擅诗文，在他名声大时经常给人撰写碑志，而当时韩熙载以擅长"八分书"[1]而闻名，所以每当遇到这种事情的时候，宋齐丘就将起草好的文章交给韩熙载来写。韩熙载知宋齐丘心胸狭窄，对其人品并没有好感，勉为其难答应也是不情不愿的，于是大家每次见韩熙载书写时都会有滑稽的场面，即用纸堵住口鼻，点上艾草，其实这只是韩熙载在变相地讽刺宋齐丘文辞污秽低劣罢了。

陶谷出丑

《玉壶清话》卷四上记载着这样一个故

五代·顾闳中
《韩熙载夜宴图》

五代·顾闳中
《韩熙载夜宴图》（局部）

[1] 八分书是隶书的一种，人们把带有明显波磔特征的隶书叫作"八分书"，有秦代上谷散人王次仲创造。

事：五代十国时期，南唐当时属于强国，后周后来也逐渐强大起来，为探听南唐的虚实，派遣陶谷出使江南。陶谷来到南唐以后，无论大小场合一副正气凛然之势，宴席之间也从未谈笑，但是总给人一种道貌岸然的感觉。韩熙载看着这样的陶谷就想，怎么看怎么都不是正人君子，假正经而已，得使计让其露出原形。于是，在陶谷居住的驿馆处安排了一名歌妓秦若兰，让她冒充驿站侍女，每天打扫庭院，时时出现在陶谷面前。秦若兰年轻貌美，姿色艳丽，很快就吸引了陶谷的注意。陶谷询问其身世发现她的命运波折，顿生爱怜之情，于是二人几番交流之后便成好事。他还为秦若兰写了一首词，名叫《春光好》。

陶谷与秦若兰的事传到了中主李璟那里，李璟见计策成功，于是再在澄心堂设宴招待陶谷，一开始陶谷仍是一如既往地装模作样，见此情形李璟只好将秦若兰叫出来，让她为陶谷弹琴吟诵：

好姻缘，恶姻缘，奈何天，
只是邮亭一夜眠？
别神仙。
琵琶拨尽相思调，知音少，
待得鸾胶续断弦，是何年？

陶谷见此，既尴尬又羞愧，再也不敢推脱，一连饮了数杯，甚至都吐在了宴席上，南唐君臣仍不肯罢休。陶谷的行为不仅遭到后主李璟的轻视，而且他在江南的所作所为传回到后周后，后周君主甚为恼火，决定不再对他委以重任。至此，陶谷的一趟江南之行，本应该是成就他的仕途之路的，却不想成为终结点。

纵情声色

李璟虽然对韩熙载很是器重，但在南唐内忧外患之时，韩熙载的多次谋划和进谏均未重视，终于酿成战败的大祸。到李煜统治的时候，南唐已岌岌可危，但李煜却沉迷声色，无所作为。韩熙载深知南唐已是强弩之末，虽然让他做了宰相，但皇上对他仍是有所疑忌，于是他只能沉湎于酒色，纵情歌舞，府内艺妓混杂。

韩熙载本来家底丰厚，文章又写得极好，因而声名远播，江南的许多贵族、僧道以重金聘他撰写碑碣再加上皇帝的赏赐，因而韩熙载便成了南唐中为数不多的富人，使其有条件广招宾客，蓄养艺妓。家财耗尽后，他就穿上破衣烂衫，装成盲叟逐房向诸伎乞食，久而久之，大家便习以为常。但是仅靠游戏般的乞讨并不能解决真正的困窘，这时他只好向李煜哭穷，李煜虽不满，但还是给他许多赏赐。后来韩熙载索性不再上朝，于是经常被人弹劾，有一次差点被贬去洪州，幸得后主将他挽留下来，即使这样，他仍然没有改掉以往那种纵情声色的生活，令后主李煜也无可奈何。

韩熙载的种种行为，给众人造成放荡不羁、不堪重用的形象。但事实却非如此。陆游《南唐书·韩熙载传》与《钓矶立谈》等书中均有记载，韩熙载之所以这么做，完全是形势所逼。南唐当时的社会状况已成颓废之势，而中原之地又对其虎视眈眈，不战便罢，如果要战，南唐必然灭亡。假如我在这种情况下就任宰相之职，既无能力救助国家，个人还面临生死存亡，何苦来哉！其实《韩熙载夜宴图》上所描绘的场景不过是韩熙载明哲保身的一个无奈之法而已，他也就只能纵情声色来消磨自己的意志和斗志，面对即将到来的亡国命运。

北宗鼻祖洪谷子
——荆浩

五代宋初时期，中国诞生了一批在画史上风采卓绝、千载彪炳的大画家——"荆、关、董、巨"。这里的"荆"就是指荆浩。这位常年生活在太行山的天才画家，创造了自己独特的山水画艺术，成为风格雄浑苍劲的北派山水代表。

太行山

山水新局的开创

荆浩是我国五代后梁最具影响力的山水画家，自称集吴道子之用笔与项容用墨之长，他对中国山水画的发展作出了重要贡献。自六朝以来，山水画均为青绿设色加以勾线填彩。这一绘画面貌自盛唐、中唐开始有了变化，在张璪、王维等画家的引领下，出现水墨山水画，然而至此还未形成风气。五代时期的荆浩在唐人山水画的基础上，总结其笔墨得失，师承张璪，并汲取吴道子用笔之力与项容用墨之趣，集二家之所长，加以融合，自成一家。荆浩的山水画近乎笔墨两得，皴染兼备，这是中国山水画的一次巨大的突破，他将唐代出现的水墨山水画法进一步推向成熟。

在荆浩之前，山水画中鲜见全景式布局。然而自荆浩开始，就确立了"大山大水，开图千里"的山水画新格局。荆浩将视野打开，着重于描绘大千世界、万里江山这些广阔的雄伟气势的景象，擅长画北方山水，其笔下的山气势恢宏，雄伟壮阔，层峦叠嶂，虚实弥漫，诠释了宋代全景式山水画的特点。画家在这一时期的绘画审

美认知有别于之前的认知，这可以从绘画格局中看出来。荆浩开创的全景式山水画，对北宋前期山水画的发展产生了重要影响，奠定了之后由关仝、李成、范宽为代表全景山水画的格局，推动了山水画走向前所未有的繁盛时期。北宋米芾曾师承荆浩山水，将荆画归纳为"善为云中山顶，四面峻厚"，又称"山顶好作密林，水际作突兀大石"，可见气韵雄壮的格局，正所谓"峰岚重复，势若破碎，而一山浑成，无断绝之形"。

双林院

874年左右，荆浩由家乡至开封，宰相裴休与他是同乡，为表示关照，给荆浩任一小官职。后来，裴休罢官，荆浩也辞官离开。在开封他遇到志同道合的高僧圆绍，并同圆绍居住于开封夷门仓垣水南寺。随着圆绍的名声越来越大，后又扩建了横跨夷门山的大寺院，为此，唐僖宗还亲笔题书"双林院"。荆浩擅长画佛像，也在寺中画了多幅壁画。遗憾的是，这些画作未能保存下来，但是在陈询直《五代名画补遗》中，提及了

（传）五代·荆浩
《匡庐图》
立轴　绢本水墨

也""嗜欲者，生之贼也。名贤纵乐琴书，图画代去杂欲。子既亲善，但期始终所学，勿为进退。图画之要，与子备言；气者，心随笔运，取象不惑；韵者，隐迹立形，备仪不俗；思者，删拨大要，凝想形物；景者，制度时因，搜妙创真；笔者，虽依法则，运转变通，不质不形，如飞如动；墨者，高低晕淡，品物浅深，文采自然，似非因笔""神、妙、奇、巧，神者，亡有所为，任运成象；妙者，思经天地，万类性情，文理合仪，品物流笔；奇者，荡迹不测，与真景或乖异，致其理偏，得此者，亦为有笔无思；巧者，雕缀小媚，假合大经，强写文章，增邈气象，此谓实不足而华有余""凡笔有四势：谓筋、肉、骨、气。笔绝而断谓之筋，起伏成实谓之肉，生死刚直谓之骨，迹画不败谓之气。故知墨大质者失其体；色微者败其气，筋死者无肉，迹断者无筋；苟媚者无骨"……[1]

《笔法记》被认为是荆浩苦心钻研结晶而成的著作，对后世山水的理论和实践产生了深远的影响。

关于荆浩其隐居地的问题也扑朔迷离，成为自北宋以来困扰古今学者的千年谜团。有关荆浩隐居地的说辞现有几种：一说是山西沁水，一说为河南济源，还有一说则为河南沁阳，甚至还有指江西豫章。

根据《沁水县志》所记洪谷位置与《笔法记》所述洪谷山水特征，再结合沁水当地的民间传说，可考证荆浩隐居作画的太行洪谷，位于山西沁水，即沁水西南约六十里的中条山主峰历山（又称舜王坪）东北麓寺沟河谷中。依据荆浩《笔法记》所记载太行洪谷的自然环境和山水特点，唯山西沁水洪谷的山水布局及神韵气势最为符合，更具说服力的是，荆浩的山水画作《匡庐图》的画面构图也与沁水洪谷出奇相似。因此，学术界普遍认为荆浩隐居地太行洪谷所指就是山西沁水。由此，便可以这样推理，荆浩以沁水的洪谷山水为创作题材，留下了诸如《匡庐图》这样的不朽神品；而且在创作过程中，受历山一带

荆浩作画的事实："尝于京师双林院，画宝陀落伽山观自在菩萨一壁"。这也足以证明该画作的名气。荆浩在太行山中躬耕自给，以松树山水为作画对象，与外界甚少结交，同邺都青莲寺却有较多往来，且为该寺作画。

《笔法记》谜案

《笔法记》是一部山水画论著，为荆浩毕生心血之结晶，是中国美术史中极为重要的绘画理论著作。全书阐述了著者的许多绘画理论，认为：

少年好学，终可成也。夫画有六要：一曰气；二曰韵；三曰思；四曰景；五曰笔；六曰墨"；"废物象而取其真。物之华，取其华。物之实，取其实，不可执华为实。若不知术，苟似可也，图真不可及也""似者，得其形遗其气，真者，气质俱盛。凡气传于华，遗于象，象之死

[1] 荆浩著，王伯敏标点注译，邓以蛰校阅，《标点注译——笔法记》. 北京：人民美术出版社，1963年。

◎北宗鼻祖洪谷子●五代荆浩◎

（传）五代·荆浩
《匡庐图》（局部）
立轴　绢本水墨

的群峰崖岩之险、山间飞瀑之妙、古松怪石之势的启发，作山水画论著作《笔法记》。

《全唐诗》中收录的荆浩《画山水图答大愚》有这样的记载："荆浩，字浩然，沁水人，隐太行洪谷，自号洪谷子。"但是并未指明太行洪谷具体位置。北宋刘道醇在其《五代名画补遗》中有："荆浩，字浩然，河南沁水人。业儒，博通经史，善属文。遇五季多故，遂退藏不仕，乃隐于太行之洪谷，自号洪谷子。"此外，《宣和画谱》中也有关于荆浩的记载："荆浩，河内人，自号洪谷子。"将上述三者综合考量，可划定荆浩是河内沁水人。若将"河内"与"沁水"联系在一起，那么，荆浩当属是河南济源。从地理位置的划分来看，山西沁水和河南济源、沁阳均位于沁河流域，且都临近太行山，并且在清代的《沁水县志》和《济源县志》中都列有荆浩专条。因此，民间甚至流传，荆浩起初在河南济源五龙口景区的十里画廊写生，后又至沁阳，游历于山西太行山一带。为据实考证荆浩的隐居地，还亟需深入发掘更多关于他的图文著录与可信史料记载。

荆浩的追随者

中国绘画史上一般概括五代代表性画家为"荆关董巨"，其中"荆关"为北派山水的代表人物，而"董巨"则是南方山水的代表。"荆关"是指荆浩和关仝。关仝承续荆浩衣钵，两人在画风和取材上有相似性，所以说到荆浩，也顺带可以谈谈关仝。这样可以对那个时代的北方山水画面貌有个更全面的了解。

关仝，系长安（今陕西西安）人，善画山水，是荆浩追随者，他潜心钻研荆浩的艺术，遂自成一家，被称为"关家山水"。他所作山水笔简气壮，景广意长，在北宋有"三家山水"之称。郭若虚《图画见闻志》中对关仝山水画评价极高，认为其与李成、范宽齐名，他认为"画山水唯营丘李成、长安关仝、华原范宽。""三家鼎峙，百代标程"。

（传）五代·关仝
《关山行旅图》
轴　绢本水墨

据《石门文字禅》记载，北宋有一位叫惠洪的高僧，十分喜欢关仝的画作。有一天，一位友人清侍者特意从长沙赶往天亭山拜见他，求他赐偈语。惠洪沉思片刻，联想到清侍者一路策杖登山，如上云霄，偶尔回视群峰的壮美气象，脑子里突然浮现出关仝的一幅叫《庐山夕阳图》的山水画作品，于是提笔挥毫写下：

天亭山下开春晓，丛折万峰螺髻青；
瘦策缘云上峰顶，为谁妆点夕阳屏。

关仝曾作《骤雨图》，画中描绘的是骤雨降临之前，山村混沌的景象以及各种人物的慌张惊恐之态，南宋文士刘克庄在观赏此画时，被此画作深深打动，因此，作长诗一首，其中有：

四山昏昏如泼墨，行人对面不相觑。
凄乎太阳布肃杀，黯然混沌未开辟。

面对关仝的作品，诗人有身临其境之感，在诗中对骤雨突降展开了生动入微的情景描绘：烟云雾气缭绕，山川虚实依稀可辨；滂沱大雨中，一老叟身披斗笠提着鱼掩面而归，童子赶着牛踩着泥泞的道路；疲乏的奴仆无精打采地赶着瘦驴，脱下蓑衣的僧侣窘然回步，抛锚的商人忧形于色，就连池中的凫雁也萧瑟畏缩。末了，诗人不禁感慨："乃知画妙与天通，模写万殊由寸笔；大而海岳既尽包，细如针粟皆可识。向来关生似何人，想见丘壑横胸臆"。"元四家"之首的黄公望对关仝的《层峦秋霭图》大加称赞，他在观赏完画卷后，认为此画作虽师法荆浩，却又兼有王维的笔法，于是题诗言："岩端飞瀑为青雨，江上归舟溯碧烟。应识个中奇绝处，昔年洪谷属君传"。

关仝的画风影响了当时的一大批画家，其追随者也很多，像汝南宛丘人王士元、开封人刘永、山东人王端等。不仅如此，他对后世的影响也很大，如"元四家"之一的倪云林从关仝的皴法中变出自己的"折带皴"，又黄宾虹也宗法荆关，认为五代北宋的大家为山水画的正轨。

061

《北宗鼻祖洪谷子·五代荆浩

笑傲江湖两大师
——李成与范宽

　　北宋时期的中国山水画达到很高的成就，李成和范宽就是其中最为杰出的代表。但是今天他们的代表作主要收藏在中国台湾和日本。元代汤垕《画鉴》则认为"宋世山水超越唐世者，李成、董源、范宽三人而已"，又谓"董源得山之神气，李成得山之体貌，范宽得山之骨法，故三家照耀古今，为百代师法"。

北宋·范宽
《溪山行旅图》（局部）

营丘善画

　　李成，字咸熙，原籍长安，出身贵族，其先人为唐宗室，其祖父李鼎为唐末国子监祭酒、苏州刺史。后周时避居青州（今山东）营丘，故李成又称李营丘。在宋初极负盛名，被誉为"古今第一"。

　　李成从小就很聪明，品格清高，博通经史，富有文学修养，好饮酒与游历，博涉经史，爱好赋诗，擅弹琴下棋，喜画山水以自娱，时逢乱世无从施展，遂纵情于诗酒书画。至李成父亲李瑜时，其家道日渐衰落。李成胸怀大志，因世变抑郁不得志，于是放纵自己不理俗事，只在意于饮酒作诗，寄情于书画之中。李成师承关仝、荆浩，在学习他们画法的基础上勇于创新。他的画多数描绘郊野平远旷阔寒林之景，技术娴熟，用笔简练，但简练之中又藏着锐气，擅长用幽淡多层次的水墨画平远开旷之景，世称"惜墨如金"。其所画山石如卷动的云，后人称之为"卷云皴"，又以爽利秀润之笔锋绘寒林枝杈，被称为"蟹爪"。米芾形容李成的画是"淡墨如梦雾中，石如云动"，这种"石如云动"的笔法似轻薄，又似厚重，轻中见厚，厚中见轻，此作画技法成为李成的风格标记。《宣和画谱》曾记述他

北宋·范宽
《溪山行旅图》
立轴 绢本水墨

的山水画说："所画山林薮泽，平远险易，萦带曲折、飞流、危栈、断桥、绝涧、水石，风雨晦明，烟云雪雾之状，一皆吐其胸中，而写之笔下。"他曾遍游东山（今山东临淄蒙山、鲁山一带），深得家乡山水之灵气。元代大画家黄公望在看了李成的《寒林平野图》后评价说，自从谢赫的六法论提出以来，自己只知道世上有顾恺之、陆探微，而忽视了其他画家的作品。待自己看到李成的画时才发现，自己的目光有多么的短浅。李成的笔墨、构图、意境都能很完美地融合在一起，赏心悦目，无从发现缺点，情景交融，真是令人佩服。清代画论家孙承泽在《庚子消夏记》一书中对李成的《寒林平野图》也给予了极高的评价："古木夭矫，雪色凛冽，寒鸦群集衰草中。暑月展之，如披北风图，令人可以挟纩，非营丘不能也。"良好的家庭文化背景，过人的艺术天赋，以及对家乡山水的热爱，为他的山水画创作奠定了坚实的基础。

孙四皓求画

　　宋初山水画以李成、范宽成就最高，李成尤负盛誉。李成性格孤傲，且为人义气大方，光明磊落。宋刘道醇的《圣朝名画评》[1]中可见李成之言："性爱山水，弄笔自适耳，岂能奔走豪士之门。"可见李成本性喜爱名川大山，闲时喜爱弄文弄墨，对俗世漠不关心，淡泊名利。李成常谢绝达官贵族之延请，故其画作颇不易得。相传北宋开宝年间，皇亲国戚中一个响当当的大人物孙四皓，早闻李成大名，对他的画十分喜爱，很想得其一幅画。于是派人送信给李成招他前来，态度甚是倨傲。李成收到信拆开一看又气又恼说："我们根本不是一类人，怎能杂居而处呢？我本是一介书生，喜欢绘画也只是为了使自己舒心适意罢了，又不是为了趋炎附势之用，这么去了你那里，我岂不是和你门下清客一样了吗？"李成婉言拒绝孙四皓求画，一方面为性格使然；另一方面，在他看来，这些附庸风雅的权

北宋·李成
《晴峦萧寺图》
立轴　绢本水墨

贵所看重的根本不是艺术。

　　孙四皓被拒之后依然不死心，可是有没有什么别的办法。于是他就暗中收买一些官员用计让李成作画。没过多久，李成的画辗转到手了，只是李成一直被蒙在鼓里，不得而知。后来李成中举到京，孙四皓再度派人邀请李成，李成见来人态度谦恭有礼，也不便继续推辞，于是来到孙家，当看到自己画竟然挂在客房之中，不禁勃然大怒，遂拂袖而去。此事之后，无论哪个王公贵族求画，李成一律谢绝。然而对待朋友和普通人，李成反而非常热情，向他求画则是有求必应。由此可

[1] 中国北宋绘画史论著作。又名《宋朝名画评》。刘道醇著。刘道醇，开封（今河南省开封市）人，另著有《五代名画补遗》。《圣朝名画评》约成书于嘉佑年前后，是一部以五代末至北宋初为范围的评传体绘画史。

见，李成只是一身傲骨，不事权贵罢了。

醉死陈州

因为李成不愿意依附权贵，厌恶官场中的尔虞我诈，曾经多次失去做官的机会。李成参加过科举考试，且中过举人，不说其才高八斗，但至少是学富五车。李成有一好友叫王朴，在后周时期曾想举荐李成当官，还未付诸行动，就与世长辞了。北宋初年，卫融很是仰慕李成大名，特意前去李成家里请邀。卫融此人品行端正，洁身自好且一贯廉洁奉公，颇受大家认

同，李成对其也略有耳闻，故李成欣然接受了卫融之请，全家迁居河南陈州。至陈州后，李成仍然不改其脾气性格，一如既往，依旧痛饮狂歌，自由自在。北宋乾德五年丁卯（967年）醉死于陈州客舍，年仅49岁。

李宥上当

宋朝初期，李成就是很有名望的画家了，是中国山水画发展史上"百代标程"的重要人物。收藏者十分珍视他的画作，往往不惜高价购买，伪造他的画作的人也日渐增多。连李成的孙子李

北宋·李成
《读碑窠石图》
立轴　绢本水墨

北宋·李成
《寒林平野图》
立轴　绢本水墨

宥购买祖画时都不免上当，在《圣朝名画评》[1]一书中有记载：仿照李成画作的人非常多，大多数都是李成门下，翟院深就是其中一位。在李成门下不乏成长出一批具有很高水准的画家，其中成就最高的当数郭熙与王诜二人。李成的山水画，融五代时期南北两大传统，将气势磅礴、危峰叠嶂之构图，与风雨晦明、烟云聚散之画法巧妙结合，将山水画的表现内容与技巧发挥至新的高度与水平。

范宽与山传神

范宽，字中立，一名中正，华原（今陕西耀县）人，活动于北宋早期，生活年代略迟于李成。据说范宽性格豪放，但为人宽和，对人和事的态度都很豁达。这可能与他信仰道教有直接的关系，不愿受世俗的束缚，对一切都大方处之，故被时人称呼为"范宽"。范宽是活动于仁宗时期的平民画家，于青年时代常往来于京洛之间，从事写生及卖画活动。范宽的画给人的感觉气势磅礴，跌宕起伏，满眼苍苍莽莽，郁郁葱葱，笔法厚重却又层次分明，往往以顶天立地的章法突出雄伟壮观的气势，直让人看得心生激动，欲罢不能。范宽善长用"雨点皴"与"积墨"两种主要方法，这两种手法所营造出来的氛围，是范宽所独有的一种绘画气质，在苍茫浑厚的崇山峻岭之中总会有那险峻硬朗的山峰。硬朗、浑厚、雄壮这几个特点既是范宽北方汉子的性格写照，又是其绘画风格的真实描述。范宽之所以有这样的绘画风格，和他喜爱大山大川分不开，因此也被誉为"与山传神"。

宋朝初期，范宽就已经名声鹤立了。他的画作成为画家们竞相模仿与学习的对象。南宋的李唐是其中的代表，他后来也成为中国历史上非常有名的画家，虽然他的山水画师承范宽，却又与他不同。后来的马远、夏圭等人学习李唐，但是始终没有超出范宽一系山水画的技术和表现形式。

范宽、李成、董源被人合称为"宋三家"，延续他们的画风，学习他们的技术的"元四家"、唐寅，还有清朝的"金陵画派"以及现代绘画大师黄宾虹都曾经延承他们的画风，却又在他们的基础上有所创新。元朝大书画家赵孟頫称赞范宽的画"真古今绝笔也"，现代画家徐悲鸿则更是对他的画《溪山行旅图》情有独钟，称赞这幅画大气磅礴，沉雄高古。范宽的传世作品还有《关山雪渡图》《雪景寒林图》《临流独坐图》等。

李成、范宽两位大师均源于五代北方山水画派，由于所处地区的差异、所写景物的差别以及画家胸襟气质的不同，而各立门户，在宋初山水画上建立了迥然不同的风貌，分别做出了卓越的贡献，成为当时最有影响的画家。北宋人评李成、范宽二人为"一文一武"，又认为"李成之画，近视如千里之远""范宽之笔，远望不离坐外"。二人均在忠实自然的基础上，为山水画的发展做出了巨大贡献，将北方山水画派推至新的水平。

溪山行旅千古传

范宽所画崇山峻岭可谓"得山之骨""与山传神"，其画作《溪山行旅图》以峻伟屹立的高山，一泻千丈的飞瀑，路边淙淙的溪水以及山路上的驴队行旅，真实且生动地刻画出北方山川的壮美，给人以身临其境之感。金庸先生的小说《笑傲江湖》中对《溪山行旅图》也有描述，认为其是中国绘画史上绝无仅有的稀世珍宝。

千百年前的名画流传至今，总有着坎坷的经历。《溪山行旅图》曾经被多人收藏，最后辗转收藏于台北"故宫博物院"。这幅图起初被北宋宫廷御府收藏，战乱发生后，流传到民间。到明末清初时，天津收藏家安岐在一次偶然的机会下收到了这幅画，当时他如获至宝，这段经历在他的著作《墨缘汇观》中详为著录。乾隆年间，这幅画到了皇帝乾隆手上，存于圆明园。1860年英法联军入侵北京，圆明园被烧，此画也被劫走，幸运的是碰巧被人看到这幅画从而没有流失。蒋

[1]《圣朝名画评》一书记载道："李成的孙子李宥，任开封府尹时，购其祖画，多误买翟院深的画，因其风韵相近，不能辨认。"

介石撤到台湾时，从当时的故宫博物院拿走一批稀世名作，其中就有《溪山行旅图》。虽然此画流传有序，还有乾隆皇帝收藏的印章，人们也普遍认为它就是范宽的真迹无疑，但900多年来，人们一直不能在图上找到宋人的字迹或印鉴。直到1958年秋研究员李霖灿在画幅的右下树荫草叶间发现"范宽"二字，这才拨开迷雾。《溪山行旅图》生动地再现出大自然的峻伟山峰，表现出大自然的雄伟气势，仔细观看，情景颇为打动人心，可谓流传千古之佳作。

林泉高致

郭熙字博夫，是北宋中期的代表性山水大家。他师法李成、范宽、王维等人，与北宋山水画大家李成并称"李郭"。他的画风雄浑又曲尽变化，有宋山水画之气魄，又有南派的意趣。技法上看，郭熙也很有特点，容易辨识，如他画山石多用卷云或鬼脸皴，画树如蟹爪下垂。宋神宗熙宁年间，郭熙为图画院艺学，后任翰林待诏直长，成为宫廷画院重要画家。早年工致细腻，晚年笔沉墨壮，常作大幅作品，内容多长松巨木、回溪断崖、岩岫巉绝、峰峦秀起、云烟变幻之景。

郭熙不仅在山水画的创作上达到一流的水准，是宋代山水画，也是中国古代山水画中非常重要的画家，同时他在画理识见上也非常有心得，记述他一生绘画经验的书籍《林泉高致》，即是北宋时期，乃至整个古代画论中非常重要的文献。这部著作是是郭熙之子郭思记述其父的山水理论。在这部书里，郭熙提倡画家要博取前人创作经验并仔细观察大自然，如他观察四季山水，有"春山淡冶如笑，夏山苍翠如滴，秋山明净如妆，冬山惨淡如睡"之精妙的感受，历来受到各个时期的画家所共鸣。他还总结出山水构图三远法——"山有三远，自山下仰山巅谓之高远，自山前而窥山后谓之深远，自近山而望远山谓之平远。高远之色清明，深远之色重晦，平远之色有明有晦。"，所谓高远、深远、平远的"三远法"是对中国山水画空间组织关系的概括总结，一直被后人奉为圭臬。"远望以取其势，近看以取其质。"是他对山水画家的取像自然之法的精辟论述。他所倡导的绘画创作精神状态为："乘兴得意而作，万事俱忘。""凡落笔之日，必明窗净几，焚香左右，笔精墨妙，盥手涤砚，如见大宾，必神闲意定，然后为之。岂非不敢以轻心泛之者乎。已营之，又撤之；已增之，又润之；一之可矣，又再之；再之可矣，又复之。每一图必重复，始终如戒严敌，然后毕此。岂所谓不敢以慢心忽之者乎。"这种严肃认真，又放松随心，了无挂碍的创作态度，历来多被人所推崇。此外他还强调人的主体创造性，如"笔墨要为人使，不可反为笔墨使。"总之郭熙的很多绘画思想在今天来说一点也不过时，反而历久而弥新，散发出真正"经典"的光芒。

弃武习艺的驸马

李成的画风在当时影响很大，追随者甚众，其中驸马王诜就是其中之一。

北宋画家王诜（1036年—？）字晋卿，山西太原人，后徙河南开封。熙宁二年（1069年）娶英宗女蜀国大长公主，拜左卫将军、驸马都尉。元丰二年，因受苏轼牵连贬官。元祐元年（1086年）复登州刺史、驸马都尉。除山水画之外，亦能书善文，偏柔婉细腻之风。

本是将门之后的王诜，从小生活在条件优裕的显贵望族之家，一直受到良好的文化熏染，但将门尚武的家风却未有承续。据记载，王诜自幼天资敏颖、博闻强记，生性厌武而喜文，同时也深受宋代重文轻武的影响，不习武功。及长，熟读诗书，博览诸子百家，诗词书画样样精通，是北宋末期重要的山水画家之一。

王诜的山水画水墨纷披，施色清丽，画风清润可爱，颇有雅趣。他师法李成，后代有的学者认为他比郭熙更像李成，应该是从他的山水的皴法结构来说的，因为从整体布局来讲，王诜的画多为手卷，形势迤逦婉转，多书卷气，完全不似李成立轴居多的山水画之雄强气势和坚实质感。

除了山水画外，王诜兼写墨竹，学文同。他将李成的墨笔山水的皴法和李思训的金碧山水的设色法融合创新，自成"不古不今"一家风貌。

他常画"烟江远壑，柳溪渔浦，晴岚绝涧，寒林幽谷，桃溪苇村"等文学意蕴的景致，描绘出锦绣河山，博得赞誉。王诜不凡的出身，加之好学崇美，使得他有着不同一般的好眼力，是北宋重要收藏和鉴赏家。王诜曾说：李成"墨润而笔精，烟岚轻动，如对面千里秀气可掬"，范宽画则"峰峦浑厚，气壮雄逸，笔力老健"，比喻二者的山水画为"一文一武"，入木三分，深味画意。

王诜多艺多才，极好交友。正因爱好志趣相投，王诜同苏东坡、黄庭坚、米芾、秦观等大文人以及当时还是端王的宋徽宗赵佶往来密切。他们在一起析奇赏异，酬诗唱和，并不以身阶名分为限，而以才情相系，身份较低如李公麟者也常是座上宾。李公麟还曾画《西园雅集图》以纪其胜，称赞王诜风流蕴藉有王谢之风。王诜家中筑"宝绘堂"，藏历代法书名画日夕观摩，苏轼曾为其收藏作记，还称赞王诜"得破墨三昧"，有"郑虔三绝居有二，执笔挽回三百年"。

北宋·李成
《寒林骑驴图》（局部）
立轴　绢本水墨

书挟海上风涛气
——文同与苏轼

　　苏轼（1037—1101年）字子瞻，号东坡居士，四川眉山人。他是北宋著名政治家、思想家、艺术家，是继欧阳修之后宋代古文运动的领袖，世称"欧苏"；与南宋的辛弃疾并称为"苏辛"词派，开了一代豪放词风；是宋代文人画的代表人物。苏轼说："论画以形似，见于儿童邻。"反对绘画拘泥于对象的形，更注重主观意趣的表达。文同（1018—1079年）世人又称其"文湖州"，文同擅长画墨竹且自成一派，与苏轼有交集，两人探讨写竹的一些言论，颇具文艺创作理论的光芒。

北宋·文同
《墨竹图》（局部）
立轴　绢本水墨

"文湖州"创画派

　　北宋中后期一些文人形成了自己独特的绘画体系，他们擅以景抒情，以物言志，而不拘于形似格法，多好水墨写意，多喜爱画梅兰竹，以表现高洁的品格。这一期间，取得重大成就的是北宋的文同。文同画竹注重体验多种方式，主张胸中有竹，才能动笔，自称："画竹必先得成竹于胸中，执笔熟视"。"胸有成竹"这个成语就来源于文同画竹的思想。与苏轼为表亲，二人情同手足，且同为"竹痴"，在艺术上互相切磋。

　　"宁可食无肉，不可居无竹"，就是表现文同与苏轼喜爱竹子的写照。据说，东坡画竹是受文同影响，并且还是文同授之以技法。东坡称文同的诗词书画为四绝。

　　文同画竹有其独到之法，在竹的主要部分他以浓墨为主，次要部分以淡墨为之。这在当时是独具特色的，这种画法生动地呈现出了竹的形态和前后的虚实关系，也受到了其他画家及后人们的追捧学习，逐渐形成了墨竹一派，他的墨竹被称之为"湖州竹派"。《图画见闻志》中有记载描述他画的墨竹呈"富潇洒之姿";《宣和画谱》则更明确的指出了其作品"托物寓兴,则见于水墨之戏"的思想。同时文同在注重表现情怀的同时还将书法用笔用入其画中,兴起将五代以来的墨竹推向新的水平。

苏轼论文同画竹:"根茎节叶,牙角镂脉,千变万化,未始相袭,而各当其处,合于天造,厌于人意,盖达士之所寓也。"文同所画的墨竹对后人产生了重要的影响,包括苏轼、王庭筠父子、赵孟頫、吴镇、柯九思、郑板桥、董寿平等一大批国画名家,以至于画墨竹成为一种流行趋势,他们画竹的思想和方法多来源于文同,几百年来由于众多画家的喜爱和传承,是墨竹成为中国绘画中的一个重要题材,而且一直延续至今,对后世产生了极大的影响。

为民请命

文同不但在绘画方面有着重大的成就,而且还是一位体恤民情、廉洁奉公的好官。宋神宗熙宁五年(1072年),文同受命任兴元府(今汉中)知府,在任期间,他极其重视儿童的教育,在很多地方兴办学校,鼓励人们将孩子送进学堂接受教育,他还挑选人品、才学优秀的人来给孩子们教授课程。他经常在工作之余亲自去学堂给孩子们上课,教授他们为人处世、学习知识。慢慢地,兴元地区教育之风越来越正,主动接受教育的孩子也越来越多。其间,文同上奏朝廷,主张专抓教育,建议设立汉中府学教授一职,促进了汉中教育事业的蓬勃发展。

文同不仅在教育方面做出了贡献,在维护社会安定、解决民间疾苦等方面同样为民做出了突出贡献。当时关中一带不少恶徒在褒斜道间剽掠抢劫,盗贼横行街市,人们深受其害,文同没有视而不见,而是对此严加整治,派吏卒侦捕,从此盗不敢犯,使人民安乐、社会安定。熙宁八年(1075年)十月,文同升任洋州知州。洋州城墙年代久远,缺乏修缮,以至于有些不法之徒经常进行盗窃活动。文同知道此事后,立刻请求朝廷拨款,修缮洋州城,加强城内及周围的巡逻和警戒,老百姓终于摆脱了提心吊胆的日子,过

上了安居乐业的生活。洋州盛产茶叶,每年这项产业的产量将近在百万斤,朝廷规定每年上缴茶叶40万斤,剩余茶叶实行榷茶法(专卖),而且只限于销售四川地区,由于四川当地也产茶叶,内销已足够,根本不需要购买外地的茶叶,以至于洋州的茶叶没有销路,茶叶积压发霉也无人问津,茶农每年都赚不到几个钱,到处哀声怨气。后来,文同知道茶农的状况后,上奏朝廷,废除"榷茶法",这对洋州的百姓真是一件极大的喜事。正如文同所持的观点"我如竹,竹如我","(竹)得志遂茂而不骄,不得志瘁瘠而不辱。群居不倚,独立不惧。"这正是他对自己为人的要求。

偷闲太守知己少

"自谓偷闲太守,人呼窃绿先生"。筼筜谷(位于今洋县)位于洋州城北,此地茂林修竹,风景如画,闲暇之时,文同经常与妻子来此游玩,夫妻二人赏竹、画竹,品尝竹笋,好生惬意。由于天长日久的与竹为伴,文同对于画竹的理解也越来越深,且独有其法。他曾对苏轼说:"画竹者必先得成竹于胸中,执笔熟视,乃见其所欲画者,急起从之,振笔直遂,以追其所见,如兔起鹘落,稍纵则逝矣。"文同画竹的心得体会,幸运的经苏轼在《文与可画筼筜谷偃竹记》一文的转述而流传至今,对后世画家画墨竹产生了重要的影响。相传有一日,正在筼筜谷游玩赏竹的文同收到衙役送来的信,文同好奇的拆开,原来是苏轼写的一首诗:

汉川修竹贱如蓬,斤斧何曾赦箨龙。
料得清贫馋太守,渭滨千亩在胸中。

看完诗后,文同开怀大笑,他自然明白苏轼的用意,被苏轼成为"清贫太守"的他,虽无家财万贯,却有自己的兴趣和消遣,生活的倒也自在自足。苏轼曾经说过:他与文同志趣相投,倘若一天不见,甚是想念。文同也曾经对人说:"世无知己者,唯子瞻识吾妙处"。宋神宗元丰二年(1079年),正月,61岁的文同奉命担任湖

州（今浙江吴兴）太守，然而不幸的是在上任的途中生病，最后于二十一日病逝于陈州（今河南淮阳）驿舍。苏轼收到噩耗后，仰天长叹，悲痛万分，双手捧着文同当年送给他的画册，不禁泪流满面。

三苏文名遍天下

三苏是指北宋散文家苏洵以及他的儿子苏轼、苏辙。苏洵，即《三字经》里提到的"二十七，始发奋"的"苏老泉"。苏洵文名满天下，其文章说古论今，纵横评说，长于分析，气势磅礴。苏洵之子苏轼，作为宋代文坛中伟大的文学家，擅长书画，于诗词、散文方面造诣颇深，其诗意境深、变化多、笔力壮，为宋代词坛豪放派的创始人。苏轼，字子瞻，又字和仲，号"东坡居士"，世称"苏东坡"，四川眉山人。苏轼年幼时就学完了经史，且能文擅说，是北宋著名的诗人、书法家、画家、文学家，同时对烹饪料理也深有研究。闻名文坛的苏轼所作散文代表了北宋文学鼎盛时期的较高成就。苏辙，字子由，北宋时期散文家，唐宋八大家之一，与其父苏洵、其兄苏轼合称为三苏。正所谓三苏文名便天下，三苏代表了北宋文学的极高水平。

文人画

苏轼在英才辈出的宋代，于诗、文、书、画等各方面均取得了卓越非凡的成就，在文学、艺术方面做出了突出的贡献，是中国历史上罕有的文学与艺术天才。苏轼一生的精力主要在文学创作上，书画成为读书吟诗的余事。苏轼早年学二王，中年学颜真卿、杨凝式，晚年又学李邕，又广泛涉猎其他书法家，形成深厚朴茂的风格。他的书法，用笔多取侧势，结体扁平稍肥，独具一格。苏轼的书法，后人赞誉很高，最有发言权的莫过于黄庭坚，他在《山谷集》里说："本朝善书者，自当推（苏轼）为第一。"苏轼在绘画书法方面有较强的表现力。"诗画本一律，天工与清新"，苏轼还认为诗画相通，在艺术方面，他强调创造与有新意。

苏轼擅长绘画，尤看重文人画，并提出了文

人画的一些观点，对中国文人画的发展产生了深远的影响。苏轼自认为"派出湖州"，他画墨竹，受到文同很大的影响，但结构上要比文同更加苍劲。对于书画理论，苏轼也尤其独到的见解，他认为，宋人书画应突破唐人重法的约束，应以自己为主，以意代法，努力追求能表现自我的意志情趣，追求画外有情的境界，为后世"文人画"的发展开辟了先河。存世书迹有《黄州寒食诗帖》《治平帖》《与谢民师论文帖》等。代表画作有《潇湘竹石图卷》《古木怪石图卷》等。在《跋汉杰画山》中，苏轼曾提出："观士人画，如阅天下马，取其意气。"苏轼所提到的这种"意气"可理解为画家的品德、学问与艺术修养于艺术作品中的表现。由此也可看出苏轼对文人画的赞赏。

乌台诗案

嘉祐元年苏轼弱冠，首次出川赴京，参加朝廷的科举考试。第二年，他在礼部的考试中以一篇《刑赏忠厚之至论》获得主考官欧阳修的赏识，但为人正直的欧阳修误认为是自己的徒弟曾巩之作，就给判了个第二名，苏轼知道后，不禁没有记恨欧阳修，而且对欧阳修的人品连连称赞。之后，母亲和父亲相继过世，苏轼和其弟回乡扶柩守灵。嘉祐六年，苏轼出任凤翔府判官。这时，震惊朝野的王安石变法开始了。苏轼当时只是一个在基层工作的小官，对于新鲜事物是很乐意接受的，所以，他起初是很支持王安石变法的，还与朝中以司马光为首的保守党相互争论，很快就卷入了这场血雨腥风的政治漩涡中。由于苏轼任职在基层，十分清楚老百姓的生活状况，他发现新法在实施的过程中出现了许多问题，并不是往朝廷所计划的方向发展，特别是"青苗法"，这项措施本来是为了抑制土地兼并，在青黄不接的时候救济百姓，但有些地方的官员好大喜功，强行"借贷"给百姓，而且利息也高的出奇，这项原本利民的政策反而给百姓带来了痛苦，致使许多家庭支离破碎，贫困不堪。因此，苏轼上书朝廷，向皇帝陈述了自己对新法的看法和建议。

苏轼上书所讲的内容本是臣子的例行公事，但在那些新党眼里却是容不得沙子的，有些话被他们抓住了可以用来污蔑的话柄，他们从苏轼的奏折《湖州谢上表》和诗歌《王复秀才所居双桧二首》中鸡蛋里挑骨头，状告苏轼大逆不道、指桑骂槐、对皇上不忠，等等，急于改革的皇帝就听信了谗言，于是苏轼被捕入狱，坐了103天的牢，史称"乌台诗案"。

东坡居士

细述"东坡居士"这一名号，颇有一番来历：元丰二年（1079年）十二月，苏轼因"乌台诗案"被贬到黄州。初到黄州，生活困顿，苏轼的好友黄州通判马正卿将已经荒芜了的五十亩军营旧地给他用来种些庄稼。这片地位于黄州的东坡，第二年春天，苏轼在这片地上盖了几间居室，起名叫"东坡雪堂"，并作《雪堂记》。之所以取号为东坡居士，是因为他仰慕唐朝诗人白居易。当年，跟他命运颇为相似的唐代诗人白居易被贬到四川忠州时，曾在居住地的东坡种植花木，并写下了许多脍炙人口的诗词。他曾写一首《步东坡》的诗："朝上东坡步，夕上东坡步，东坡何所爱，爱此新成树。"慢慢地，众人也就称他为苏东坡，东坡居士一名也由此名垂千古。

垂帘听政的妻子

苏东坡的妻子王弗颇有才华且知书达理，明晓事体。林语堂曾经这样评价王弗："才华过人

的诗人和一个平实精明的女人一起生活之时，往往是显得富有智慧的不是那个诗人丈夫，而是那个平实精明的妻子。"作为东坡的结发妻子，她对人和事的判断有她自己独特的见解，苏东坡总是在这方面请教于她。东坡与生人会晤时，王弗总在旁边看着，告诉东坡这个人是否可以深交，这就是所谓的"垂帘听政"。可惜红颜易老，王弗早逝。东坡在39岁时曾经写下了纪念王弗的《江城子》。

妻子王弗死后，苏轼的父亲苏洵也过世，苏轼在家守孝三年，三年后，苏轼迎娶了王弗的堂妹王润之。王润之自幼佩服姐夫的文采风流，并且她的哥哥也是苏轼的崇拜者。于是，两个单身的人在润之哥哥的张罗下，成亲了。这时的东坡约三十二岁，王润之年仅二十余岁。王润之知书达理，虽不及王弗般能慧眼识人，但她对苏轼十分体贴，不论生活有多么的坎坷和不幸，一直默默守在苏轼的身边陪伴他。其间，陪伴东坡经历了他一生中最大的槛——乌台诗案。王润之在死时正是苏东坡被重新启用，且官居三品的时候，因此享尽了尊荣，苏轼为王润之办了一个风光的葬礼，可见王润之对苏东坡的重要性。

天女维摩是朝云

苏轼的侍妾名王朝云，苏轼为她起字"子霞"，比苏轼小近三十岁。在苏轼仕途遭遇困境时，他身边的侍妾相继离他而去，只有王朝云一直不离不弃，始终陪在苏轼的身边。苏轼经常给王朝云写诗，在他的女人之中也是最多的，称其为"天女维摩"。

说起王朝云，这是苏轼的第二任妻子王润之在杭州时为他纳的一个聪明伶俐妾，据说苏东坡被贬惠州时，苏轼心情不是很畅快，心思细腻的王朝云常常唱《蝶

四川眉山三苏祠

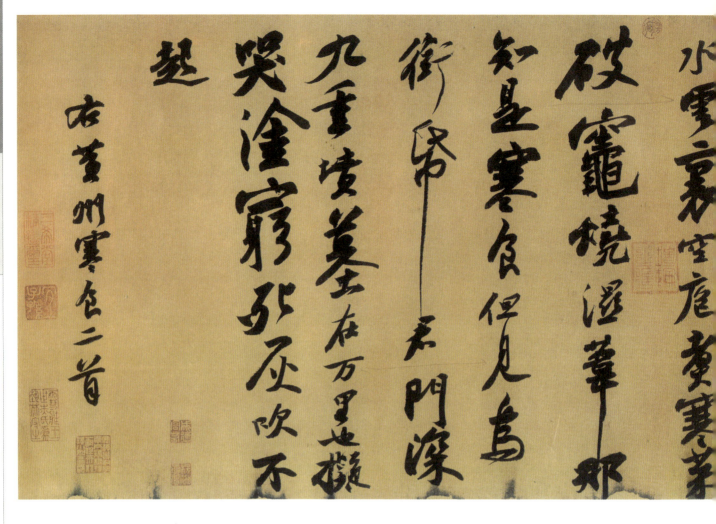

北宋·苏轼
《黄州寒食诗帖》
手卷 纸本水墨

恋花》为苏轼排忧解闷。 朝云比东坡小，但死的比东坡早。王朝云死后，苏轼就再也不听《蝶恋花》了，此后也一直一个人独居。苏轼按照朝云的遗愿，把她葬在惠州西湖孤山南麓栖禅寺大圣塔下的松林之中，在墓边建了个六如亭表以怀念，并撰写楹联：

> 不合时宜，惟有朝云能识我；
> 独弹古调，每逢暮雨倍思卿。

其中的"不合时宜，惟有朝云能识我"隐含了一个著名的典故：有一天早朝之后，苏轼吃完饭在院子里闲逛，对身边的侍妾们说："你们猜猜我肚子里都是些什么？"一个侍妾说："妾以为先生满腹经纶。"东坡摇头一笑。另一个说："都是才华和学识。"东坡还是摇头，这时候，

朝云说："先生一肚子的不合时宜！"东坡听后，开怀大笑。朝云正说到东坡的心坎里了，知东坡者，非朝云莫属。

东坡荐高俅

苏轼一生磊落豪侠。宋人高文虎《蓼花洲闲录》说：苏子瞻泛爱天下士，无贤不肖，都很高兴地互相交往。曾经说道："我上可陪玉皇大帝，下可以陪卑田院乞儿。"其弟苏辙曾经劝告东坡要慎重择友，东坡回答说："眼前见天下无一个不好人，这确实是我改不掉的大毛病。"

高俅，北宋末年生于汴京（今河南开封）。据王明清《挥麈后录》卷七及其他史料记载，高俅原本为苏轼手下的一名小官，苏轼见他写得一手好文章，颇具才华，就有心提拔他。元祐八年，苏轼赴任中山知府，将高俅推荐给翰林学

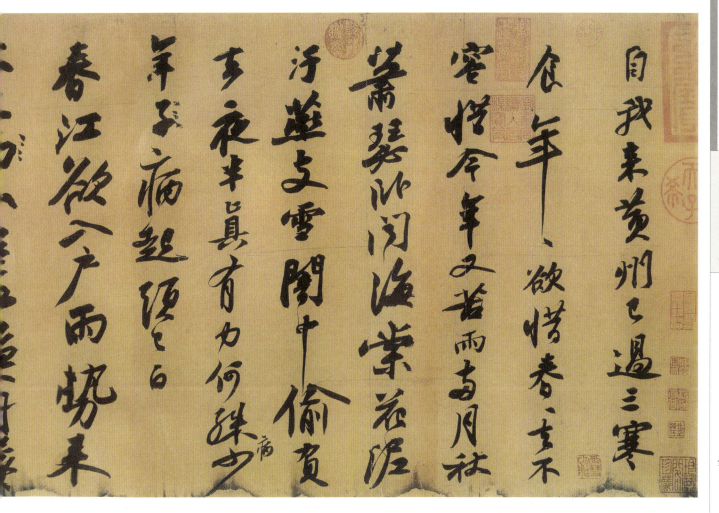

士承旨曾布，但曾布没有接纳他，爱才的苏轼没有灰心，有将高俅举荐给驸马都尉王晋卿。从此，高俅就跟随驸马都尉身边，而且在王府住了七年。元符三年，一个偶然的机会高俅认识了端王。端王也就是后来继承皇位的宋徽宗，善于溜须拍马的高俅很快就受到徽宗的赏识，数年后升任节度使，后来又成为枢密使。《水浒传》第二回所讲的高俅的故事里的"苏学士"正是苏轼。

被苏轼抬举的高俅仕途逐渐飞黄腾达，而苏轼的状况却越来越糟，甚至差点性命不保。《挥麈后录》记载：高俅始终对苏轼感恩戴德，念念不忘苏学士奖拔之情，每当苏轼的子孙亲友来京师时，高俅都要亲自抚问，赠以金银财物，以周济其贫。由此看来，苏轼把高俅荐给王晋卿，并非是由于厌恶他轻薄浮浪，恰恰是出于对他才干的欣赏。

世间之事往往富于戏剧性，苏轼与高俅在政治上见解相左，在人生取向上也大相径庭，看似不为同道中人，却又心心相惜。当苏门子弟贫不能存时，正是高俅伸出援助之手，使得苏家重振家风，苏轼一生所奉行的"眼前见天下无一个不好人"理念救了苏家。

东坡爱砚

古人认为"文人之有砚，犹美人之有镜也，一生之中最相亲傍"，有武人弄剑，文人弄砚之说。砚如同文房四宝中的笔、墨、纸一样，是古代文人学者书房中的一件必备品，到宋代时，无数文人墨客对砚的喜爱都以诗词的形式呈现给大众，也使砚拥有了独特的文化气息。

苏东坡一生至情至性，不失赤子之心，最喜赠人以砚来表达淳厚的交谊。东坡从小受到其父苏洵的熏陶，对笔、墨等绘画材料有着特殊的感情，特别是砚台更是爱不释手。在他12岁那年，他偶然得到一块绿色的石头。试墨的时候感觉极好，他的父亲也觉得这是块上好的砚台坯子，就将这块石头凿磨好，给苏轼时还特意嘱咐他要小心保管好。随着时间的流逝，这块砚也一直陪在苏轼的身边，苏轼对它珍爱至极，并且在砚的后背撰写了铭文。宋神宗元丰二年，苏东坡因政事被朝廷查办，这块上等的砚台也不见了踪影，直到五年后才在杂乱的书堆里找到，那时候，东坡已年迈衰老，就交代儿子要好好保管这块砚台，不久就病逝了。到明代时，曾经一人之下万人之上的奸臣严嵩被世宗皇帝抄家，查收家产时就发现了这块砚台，之后便不翼而飞。

熙宁年间，太原王颐送给苏东坡一方"凤砚"，东坡对此砚台爱不释手，并写砚铭：

残璋断璧泽而黝，
治为书砚美无有。

至珍惊世初莫售，
黑眉黄眼争妍陋。
苏子一见名凤味，
坐令龙尾羞牛后。

然而令人没有想到的是，东坡对凤砚的赞赏却为自己带来了麻烦。后来东坡为找一方能与凤砚凑为一对的龙砚，就找盛产龙尾砚的歙人，但歙人对于东坡赞赏凤砚的诗词"坐令龙尾羞牛后"却心有芥蒂，有些嫉妒，就反讽东坡："既然凤砚这么好，你为何不用凤砚呢？"东坡苦笑不已，只好作罢，看来以后想要求龙尾砚，只能另寻办法了。

人尽皆知东坡爱砚，后来"东坡得砚"也成了历代画家绘之不厌的题材，任伯年、齐白石、傅抱石、范曾等对该题材均有生动描绘。

立志读尽人间书

苏东坡自幼天资聪慧，又受其父的影响，读遍古今，经常受到左邻右舍的褒奖，年少的他，

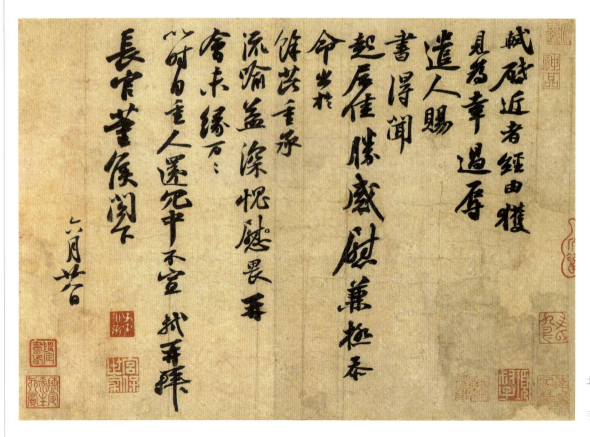

北宋·苏轼
《获见帖》
手札 纸本水墨

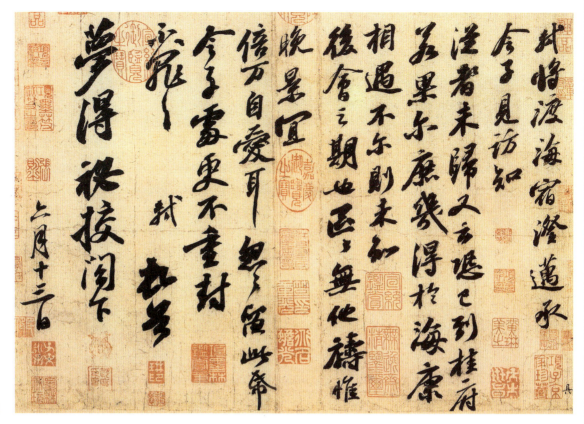

北宋·苏轼
《渡海帖》
手札　纸本水墨

077

不免会有些骄傲。

有一天，年少轻狂的苏轼在家门口挂出一副对联：

识遍天下字，

读尽人间书。

很是有"天下第一"的风范，过往行人看了，褒贬不一，有人夸赞此处出人才，也有人觉其海口夸得太大。

有一日，一位白发老者登门拜访，"听说苏公子才高八斗，学富五车，老朽特意前来讨教。"那老者一脸谦恭地对苏轼说。东坡见这么年长的老人都来请教自己问题，心中得意，就带那老者进了屋，并问道："不知先生有何疑问在下可以帮助？"老人不语，只是似笑非笑的拿出一本书递给东坡。苏东坡接过书来就打开第一页，头一行字就把他难住了，有几个字从来没有见过，越往下看，不认识的字就越多。东坡不禁羞得满脸通红，恨不得地上有个洞钻进去。这

时，老人说："难道连苏公子也不认识这些字吗？"说完就一脸淡然的走了。苏东坡呆在原地，忘了送客。缓过神来，才明白老者此番前来的用意，心中对老者充满感激之情。于是，他赶忙将门前的对联添了几个字，将曾写好的门联重新写成：

发愤识遍天下字，

立志读尽人间书。

东坡让路

一日，东坡外出郊游，见众多农夫在挑塘泥肥田，便信步走到一条小田埂上，哪知正巧有一个担泥的农妇跟他迎面而来，道路狭窄，只能够容一人行走，两人谁也不让谁，苏轼认为，自己好歹也是一个朝廷命官，还是个有学问的官，于是就对那农妇说："我是读书人，你们应该给我让道！"

谁知妇人一笑，说道："既自称读书人，应当能对对联吧？"东坡说："胸藏斗牛，当然

能对！"妇人于是脱口而出："一担重泥挡子路。"

苏东坡不禁心头一怔，没想到这普通的村妇竟能作对，这让他一时语塞，无言以对。两边田里的其他村民见苏轼的哑口无言，于是哈哈大笑。苏轼看到这种情形后，赶忙给自己找台阶下，他对道："两排夫子乐开怀。"苏轼虽然勉强对出了下联，心里却七上八下，感觉自己刚才失礼了，于是匆忙让开道路。脱掉鞋袜就下田，把路让开。这便是东坡让路，也让我们知晓为人谦虚为要，切不可狂妄，目空一切。应该虚怀大度，谨言慎行，收敛自己的小聪明和狂妄之心，"强中更有强中手，莫向人前漫自夸"。

处州联诗除三害

北宋元祐年间，宋哲宗受命苏轼化装成平民到浙江民间暗访调查民情。听县令毛宝对苏轼汇报说，处州知府杨贵和县令王笔在当地以权谋私，压榨百姓，百姓敢怒而不敢言。于是苏轼决定亲自去看看是否属实，顺便去探望在那做监酒官的妹夫秦少游。不巧的是杨贵和王笔都不在府衙，听衙役说当地豪绅"留山虎"今天过寿，他俩去吃寿宴了。苏东坡心想，正好去教训一下这三个毒瘤，于是就让衙役带路，心中微有怒气的去了留山虎家。

苏轼到了留山虎家的时候，宴会正在进行，众人喝的笑逐颜开，留山虎等人自然不认识苏轼，看他就是个年过五十的普通人，也没有多加顾虑，就让他坐了下来。一通推杯换盏之后，留山虎喝得兴起，就对大家说作对联以助酒兴，于是，他就自己先出了一个上联，联曰：二人土上坐。这是一个拆字联，苏东坡想都没想就说了个下联：一月日边明。留山虎定了定神，接着说：八刀分米粉。这个上联听起来难度大了很多，"八刀"拼起来是个"分"字，"分"和"米"再组合在一起就是"粉"字。众人心里暗暗为留山虎叫好，所有的人都在盯着苏轼，看他如何应答，只见苏轼略加思考，神态淡然的说出了下联：千里重金锺。众人听后，无不拍手称赞。

不甘示弱的留山虎又作了一联："海晏河清，王有四方当做国"。苏东坡盯着屋外的冬日雪景说："天寒地冻，水无二点不成冰"。留山虎听了后打心里也觉得这人对的好，特别是水和冰的搭配，但碍于面子，又是主人，他自然不肯就此罢休。正在此时，有个满脸麻子的仆人送来了烧好的美酒，由于外面下雪，那麻子仆人身上飘满了雪花，脚上穿的钉鞋在地板上留下一串串白点。留山虎看到这便灵机一动出了上联："钉鞋踏雪变麻子"。留山虎虽无骂人的意思，但苏轼听完后，就顺水推舟，看着留山虎身穿貂皮大衣，一副小人得志的样子，就开口道："兽皮裹身似畜生"。留山虎知道苏轼在骂自己，但又因为今天生日，身为主人不好发作，就还击他，又出一联："鼠无大小皆称老"。苏东坡听后，看出留山虎已恼羞成怒，就拱手笑道："乌员外，既然您出了如此上联，在下就不客气了！"只听苏东坡义正言辞的对道："龟有雌雄总姓乌"。气急败坏的留山虎满脸通红，一时气的哑口无言。

县令王笔看到场上的气氛十分尴尬，就站出来说句话，给留山虎找个台阶下，王笔说："对对联只有你们两个人，没有气氛，不如我们对诗吧，这样大家都能各显身手。"他当然是想凭借大家的智慧和才能让苏轼知难而退，于是第一个娓娓道来：

一个朋字两个月，一样颜色霜和雪。
不知哪个月下霜，不知哪个月下雪。

留山虎迫不及待的说：
一个出字两重山，一样颜色煤和炭。
不知哪座山出煤，不知哪座山出炭。

话音刚落，知府紧接着说道：
一个吕字两个口，一样颜色茶和酒。
不知哪张口喝茶，不知哪张口喝酒。

苏轼如何应对？只见他从容吟道：
一个二字两个一，一样颜色龟和鳖。
不知哪一个是龟，不知哪一个是鳖。

现代·张大千
《东坡居士行吟图》
立轴　纸本水墨

苏轼说完后，堂内顿时变得鸦雀无声，大家都心知肚明，"龟"和"鳖"是"贵"和"笔"的谐音，苏轼这是在指桑骂槐呢，他这是公然的在骂知府杨贵和县令王笔！知府杨贵这时觉得此人绝不只是路过此地，是有意来搅局的，就心怀怒气地问苏轼："请问阁下怎么称呼？"苏轼一脸不屑的答道："你们觉得我又是谁呢？"紧接着苏轼吟了一首词：园中花，化为灰，夕阳一点已西坠。相思泪，心已碎，空听马蹄归。秋日残红萤火飞。在场的人都不知道他念的这首词是什么意思，正当大家交头接耳的议论时，留山虎的管家大声喊道："有客到。"来者正是苏轼的妹夫秦少游，只见秦少游一见到苏轼便上前拱手作揖说到："大舅兄，你什么时候来的？怎么到这里了？"留山虎、杨贵、等众人听秦少游管那人叫"大舅兄"，才恍然大悟，原来此人就是大学士苏轼，顿时，在场的人都纷纷向苏轼行礼。后来，留山虎、杨贵、王笔等一群贪官污吏就被苏轼查办，为当地百姓除了一害。

折券还宅

苏东坡性情豪爽耿直，有较强的人道主义情怀，对人民疾苦心怀同情，一次，闲来无事的他一路游山玩水到了常州义兴地区（今宜兴），走到景色秀美的滆湖附近时，碰上了一位叫邵民瞻的年轻书生，性情相近的他们交谈甚欢。邵民瞻早就久仰苏东坡的大名，对他的学识和才华也是十分敬仰，对于苏东坡因"乌台诗案"而遭遇的不幸邵民瞻表示深切同情而怒火中烧。苏东坡没想到，在这样一个人迹罕见的荒山野岭，竟然还能遇见为自己的遭遇抱不平的人，真是感慨万分。

波光粼粼的滆湖和湖边静谧的邵家村，使原本心情有些落寞的苏东坡心里宽慰了许多，他太享受这个让他能放松下来的环境。他突然有种想在这买个宅子定居下来的冲动，邵民瞻知道他的想法后，非常希望他能在此居住下来。于是，邵民瞻便四处为他打听合适的房子，后来终于在临湖的东村找到了一处有三间屋子的旧宅院。宅子年代已久，有些破陋，但有个不小的庭院，修缮以后应该还算不错的。房主给的价钱是五百缗（当时一千文铜钱为一缗），可囊中羞涩的苏东坡把全部家当拿出来也只凑够一百多缗铜钱，没办法的他只好又当掉了几只随身携带的首饰，才算凑足了那五百缗。同时，好心的邵民瞻又找来几个村民帮助苏东坡把宅子重新修缮了一番，几天后，这原本破陋的宅子就充满了盎然生机。一切就绪的苏东坡只等八月份挑个好日子就打算搬入新居了。

这天夜晚，吃完后的苏东坡独自在湖边散步，不知不觉走到了附近的一个村子边，忽然听见村边的一间房子里传出了女人的抽泣声，他好奇地跟随着这哭泣声来到了一座茅草屋前，只见房门半掩着，黑暗的屋子里点着一盏暗淡的油灯，一位满头银发的老妪正在昏暗的灯下不时的抽泣！苏东坡满怀疑问的走进屋，轻声的问道，"老人家，何事让你这么的伤心，可否讲给我听听。"

老太太慢慢地抬起头，长长的叹了口气，见苏轼长得慈眉善目，就一边擦掉脸上的泪水一边对苏轼说道："你有所不知，我守寡几十年，只有一个儿子与我相依为命，我们受尽了苦难。前一段时间，儿子因为一些事摊上了官司，欠了别人一大笔债，无奈之下，他将家里祖传下来的老宅卖了用来还债。那老宅是我家太太公传下来的，已经将近百年了，本想给子孙留下点基业，现在什么都没有了，让我这将入黄土之人如何面对九泉之下的祖先！"

苏东坡听了之后，心里不禁一阵悲凉。就一边安慰老太太一边问她："你儿子卖掉的老宅子在什么地方？"老太太把具体位置说了之后，苏东坡惊诧万分，原来自己前几天买的宅子正是这老太太儿子卖给他的。这样的场面是苏东坡万万没想到的，他望着身边这白发苍苍的老太太，心里很不是滋味，于是就对老太太说："老人家，说来也巧，我就是买你家祖宅的那个人，你不要伤心了，这宅子我不要了，还给你们吧。"

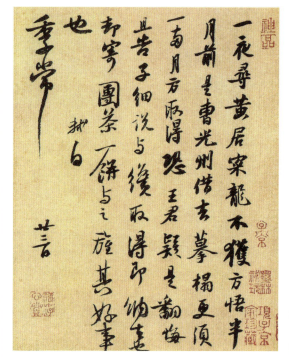

北宋·苏轼
《一夜帖》
手札　纸本水墨

老太太也一脸茫然的看着苏东坡，说道："先生真是好心之人，但那卖房子的钱我儿子已经用来还债了，哪有钱再把房子买回来呢！"

苏东坡微笑着对那老太太说："你放心好了，宅子还给你们，那五百缗钱我也一分都不要，你和你儿子就搬回去住吧"一边说着，苏东坡便伸手从口袋里取出那张房屋买卖契约，当着老太太的面，将它烧为灰烬。

很快这件事就传遍了方圆几十里，传遍了义兴城，传的很远很远，到现在还在流传。人们为苏轼的高尚品格所折服，苏轼对民间疾苦的同情以及豪爽耿直的性格为后世树立了良好的榜样。

东坡黑豆

苏东坡仕宦期间多曾表现出对人民疾苦的同情，南宋无锡人费衮[1]在《梁溪漫志》中记载，当年，苏东坡因得罪上司被贬到海南儋州，儋州正恶疾流行，穷乡僻壤的地方根本没有大夫和良药，很快就死了许多人，无可奈何的人们不

[1] 费衮，字补之，南宋无锡人。著作有《梁溪漫志》《文撰李善五臣注同异》等。
周紫芝，南宋文学家，字少隐，号竹坡居士，著有《太仓稊米集》《竹坡诗话》《竹坡词》等。

得不听天由命，他们杀牛祭神，希望神仙为他们驱除疾病。苏东坡知道此事后，就亲自到山上去采草药，经常冒着中毒的危险去尝试那些草药，采完后再做进一步的实验。后来，他终于制成了可以去除疾病的中药黑豆豉，人们用了这种药后，很快就药到病除。为了感谢苏东坡对他们的救命之恩，老百姓就称这种可以解毒的黑豆豉为"东坡黑豆"。

东坡肉

"东坡肉"，是一道名菜，至今久盛不衰。元祐五年（1090年），苏东坡被任命为杭州太守，他到杭州后，兴修水利和道路，发动群众疏通西湖的淤泥，整修河道，一段时间后，杭州城建起了与唐朝白居易所修筑的"白堤"想媲美的"苏堤"，顿时使西湖焕然一新，西湖的改造使当地居民的生活环境改善了许多，老百姓在湖中种藕、种菱、建鱼塘，使老百姓在经济上也得到了很大的改观。当地的百姓为表示苏轼对杭州所作出的贡献，很多人带着猪肉去感谢他。东坡盛情难却，就叫仆人用热水将猪肉煮熟，去掉猪油和骨头，然后将

肉切成一块块方形，加上酱油、黄油等调料，再用小火将肉煮透，使调料能入味到猪肉里，直至蒸到酥烂。待肉出锅后，从视觉上看，色泽鲜黄，从气味上闻，香气扑鼻，从口感上品，肉酥香浓。苏轼又将做好的肉分给老百姓品尝，百姓们吃完后赞不绝口，从此之后，当地的百姓就就十分亲切且有创意的给这道菜起了个名字叫"东坡肉"，"东坡肉"的美名在杭州很快就传遍了大街小巷，至今流传。

据宋代学者周紫芝[1]在《竹坡诗话》中记载：苏东坡因"乌台诗案"被贬至黄州（今湖北黄冈）时，做了个无关紧要的团练副使。当时黄州的猪肉很便宜，他时常买些猪肉回家自己做，据说还作了一首叫《猪肉颂》的打油诗，由诗中的"慢着火，少着水，火候足时它自美"，可知东坡肉烹调方法，打油诗如下：

黄州好猪肉，价钱等粪土。
富者不肯吃，贫者不解煮。
慢着火，少着水，
火候足时它自美。

每日起来打一碗，饱得自家君莫管。

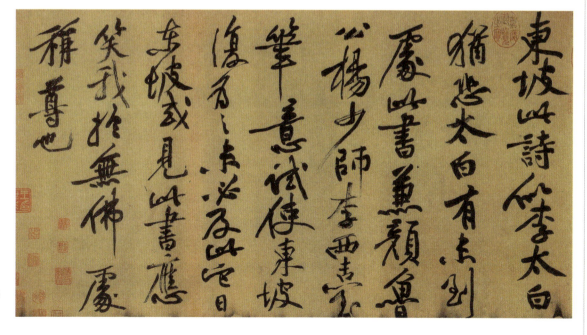

北宋·黄庭坚
《黄州寒食诗跋》
手卷 纸本水墨

冰寒于水入奇境
——米芾

　　米芾字元章，号襄阳漫士，祖籍山西太原，生长于襄阳。他是北宋尚意书风的代表人物，与苏轼、黄庭坚、蔡襄并称为北宋四大书法家。米芾天资高迈，为人狂放怪异，不与世俗俯仰。喜奇石，遇石称"兄"，膜拜不已；有洁癖，冠服仿效唐人，因而人称"米颠""米痴"。其绘画风格简略，烟云葱茏，虚实掩映，世称"米家山水"。

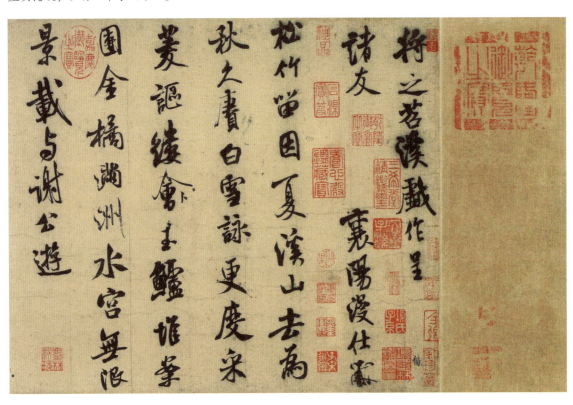

北宋·米芾
《苕溪诗》（局部）
手卷　纸本水墨

米颠画云山

　　米芾（1051—1108年），北宋著名书法家、画家。初名黻，字元章，号火正后人、鹿门居士、襄阳漫士、海岳外史等。祖籍山西太原，迁居湖北襄阳，晚年又定居润州丹徒（今江苏镇江）。善诗，工书法，精鉴别。擅篆、隶、楷、行、草等书体，长于临摹古人书法，达到乱真程度。是宋四家（苏、黄、米、蔡）之一。曾任校书郎、书画博士、礼部员外郎，人称"米襄阳""米南宫"。他富于收藏，宦游外出时，往往随其所往，在船上大书一旗"米家书画船"。

　　米芾是一个特别看重书画艺术但矜才使气之人。据说他自幼聪慧，对书画艺术和文字有浓厚的兴趣和很强的悟性，并且记忆力超凡。相传他六岁的时候就可以每天学习一百首诗词，更为惊人的是能过目不忘。

　　米芾是个怪异之才，个性清高，举止狂傲、好洁成癖，多蓄奇石，遇石称"兄"，膜拜不已，因而人称"米颠"。其书画自成一家，人物、山水、松石、梅、兰、竹、菊无所不攻；尤其在山水画上成就最大，但他不喜欢危峰高耸、层峦叠嶂的北方山水，而独爱江南水乡瞬息万变的"烟云雾景"天真平淡、不装巧趣的风貌，他所创造的"米氏云山"都是信笔作来，烟云掩映。

米芾除书画达到极高的水准外，其书论也颇多。著有《书史》《海岳名言》《宝章待访录》《评字帖》等，显示了他卓越的胆识和精到的鉴赏力，对前人多有讥贬，然决不因袭古人语，为历代书家所重，但过头话也不少，诮颜柳、贬旭素，苛刻求疵。米芾传世墨迹主要有《苕溪诗卷》《蜀素帖》《方圆庵记》《天马赋》等，而翰札小品尤多。

《研山铭》

原藏于故宫博物院的《研山铭》是米芾晚年创作的书法手卷。水墨纸本，行书，卷高35.8厘米，长136.3厘米，用南唐澄心堂纸书写行书大字三十九个，即"研山铭。五色水，浮昆仑。潭在顶，出黑云。挂龙怪，烁电痕。下震霆，泽厚坤。极变化，阖道门。宝晋山前轩书。"此帖沉顿雄快，跌宕多姿，结字自由放达，不受前人法则的制约，抒发天趣，为米芾大字作品中罕见珍品。2002年12月7日，米芾的晚年杰作《研山铭》在北京拍卖成功，成交价创下了当时中国艺术品拍卖的世界纪录。他之所以留下《研山铭》这样的佳作，与他藏石的爱好有关，相传米芾有"瘦、秀、皱、透"四字相石法。

砚山的奇石古今闻名，这些石头本是南唐后主李煜珍爱的文房旧物，传说他有奇石若干，砚山是米芾收藏的灵璧石，其中"灵璧研山"就有两方，且形状相似，这两方"灵璧研山"前后流传数人，后被李煜第五代孙女收藏，她就是米芾之妻李氏。米芾得到后很是喜爱，曾经"抱睡三日"。

襄阳米公祠

传说李氏在与米芾新婚的晚上，将传家之宝"灵璧研山"相赠，并要求米芾"不得将此物予以他人"，米芾才知道李氏是李煜后世之孙。据《志林》记载，米芾得研山后如获至宝，对其爱不释手，他连续三天抱着这块灵璧石入睡，反而冷落了妻子。即便是这样，米芾还是意犹未尽，有一天，他突来兴致，即兴挥毫，便留下传世书法名帖《研山铭》，这也成为石痴米芾爱石颂石的千古佳作。但砚山在宋代以后就淡出了人们的视野，无人问津。直到《研山铭》的回归，让人们重新燃起了寻找研山奇石的希望。

手卷《研山铭》历经千年，流传有序，曾经先后被收入北宋、南宋宫廷收藏。到了南宋理宗时，《研山铭》则被右丞相贾似道收藏。到了元代，被元代书画鉴藏家柯九思收藏。至清代雍正年间，书画鉴赏家于腾收藏过。但后由于历史原因，此手卷不幸流落到东瀛，被日本有邻博物馆收藏，日本前首相犬养毅题迎首："鸢飞鱼跃"。启功先生晚年的时候，在饱览过由境外征集请回北京的米芾《研山铭》书法原作后，赋诗赞曰："羡煞襄阳一枝笔，玲珑八面写秋深。"

米芾爱砚

米芾爱砚、赏砚、藏砚，不仅如此，他还对各种砚台的石质、产地、色泽、形制和工艺等进行深入的探究，并在研究的基础上作了诸多有关砚台的论述，《砚史》就是其中之一，书中记载了砚台二十六种，为后人在砚的鉴赏和甄别方面留下了珍贵的史料。

关于米芾对砚台的钟爱这件事，民间流传着许多故事。又一次米芾在宋徽宗面前因为砚台的关系连礼仪都不顾了。据说，宋徽宗赵佶酷爱书画艺术，将画家的地位提至中国历史上最高，他本人就是一个大书法家，他自创的书体被后人称为"瘦金体"。一次宋徽宗让米芾以两首诗草书御屏，借此也想见识一下米芾的书法，米芾挥毫如龙飞凤舞，一挥而就，宋徽宗看后拍手叫好，大加赞赏。米芾见状，赶紧把盛有墨汁

北宋·米芾
《研山铭》
手卷　纸本水墨

的砚台揣入怀中，对赵佶说："皇上贵为天子之躯，因此皇上之物不能与庶民同用，而现在砚台已被微臣玷污，皇上就不能再用，不如就恳请皇上将它赐予微臣吧！"徽宗很喜欢米芾刚才的草书墨迹，又见他如此喜爱此砚，便把砚台赐给了米芾。米芾欣喜若狂，生怕徽宗皇帝反悔，墨汁都来不及清洗，就紧紧抱着砚台一溜烟儿跑了。

南宫洁癖

米芾生性怪异，常着奇装异服，因此引得路人围观。他有严重的洁癖，办公的地方放置清水以便经常洗脸，不用别人用过的东西，自己的东西也不让人随意接触。他的身边总带着水，以便随时可以洗手，而且他洗手跟别人大不一样，用一个银壶往外倒水，而不用盆接水洗手。米芾不放心卫生状况，自己只用流动的水洗手。洗完之后也不用毛巾擦，而是两个手互相拍打，一直到手干，现在看来，那时候的米芾已经具备了超前的讲究卫生意识。

米芾曾经当过太常博士，负责皇家宗庙的祭祀事务，祭祀时穿的标准工作服他肯定会嫌弃，于是就拼命地洗，连衣服上的花纹都被磨损了。为此，米芾还受到降职处分。

更令人称奇的是，米芾连挑选女婿的标准也夸张到必须严格符合自己洁癖的要求。他看到有一个叫段拂的南京人，字去尘。便高兴的称赞道："这就应该是我的女婿，根据名字中的'拂'和'去尘'推测，绝对是个讲卫生的人。"于是就把女儿嫁给了这个人。

与米芾有交往的人几乎都见识过他好洁成癖的严重程度，有一个叫周种的人，跟米芾要好，知道他爱石如命。有一天米芾得了一个名砚，约

周种一同鉴赏，沾沾自喜道："我得了个宝砚，品相非凡，简直就是人间极品。"周种刚开始没当回事，以为米芾是跟他开玩笑，便要求米芾拿出砚台示人。周种了解米芾的洁癖，就在米芾从箱子里往外拿的时候，连忙要毛巾洗手，米芾见周种如此懂他的习惯还暗自高兴。周种看见砚台后，果然如米芾所说，于是连连称赞，并要求试试宝砚发墨情况如何，米芾狂喜就叫人拿水来磨墨。还没等水拿来，周种就迫不及待的用唾沫代替水开始研墨。米芾见后脸色突变，心想刚才还挺干净，现在怎么这么不讲究，砚台已被玷污，我不能用了，只好赠与他了。周种以为他是开玩笑，可米芾说什么也不要了，最终忍痛割爱。

襄阳漫士集古字

米芾是集书画家、鉴定家、收藏家于一身的怪异之才，他一生都未卷入过政治漩涡中，生活相对安逸安定，因此有充足的时间饱览内府藏书，熟谙古今通史。他称自己的书法作品是"集古字"。米芾少时苦学颜、柳、欧、褚等唐楷，为之后打下了坚实的基础。对古人的用笔、章法及气韵都有深刻的领悟，其书体潇散自由，又严于法度。据《宋史·文苑传》："芾特妙于翰墨，沉着飞动，得王献之笔意。"可见米芾集古字最多的当属王献之，这也在一定程度上说明了米芾学书在传统上倾注了不少精力，始终秉承"稳不俗、险不怪、老不枯、润不肥"的原则，米芾自述："余写《海岱诗》，三四次写，间有一两字好，信书亦一难事"。可见他对古人技法的深刻理解，归根结底还是植根于他持之以恒的揣摩临习，他连大年初一也不忍间断《元日帖》就是很好的佐证。

1082年米芾长沙任期已满，在赴京途中，特地去黄州拜访了已经谪居三年的苏东坡，这也是两人初次见面，东坡称赞米芾书艺"风樯阵马，沉着痛快，当与钟、王并行，非但不愧而已"，而且还劝其学晋人书。自此，米芾潜心研究晋人法帖以"入晋魏平淡"，就连其书斋也取名为"宝晋斋"。经过高人指点，米芾的书风有了很大的转变，这一转变可谓是他一生的转折点。

情钟收藏

米芾特别钟情于对名帖的收藏，这是有史可记的。据《石林燕语》记载：在真州，米芾曾经在船上拜访蔡京的儿子蔡攸，蔡攸拿出自己珍藏的王羲之的《王略帖》给米芾看。米芾看到这幅作品就喜欢得不得了，想用别的画来换取《王略帖》，蔡攸对此十分为难，若给了米芾，那也是自己的珍宝，若不给，也禁不住他苦苦哀求啊。米芾见状很便以死相挟，蔡攸见米芾这般痴狂的样子，只好割爱把《王略帖》奉赠给他了。

以假乱真

米芾的书画水平很高，尤其临摹功夫很深，据传我们今天看到的王献之墨迹《中秋帖》，就是他的临本，形神精妙至极。除此之外，今存二王的一些其他作品，也都不是"真迹"，而是米芾的仿制品。米芾诙谐机智，对有挑战性的事物又觉得新奇，他特立独行、说做就做的个性留下了很多别人尚未尝试过的趣事。

民间有这样一个传说，一个书画商人一天敲开了米芾家的大门，有意想以高价把一幅唐人真迹出售给他，米芾面对高价有些迟疑，便让商人先将画留在府中容他考虑，五天后上门便可知晓买或不买。说完，商人留下画走了。几天以后，商人又来见米芾。米芾说："画不错，是唐人真迹也不假，只是考虑再三，还是觉得价钱太高，就请你把画取走吧！"说着把画打开，强调道："你仔细看好，是这幅画没错吧？"商人检查，确认无疑后把画取走了。

第二天，商人拿着画又来米芾府上，米芾一见就笑着说，"我笃定你还会找我！我今天都没有出家门去赴约，就是专门等你来。"商人不好意思的说："是我眼拙，把您的临本拿走了，今天特来奉还。"米芾大笑道："你不来找我，我也一定会去找你，你昨天没有识别出给你的是临本，我特别高兴，说明我仿真的已能迷惑人眼了，现在你把原本真迹取走，临本还给我好

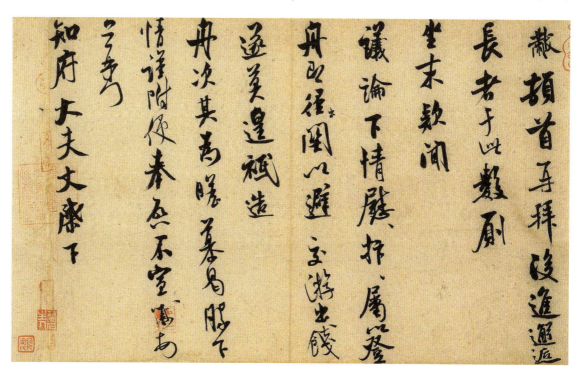

北宋·米芾
《知府帖》
手札　纸本水墨

了。"米芾每次在朋友中谈及这件事，都洋洋自得，笑得前合后仰。

还有一次，有人出售戴嵩[1]的牛图，米芾不肯买，于是推辞把画借来说要看几天，然后临摹了一张假的还给那人。过了几天，那人拿着假画来要求他还真的，米芾并没有觉得不好意思，还挺纳闷："难道我仿真技术还不到家？"那人告诉米芾差别就在牛眼睛里面，原来原画牛眼睛里映有牧童的影子，而米芾的仿画里并没有。米芾这才恍然大悟，不得不叹服古人作画的精妙入微。

五两纹银的妙处

米芾幼时学书很是不得法。学习了三年始终成绩平平，先生只好让他走人。

据说一天，一个秀才路过此地，准备进京赶考。米芾听闻这位秀才写得一手好字，就跑去请教。秀才看过米芾之前的习字，停顿了半晌说："想要得到我的点拨，前提条件是必须用我五两纹银一张的纸。"米芾听了吓了一跳。秀才说："不买的话就免谈了。"米芾求学心切，跑回家哀求母亲，最终他的母亲把唯一的首饰当了五两纹银，这才从秀才那里喜获价值五两的一张纸。

回到家后，米芾仔细端详着这张纸，觉得这不是一张普通的纸，所以不敢轻易下笔，于是认真琢磨字帖，用手在书桌上画着，想着每个字的肩架和笔锋，不知不觉竟着了迷。过了一天，秀才来了，在纸上未见一个字，问："你怎么还没动笔呢？"米芾一惊，半天缓过神来，羞涩地答道："纸太贵了，我怕浪费掉，等把字琢磨透了再下笔也不迟。"秀才露出满意的笑容："非常好！你现在可以写个字我看看。"米芾挥笔写了个"永"字，看上去既出于字帖，又另有一番味道。秀才很满意，大加称赞："写字不单是动手，关键要走心，也就是说，既要观其形也要悟其神，你现在已经领悟到了这个道理。"后来，秀才走了，走之前留了个布包给米芾，米芾回家打开一看，原来是五两纹银！不禁很是感动。

从此以后，米芾一直将这五两纹银置放于书桌上，以此激励自己勤学苦练，并时刻铭记这位苦心给予他启发的老师。

观画巧断案

县令断案实属很平常的事情，但是通过画的内容断案确不多见。据传米芾在担任安徽无为县县令时，就曾经以此方法断过案子。

有个商人李老汉，到县衙状告有三家邻居欠钱不还。据李老汉描述：他的邻居侯山，借走了李老汉的全部银两进了一批山货；而另外两个邻居叫马有德和朱进城的，看李老汉老实好欺负，欺骗说他们要帮助李老汉把他店里的货物换成好东西，就拿了钱财，又运走了货。这三人在借钱拿货之后，就杳无音信了。李老汉的店里却因为资金周转不开，又没有货物进出，生意遭遇到了困难。米芾让三个邻居前来对质，他们都异口同声否认这事，称李老汉诬告他们没有凭证。事实上这三个人就是依仗李老汉目不识丁，借据又是假的，所以才有恃无恐。李老汉犹如哑巴吃黄连，冤枉没处诉，这时他突然想到一幅可能会佐证事实的画卷。

李老汉呈上画卷，米芾接过画卷一看，见这几幅画作虽然画工粗糙，但形象依稀可辨，他若有所思，端详了好一阵，最后断定李老汉是冤枉的，这幅画卷就是断案的凭据。起初，那三人拒不认账。米芾便指着画一一给他们道来："画里面有只背靠着一座大山吃山货的猴子，这幅画明明画的就是你侯山赊欠他银子做山货生意嘛？"紧接着，他又指着另一幅画说："马上驮着货物，马腿略微弯屈着马蹄并未踩下去，蹄下有个婴儿，这不就是马有德吗？"米芾又指着一张画说："看这头猪在城门内拱食，这些食物都是人吃的东西，难道不是指明是你朱进城从李老汉店中搬走货物吗？"

由于米芾一眼看透了事实的真相，在场的所有人没有不佩服他的机智，因此在审理此案时，一些有正义感的人也站出来讲公道话，替李老汉作证。三位邻居见状，知道抵赖不过，羞愧不已，当堂把本属于李老汉的财物如数归还。

---

[1] 戴嵩，生卒年不详，唐代画家。擅画田家、川原之景，画水牛尤为著名，与韩幹之画马，并称"韩马戴牛"。传世作品有《斗牛图》。

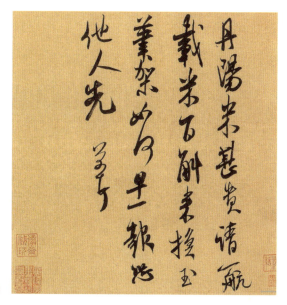

北宋·米芾
《丹阳帖》
手札 纸本水墨

米芾拜石

米芾的仕途完全得益于他的母亲，他的母亲是接生宋神宗的稳婆，也是神宗的乳母，米芾之所以能当上广东涤光县尉，又可以任职无为军，完全是宋神宗感念米芾母亲的抚育之情。但是米芾率真的个性，看不惯官场的一些腐败风气，直言批判，以致他的官职经常有变动。他不停变动官职的主要原因就是因为他的脾气。据说米芾在其位谋其职，非常贤能，但就是由于他生性清高孤傲，放荡不羁，不愿流俗，不想墨守成规，所以可想而知他的官场生涯非常不顺遂。

米芾在无为军担任职务后，为官清廉，但是即便这样，由于他的脾气始终改不了，走到哪还是会得罪人。他的上司知州则是一个搜刮民众的贪官，致使地方百姓民怨沸腾，老百姓称他"面老鼠"以泄怒气，米芾对这种人非常鄙视，除非工作上的必要往来，完全不愿与其有半点交往。

然而依照大宋律法，每逢单日米芾应该去州衙参拜州官，这让他心里极为不爽。思前想后，米芾想了个办法。平日喜爱收藏的他，收集了很多奇石异物，于是，他让自己的书僮将那些石头和异物摆放好，自己穿上朝服，对奇石异物行拜，而且米芾拜石的时候，还配有专门的说辞："我参拜无知的石头，是因为石头是洁净的，你个面老鼠太肮脏，不配我行如此大的礼数。"米

芾拜完那些奇石，心情豁然开朗，然后再按例去州衙议事。从此以后，每逢单日就参拜石头成了米芾的例行公事。

且把蝗虫打回来

米芾是一个机智幽默的人。宋神宗时有一年，雍丘县爆发了蝗虫灾害，无数人因无粮食而饿死，一时之间，到处是一派民不聊生的景象。此时正逢米芾出任雍丘县令。他为解决百姓忧虑，亲自带领百姓治理蝗灾。而邻县的县令采取焚烧、土埋等法，蝗虫依旧滋蔓，仍不见效。有人对县官说："我们管辖范围内的蝗虫都是雍丘县驱赶而来，所以才无法捕灭。"县官一听火冒三丈，我在这灭蝗，你却在那里把蝗虫往这里赶，太不像话了！于是发一公文声讨米芾，并要求雍丘县捕除自己境内的蝗虫，以免滋扰邻县。米芾见后大笑，取笔于公文后大书几个字：

> 蝗虫原是飞空物，天遣来为百姓灾。
> 本县若还驱得去，贵司却请打回来。

宾客闻听此事与米芾诗，都笑得合不拢嘴。

众香国中逝

米芾作为北宋著名的书画家，在镇江度过了他一生大部分的时间，稍有空闲就会去鹤林寺，并且还直言辞世后愿作鹤林寺伽蓝（护寺神），根据他生前的愿望，其子米友仁及亲友将其归葬镇江，并在南郊鹤林寺山门前立祠，供奉米芾遗像。

米芾的死很离奇。徽宗大观元年，也就是在米芾离世前一个月，米芾好像知道自己不久于人世一般，开始安排自己的后事。准备好了一口棺材，起居吃饭全在棺材里，还跟亲朋好友告别，并把他喜欢的字画器玩全部烧了。临终前七天，米芾洗完澡，换好衣服，斋戒焚香之后躺回棺材里，一直到临终当天，米芾把亲朋好友全请到淮阳军官舍，举着拂尘说："众香国中来，众香国中去。"话音刚落，拂尘掉落在地上，米芾合掌向后倒去而死，享年57岁。

汴京风烟画图中
——张择端

张择端在宋徽宗赵佶时期供职翰林图画院。作品流传下来的不多，但是其创作的赫赫有名的历史风俗画长卷《清明上河图》为中国绘画史上的奇珍瑰宝。

张择端其人

山东诸城的张择端，字正道，琅邪东武是北宋的著名画家，在北宋东京的相国寺里与其他民间画师一样，靠给寺院绘画谋生。张择端最著名的《清明上河图》记录了首都汴京城的繁华盛景。发展了中国古代风俗画并将北宋前期历史风俗画展现于世。

关于张择端的身世史料中并没有太多的记载，而且他的作品也没有留下更多，但仅此一件《清明上河图》，就足以使他彪炳中国数千名画史而灿若星辰。《清明上河图》已经成为中国传统绘画的象征符号之一，在2010年的上海世博会上，中国国家馆的设计上就把此图作为一个重要的传统艺术符号来加以利用。北宋宣和年间任翰林待诏，擅画楼观、屋宇、林木、人物。他长于描绘当时社会的风土人情，具有很强的刻画能力，如市肆、街道、桥梁、楼宇、城郭、物件等都刻画细致、准确。作品虽然算是鸿篇巨制，场面浩大，但尺寸并不算大，所谓豆人寸马，形象栩栩如生。

张择端自幼聪颖好学，对画画极为喜爱，并想在绘画艺术方面有所成就，所以在他二十岁弱冠之年告别亲朋好友只身一人来到京城，开始了游学之旅，潜心作画。刚开始的时候，张择端与许多民间画师一样，栖身在相国寺里，靠为寺院作画谋生。但这位才华横溢的年轻画师很快就受到了命运女神的垂青，一次偶然的机会，他很幸运地受到了驾临相国寺降香的徽宗赵佶的关注。宋徽宗命宰相蔡京了解情况后，便将他召进了翰林图画院，甚至还根据他的特长亲自命题让其作画，记录北宋东京城的繁华盛景。谁能想到，皇宫里安逸奢华的环境却让张择端感到极不自在，不能从容作画，于是，他提出要去安静的农舍中画画，皇帝同意了，并派人在都城外找了一所僻静的农舍供其作画。不难想象，张择端笔端让人激赏赞叹的精妙不凡的表现，就是来自于这样平常而朴素的环境和心境。

《清明上河图》

《清明上河图》是中国古代最为著名的作品

北宋·张择端
《清明上河图》（局部）

之一，现在被收藏在故宫博物院。这幅作品为绢本长卷，长528.7厘米，高24.8厘米，主要为墨笔勾勒，略微施色，表现了北宋都城汴梁的繁华市景，一般认为是清明时节的景色，故名《清明上河图》。但是也有学者有不同看法。总之是汴京当年繁华的见证，也是北宋城市经济情况的写照。此画不仅具有非常高的艺术价值，而且具有极高的史料价值，通过这幅画，可以直观地了解北宋的城市面貌和当时各阶层人民的生活情况。

《清明上河图》将汴京都城与郊野包囊画中，将繁杂的景物纳入统一而富于变化的画卷中，画中主要分为两部分，一部分是郊野，另一部分是都城。画中有814人，牲畜60多头，船只28艘，房屋楼宇30多栋，车20辆，轿8顶，树木170多棵，人物衣着不同，形态各异，活灵活现，描绘了当时的集市盛景，热闹非凡。整幅画节奏鲜明，有紧有松，构图严谨，疏密合理，亭台楼阁错落有致。对于情节的控制恰到好处。至于细节的刻画与表现手法，更是将张择端的绘画功底体现得淋漓尽致。

北宋年间的汴京正是繁盛时期，陆路水路四通八达，商业极为发达，居全国之首，街市开设了越来越多的商铺，并开始出现了夜市，逢年过节更是热闹非凡。张择端就是选择了重要节日中之一的清明进行描绘，来记录下京城水陆运输和街市繁盛、人头攒动的场景。《清明上河图》最中心抢眼的是一座拱形大桥，大桥紧连桥头那端的街面。放眼望去，无论桥上还是街面都挤满了人，有吆喝着的摊贩，有来来往往的行人，有驻足桥上看来往船只低声细语的游客，算命的、吆喝的、牵着驮货品毛驴、赶着牛车经过的，形形色色的人和商铺都让这幅画显得有声有色。画面有条不紊地延伸到了宁静的郊区，处处都令人感受到了当时汴京的生活气息，《清明上河图》内容的丰富细致，规模的宏大都是史无前例的。

两献清明上河图

《清明上河图》这幅巨作完成后，张择端带着画上献。宋徽宗赵佶看到后大加赞赏，喜欢的不得了。并将《清明上河图》收入皇宫内府珍藏。但在北宋灭亡后，《清明上河图》及六千多件内府收藏品被金兵掠去。之后，宋高宗赵构在杭州称帝，张择端心系国仇，闭关潜心作画，呕心沥血又绘制出了一幅《清明上河图》上献宋高宗，对画根本不在意的宋高宗将画退回。这令满怀一腔热血的张择端难以平静心绪，一怒之下将《清明上河图》付之一炬，巨作只被及时发现的家人抢出一半。被沉痛打击击垮的张择端不久抑郁而死。至于张择端是否两次上献《清明上河图》无从考证，确定的是这位忧国忧民的画家在艺术上的造诣不可否认。

许多专家学者经过研究考证《清明上河图》，认为张择端为北宋人，但在两宋的史书中并没有确切的记载，关于他被召进翰林书院也通过最早的金代张著题跋中注明了张择端的身份为"翰林"所确定，并且进一步指出，张择端游学于京城。在晚明书画家董其昌的《容台集》中也说《清明上河图》所追摹为南宋时的汴京景物，据此也有人猜测张择端为南宋人并非北宋。但无论如何猜测，都无从得到确切的答案，也使这位

北宋·张择端
《清明上河图》（局部）

留巨作于世的画家增添了一抹神秘的色彩。

民间故事

张择端画技精湛，在开封和山东民间关于张择端也流传着许多有趣的故事。其中"飞鸟撞画"与"画坛打擂"最为盛传。"飞鸟撞画"说进京赶考落榜的张择端赶路赶得口干舌燥，恰巧在此时偶遇一片杏林。喜出望外的张择端便上前向杏林的主人讨口水喝。好心的主人不仅给张择端杏吃还一分不收。为了表达感激之情，张择端即兴作画一幅《杏林图》作报答。后来杏林主人的儿子拿图到汴梁城出卖，张择端笔下的杏林足以以假乱真，飞来的鸟都无以分辨，撞上画作。此后张择端名声大振。"画坛打擂"是有个画师设擂，在墙上挂了两个布帘，揭帘亮画，以赞赏人数多少与方家评说决出胜负，败者买下胜者的画，并且价格由胜者随意开出，不得还价。结果张择端被迫打擂，前两局张择端与对手不相上下，最后一局，出奇制胜的张择端索性画了一个布帘，机智地骗过了对方画师，取得最终的胜利。

八百年的轮回

《清明上河图》在中国乃至世界绘画史上都是独一无二的，作为中国最著名的传世名画之一，属于国宝级文物藏于故宫博物院。每每当

此画在故宫博物院展出时，络绎不绝的人们驻足画前仔细欣赏。这件享誉古今中外的传世杰作，在问世以后的八百多年里，几经周折，收藏被盗，进宫出宫，历尽战火洗礼，演绎了许多传奇故事。

1101年，《清明上河图》深得宋徽宗赵佶心，被收藏于御府。

1127年，靖康之变后，《清明上河图》历经战火被金人掠去。

明嘉靖三年，《清明上河图》转到长洲人太

北宋·张择端
《清明上河图》
手卷　绢本设色

北宋·张择端
《清明上河图》（局部）

子少保、兵部尚书陆完的手里，陆完死后，他的夫人将《清明上河图》，视如身家性命，连亲生儿子也不得一见。

陆夫人外甥王某，聪慧乖巧，深得陆夫人之心。王某擅长绘画，对名人书画更是情有独钟，得知王夫人将《清明上河图》藏在阁楼里，便日思夜想想一睹张择端笔下生花的魅力。王某挖空心思地反复恳请陆夫人，夫人勉强同意，但只令其看不让他带笔墨纸砚临摹。王某当然爽快答应，只要是让观摩巨作已经很是满意。王某两三月看有十余次，竟临摹出一幅有几分像的画来。当时《清明上河图》名声大噪，嚣张跋扈的大奸臣严嵩正四处搜寻，都御史王忬得知后，便求王某将其临摹的《清明上河图》高价卖给他，从王某手中购得赝品后，讨好地将赝品献给严嵩。严嵩有一个手下是装裱匠，这个装裱匠汤臣因见画较多，认出画是假货，便以此要挟王忬，勒索银两，只要王忬肯出四十两银子贿赂自己他就不会告诉严嵩，但王忬对其不予理会。汤臣咽不下这口气，便找机会将王忬害死，临摹此画的王某也因此受到牵连，被抓去饿死狱中。

隆庆年间，严嵩父子在官场失势，严府被抄，《清明上河图》终于被藏入皇宫。

清朝时期《清明上河图》被收在了紫禁城的迎春阁内。嘉庆帝万分珍惜，还特意命人将它收

录在《石渠宝笈三编》一书内。此后，《清明上河图》一直在清宫珍藏，虽然经历了1860年英法联军以及1900年八国联军两度入侵北京洗劫宫室，但《清明上河图》居然逃过了劫难，两次均未受损。

1911年以后，《清明上河图》连同其他珍贵书画一起，被清末代皇帝溥仪以赏溥杰为名盗出宫外，存在天津租界内的张园内。1932年，溥仪在日本人扶植下，建立伪满洲国，于是这幅名画又被带到长春，存在伪皇宫东院图书楼中。

1945年8月，第二次世界大战接近尾声，日本侵略者的末日也到了。溥仪和日本人一见大事不好，便乘飞机逃往大栗子沟，伪满皇宫因失火而一片狼藉。混乱之中，有不少人便趁机进宫"抢洋落"，伪皇宫的大批珍贵之物便在这场动乱中流散到了民间，其中，就有《清明上河图》。

1948年，长春解放，解放军干部张克威通过当地干部收集到伪满皇宫流散出去的珍贵字画十余卷，其中就有《清明上河图》。

1949年，张克威调到东北行政委员会工作，将这十余幅卷轴交给了当时开辟东北革命根据地的主要负责人之一林枫。《清明上河图》经林枫之手进了东北博物馆，后来又调到故宫博物院珍存。

丹青误国过一生

——宋徽宗赵佶

　　宋徽宗是中国历史上风华卓绝，最具文艺才情的皇帝。《水浒传》中对他有一段评价："是个聪明俊俏人物。这浮浪子弟门风帮闲之事，无一般不晓，无一般不会，更无一般不爱；即如琴棋书画，无所不通，踢球打弹，品竹调丝，吹弹歌舞，自不必说。"元人撰《宋史》感喟："宋徽宗诸事皆能，独不能为君耳！"

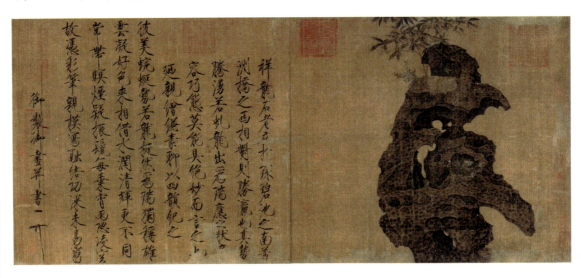

北宋·赵佶
《祥龙石图》
手卷　绢本设色

轻佻之君

　　宋徽宗（1082—1135年），名赵佶，宋神宗十一子，北宋第八位皇帝，与宋朝第七位皇帝宋哲宗是兄弟。赵佶在即位前，曾先后被封为遂宁郡王、端王。因宋哲宗病逝时无子，向太后立他为帝。宋徽宗在位26年（1100—1126年），亡国后被俘折磨至死，终年54岁，被葬于都城绍兴永佑陵（今浙江省绍兴市柯桥区东南35里处）。

　　赵佶生于元丰五年（1082年）十月十日，自幼养尊处优，性格轻佻浪荡，但文采斐然，艺术造诣极高，被当时许多人认为是南唐后主李煜的转世。宋哲宗病逝后，没有子嗣继承皇位，因而只能在哲宗的兄弟中选出一位。当时，皇位的热门候选人有三位：一是当时最为年长的神宗的九子申王赵佖，一是哲宗一母同胞的弟弟排行十三的简王赵似，最后一位是向太后最中意的神宗十一子端王赵佶。无论是立嫡还是立长都不应是

赵佶，但在向太后的全力支持下，最后仍由赵佶继承了皇位。极力反对赵佶登基的大臣章惇大呼"端王轻佻，不可以君天下"。的确，宋徽宗赵佶在中国历史上有着治国无能的名声，被后世评为"宋徽宗诸事皆能，独不能为君耳！"在宋金对峙中，终于处于下风，后被金兵俘虏，最后客死他乡。

　　然而，赵佶刚开始当上皇帝时，还是十分勤政的。他时刻注意自己的言行举止，力图向百姓树立勤政爱民、勤俭节约的君主形象，那时他还采用吏部尚书韩忠彦的建议，"广仁恩，开言路，去疑似，戒用兵"[1]，使大宋一段时间内现出一派欣欣向荣的景象。但是，这些美好的日子在蔡京上台为相后便发生了改变，之后赵佶设置应奉局，专领花石纲，曾被罢除的"逻卒"也"稍稍复置"，朝廷中敢于直言不讳的谏臣越来越少，最后绝迹，被以蔡京为首的一批中国历

[1]《宋史》列传第七十一《韩忠彦传》。

史上赫赫有名的奸臣取而代之。之后的二十余年里，在这帮奸臣的辅佐下，风雨飘摇的大宋江山终于命丧金人之手。

徽宗在艺术上的极高造诣并没对他的政治产生正面影响，反而因为把大部分的时间精力花费在自己的兴趣上而贻误国事。随着年龄的增长，赵佶越发沉醉在声色犬马之中，当年宋徽宗的后宫佳丽如云，史书记载有"三千粉黛，八百烟娇"。就这样，在蔡京、童贯等一帮奸臣的"辅佐"下，越发奢华无度，乃至怨声载道，民不聊生。可以说，徽宗个人性格和周围环境对他的影响波及整个大宋国运，比如徽宗身上天生的轻佻、艺术家气质和周围近臣蔡京等人的影响。

《宋史》总结说：徽宗失国的原因，并不是他自身像晋惠帝那样愚蠢，或者像孙皓那样残暴，也并非朝廷中有人像曹操、司马氏那样的篡夺，只是他把超常的智慧，用在偏处，疏斥正士，狎近奸谀之人。自古君主玩物而丧志，纵欲而败度，没有不亡国的，当为后世之鉴。

国家大事花石纲

宋徽宗特别喜欢收集奇石异木。他的这一爱好，直接导致形成了祸国殃民的"花石纲"。"纲"就是宋朝大宗运输的货物。徽宗时，源源不断地将外地的各种奇石花木大宗运往京师，称为"花石纲"。在这些石头中，徽宗看中哪块石头，就会给运送这块石头的人高官厚禄。皇上的这种举动，给许多奸臣和小人提供了升官发财的机会。于是，全国范围内掀起了大规模运送花石纲的浪潮。

宋徽宗御书"大观通宝"古铜钱

在当时，只要谁家的一石一木尚堪玩味，谁家就要遭殃。衙役们如狼似虎地冲进来，黄封条一贴，百姓的私人财产就成了皇家御用，心里虽然不愿意，但主人还得仔细看管，如有半点损坏，就是大不敬之罪。运送花石纲这一举动前前后后持续了二十多年，据统计，东京都汴梁运来的石头有十多万块。其中，有一块石头光运费就三十万贯，这简直是太奢侈了，数十万个普通家庭的收入还远远比不上运送一个石头的钱。

有个名叫朱勔的奸臣送给徽宗的一块石头，这块石头需要上百人才能抱住，高达数丈，非常巨大仿若一座小山了，且此石形美如云，凝重飘逸，颜色清润，摩挲声响，恍然置身于巨石之中。朱勔为此建造了一艘大船，费人费时，才最终运到汴梁。城门也就两三丈高，这怎么弄过去呀，而且这些石头打开也有四五丈，如何进城成了一个问题。但对于渴石心切的宋徽宗来说还是很会解决的，城门不够高就扒掉城门，总之一切为石头让路。

还有更为荒唐的一次。有一块巨石如果想运到宋徽宗那里，就一定要连带周围的土、物一并刨起带走，整体之大，运河根本无法通过，只得费劲去走海运。结果大船在海上遭遇不测，最终沉没海底，损失惨重。

不得不说，宋徽宗的这些举动已经不能称作爱好，而是劳民伤财的嗜好了。文武百官，但凡想升官发财的，都去琢磨花石纲了，着实给社稷造成了巨大负担，导致底层老百姓生活于水深火热之中。无法主宰命运的广大老百姓不得不反，起义运动不断。更甚的是，宋徽宗还在京都建造了一座园林，取名艮岳，专门收放从各地搜集而来的所谓的奇石名木，之后又养了不少奇禽异兽于此。所有这一切都在最后与金兵的交战中付诸东流，动物给自己充了饥，大石砸向金兵，真是一点都没浪费，这座名叫艮岳的园林就这样没了。

教主道君皇帝

宋徽宗十分重视道教，自封为"教主道君皇帝"，收集天下的道经《道史》《道藏》，不

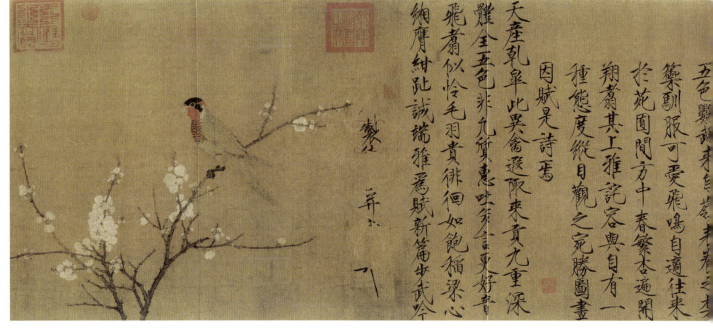

仅这样他还在朝廷设立和道教事务相关的"道官""道职"，并在学堂开始讲授"道学"。正是由于徽宗对道教的强烈追捧，在他在位期间，道教得到了空前发展，道观遍布全国，道长的地位也非常高。那时，皇帝拜坟祭祖，需要道士执威引道，百姓得病，要去道观求仙方神药。据说，宋徽宗曾经派道士去抵挡打到都城汴梁的金军，道家受尊崇的程度可见一斑。道教如此受宋徽宗重视，是有原因的。有史料记载宋徽宗赵佶被封为端王时，他的哥哥哲宗在位，哲宗体弱多病且没有孩子，所以继承人一直选定不了。于是，赵佶便秘密请道士，为他卜上一卦，看谁会继承大统。大仙掐指一算，写下"吉人"二字。当时大家都不知道是怎么回事，哲宗死后，赵佶继承了皇位。众人这时才恍然大悟：原来"吉人"合起来，正是赵佶的"佶"字。[1]

《听琴图》中的男子身着道袍，正低头抚弄琴弦，现被认为是赵佶把自己搬入了画中，这幅画现藏于故宫博物院。由此可见，徽宗十分注意对自己理想的形象的设计，而这是同信奉道教有着密不可分的联系的。

才情一流的皇帝

徽宗在艺术方面的极高造诣，在历代皇帝中是绝无仅有的，诗词歌赋，琴棋书画，可以说是无所不及。

宋徽宗的绘画大都精致妍丽，崇尚"法度"，有着诗一般的意境。他的作品有不少遗失了，现存画作中，个别被认为是画工代笔，但《芙蓉锦鸡》《五色鹦鹉》《池塘秋晚》《四禽》《雪江归棹》这几幅作品，被大多数人认可为徽宗本人所作。

在书法上他自创"瘦金体"，秀逸清健、瘦直挺拔，结构内紧外展，顿挫分明。这种书法是由薛稷兄弟上溯褚遂良发展而来，介于行、楷之间。传世书法作品有《楷书千字文》《润中秋月》等。徽宗的花押甚有特点，意为"天下一人"，被后人称为"绝押"。

宋徽宗也爱好诗词，著有词集《宋徽宗词》。但诗词没有他的书画影响大，传世精品也不多。《宋词三百首》中第一首也是唯一一首徽宗的词——《燕山亭·北行见杏花》，据说是徽宗在俘途中有感而作的，其中意味耐人寻味。

[1] 见《春渚纪闻》卷一《陵符兆》。

裁剪冰绡，

轻叠数重，

淡着胭脂匀注。

新样靓妆，

艳溢香融，

羞杀蕊珠宫女。

易得凋零，

更多少无情风雨。愁苦！问院落凄凉，几番春暮？

凭寄离恨重重，这双燕何曾，会人言语。天遥地远，万水千山，知他故宫何处？怎不思量，除梦里有时曾去。无据，和梦也新来不做。

徽宗爱好围棋，曾专门赋诗来描绘下棋时的景象：

忘忧清乐在枰棋，仙子精工岁未笄。

窗下每将图局按，恐防宣诏比高低。

新样梳妆巧画眉，官衣纤体最相宜。

一时趋向多情远，小阁幽窗静弈棋。

痴爱丹青推画学

虽然在治国上乏善可陈，但宋徽宗在艺术上却做出了巨大的贡献。因他酷爱艺术，在位时扩充翰林图画院，设立了书学、画学，将书画并入科举，以招揽天下画家，对于优秀者授予官职。他还扩大了秘府的书画收藏，并将这些收藏分门别类，编出《宣和书谱》《宣和画谱》《宣和博古图》，成为研究中国美术史的重要著作。

宋徽宗赵佶像

宋徽宗所成立的宫廷画院，叫翰林书画院，并通过考试来选拔画家，通常的考试办法是以诗词为题进行绘画创作，合题妙解

的创意佳话流传甚多。

相传，"踏花归来马蹄香"就曾作为考试题目，难倒众多考生。"花""归来""马蹄"这些有形的东西很好表现，但想要表现出无形的"香"确是很难。得知题目后，众画师都大眼瞪小眼，无法下手，均止笔于"骑马拿花""马蹄沾花瓣"等类似场景。独有一青年画匠与众不同。他的画构思巧妙：几只蝴蝶在奔走的马蹄周围翩翩飞舞，形象地表现了踏花归来，马蹄留香。宋徽宗观后龙颜大悦，赞道："此画令香味呼之欲出，扑鼻的香气自然而来，宛在目前。"众画师听后，既惊讶又佩服，感叹技不如人。

他曾用"野渡无人舟自横"诗句考画家。许多人画出的都是船上无人系岸边，鸟儿栖于上，唯有一个人画一个船夫蹲在船尾吹笛子。这幅画令宋徽宗颇为中意。原来，大多数人会错意，"野渡无人"是说没有过客，而非"无人"。

还有一回，徽宗拿"万绿丛中一点红"来作题目。有的画一朵红花开在绿草地上，有的则画在绿树丛的遮掩中，一段红墙若隐若现，也有的画一只丹顶鹤立于一片松林之上。但这些画都不能让徽宗满意。最后入眼徽宗的两幅画，一幅是一妙龄少女唇涂朱红倚于翠柳环绕之楼，做沉思状，强烈的对比，不仅画出了"万绿丛中一点红"，而且还有"恼人春色不须多"。另有一幅是红日破碧波万顷而出，别具一格，甚是壮观。

还有一年考试，以唐诗"竹锁桥边卖酒家"为题作画。画出竹林、小桥、酒店三要素的大有人在，但这些画卷都没有通过。只有一个叫李唐的应试者，他所作的画中，并没有酒店的出现，而是在桥边的竹林中露出一写有"酒"字的招子，招子这样一藏，便巧妙地把题目中的"锁"字体现得淋漓尽致。

徽宗还曾以"深山藏古寺"为画题来考学生。第一名学生画了整个寺院及寺院周围的崇山峻岭。第二名学生把古寺一角画于崇山茂林。第三名学生则独具创新，他是只把一条石径画在深山处，尽头处是一溪边打水的和尚，营造出"寺院不知处"的景象。这幅画妙就妙在他的着意点在"藏"字上，因而给人以"画有尽而意无穷"

北宋·赵佶
《竹禽图》
手卷 绢本设色

的艺术享受。有句话叫"善藏者未始不露，善露者未始不藏"，这幅绘画藏得自然、巧妙，也颇有意境。

徽宗下江南

宋徽宗有一次效仿隋炀帝南下游玩。他感觉走一走，游一游，看到百姓逗一逗，也挺好。然而，令人想不到的是，他没有招惹到百姓，反而被百姓气得打道回府，徒叹流水落花春去也。

徽宗在去江南途中，正遇一粮船同路，于是跟船主商量要搭便船。无奈，船主赶时间，拒绝了他的请求。多次近乎哀求并许以银两赠予后，主人这才勉强让他上船。其间，宋徽宗看到河边有卖蒸饼的，便让船老大停船买饼吃，船老大嫌麻烦不肯停，还仗着掌船，说了些不中听的话。徽宗只能忍气吞声，不得已又出钱贿赂，才得以让船停下。

其实，宋徽宗的身份早就被这位船老大看出来了。身边几人一直唤他为"陛下"，要是连这都不明白岂不是傻瓜了。虽然船老大知晓了他的身份，但仍故弄玄虚，不肯给他面子，不断出新招刁难皇帝，一路以"十文钱买蒸饼"之事取笑他买贵了。

到了泗阳后，徽宗上集市买鱼，因为上一次买蒸饼被人笑话，他吸取教训，开始斤斤计较起来，还匪夷所思地冒出一句话：鱼死了，我还活着，为啥卖这么贵？着实令人无语。最后，不耐烦的小贩说道：你这官人真是"保义"呀！听到这样的话，徽宗没有半点不高兴，反而小声对手下称赞起小贩来：居然能认出我来，此人眼光甚准！之后还作诗以纪念此事。怎么一个"保义"会让徽宗认为小贩认出了自己呢？原来，在宋代，有个官职叫"保义郎"，虽级别不高，但地位极其高。皇帝微服出巡时也会让同行者叫他"保义郎"。这小贩因不耐烦把一个普通顾客称为"保义"，就是在说：你这个人跟当今皇上一样麻烦，其实并没有认出他。

在镇江休息许久后，徽宗开始南下扬州，走到石塔院时，看到石塔建筑之精妙，便停了下来，细细观赏，不由感叹曰："京师无此制作。"此时，旁边有个和尚没好气地说："何不取充花石纲？"大家一听都愣在了那里，徽宗听到后，十分尴尬，纵然生气，也无可奈何，不得不把回府日程提前。

宋朝的足球明星

在施耐庵的《水浒全传》中曾记述了高俅因陪侍宋徽宗踢球，被提拔当了殿前都指挥使这一事件，虽然小说有夸张成分，但基本上还能反映事实。

事情是这样的。一次，端王赵佶在皇宫遇到好友王诜，便向王诜借篦子梳头。赵佶接过王的篦子，见做得极为精巧，连连夸赞。王诜便说"近日我做了两副篦子，有一副尚未用过，过会儿我派人给你送过去。"当晚，王诜差府中小吏高俅去给赵佶送篦子。当高俅到端王府时，便看到赵佶在蹴鞠，于是赵佶便招呼高俅一起。高俅早年便是街头蹴鞠的行家，精通"球似胶粘在身上"花样。他高超的球技让赵佶这个球迷十分钦佩，便向王诜将人要了过来，从此以后得到皇帝陛下的宠爱，平步青云。

高俅的长项在于"白打"。"白打"是在民间盛行的一种杂耍式的蹴鞠玩法，以踢出花样为能事。当时蹴鞠仍延续唐代的规则，比赛可以不用球门，即"白打"。有的人"白打"技术特别厉

北宋·赵佶
《红蓼白鹅图》
立轴　绢本设色

害，能使"球终日不坠"。宋代社会上还有专门靠踢球技艺维持生活的足球艺人，按照今天的话来讲，这应该就是中国早期的足球明星了。

知音相惜重蔡京

徽宗热爱艺术，他与蔡京的初识也是源于艺术。一次蔡京在翰林院为别的官员在扇子上题了几句诗。第二天就发现扇子被人以高价收购，后来才知道神秘的买主就是当时还是端王的赵佶。蔡京擅长书法，也是当朝里的一把好手，据说宋四家"苏黄米蔡"里的"蔡"，其实说的就是他，只是由于他后来声名狼藉，后人才用了年代略早于他的蔡襄来代替。赵佶对他知音相惜，因而蔡京也荣宠不衰。

蔡京为了升官毫无原则。北宋政坛新旧党之争，不管谁上台，他都能迅速调整政策，跟上形势。他的这种审时度势的本事，自然能够看透皇帝倾向新政的心思，并投其所好，建议皇帝把年号改为"崇宁"，以示推崇先帝宋神宗的熙宁新政。反对王安石变法的，以司马光为首的那些个旧党，则被蔡京赶出京城。崇宁元年间，蔡京为打击政敌，又建议皇帝将将司马光以下共309人之所谓罪行刻碑为记，即历史上大名鼎鼎的《元祐党人碑》。

崇宁二年，蔡京升上了宰相的高位，得到蔡京这个助力，徽宗打算恢复宋神宗的新政。然他没有在富国强兵的这些篇目上下功夫，专门在"制礼作乐"的艺术机构上花费心力，这大概与他钟爱艺术有关。于是每天役使工匠数万人，兴建规模宏大的"明堂"，用于祭祀和宣示教化。又建造九座大殿来安放用铜铸造了象征九州一统的九鼎，称为九成宫，并亲自作《九鼎记》。他还建立了音乐机构大晟府，用以创制反映朝政新貌的大晟乐。靖康元年秋天，金人来犯，眼看就要杀入汴梁时，徽宗匆忙把帝位传给儿子，但仍没能逃脱被俘的命运。

红妆季布李师师

李师师，北宋末年的名伎，色艺双绝，擅长歌舞，深谙诗词和琴棋书画。因小时候和佛

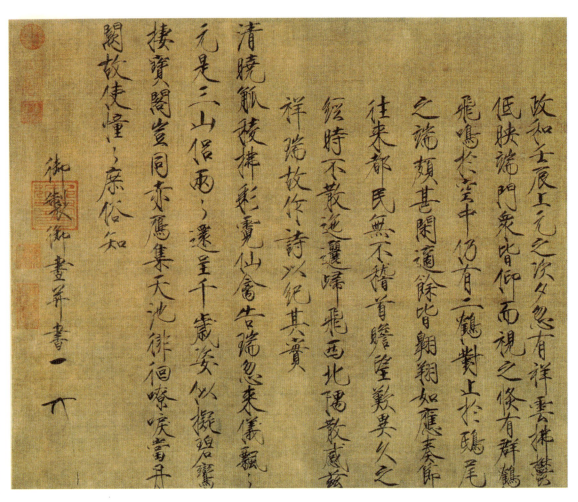

北宋·赵佶
《瑞鹤图题跋》
手卷 绢本水墨

门有缘，所以取名为"师"（佛门弟子，俗称为"师"）。她慷慨侠义，人们称她为"飞将军"。又因一身正气，敢爱敢恨，有"红妆季布"之称。她与许多墨客骚人、达官显贵关系暧昧。北宋著名词人晏几道、秦观、张先、周邦彦都与她有过交往，《水浒传》中宋江还曾潜入她家，为她写下壮词《念奴娇·天南地北》。李师师和宋徽宗赵佶也有过一段风流韵事，这在张邦基的《墨庄漫录》和宋代评话《宣和遗事》中有记载。

宋徽宗登基后，和蔡京、王黼等人整日寻欢作乐，时间长了，便也感到厌倦，便想到宫外寻花问柳。

徽宗有个贴身内侍叫张迪，深得皇帝的宠信。他告诉皇帝说李师师色艺双绝，皇帝听后十分心动，决定在第二天带着重礼去探望李师师。入夜以后，皇帝换了便服来到李师师的住处，在这里享用了饭食，等待许久后，才见一个年轻女子姗姗来迟。女子着淡妆，穿普通绢衣，无艳丽服饰，又因刚洗过澡，清新若出水芙蓉。她神态很高傲，也不行礼靠着桌子便弹起琴来，手指轻拢慢捻，一首悠远脱俗的《平沙落雁》便缓缓道来，令皇帝连疲倦都忘了。等到三遍弹完，天都要亮了。皇帝在这里喝了一杯杏酥后立刻走了。然而李师师的清雅脱俗却给皇帝留下了深刻的印象。第二年正月，徽宗派张迪将皇宫内珍藏的宝物蛇腹琴送给李师师。

徽宗二次来到李师师家时，师师素面跪迎，徽宗喜不自禁，并赐一幅匾额"醉杏楼"给她。同年九月，又赐一幅名画，上题"金勒马嘶芳草地，玉楼人醉杏花天"，以及许多珍贵宝物和黄金、白银数千两。皇帝的盛举在宫里已经传开了，郑皇后听说后还进谏要陛下能自爱。皇帝听后遵行，两年没找过李师师。然而却一直没有中断对师师的问候和赏赐。

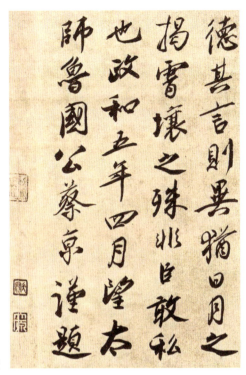

北宋·蔡京手迹

你们选择了背弃，哪里对得起曾经的高官厚禄！我身为妓女，身份低贱，却承蒙皇帝垂恩。但绝不会像你们一样充当走狗，留给你们做好人！"后吞折断的金簪而死。被俘虏的宋徽宗听说师师死讯后，不禁潸然泪下。

青楼天子亡国恨

　　1127年4月，徽宗和刚继承皇位的儿子钦宗，一同被金人俘虏北去，押往黑龙江，汴京中公私积蓄被掳掠一空，北宋灭亡，史称"靖康之变"。据说，宋徽宗在监狱里听到财宝等被掳掠后毫不在乎，可是听到皇家收藏书画也被抢去时仰天长叹，可惜呀可惜，可见这位皇帝对书画的热爱。

　　宋徽宗作俘虏之后，受尽凌辱。一开始，爱妃王婉容等人被金将强行掳走，到金国都城后，与儿子一起穿丧服谒见金太祖完颜阿骨打的庙宇。尔后又被金帝辱封为昏德公，1135年二帝被关押在五国城，昔日的九五之尊、风流天子如今成了阶下囚，人人弃之敝履。

　　忍受了九年非人的监禁后，宋徽宗难耐折磨，将衣服剪条结绳欲自缢之，被钦宗发现，父子二人相拥而泣。不过宋徽宗最终抵不过折磨，于公元1135年四月甲子日命终于五国城，享年54岁。直到绍兴十二年（1142年）八月，徽宗的梓宫才被运回临安，葬于浙江绍兴。

后来为了方便去找李师师，宋徽宗在张迪的建议下，修了一条暗道直通李师师家。宋徽宗的妃子韦妃曾悄悄问他为何如此喜欢李师师，他说：师师的美不只在貌美，更是一种超凡脱俗的才情，世上独一无二的。后金人在宋边境进犯挑衅，形势危急，师师便把皇帝前前后后赏赐的金钱上缴府库，以帮助河北官兵装备军饷。金人胜利后，便有人找到李师师，抓她去献给金国皇帝。师师当即痛骂道："在祖国最危急的关头，

北宋·蔡京
《赵佶雪江归棹图题跋》
手卷　纸本水墨

金粉丹青作画师
——赵孟頫

有元一代的书画大师，位居高官，名声显赫，但无限风光人生背后，内心始终有着苦闷踟蹰不得排遣，他就是以宋宗室身份入仕元朝的赵孟頫。他在荣华富贵、官路亨通之时曾作《自警》一首，或可反映其心境："齿豁头白六十三，一生事事总堪惭。惟有笔砚情犹在，留与人间作笑谈。"

元人冠冕领风骚

在许多人看来，赵孟頫的人生何等风光。他乃是一代大师，宠遇五朝，晚年更是名声显赫，官居一品，名满天下。但是，光鲜的外表却抵挡不住内心的苦闷，在历经人生的大起大落后，终结束其荣华而又尴尬的一生。

赵孟頫，字子昂，号松雪，松雪道人，崇尚道教又号水精宫道人、鸥波，中年曾作孟俯。汉族，吴兴（今浙江湖州）人。是宋太祖赵匡胤十一世孙，八贤王秦王赵德芳之后，元朝一代书画大师。身为元代著名画家，赵孟頫又为楷书四大家（欧阳询、颜真卿、柳公权、赵孟頫）之一。博学多才，善诗文，精工书法、绘画，擅长金石，通晓律吕。尤其在书法与绘画方面造诣很深，开创了元代的新画风，人称"元人冠冕"。

在书法上，他自成一格，无论楷书、行书、草书皆不在话下，其所书之字有"赵体"之称，被誉为"元代书法第一人"。在绘画上，山水、人物、花卉皆有涉猎，可以说是元朝的画坛领袖了。赵孟頫在美术与文化史上成就极高，1987年，国际天文学会将水星西经235—225度的直径

120公里环形山命名为赵孟頫山，纪念他对人类文化发展作出的贡献。

他的艺术成就其实很大一部分与他的人生遭遇是分不开的。赵孟頫虽得到元朝皇帝的任用，但仕途险恶，作为亡宋宗室还要受到朝廷的猜疑和排挤，又因仕元为官的举动遭到世人的鄙视与指责，他的侄子甚至对他的这一"以宋亡孙仕元为显官"感到耻辱，不与他来往。这种精神的苦痛让他把更多的精力放到了书画艺术中，从中寻求精神上的寄托。

末代穷途旧王孙

赵孟頫出生于南宋理宗初年，正逢南宋风雨飘摇之际。整个南宋奸臣当道，贾似道就是其中之一，他不仅卖国求荣，而且谎报军情。因贾似道传递的军情使得前线连连败仗，而后方却歌舞升平。赵家属于皇族，富裕殷实，赵孟頫从小就衣食无忧，并受到了良好的教育。父亲去世时他十一岁，家道开始中落，日子日趋艰难。赵孟頫在家排行第七，其母丘氏为妾，因此地位低下。赵孟頫在逆境穷途中，唯一的出路便是发奋

元·赵孟頫
《双松平远图》
手卷　纸本水墨

读书。

在赵孟頫想要施展抱负之时，忽必烈大军南下，二十二岁的赵孟頫逃回湖州，但仍因赵家为皇族而不可避免地受到元朝上层的关注，因此，他隐居德清东衡。那时的赵孟頫已考取了功名，年少轻狂，却因长久闲于家中，才华无处施展。他的生母看他郁郁寡欢，便开导他说："圣朝必收江南才能之士而用之，汝非多读书，何以异于常人？"一番教导，使赵孟頫脱离彷徨，看到希望，一方面读书拜师，学习经史、书画；另一方面又与吴兴一带的儒生、书画家往来交游，十年后，在其不懈的努力下，学问大增，33岁便成为"吴兴八俊"之一，在江南一带还是有几分名气的。

且将忠直报皇元

史书上一直以来对作为南宋宗室而出仕元朝的赵孟頫留有诸多争议。元朝统一中国后，一代英豪忽必烈深知：马背上打江山，却无法治理江山。至元二十三年，忽必烈广招有名望的知识分子并委以官职。作为宋室后裔的江南才子赵孟頫自是成为元朝笼络的对象。就这样，赵孟頫、张伯淳等二十多人，被推荐给了忽必烈。得知此事的赵孟頫进退两难，去或是不去都让其为难，在家中闲居已有十年，选择不去便要虚度此生；但是自己又是宋太祖赵匡胤的后代，去的话岂不是担当变节之名。长达一年之久的深思熟虑，赵孟頫终于接受了忽必烈的邀约。一到元大都，便受到元世祖忽必烈的接见，并给予种种礼遇。明代戴冠《濯缨亭笔记》中说，忽必烈见赵孟頫长得精神且自有一派儒雅之气，行动举止更是非凡，就打算重用他。但因为他皇族后裔的身份，并不能确定其忠心，于是忽必烈命他摘掉帽子，待赵孟頫摘掉帽子一看放了心。于是忽必烈又对赵孟頫说："大家都说你的字融合了各家之所长，又有自己独特的风格，很想见识一下，给我写副对子吧。"赵孟頫遂拿起毛笔作出一副对联：

日月光天德，山河壮帝居。

这副对联将元世祖的德行比作太阳与月亮般明亮，且夸赞元大都建造得壮丽宏伟，为王朝江山增添光彩。忽必烈赏识赵孟頫的字，又欣赏其夸赞自己的语句，高兴至极，让其在朝廷做官。据传，赵孟頫的这副对子不但令元世祖忽必烈喜欢，后世的历代的皇帝也都非常喜欢。

明朝朱棣将首都迁至北京，修了一座"大明门"，让大学士解缙为"大明门"写门联。解缙写的门联便是赵孟頫为忽必烈所作"日月光天德；山河壮帝居"。朱棣对此非常满意，并赏了解缙。"往事已非那可说，且将忠直报皇元"。赵孟頫得到元世祖至英宗五位皇帝的恩遇，并以自己的忠直作为报答。其中"献计诛桑哥"便是赵孟頫对皇元忽必烈赤胆忠心所做的一件大事，至元二十七年（1290年），元大都（今北京）发生地震，民不聊生、死伤惨重，足智多谋的赵孟頫利用上层统治者内部的矛盾，为忽必烈出谋献计，诛杀了以苛虐残暴闻名的奸臣桑哥，巧妙地为忽必烈除去心腹大患。其忠直之心与出色的政治才华受到忽必烈赏识与器重。

足智多谋断冤案

长久居于中央，风险大且没有实权，赵孟頫在38岁时外放到山东，做济南路总管府事一职。任职期间，他利用平生所学，平冤狱、察民情，办学校，在当地有极好的口碑。经常诗兴勃发，诗篇不断问世。在《元史·赵孟頫列传》中有这样一则故事：赵孟頫任职济南期间，独自主持总管府的政事。有个盐场服劳役者，名叫元掀儿，因无法忍受盐场的艰苦生活，便逃跑了。其父找到一具他人的尸首，来诬告同他儿子一起服役的人杀害了元掀儿，被诬告的人屈打成招。但孟頫怀疑这是一起冤案，于是没有及时判决。一个月后，没想到元掀儿自己回来了，人们都赞叹他断案如神，称得上是一流法官了。他深知屈打成招冤案多，是一位有勇有谋的政治家。

金粉丹青莲花庄

忽必烈去世后，成宗继承皇位，新旧政权交

替之时，朝廷的内部矛盾重重。赵孟頫此时被召返回大都，为忽必烈撰写《世祖实录》，这无疑是把自己置身于水深火热之中。看清形势，赵孟頫便借病辞官回乡了。衣锦还乡的赵孟頫，回到故乡吴兴，与鲜于枢、邓文原、仇远等名士在西子湖畔聚集，一起吟诗作画，生活十分惬意。已有名望的赵孟頫返乡后的第一事情便是重修家中的"菊坡园"。当时并不大的菊坡园是赵孟頫的爷爷建造的。赵孟頫之父赵与告极爱菊花，后来将园子改名为"菊坡园"。如今赵孟頫重修菊坡园，赵孟頫也将其改名。信佛教又喜欢莲花的赵孟頫认为莲花代表着他的心境：出淤泥而不染。故命名为"莲花庄"。返乡的四年中，赵孟頫潜心修养，书法技艺与日俱增。于莲花庄中"银钩铁砚传书法，金粉丹青作画师"，因而名声更甚于前。

鹊华秋色入画幅

杭州有文人周密，南宋末曾为知县，宋亡之后以遗老自居，著述《齐东野语》《武林旧事》等书，在当时享有很高的声誉。周密祖籍山东济南，但周密一次也没回过家乡，对陌生的济南还是十分向往的，自号"华不注山人"以示不忘故国。有一次周密著书需要了解老家济南的情况，便来拜访赵孟頫。赵孟頫十分钦佩老人的执着精神，便全力配合他写书。他给周密详细地讲述济南的风土人情，人文地貌，讲不清便写出来，如果还不够，他干脆将济南"画"出来以供他参考，遂创作出名作《鹊华秋色图》。

一代才女管夫人

于德清隐居十年的赵孟頫，三十岁时，结识了德清干山管家村的一代才女管道昇，二人情投意合、喜结连理，也总算为苦难的闲居生活增添了一丝温暖的慰藉。赵孟頫的妻子管道昇同为著名书画家，在古代女书法家中地位显著。管道昇，江苏青浦（今属上海）人，自幼研习书画，二十七岁时嫁赵孟頫为妻，人称管夫人。她热爱诗文，尤擅画墨竹梅兰。这对在艺术上造诣颇深的夫妻，相知相许，被传为一段佳话。然而，再令人艳羡的绝配也有发生矛盾的时候。一日，管道昇画了一幅"老梅开新枝"，赵孟頫看后，连声说了八个"嫩的好，嫩的好！"聪明的管道昇自是对丈夫的言外之意心知肚明，却并不回应。如此几次试探后，赵孟頫便作诗一首提醒管道昇：

我为学士，你做夫人。
岂不闻王学士有桃叶、桃根，
苏学士有朝云暮云？
我便多娶几个吴姬越女无过分，
你年纪已过四旬，
只管占住玉堂春！

管道昇一见此诗就知道丈夫的想法了，心中酸涩。她几番思索，便写出一首《我侬词》：

你侬我侬，忒煞情多。
情多处，热如火。
把一块泥，捻一个你，塑一个我。

元·赵孟頫
《双松平远图》（局部）

元·赵孟頫
《秀石疏林图》
手卷　纸本水墨

将咱两个，一齐打破，用水调和。
再捻一个你，再塑一个我。
我泥中有你，你泥中有我。
与你生同一个衾，死同一个椁。

爱恋与专情天地可鉴。赵孟頫见此，尴尬之余，感动长叹，从此再不提纳妾之事。中国古代的爱情故事很多，梁祝化蝶，孟姜女哭长城，沈园的陆唐的钗头凤，都以悲剧告终，唯有湖州莲花庄内的赵管爱情，终以喜剧结尾。

栖云庵里参古禅

有"江南古佛"之誉的明本禅师在当时声望极高。赵孟頫任江浙儒学提举期间，与明本禅师多有往来，他曾以当今天下第一高僧赞誉明本禅师。大德四年，明本来到苏州，郡人陆德润十分仰慕禅师并为他建平江幻住庵，赵孟頫为这个建筑题名"栖云"。明本在栖云庵居住了三年，居住期间，学禅者络绎不绝，令其成为重要的传法道场。

赵孟頫在江浙任职的时候，与明本多次见面，并保持书信往来。明本曾作《勉学赋》来勉励赵孟頫由才艺而进于学道。赵孟頫也颇为欣赏此赋，并为它写序，"言言皆实，乃学人吃紧用力下工夫之法门也"，学者于此能有所得，可以为'暗室之薪烛，迷途之向导矣'。"

1311年，赵孟頫长子去世；1313年，赵孟頫幼女夭折；1319年，与他恩爱三十年的妻子管道昇也病发去世。经历了白发人送黑发人之后又要经历孤独终老，这简直实在令他无法接受，悲痛万分之余，赵孟頫幡然顿悟红尘，从此不再做官。晚年他所写的九封信中谈及的都是他的伤痛之情并恳请明本禅师下山为之超度。就这样，在连番经历失去亲人的痛苦后，赵孟頫的精神急剧下降，回到湖州的第四年，便去世了。赵的儿子赵雍将父母合葬在东衡山，正应了管夫人说的"生同一个衾，死同一个椁。"这为赵孟頫赢得了"儒雅风流，一时二妙兼三绝；江山故里，青盖碧波拥白莲"的美誉。

承前启后画艺传

赵孟頫作为一代宗师，其弟子、友人、家人均受其画艺影响，并不同程度地继承发扬了他的审美志趣，因而令元代文人画久盛不衰，并对后来的绘画产生重要的影响。赵孟頫的画作名品甚多，如《重江叠嶂图卷》《秋郊饮马图》《红衣罗汉》等。传世书迹也颇为丰厚，代表作有《汲黯传》《胆巴碑》《归去来兮辞》《兰亭十三跋》《道德经》《仇锷墓碑铭》等。著有《尚书注》《松雪斋文集》12卷等，还著有《琴原》《乐原》。他提倡"作画贵有意"，即有"古意"，要延续朴素自然的画风，维护文人画的人格趣味，重视传统，从创作手法和艺术观念上对元代文人画的发展与变革产生深远影响。可以说在整个中国山水画的发展历史中，赵孟頫堪称承前启后的人物。

大痴画格超凡俗

——黄公望

　　黄公望是元代山水画的旗帜性人物，与倪瓒、吴镇、王蒙并称为元四家。他的山水画，创披麻皴，风格清远，笔意疏淡，充满文人气，有"咫尺关河千里遥"之境。传世的的《富春山居图》一段收藏在浙江，另一大段藏在台北。

元·黄公望
《富春山居图》（局部）

大痴道人

　　黄公望（1269—1354年），元代著名山水画家。本姓陆，名坚，汉族，江浙行省常熟县人。父母双亡后，由当时已值鲐背之年的黄乐收为养子。后过继永嘉府（今浙江温州市）平阳县黄氏为义子，因改姓名，字子久，号一峰、大痴道人。中年当过中台察院椽吏，后皈依"全真教"，在江浙一带卖卜。擅画山水，师法董源、巨然，兼修李成法，得赵孟頫指授。所作水墨画笔力老道，简淡深厚。又于水墨之上略施淡赭，世称"浅绛山水"。晚年以草籀笔意入画，气韵雄秀苍茫，与吴镇、倪瓒、王蒙合称"元四家"。擅书能诗，撰有《写山水诀》，为山水画经验创作之谈。存世作品有《富春山居图》《九峰雪霁图》《丹崖玉树图》《天池石壁图》等。

　　黄公望自幼聪明伶俐，机智过人，至壮年时已无所不通，中年当过中台察院椽吏，《录鬼簿》中说："公望之学问，不待文饰，至于天下之事，无所不知。下至薄技小艺，无所不能，长词短曲，落笔即成。人皆师尊之，尤能作画。"

　　虽博学多才，但由于生逢乱世，黄公望仕途

坎坷，深感迷茫的他毅然入道全真教，以道士身份隐居，又号大痴道人，入教后，黄公望才潜心山水画创作。

　　由于在早期临摹名家作品的过程当中已积累了深厚的功底，笔简而有神韵，气势雄秀，加之对自然的无比热爱，后又拜名家赵孟頫为师，使之形成了特有的创作风格，自成一家，有"峰峦浑厚，草木华滋"之评，当之无愧地成为"元四家"之首，也给明、清山水画带来了意义深远的影响。

全真教中的奇人

　　原本要走仕途的黄公望，究竟遭遇何事才入道全真教的呢？这要从他四十五岁那年说起。当时的黄公望是大都都察院的一名书吏，参与江南田粮征收事宜。负责此事的主管，也就是黄公望的上司张闾，徇私舞弊私心大涨，掠夺田产直至逼死九人，终而被抓，黄公望不幸因此被牵连。狱中黄公望揭露了张闾的罪行，张闾也因此受到严惩。六十岁才出狱的黄公望，顿觉世态炎凉，心灰意冷，终于决定入道全真教，自此专心从事书画创作。

当时全真教是风靡一时的教派，不乏名流之辈的加入，其中就有大画家倪瓒以及黄公望的朋友杨维桢、张羽、方从义等。对官场的绝望丝毫没有影响他对当朝统治者的态度，蔑视、不妥协让他在成为道士后能坚持认真传教，黄公望云游四海，靠给人占卜为生，也做过万寿宫的住持，提点开元宫，后开设教堂传教，其间更是没有停止书画创作，常与画家聚会，切磋书画。这种态度在他为倪瓒题过的一首名为《六君子图》的诗里有所体现：

> 远望云山隔秋水，近看古木拥陂陁。
> 居然相对六君子，正直特立无偏颇。

他用这首七绝诗，鞭策人们要像松、桧、柏、楠、槐、榆这"六君子"那样挺拔正直。

富春山水成大家

关于黄公望，清代鱼翼《海虞画苑略》中有这样的记载：

> 尝于月夜，棹孤舟，出西郭门，循山而行，山尽抵湖桥，以长绳系酒瓶于船尾，返舟行至齐女墓下，牵绳取瓶，绳断，抚掌大笑，声振山谷。

足以证明黄公望个性的鲜明。

不难看出，自那时起，为吏不成的黄公望就全身心投入到神奇的大自然中，他后半生游历各大名山大川，踏上自己的艺术之路。

其实，黄公望的艺术生涯并非一帆风顺，出狱后的他还曾遭遇一段劫难。因狱中揭发张闾罪状，张闾亲属一直怀恨在心，想伺机对他进行报复。在元朝至正年间，七十九岁的黄公望和师弟无用一起从松江来到浙江富阳。黄公望很快被"无处不画图"的富春山水吸引住了，于是便不再四处云游，想住下来描绘富春江的美丽景色。得知黄公望的去向后，报复者便追踪而至。由于无用不擅绘画，早已出走云游。黄公望独自在江边作画之时，突然背后被人猛地推了一把，掉入

江中。

但黄公毕竟是黄公，命不该至此。一樵夫归家途中发现落江的黄公望，将其救起带回家中。黄公望醒来后发现，这里三面环山，一面临江，就好像是一个天然的大簸箕兜着水，所以称为"筲箕泉"。这里从远处望去，一山挨着一山，山峦起伏，蔚为壮观，树木葱茏，溪水如练，好一派自然秀丽的世外桃源，让人禁不住从心底发出由衷的赞叹："天下竟有这般美丽的地方！"黄公望越看越喜欢，于是樵夫帮助他选择了一块平地，和乡亲们一起为他搭了间茅屋，让他安下身来。

为了避难，刚开始黄公望只得在附近作画，后来欲罢不能，才乔装成山民去远处采风，不知不觉就在这里度过了半年的时间。此地山水明秀中透着幽趣，清丽中饱含灵气，黄公望扎实的功底和细致入微的观察，让他随手画下了许多作品。

一日，黄公望交给樵夫一张署名"大痴道人"的画，让他拿到城里，并嘱咐最低也要卖十两银子。樵夫以为这老头子想钱想疯了，只是拿上了画，并没在意。恰好一画坊伙计要樵夫送柴，去了画坊收下柴钱后，樵夫顺便拿出黄公给的画到主人面前。主人看这樵夫张嘴就要十两银子，便打开看了一看，不禁眼前一亮，二话没说就买了下来，一直说尽管拿来，只要还是这样的画。

这时云游在外的师弟无用放心不下自己的师兄，考虑到师兄只得靠卖画为生，挨家去画坊打听，也正是在这途中恰巧碰见替黄公望卖画的樵夫，见画如见人，跟随樵夫找到了黄公望。

在交谈中，无用建议师兄把单幅景色画集于一纸。黄公望一听，敲着自己的脑袋直说自己笨，怎么连这也没想到。自此之后，黄公望一心为画好此画，不辞劳苦地奔波于富春江两岸，观察烟云变幻之奇，领略江山钓滩之胜，纸笔随身携带，以备随时随地写生，他的足迹几乎遍及富春江边的山村。随着不断的深入观察和细心的体验，他积累了丰富的绘画素材，他的创作有了扎实的生活基础，再加上他炉火纯青的笔墨技法，

105

创作《富春山居图》就有如神助一般，从容落笔。《富春山居图》描绘的是重峦叠嶂，千丘万壑，画面气质秀雅，气度不凡，既形象生动地再现了富春山水的秀丽景色，又把其本质美的特征挥洒得淋漓尽致。黄公望大约用了七年的时间完成了这件宏幅巨制，这幅画倾注了画家全部的心血，是画家精神心灵和笔墨技法的完美结合，是黄公望多年辛苦写生的结晶，是黄公望的代表作。值得一提的是，创作出这幅惊艳于世的书画长卷之时，黄公望已有82岁高龄，一生满腔的爱国热情在这里完全转化为书画。直至辞世，他一直居住于富春江畔的筲箕泉。此画也被后世誉为"画中之兰亭"。可以说，富春山水对黄公望的艺术生涯的影响重大，而他创作的《富春山居图》也让这片神奇山水大放异彩。其实，富春山水的魅力已造就了终生不仕的元朝文人严子陵，无独有偶，它同样成就了山水大家黄公望，其精神象征不言而喻。

火中救名画

黄公望创作好《富春山居图》四年后，无用便成了此宝物的第一位藏主。同时也不幸被无用言中，觊觎者甚多，开始了它的坎坷历程。

《富春山居图》先是在明成化年间传到画坛大家沈周手里。经明代大书画家董其昌收藏后，又将其卖给了吴正志，继而传到其外孙吴洪裕手中。

吴洪裕对此画的喜爱达到了登峰造极的地步，特耗巨资建造了"云起楼"，将《富春山居图》藏于其中"富春轩"一屋，并在此后供奉各类名书古玩，死前下令烧画殉葬。虽其侄儿奋力抢救，但富春图已被烧成两段，小段叫"剩山图"，大段称"无用师卷"。

乾隆年间，有人向皇上敬献了一幅《富春山居图》，此卷称为"子明卷"，乾隆皇帝见到后爱不释手，并加盖玉玺。隔年又一幅《富春山居图》被敬献入宫，称为"无用师卷"。并认为前者是后人伪造；后者才是黄公望的真迹。但乾隆皇帝坚持认为先进宫的那一幅是真，后来者的是临摹品。虽为赝品，但鉴于它十分"逼真"，甚至可"以假乱真"，乾隆皇帝终不忍丢弃，也藏于府内。

直到近代学者翻案，提出了疑议，才得知原来是乾隆大皇帝搞错了。原被乾隆鉴定为假画的那幅《富春山居图》才是黄公望真迹。因为它是半截画，有明显的火烧和修补的痕迹，与历史所记载有关《富春山居图》的坎坷经历相吻合。20

元·黄公望
《富春山居图》
手卷 纸本水墨

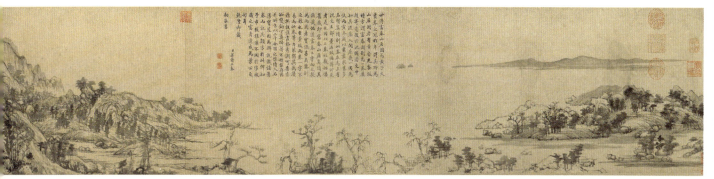

世纪70年代，经无数专家反复鉴定，最终确认被乾隆皇帝鉴定为真迹的是假画，而被乾隆皇帝鉴定为假画的才是真迹，即《富春山居图》的后半段——无用师卷。

然而，《富春山居图》在此之后一次次遭遇浩劫。为逃日军浩劫，《无用师卷》被列入当年故宫文物南迁名录，辗转藏于台北"故宫博物院"。而《剩山图》则一直辗转于各藏家之手。

1938年秋，吴湖帆生病在家，汲古阁老板曹友卿前来探望，顺便把刚买到的一张破旧的《剩山图》请他鉴赏。这一看，吴湖帆便割舍不下，几番交涉，最后竟拿出家中珍藏的商周古铜器将这个残卷换了下来。说来奇怪，吴湖帆的大病也就此霍然痊愈。不过，到手后吴湖帆才发现，换下的画卷题跋也没有了，只是残卷中的残卷。几经寻找，又托朋友又托关系，终于原藏家的废纸篓中找到了丢掉的部分，原迹才得以恢复。自此，《剩山图》被吴湖帆收藏在了他的"梅景书屋"，并自称为"大痴富春山图一角人家"。

后来，有一人多次不辞辛苦找到吴湖帆商洽，他不断往来沪杭之间，之后又请出钱镜塘、谢稚柳等名家从中周旋，但意图并不是收买，而是劝吴湖帆把画交由国家保管。此人正是著名书

画家沙孟海，当时他在浙江博物院供职，经过战乱的他始终认为，个人力量确实薄弱，国宝如遇天灾人祸，实难保全，只有国家收藏才是上上策。功夫不负有心人，吴湖帆最终忍痛割爱，《剩山图》收藏于浙江博物馆，成为"镇馆之宝"。

山水合璧两岸情

久经磨难，《富春山居图》终于得以保存下来，两段也各有好的归属。但毕竟它在最初是以一个整体问世的，举世名作分属杭州、台北两地，生出了许多隔不断的乡愁。2011年6月1日，"山水合璧——黄公望与富春山居图特展"在台北"故宫博物院"开幕，分隔360多年的剩山图卷与无用师卷终于合璧展出。

台湾报刊评论说，《富春山居图》两半分合，是历史苦难的缩影，"未去先愁别后思，百年何地更深知"。香港《亚洲周刊》也刊文说，此画合璧展出，不仅扩大了黄公望画作的影响，也接上了历史的记忆和两岸悲欢离合六十多年的文化裂口。

《富春山居图》的合展，受到了两岸同胞的热烈关注，也牵动了海内外无数华人的心，其重大意义俨然超越了作品本身的艺术价值。

云林生涯淡泊意
——倪瓒

倪瓒擅画山水、墨竹，与黄公望、王蒙、吴镇合称"元四家"。为富家子弟，有洁癖，好品茗。传其散尽家财，泛舟太湖，向往"照夜风灯人独宿，打窗江雨鹤相依"的理想生活。

元·倪瓒《墨竹图》
手卷　纸本水墨

倪迂云林子

倪瓒，字元镇，号云林子、云林散子。从小生活在富足的家庭中，长兄死后，家境逐渐败落，又适逢社会动荡不安，于是散尽家财，浪迹太湖一带。倪瓒世居无锡，祖父是富甲一方的大地主，赀雄乡里。元镇自幼失怙，与其兄倪瑛在异母嫡兄倪昭奎的照料下长大。由于嫡兄在道教中地位显著，能干且名声颇高，使得家境十分殷实，倪昭奎又请来同乡"真人"王仁辅为倪瓒的家庭教师。安逸舒适的生活使得他清高孤傲，虽不愿从事政治和管理家产，却未染上纨绔子弟习气，自称"懒瓒"的他并不放松自己的学识修养。倪瓒每天在"清閟阁"上都要临摹诗画和书法，尤其是对历朝书法名画更是日日研摹。但他并不局限于书本上的东西，在外出游览时见到有趣的的景物也要随手画下来，这种精细观察自然现象、认真写生的态度为其日后在绘画上的创新提供了基础。除此之外，他对佛道书籍也有参悟，闲适自在的隐逸生活一直是他的理想，故而一生未仕。

倪家香厕

倪瓒做事情总是跟常人不一样。像"嵇康不浴"、王猛"扪虱而谈"这种不讲卫生的行为向来不受他的喜爱。相反他非常爱干净，甚至已经达到了疯魔的程度。比如，他的衣服与帽子上不能有一丝灰尘，必须每天拂拭数十次；文房四宝要雇佣专门的人来擦洗，甚至他庭院前面栽的梧桐树因为让人清洗得太勤快而死掉了。最令人称奇的是他家的厕所，非常不同寻常，被人称作"香厕"，就是在厕所的下面用香木搭好格子，下面填土，中间塞满鹅毛，"凡便下，则鹅毛起覆之，不闻有秽气也。"还有一次，在诗人杨维桢的宴席上，酒酣的客人用女伎的鞋子盛酒传饮，惹得倪瓒大怒翻案而去。这种太爱干净的习惯使他或多或少地得罪了一些人，那些不满他的人造谣他死于不洁。有人说他临终前患痢疾，拉的满床都是污秽之物，使人无法近身；也有人说是被明太祖朱元璋下令扔进粪坑淹死的。

前桶后桶

据传有一次，倪瓒与友人外出谈论诗文，为了泡出好茶招待朋友，他命仆人去七宝泉打来泉水泡茶。水打回来之后，倪瓒特意交代仆人："提在前面那桶水，拿来泡茶；提在后面那桶水，拿去洗脚。"他的朋友们感到不解，便纷纷追问其缘由。倪瓒说："前桶的水，一定干净，所以用来泡茶，后桶的水，恐怕已经被仆人的屁所污染了，所以只好拿去洗脚啦！"

然而有时仆人对倪瓒的怪癖十分不满，于是故意在路上往前桶里吐口水。水挑回来之后，倪瓒舀起来一闻，便说："这泉水怎么这么臭。"

元·倪瓒
《容膝斋图》
立轴　纸本水墨

于是让仆人把水倒掉，仆人非常惊讶，便再也不敢这样做了。

三里扔痰叶

有一次，倪瓒的一位朋友留宿在他家里。但是他非常害怕朋友会不干净，晚上就偷偷起来观察好几次。突然他的朋友咳嗽了一声，把他吓得整夜睡不着觉。第二天，天刚亮，他就吩咐仆人去寻找痰的痕迹，但仆人们找遍了所有地方也没找到那口痰，又害怕倪瓒生气骂人，只好找了一片稍微有点脏的落叶呈现给他看。他斜睨一眼，捂住口鼻，便让人把这片树叶送到三里外丢掉了。

赵买儿洗澡

倪云林因洁癖甚重，对待性的态度也比较谨慎。文人爱干净通常在精神上可理解为洁身自好，然而表现在生理上就显得有点神经质了。虽然云林少近女色，但在遇到绰约多姿、才高咏絮的艺妓赵买儿之后，便不觉心旌摇荡，也想与佳人共度良宵。把赵买儿带回府之后，倪又怕她不清洁，在其数次沐浴后仍觉得不是很干净，于是让她继续洗，就这样洗来洗去才发觉天已亮了，如斯良辰美景，美人却在倪府洗了一晚上的澡。没有办法，倪云林便将赵买儿完璧归赵地送出府去。这件事被传出去之后，被众人笑了许久。

终身不进清閟阁

倪瓒有个心爱的书斋名叫"清閟阁"，有"幽迥绝尘"之意。他喜欢在里面钻研古籍、名画书法及花卉，旁人不让进，怕足迹玷污了它。有一次倪瓒请求名医葛老翁为其母治病，葛老要求上清閟阁看看，身为孝子的倪瓒无奈，但也只得同意。但是葛老在清閟阁上把倪收集的古籍乱翻一气，且随处吐痰。就这样，清閟阁成了倪瓒心中的一道风景，却再也没有进去过。

不为王门画师

倪瓒一生孤高寂寥，躲避尘俗。农民起义军首领"吴王"张士诚曾经几次邀请他出仕都遭到

元·倪瓒
《幽涧寒松图》
立轴 纸本水墨

了倪瓒的拒绝。后张士诚的弟弟张士信拿了画绢聘以重金请他作画，倪瓒十分生气，斥责道："倪瓒不能为王门画师！"，把张士信拿来的绢帛撕掉，金银退掉。他的举动却遭到了张士信的报复。一日，倪瓒携童子泛舟太湖作画，与张士信一批人撞上，张士信命部下将倪瓒绑起来，又重重捶打一顿几至于死，然而倪瓒却始终一言不

发，既不求饶也不喊痛，直到被人救下才免于一死。后有人问他为什么不说话，他回答说："开口便俗。"并作了一首诗来表明自己的志向："白眼视俗物，清言屈时英。富贵乌足道，所思垂令名。"但这次报复并未使张士诚真正解气，于是借故将倪瓒囚入狱中，狱卒送饭的时候，倪瓒让其把碗举到眉毛处，狱卒不解，问何故，他

说："怕你的唾沫喷到饭里。"狱卒听后极为恼怒，便把他锁到尿桶旁，后在别人的求情下才得以释放。

金宣伯面目可憎

有一次，倪瓒寄住在好友邹先生家，邹先生的女婿金宣伯听说这件事后，便十分欢喜地前来拜访他。倪瓒一听说他是个读书人，便十分欣喜地跑出来迎接。然而在见到金宣伯本人之后便觉其人无论是相貌还是举止都十分粗鲁，就把他骂走了，使得金宣伯也没有见到岳父邹先生。邹先生知道后有些不悦，便问友人为什么这样做。倪瓒说："金宣伯面目可憎，言语无味，我把他骂走了！"

不知风味

倪瓒非常喜欢饮茶并研究发明了一道"清泉白石茶"。一天，有个名叫赵行恕的名士听闻之后，就特地前来拜饮。倪瓒非常高兴，遂拿出此茶来招待他，但赵行恕品过后，并不觉得此茶十分怡人。倪于是生气地说道："吾以子为王孙，故出此品，乃略不知风味，真俗物也。"便和他

元·倪瓒
《容膝斋图》（局部）

绝交了。

秋月春阳

倪瓒尤喜周人之急，是一个高逸厚德之人。他的老师王仁辅没有子嗣，便为他奉养天年，自己年迈的朋友没有收入，就将自己的钱财赠与他。虽然"好客之名，闻于四方"，但这种直接却不考虑别人感受的做法也常使他陷入尴尬的境地。在一次宴会上，倪云林将百石米赠与友人陈柏，惹得陈柏非常生气，于是当众将陈这些米散发给在场诸位，并扬言从此与他绝交。

如出鬼门关

元泰定五年（1328年），长兄倪昭奎的突然病逝使倪家丧失原先享有的特权，又因倪瓒在持家生财方面的无能，家里的经济状况日渐窘迫。母亲邵氏和老师王仁辅的也先后离世，他感到十分悲痛。怀着这种难过的情绪，他开始自作述怀诗表达他当时的困境。官府的催租和趁机敲诈以及自家的收租之难，使得倪瓒的情况更加捉襟见肘，于是倪瓒开始变卖家财田产。后又逢社会动荡，农民起义高涨，为了躲避时局他疏散家产，于1352年初，驾着一艘小船携家开始了漂泊。就这样，满载着书册卷轴还有茶具与画具的小船犹如米芾的书画船一般，开始了它在太湖的隐逸生活。

而这样隐逸的生活背后同样隐藏着不为人知的凄苦。困窘的局面使他不得不在友人家逗留稍久，再游离太湖数日以避人耳目，这样的日子维持了好多年。倪瓒在一首诗中描述了家人逃出无锡的情形：

寄居丘山不偷闲，尽室逃亡夜向阑。
县吏捉人空里巷，挈家如出鬼门关。

经过多年的游荡，后来在甫里亲戚陆玄素的家里安顿好妻子蒋圆明与老母严氏，才算稳定下来。在太湖上，倪瓒过着"扁舟箬笠，往来震泽、三泖间"的逃匿生活，这样长达二十年的流浪使他像"苦行头陀"一般，在沉浮不定的乱世中默默结束了其跌宕的一生。

江南风流大才子
——唐伯虎

　　唐寅因生于明宪宗成化六年（1470年）庚寅年寅月寅日寅时，故得名。被誉为"江南四才子"和"吴门四家"之一的唐伯虎，风流倜傥，但身世浮沉，历尝坎坷。晚年诗云："生在阳间有散场，死归地府又何妨。阳间地府俱相似，只当飘流在异乡。"

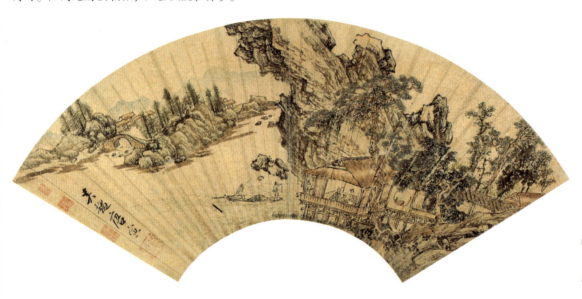

明·唐寅
《山水》
扇面　金笺设色

孺子狂童

　　唐寅，字子畏，另字伯虎，晚号六如居士，江苏吴县（今苏州）人。唐伯虎天资聪颖，少年时便有才名，修养广博，才华横溢。明成化六年（1470年）唐寅出生于长洲（今江苏苏州）的商人家庭，其父唐广德靠做小生意养家糊口。自幼才华横溢的唐伯虎，对诗书有过目不忘的本领，还在幼年时他就能写诗作文。在他十四岁那年，从师当地著名画家周东村学习绘画，经过勤学苦练，他的技艺突飞猛进，画风也越来越成熟。多年后，唐伯虎的山水画、花鸟画都达到了很高的水平，特别是仕女画，线条细劲，抑扬起伏，表现的生动入微，达到了登峰造极的水平。弘治十一年，年仅16岁的唐伯虎天资聪慧，博览群书，第一次参加秀才考试就考得第一名，在苏州城一时名声大噪。29岁那年，唐伯虎参加乡试再一次高中第一，可谓前途一片光明。但天有不测风云，在他第二年参加会试时，却因为考场舞弊案而受到

牵连。从此之后，仕途受阻的唐伯虎郁郁而不得志，唯与丹青自娱，靠卖画为生，正如他所写的诗一样："闲来写幅丹青卖，聊谋生斗。"

　　唐伯虎诗书画样样精通，入世深，阅历颇丰，所画作品题材丰富，以诗文书画终其一生。一生所作书画无数，为明代杰出画家，与沈周、文徵明、仇英齐名，被后人称为"明四家"。唐伯虎的书法师赵孟頫，颇有功力，用笔娟秀流转，俊美婉媚。绘画技法精妙，广涉诸家，早学李唐，后拜沈周，周东村为师，得各家绘画之精髓，融会贯通，又自成一体。代表作品有《山路松声图》《双松飞瀑图》《梦仙草堂图》《王蜀宫妓图》《落霞孤鹜图》等。

江南第一风流才子

　　古往今来，吟诗作画者颇多，如果说风流倜傥的大才子，唐伯虎算是一个。唐伯虎一生中共有三位妻子，19岁时娶徐氏为妻，徐氏是当地官员

徐廷瑞的女儿。然而不幸的是，没过几年，徐氏就病故了。之后又娶一室，但也因性格不合而离他远去，后来又娶沈氏为妻。这期间，父母双亡，妻儿也相继离去，一连串的打击使唐伯虎对生活产生了绝望，终日借酒消愁。他的好友祝允明不忍心看着他这么堕落下去，就苦劝他振作精神重新开始新生活。在唐伯虎29岁那年，他参加乡试获得了头名，名声大震，瞬间传遍大街小巷，当时被人们称为"江南第一才子"。

据明人记载，唐寅年轻疏狂，因文名显赫颇为自得，"一朝欣得意，联步上京华"，唐伯虎春风得意之时结识了江阴巨富徐经，与之结为莫逆之交，经不住富贵公子徐经的阿谀奉承，被拉去京城一同参加会试，到达京城后二人十分张扬，飞扬跋扈，终日有数名仆人伺候，高调至极。徐公子为了能考个好的名次，就用大量的金银珠宝贿赂主考官，后来贪财的主考官把考题透露给他，而且写了一篇文采飞扬，妙笔生花的文章供徐经抄写，唐伯虎自然成了他们的帮凶，殊不知他已跌入了舞弊的深渊。没过多久，公布皇榜，徐公子不出意料地取得非常高的名次，但好景不长，不久就被人告发，事情败露了。皇上大怒，责令严查此事，唐伯虎和徐经被关进了牢房。徐家为了救徐公子四处打点，用尽了所有的人际关系，后来就不了了之。但唐伯虎就没有这么幸运了，他被关进狱中审讯了一年之久，受尽了折磨。与此案摆脱不了干系，虽说最终没有被判为舞弊案主犯，也被除掉了"士"籍，发配浙江充小吏。

心高气傲的唐寅怎能受得了这种屈辱，他拒绝了去做一个小吏的机会，不为五斗米而折腰。从此，他开始自甘堕落，破罐子破摔，整日饮酒作乐，后来沦落至身无分文。有历史记载，囊中羞涩的唐伯虎和好友祝允明不得不沿街乞讨，以解决生活问题。后来，心境落寞的唐寅到庐山、洞庭游历了很长一段时间，一是为了远离家乡调节自己的心情，另一个目的就是外出写生创作。唐寅的诗文书画中常流露出傲岸不平之气，作风放荡不羁，时常流露出对功名利禄与封建礼教的嘲弄之情。

桃花庵下桃花仙

唐伯虎一生大致可分为两个阶段，30岁之前读书求知，风流倜傥，30岁之后因被卷入科场行贿而受株连，遭受罢黜，永久失去做官机会，历经坎坷，也曾经历过穷困潦倒。正德二年（1507年），境况堪忧的唐伯虎带着失落的心情返回家乡苏州桃花坞，以卖画卖字为生。桃花坞在苏州的城北，唐寅在那建成了桃花庵，桃花庵本为前朝官员的府邸，后来荒废后变成苗圃，唐伯虎一眼就看中了此地，于是就四处借钱，终于建成了桃花庵，并自称"桃花庵主"。从那之后，唐寅悲凉而又洒脱的后半生便开始了，他每日与朋友饮酒作诗，挥笔泼墨，生活的清贫而又无拘无束。他所写的著名的《桃花庵歌》："桃花坞里桃花庵，桃花庵下桃花仙。桃花仙人种桃树，又摘桃花换酒钱。"便是他后半生最贴切的生活写照。放荡不羁的生活也给唐寅的艺术创作提供了大量的灵感和素材，对他的创作产生了重要的影响，他一生中重要的代表作品多产生在此。

这段时间的唐伯虎生活虽然贫困了一些，但精神上得到了解脱，终日有美酒陪伴的他在绘画的道路上也达到了一个巅峰。当时的明武宗朱厚照沉迷于酒色，不务朝政，老百姓生活艰难，激起了民愤，皇帝的叔叔宁王朱宸濠手握重兵，起兵造反，宁王四处招贤纳士，就请唐伯虎出山为他出谋划策，起初，唐寅并不知道宁王的阴谋，当他觉察时已深知自己陷入了政治的漩涡。唐寅内心早已对仕途不抱任何兴趣，于是，他就开始想办法逃离宁王，美酒这时帮助了他，他经常喝的烂醉，然后就发酒疯，装疯卖傻，弄的宁王对他失望透顶，就把他送回家乡。后来，宁王造反的计划泡汤，被朝廷追杀，剿灭了他的叛党，唐寅有幸逃过一劫。

明世宗嘉靖二年（1523年）十二月初二，落魄的唐寅病死在他的桃花庵，一代风流才子的一生从此画上了句号。唐寅的晚年穷困潦倒，连一日三餐都时常不能满足自己，唯有靠卖些画为生。他的一生，一半是风光无限，一半是失魂落魄。唐寅的一生是风流倜傥的一生，也是艰难的一生，或许是天降大任于斯人，故苦其心志、劳其筋骨、饿其体肤。

三笑倾心点秋香

"唐伯虎点秋香"的故事一直被人们所津津乐道。据传，唐伯虎为了娶到秋香费尽了心机。历经波折，最终才娶得了这位一笑倾城、二笑倾国、三笑倾心的姑娘。明武宗正德年间的翰林学士华虹山，家境殷实，仆侍婢女众多，而最引人注目的是华夫人身边的四个侍女：春香、夏香、秋香、冬香。这四位姑娘，不但个个长得貌美如花，而且还心灵手巧，做事细致周到，深得华夫人的信任和喜爱。四香之中最为优秀的当属秋香，秋香从小被华府收养，华夫人对她视如亲生女儿一般，秋香不但生的眉清目秀，美丽俊俏，还特别机智聪明，华夫人有时要吩咐事情的时候，不等夫人开口，秋香就已做得十分周到。华虹山为人清雅，华夫人也是知书达礼，受其影响秋香也能识文断墨，神情举止也一派大家闺秀之气。华夫人颇为看重秋香，将她当女儿看待。

相传这年春天，心地善良又一心向佛的华夫人前往句容县茅山古寺烧香，四香自然是随行其中。华府主仆一行人声势浩大的簇拥前进，当他们路过句容县城的时候引得路人无不驻足观看。句容县城车水马龙，人来人往，一片繁华的景象。而坐在轿中的秋香突发好奇之心，就掀开轿帘伸出头来忍不住地看一眼外面。她这一眼正好看到一群少年围在一个人身边，争相请求那人给自己画扇面，只见被围住的那个年轻人气定神闲，从容地拿起一只画笔点点戳戳，兴致颇好，寥寥几笔，便能画好一个扇面，得画人一个个小心翼翼，捧画如捧宝。见此情，轿中秋香不由嫣然一笑。本是无意，却不料作画公子恰好抬头刚好看到，受宠若惊，呆望其轿，手中画笔不知不觉蹭及周围人之衣衫，竟不知收回。秋香见那年轻人察觉到了自己，于是赶忙放下轿帘，心中不禁为自己刚才的莽撞自责，而这位画画的年轻人，正是号称"江南第一风流才子"的唐伯虎。秋香的"回眸一笑百媚生"，彻底征服了唐伯虎，让他顿时魂不守舍。眼看着轿中的美丽女子缓缓而去，唐伯虎心急如焚，于是拔腿就追，到

河边时又租了条船继续穷追不舍。

据说在唐伯虎追逐秋香的这个过程中，秋香对他还有"两笑"。第二笑是华府的船在靠岸时，下船的秋香不经意地回头对还在船上奋力追赶的唐伯虎回眸一笑；这第三笑是偶然间发生的，当时华府的人上岸后，唐伯虎不小心跟丢了，不料，他却在路上与秋香偶然相见，秋香对他又是温柔一笑。总共算起来便是"三笑"了。唐伯虎神魂颠倒，卖身为奴，为了见到秋香他费尽心机进入华府当了一个仆人，还给自己取了个名字叫华安。唐伯虎何许人也，才华横溢，即使化作一个仆人也是风流潇洒，很快就得到了主人的赏识并做了华府的管家，在华老爷与华夫人的恩准下，他得到了可以在所有丫鬟里挑选一个做妻

明·唐寅
《孟蜀宫妓图》
立轴　绢本设色

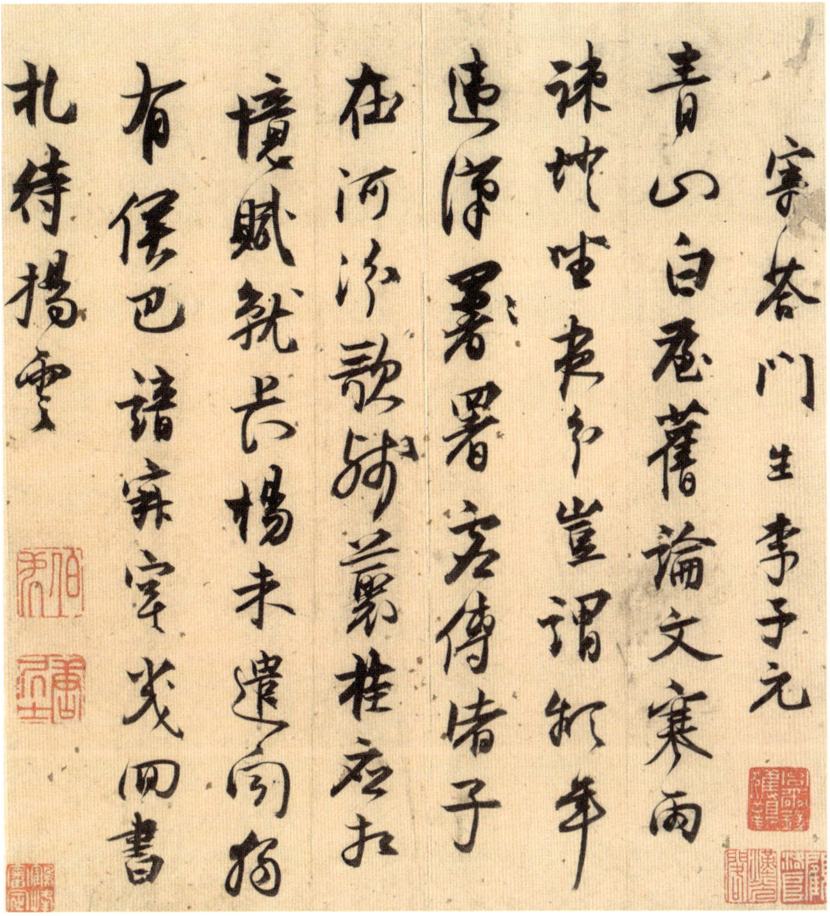

明·唐寅
《寄答门生李子元》
手札 纸本水墨

原来诗笺中，每句诗的开头连起来是一句话："六如去了"。六如正是唐伯虎啊，他的号就是六如居士，那这幅画肯定是他画的了，华老爷这才明白原来在华府为奴的华安就是大名鼎鼎的一代才子唐伯虎。

传说固然佳妙，现实中唐伯虎的婚姻却不如传说中美满。唐伯虎25岁时候娶同乡徐姓女子为妻，二人感情交好，才过三年，徐氏病死。后又娶妻，因会试作弊案，待他返乡之时，此人早已随从他人离去。唐伯虎曾为此又气又恼，大病一场。后来于回到桃花坞的前一年，才与沈九娘结为夫妻，也算患难见真情，与沈九娘琴瑟和鸣，相伴一生。因为沈九娘的"九娘"，后人对唐伯虎想象颇多，如此看来，"点秋香"之事是否属实也不尽然，至于后人为何会热衷编造这样一段以唐寅为主角的风流故事，或许是由于唐伯虎作为江南第一才子，放荡不羁，却又命运悲苦，有同情也有调侃，由此将他拉到浪漫故事中，有附会传说之心态，另有为现实中的唐伯虎鸣不平，故出"唐伯虎点秋香"之风流故事。

子的机会，当然，他就在这群芳争艳的美女中挑选了秋香。唐伯虎与秋香拜堂之后，决定当夜带着秋香离开华府，返回苏州，秋香欣然答应了他的要求。于是他们夫妻二人趁夜深人静后，收拾行李，悄悄地离开了华府。第二天，等到中午众人也不见一对新人开门，就打开房门一看，发现房间里空无一人。只见桌上搁着一帧诗笺，写道：

> 六艺抛荒已半年，
> 如飞急马快扬鞭；
> 去将花坞藏春色，
> 了却伊人三笑缘。

众人将诗笺拿给华老爷看，华老爷看了片刻也没看明白什么意思，过来一会，众人在新房中又发现了一幅山水画，看画面气韵生动，意境悠远，华老爷连连称赞，突然，他想起了在新房中发现的诗笺，他仔细揣摩了一会，才恍然大悟，

巧占上风

在明代的民间，流传着一则与唐伯虎有关的六月六猫狗浴故事。六月六日给猫狗洗浴的习俗在明代已经遍传民间。在这一天，人们要将家中的猫狗带出来到河里给它们洗澡，让它们身上干干净净，这样做能让猫狗浑身轻松，而且还能避免它们身上的细菌传染给人们，对人们的身体健康颇有益处。

时值四月初八，有位官员前来拜访唐伯虎，不巧的是此时的唐伯虎正在家中洗澡，无法接待这位官员，这位官员十分生气，于是愤然离去。几天后，这位官员又来找唐伯虎画幅扇面，唐伯虎想起几天前自己因沐浴而没有及时接待这位官员，曾有怠慢，故殷勤答应。可此官员要求唐伯虎在小小扇面上画一百只骆驼，唐伯虎知道此人有意为难他，点点头便就画了起来。先画沙漠一片，沙漠中间是一座山峰。官员一看，扇面即满，还未见一匹骆驼，心中颇为得意，等着看唐伯虎如何画得下一百匹骆驼。只见唐伯虎神态安然，拿起画笔接着在画中山的左侧画出一个骆驼的头，然后在山的右侧画了一个骆驼的尾巴。遂将笔一搁，双手将画呈于官员，官员一着急说道："哪有一百只！"唐伯虎但笑不语，拿起笔来在画上题诗一首：

> 百只骆驼绕山走，九十八只在山后。
> 尾驼露尾不见头，头驼露头出山口。

那官员看后，不禁为唐伯虎的才华赞叹不已。

时至六月初六那天，唐伯虎记起此事，颇感对不住那位官员，于是准备去府上答拜一番。岂料那位官员心胸有些狭隘，想起自己之前去拜访唐伯虎，被他怠慢，请他画画，虽说有意刁难他在前，但还是让他占尽了上风，于是，他就让仆人告知唐伯虎自己此时正在沐浴。唐伯虎得知后，知道这位官员在故意为难自己，但他并不生气，只是写了一首诗让仆人带给那位官员：

> 君来拜我我沐浴，我来拜君君沐浴。
> 君拜我时四月八，我拜君时六月六。

四月初八和六月初六都是沐浴的日子，但却有很大的不同，四月初八是浴佛的日子，六月初六是给猫狗洗澡的日子，唐伯虎故意以这两个日子的不同之处来调侃这位官员。官员本来想借此机会为自己"报仇雪恨"，谁知不但"大仇未报"，反而又被唐伯虎捉弄了一番，真是让他对唐伯虎无计可施。

五只画眉来打更

明代，江宁湖熟镇设有十三道门，每道门都有木栅栏作为开关，并造有五座更楼：南面两座，东、西、北面各一座，均造在栅栏门上头。白天的时候行人从此经过，夜晚会有更夫打更，过了两更，十三道门就全部关闭，禁止通行。有一天晚上，两更刚过，更夫就听见门外有人在敲门，就打开门，发现有个气质不凡、文质彬彬的书生站在门前，心想此人说不定是远道而来，想给他方便，下楼打开栅栏门，让他进来。更夫问那书生："请问你有何事？找哪位？"那书生答道："我不找人，我在这附近游玩，不想天色已晚，无处落脚，想在此借住一晚，不知可否？"善良的更夫知道这附近再无可住宿之处，就对那

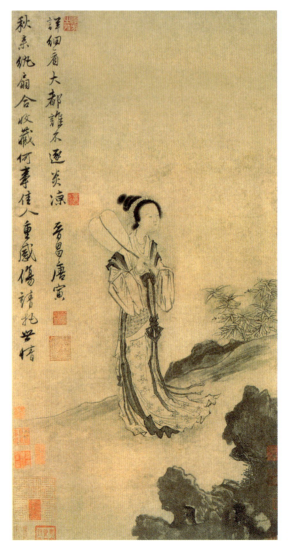

明·唐寅
《秋风纨扇图》
立轴　纸本设色

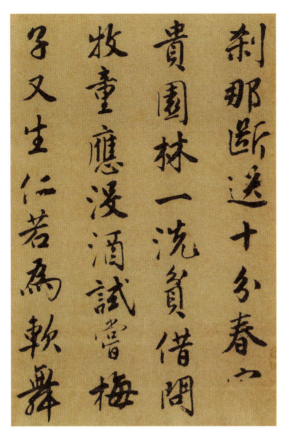

明·唐寅
《落花诗》（局部）
手卷 纸本水墨

书生说："你若不嫌弃此处简陋，就在这休息一晚吧。"于是，书生便跟着更夫向更楼走去。更楼小，摆设也不多，屋内生着火用来取暖，火上还有把紫砂壶，壶里不时散发出阵阵香薰的味道。更夫将屋内的东西收拾了一下，由于没有床，书生今晚只能席地而睡了，更夫又将杯子和一碟花生米拿来，给他把酒斟满，对书生说："天气寒冷，喝点就暖暖身子吧。"书生大喜，他早已又累又饿，就毫不拘束地端起酒喝了起来，嘴里还一直对老更夫说着些感激之语。

吃罢喝罢，书生感到精神饱满，就取出随身携带的笔墨纸砚，对老更夫说："多谢前辈的款待，在下不胜感激，为感谢您的一片心意，我画幅画送给您略表心意吧！"老更夫听后十分欣慰，就急忙准备油灯和桌子。只见那书生磨好墨，提笔间挥毫泼墨，瞬间工夫就画出一棵大树，他画的大树有五个树杈，在树的中心位置有个鸟窝，窝里有五只画眉鸟正露出头来张望。画完后，那书生对更夫说："以后你不用每晚这么劳累的用点香计时报更了，这幅画会帮助你。"

老更夫听得一头雾水，这时书生指着画中的那五只画眉鸟说："这里有五只鸟，每到一更，就会有一只画眉鸟飞出来鸣叫一声替你报时，等五只鸟全部飞出来就到五更天了。但有一点是你一定要注意的，快到天亮时，你一定记得要把画收起来，然后等到晚上再挂出来，鸟儿到时就会为你报时。"虽然书生看起来郑重其事的样子，但老更夫心里根本不相信，甚至对这年轻人口出狂言的样子有些嗤之以鼻，但他还是将画收了起来。第二天清晨，老更夫送书生出门，更夫问书生尊姓大名，书生答道："在下唐寅。"说完，那书生就迅速离开了。当天夜里，老更夫将画打开，刚打开画就有一画眉飞上了枝头，等到二更的时候，第二只画眉也准时飞上了树枝，三更、四更、五更的时候其他的鸟儿都陆续飞上了枝头，真叫人称奇！老更夫也被惊叹的目瞪口呆。

久而久之，周围的人觉得事有蹊跷，每当更夫打更之前都会有画眉鸟鸣叫一声，于是衙门里的人就把老更夫叫来盘问到底是怎么回事。老实巴交的更夫自然不敢得罪当差的人，就把整件事情的来龙去脉说给他们听。当差的觉得事情太过于奇怪，就告知了知县大人，知县命令老更夫第二天带上那幅画去见他，知县看到画后，知道这幅画价值连城，就对更夫说："我给你五十两银子，这幅画归我所有了。"老更夫不敢得罪知县，就无奈答应了。知县得到画后，十分高兴，就把画挂在了厅堂里。奇怪的是，第二天早上，知县发现画中的五只画眉鸟不翼而飞了，只剩下一棵大树矗立在那，这太不可思议了！究竟为何？是因为五更后知县老爷没有将画收起来，于是五只画眉再也无法飞来打更了。

离题万里

祝允明，字希哲，因右手多生一指，又自号枝指生、枝山，是明代著名书画家。在幼年时因其天资聪颖，之后又博览群书，且性格豪爽，善良正直，与唐伯虎结交甚好。祝枝山十七岁那年就考取了秀才，32岁参加乡试考中了举人，但仕途不顺的祝枝山直到55岁才在广东兴宁县做了个知县，63岁那年任京兆应天府通判。但两袖清风、廉洁奉公的祝枝山看不惯官场上的腐败和黑暗，不到一年的时间他就辞去了通判的职位，回家乡安度晚年。祝允明家学渊源，能诗文，工书法，其狂草颇得世人赞誉。

当地知府的儿子，整日游手好闲，且狂妄自大，自以为才高八斗。话说有这么一天，这位官二代写了一篇自以为文采飞扬，实际上却狗屁不通的文章，知府大人看到后喜出望外，觉得自己儿子有出息了，就拿着文章四处显摆，唯恐天下人不知道此事。当地的一些文人为了巴结知府，也就跟着随声附和、阿谀奉承，更有甚者直言此文章可以找祝枝山来题字。

于是，知府就听信了他人的谗言，带着文章来到了祝允明家，祝允明非常客气地接待了知府，对于题字的事他也欣然应允，待他看过文章后，在文章的下面写了两句诗："两个黄鹂鸣翠柳，一行白鹭上青天。"知府自然不知道什么意思，就高兴地离开了，那些拍马屁的人也连声称赞，说知府大人儿子的文章和祝允明的书法，简直就是珠联璧合。

没过多久，这件事就传到了唐伯虎的耳朵里了，他忍不住地狂笑不止，周围的朋友感觉莫名其妙，就请他解释为何，唐伯虎笑道："祝枝山真是骂人都不带脏字。两个黄鹂鸣翠柳，是看不懂文章要表达什么意思；一行白鹭上青天，暗喻他的文章已经跑题了太远了。"

四棵大柳树

唐伯虎与祝枝山两人私交甚好，经常结伴出门游山玩水，有一年他们一同来到了杭州。杭州太守知道后想请祝枝山在一幅古画上题字，由于太守与祝不熟，便想请唐伯虎来帮忙。祝枝山得知太守为人小气，于是便想借此机会教训他一番，提出了三百两银子的润资费用。哪想太守只给了一百两，真是吝啬啊！古画名为《柳堤送别图》，祝允明沉吟片刻，便在画的上方提下七言句：

东边一棵大柳树，西边一棵大柳树，
南边一棵大柳树，北边一棵大柳树。

明·唐寅
《山水》
立轴　绢本水墨

写毕，便派人将画送还太守。太守一看着了急，急忙派人找来唐伯虎，唐伯虎一看，也觉祝兄做得有些过，答应太守由自己出面与祝枝山交涉此事。祝枝山见到唐伯虎后就知道他为何而来，笑着理直气壮地说："你知道别人找我题字的价格，一向都三百两不还价的，但这吝啬的太守只肯出一百两银子，我只能按照价钱写了，也算公平交易。当然，如果他愿意再出二百两，我可以考虑把诗写完整，还保证令他满意。"

无奈的唐伯虎只好将祝枝山的原话告诉了太守，太守虽然舍不得银子，但也没有更好的办法，就答应下来，画毁了，岂不是更亏。

祝枝山按约来到太守家，收下银子，便开始了，只见他在画面上续写道：

东边一棵大柳树，西边一棵大柳树，
南边一棵大柳树，北边一棵大柳树。
任凭你南北东西，千丝万缕，总系不得郎舟住。

这边啼鹧鸪，那边唤杜宇，
一声声行不得也哥哥！一声声不如归去！

实属妙诗，"任凭你南北东西，千丝万缕，总系不得郎舟住。这边啼鹧鸪，那边唤杜宇，一声声行不得也哥哥！一声声不如归去！"寥寥数句，便将全诗激活，赋予了新的内涵与生命，开头几句平淡的诗句也变得有了意义。全诗也成了一首带有元曲情调的表现离愁别绪的佳作，入情入景，别有一番滋味。

祝枝山拜师

祝枝山与唐伯虎遭际与共，相交甚好，性情相投，二人的趣事相传甚多。一日，祝枝山与唐伯虎打趣道："听说后山有一个寡妇，丈夫已经去世三年了，但她却不肯改嫁，为亡夫立下贞节牌坊，只有一只老鹰与她一起生活。如果你能让她对你倾心，我就甘拜下风，以后拜你为师。"

明·唐寅
《山水》
立轴　纸本设色

唐伯虎思量后便要祝枝山相隔几日再来听消息。时隔两日，天上乌云密布下起了大雨。夜晚时分，"心怀鬼胎"的唐伯虎爬上后山，到寡妇家门口。敲门问道："在下到山上游玩，不料遇上大雨，能否让我在此避一会儿雨？"心地善良的寡妇把门打开，一眼就认出了是当地的大才子唐伯虎，就匆忙将他带进屋里。唐伯虎跟着寡妇进了门，连连道谢，又问道："我的衣衫被淋湿了可不可以脱下来？"这时寡妇看到他浑身湿透，就把他的衣衫拿到炉火上烘干。得寸进尺的唐伯虎又继续问道："大嫂，可否给我一瓢水喝，让我解渴？"善良的寡妇于是给了唐伯虎一瓢水。唐伯虎喝了水之后，见天色已晚，又向寡妇问道："大嫂，这么晚了外面还下着大雨，可否让我在此借宿一宿？"寡妇这时其实挺为难的，即使就现在的社会状况而言，一个寡妇留宿陌生人也是说不清楚的事情，容易给外人留下话柄。但心地善良的寡妇见外面天黑，而且还下着瓢泼大雨，便答应下来，就让唐伯虎住进了客房。唐伯虎进了客房。第二天天还未亮，"心里有事"的唐伯虎就悄悄起床了，他来到院子里，看见祝枝山所说的那只老鹰，打开鸟笼，将老鹰放飞。随后未与寡妇打声招呼，便回了家。

又隔数日，唐伯虎与祝枝山对弈于家中，听闻有人敲门。祝枝山开了门，见是那寡妇，寡妇看到唐伯虎后就指着唐伯虎的鼻子大骂："好你个唐伯虎，亏你还是江南第一风流才子，天下有名的大文人，我好心留你避雨，你要瓢，我就给你瓢，还让你睡在我家，你却恩将仇报，将我的老鹰故意放走，你安的什么心？"

祝枝山在旁听得目瞪口呆。待唐伯虎把寡妇打发走后，唐伯虎就跟祝枝山理论，说自己的诺言已经实现，祝枝山输了就应该拜他为师，祝枝山无奈被逼向他跪地行礼拜师。这时，唐伯虎才向祝枝山说明了整件事情的来龙去脉，祝枝山这才知道自己上当了，心中对唐伯虎佩服得五体投地。后来，唐伯虎觉得对那寡妇心中有愧，就买了一只老鹰亲自送到她家里，并向她诚恳地道歉。

119

以禅喻画南北宗
——董其昌

董其昌为万历十七年进士，授翰林院编修，官至南京礼部尚书，卒后谥文敏。董其昌才华俊逸，少负盛名。工诗文、通禅理、精鉴赏，书画兼擅，为一代宗师。他以禅宗喻画，倡"南北宗"论，著有《画禅室随笔》《容台文集》等，刻有《戏鸿堂帖》，其画及画论对明清画坛影响甚大。

明·董其昌
《行书七言诗扇》
扇面　绢本水墨

海内文宗

董其昌，字玄宰，号思白、香光居士。祖籍山东莱阳，华亭（今上海闵行区马桥）人，明代著名书画家、理论家。董其昌才思敏捷，通禅理、精鉴藏、工诗文、擅书画，是晚明艺坛上影响巨大的书画大家，堪称一代大家。他在绘画上崇尚师古，画学渊源直追宋元，主要师法董源、巨然、黄公望、倪瓒等，他的画风清雅韵致，恬静疏旷，笔致秀美俊逸，墨法澄澈透明，结构章法呼应严密，望之有禅气。他总结山水画发展的历史，以佛家禅宗喻画，提出"南北宗"论，对后世产生了极其深远的影响。

董其昌的书法成就也很高，出入晋唐，自成一格，兼有"颜骨赵姿"之美。

据说董其昌曾吃过写字不好的亏。年轻时他读书致仕，却屡经坎坷。少年时并不喜习字，16岁参加府学考试，松江知府批阅考卷时认为如论文才，董其昌可列为第一，但因其字迹丑陋，被

降为第二。董其昌认为此乃奇耻大辱，从此发愤练字，在书法上下足功夫。果然功夫不负有心人，十几年始终锲而不舍，勤奋努力，终使书法技艺大进，山水画也入得其门。

中年之后，董其昌在仕途上春风得意，政治地位日益显赫，书画影响也越来越大，成为"华亭派"的领军人物。至清代中期，康熙、乾隆以董其昌书法为宗，作为天下仕子科举考试的书法范本加以推广。康熙曾为其墨迹题跋语加以赞美："华亭董其昌书法，天姿迥异。其高秀圆润之致，流行于褚墨间，非诸家所能及也。"皇帝带头临写董书，致使董书风靡一时，满朝皆学。可谓是上有所好，下必效焉，一时间天下皆为董书，可见董其昌书法在清朝达到何等大的影响。

借债葬师

董其昌考中进士后被安排在翰林院供职。结识翰林院中一名为田人俊的学士。田人俊是福建

大田县人，为人性格平和，为官清廉正直，董其昌刚进入翰林院时，就拜在其门下学习。田人俊的人品极佳，而且学识渊博，跟在田人俊前做事无疑是最佳选择。然而世事难料，未满半年田人俊却身患重病，不久于人世。但是田人俊为官清廉，并无任何积蓄留下，要想把其灵柩送回家乡，川资路费需要不少。董其昌只好当掉自己身边一些值钱物品，又向同僚借了一笔银子，把田人俊灵柩送回福建安葬。不想董其昌尊师重道之举得到皇上的赏识，刚返回京城就被皇上召见，任命他为皇长子朱常洛之师，不久后封太子太保。

"清高"之至

万历年间，董其昌曾经拒绝三品官，这是为什么呢？吏部尚书徐辽推荐董其昌任河南参政，皇上应允。一开始董其昌不知道原因，自然欣

喜，后得知是徐辽推荐便萌生了退意，原来徐辽与兵部尚书锺起凤不和，二人均为当朝辅臣，且有意识拉拢人群，董其昌不想卷入争端之中，遂托辞不就，可谓"清高"之至。

辞官后的董其昌返回老家松江，终日沉浸于笔墨之中。当时，董其昌的书画已有一定造诣，附庸风雅的官僚豪绅与大商人纷纷闻名前来，出高价润笔请他题字作画，还有请他鉴赏文物者。董其昌的社会地位与财富得到空前提升，相传董家拥有华屋百间，良田万顷，且有游船十艘。

南北宗论

南北宗原文出处可见董其昌在其所作《画禅室随笔》[1]：

禅家有南北二宗，唐时始分。画之南北二宗，亦唐时分也。但其人非南北耳。北宗则李思训父子着色山水，流传而为宋之赵幹、赵伯驹、伯骕，以至马、夏辈。南宗则王摩诘始用渲淡，一变勾斫(一作研，乃误)之法，其传为张璪、荆、关、董、巨、郭忠恕、米家父子，以至元之四大家，亦如六祖之后有马驹(马祖道一)、云门、临济，儿孙之盛，而北宗微矣。要之，摩诘所谓云峰石迹，迥出天机，笔意纵横，参乎造化者，东坡赞吴道子、王维画壁，亦云：吾于（王）维也无间然。知言哉。

"南北宗论"为明代著名书画家董其昌所提出的绘画理论观点。该理论观点的提出对中国画的发展产生了深远影响。他这一想法，来自于禅宗的南北宗说，他以禅喻画，将绘画传统也分为南北两大宗派。其认为禅家可分南北二宗，自唐时划分，绘画的南北二宗，也是自唐时划分。北宗是以李思训、李昭道父子的青绿山水一直流传至马远、夏圭；南宗则是以王维始，至荆浩、关仝、董源、巨然、米氏父子，再至元四家。董其

明·董其昌
《山水》
立轴　纸本水墨

[1]《画禅室随笔》 中国明代书法、绘画理论著作。董其昌著。是明末清初画家杨补辑录董其昌未收入《容台集》的零篇散帙而成书。卷一包括论用笔、评法书、跋自书、评古帖等节；卷二包括画诀、画源、题自画、评古画等节。该书论书主张巧用笔墨，强调结字，临帖重在领会其精神，提倡"以意背临"；论画以南北宗论为中心，提倡文人画，贬抑"行家画"。

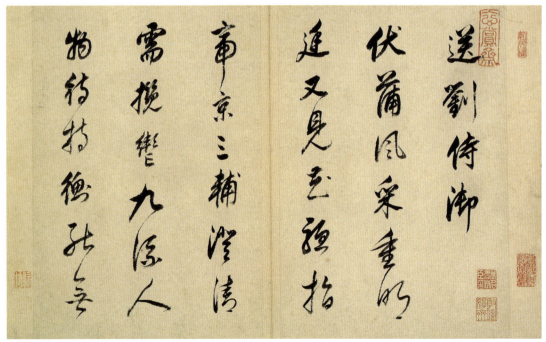

明·董其昌
《书札》四帧
册页　纸本水墨

明·董其昌
《行书七言诗》一帧
册页　纸本水墨

昌对山水画进行的分类,为我们提供了剖析绘画的哲学观念,以禅喻画提倡文人画,强调画家的道德修养及思想境界。"南北宗论"的观点在当时引起了广泛认同,加上董其昌的社会地位,和一些文人学者画家的应和,这种观点逐渐流传开来,并成为一个品评画家的标准。同时"南北宗论"以后也受到了尖锐抨击,人们对此观点不一。

艺术成就

董其昌一生痴爱书画,对书画艺术孜孜以求,勤奋地临摹创作,因身份职务之便,还遍赏历代名迹。至今许多中国美术史上的重要作品都留有了董其昌的题跋,或者可以说,董其昌的个人品评和言说影响了我们今天中国古代美术史的面貌,换言之今天我们美术史的眼光中或多或少因循了董氏的目光。比如今天我们能够看到的几幅五代董源的真迹,多有董其昌的长题跋,云为董源真迹如何如

明·董其昌
《山水》
立轴　纸本水墨

何,当然个别的作品虽有董其昌的题跋确认,但今天我们仍然否定了其说法,但是大多数还是符合其说。中国美术史中的那些孤标独异的珍品如《平复帖》《伯远帖》《夏景山口待渡》等都有董氏的题跋,足见他的影响之大。

董其昌应该是汇集古典传统和其身后艺术发展的一个关键人物,他遍阅名画的经历和他的艺术学养使得他能够窥探古人丘壑,并转化在自己的艺术之中,因而董其昌是真正的古典大师。他要比口称传统的很多后来之人,对传统看得更要真切,更加入木三分。不难想象,在艺术观念上,董其昌强调以古人为师,以此为个人艺术发展的立足之点。当然他反对单纯机械地模拟蹈袭,主张有选择地取舍,且需融入自己的创意,他认为如果离开了自己的创意,古人的精神也难以表达,故应以自己独创的形式再现古人之"风神"。由于长期鉴赏古代书画,加之董其昌聪敏好学,能够对古人书画技法得失有深刻体会,他摄取众家之法,按己意运笔挥洒,融合变化,自成家法。

董其昌十分注重师法古人的传统技法,题材上变化不大,基本为丘壑树木,但在笔和墨的运用上十分讲究,有着独特的精深造诣,擅借古人丘壑抒发自己真情实感。常临仿宋元名家的画法,并于题识中加以标榜,注明出处,虽然处处讲摹古,但其所倡导的摹古并不等于泥古不化,在他的画作中便可看出他能脱古人之窠臼,自成风格,其作品既与古人及古代作品有关联,又能彰显自己的风格与精神,于道于艺,其画可现自己风格,显示出独特面貌。其山水画面貌,以水墨为主,兼用浅绛法,偶以青绿设色,还有少量没骨设色山水,颇为独特。董其昌的笔墨修养和技术非常高妙,加之其山水画中有着独特的禅意,尽显巨匠魅力。

董其昌的书法成就也颇高,是帖学的集大成者。他在传统上所下的功夫,当时无人可比。他以行草造诣为最,此外其楷书,尤其是小楷也很有特色。其书法综合晋、唐、宋、元各家书风,自成一家,飘逸空灵、平淡古朴、用笔精到,少有偃笔、拙滞之笔。用墨讲究,枯湿浓淡,尽得其妙。在明代董其昌的书名就已经非常之大,入清之后由于康熙皇帝的推崇,竟出现举世皆学董书的盛况。

半生落魄一怪才
——徐文长

　　明清两代，出现过不少多才多艺的文人。不过像徐文长那样，在诗文、戏剧、书画等各方面都能独树一帜，给当世及后代留下深远影响的，却是世所少有。他的诗，袁中郎尊之为明代第一，他的戏剧，受到汤显祖的极力推崇，至于绘画，他更是我国艺术史上成就最为特出的人物之一。

青藤门下走狗

　　徐文长在中国画史上属于才华惊艳的人物，明代袁宏道赞誉徐文长为"光芒夜半惊鬼神"的"旷世奇才"。很多后世画家都对他非常敬服，如郑板桥等，自称"青藤门下走狗"。近代艺术大师齐白石也对他深为倾慕，甚至作诗："青藤八大远凡胎，缶老衰年别有才。我愿九泉为走狗，三家门下转轮来。"还说："青藤、雪个（朱耷）、大涤子（石涛）之画，能纵横涂抹，余心服之。恨不生三百年前，为诸君磨墨理纸。诸君不纳，余于门外饿而不去，亦快事也。""恨不生三百年前，为青藤磨墨理纸。"可见，徐文长在齐白石心目中的地位。

　　一般美术史都把徐文长推崇为中国大写意花鸟画的宗师级人物，影响波及八大山人、石涛、扬州八怪直至吴昌硕、齐白石等人。他的写意花卉，用笔豪放，笔墨淋漓，气格刚健而细腻高妙，具有诗性的抒情和韵律，属于中国画的逸品一格。

　　他的书法风格狂放，满纸笔走龙蛇，风格绝不类他人。应该说他最擅长行草书，而这种字体形式也颇符合他的性情。徐文长的文艺创作所涉及的领域非常广泛，喜好独创一格，具有强烈的

个性，风格豪迈而放逸。徐文长还善作文，其文风冷峭奇崛。秀才出生的他，满腹经纶，常怀济世之心。散文以《自为墓志铭》为代表。此外许多短文也非常有特色，泼辣机智，幽默多趣，文风波及金圣叹之流。

梨园本色

　　徐文长在中国戏剧史上具有一定的地位。他创作的杂剧集《四声猿》，其中包括《狂鼓史》《女状元》《翠乡梦》《雌木兰》四个独立的戏。《狂鼓史》是有感于严嵩杀害沈炼之事而写的，表现出狂傲的反抗精神。在戏剧理论方面，他主张"本色"，即戏剧语言应当符合人物的身份，应当使用口语和俗语，以保证人物的真实

明·徐渭
《水墨花卉卷》（局部）
手卷　纸本水墨

绍兴徐渭故居

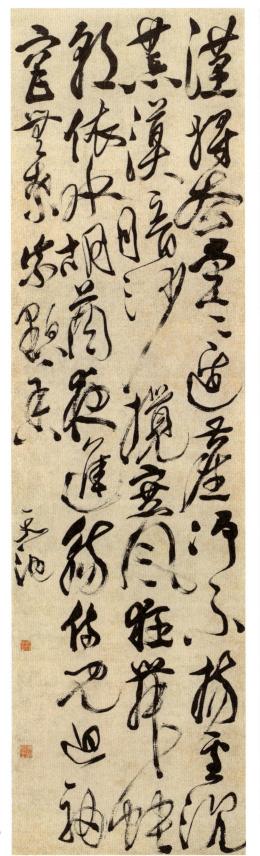

明·徐渭《草书七言诗》
立轴　纸本水墨

性，而反对典雅的骈语，过度的修饰。这些看法都是很有见地的。

不过如此

徐文长虽然才华出众，但是一生却极其不幸。科举运气不佳，连举人也不曾考取，辗转给他人当幕僚为生，后受牵连而险遭灭顶之灾，佯疯脱罪，晚年凄惨，靠卖字画度日，最终潦倒而死。他跌宕传奇的一生在民间颇受青睐，至今在浙江还流传着许多徐文长的故事。绍兴的徐渭故居——青藤书屋，历尽四百余年的人世沧桑，还依然保存，维系着后人对这位才华卓异、特立孤标的平民艺术家的追崇。

徐文长早慧，12岁便能落笔成章。他不慕当官，家人却逼他应考。一次考试，他一挥而就很快就完成了试卷，所作之文短小精辟，考试余下很多时间无事所干，便在卷子空白处涂画了神像之类，甚至还画上他自己穿着举人的服装在祭祖。画毕，又题："不过如此"。主考官看了卷子，连连摇头，既欣赏他的文采，又觉其玩世不恭。遂在卷子上批道："文章太短脸皮厚，名次排在孙山后。"自然最终结果是徐文长名落孙山没能考取。

据说三年后，家里人又催徐文长赴考，哪知遇到的却是当年的那个主考官。徐渭心里窝火，便有意把文章往长了作，在卷子上大作文章，尽兴发挥，甚至痛陈科举种种弊端，试卷越写越长，写不下就写在桌凳上。交卷时，徐渭把试卷连同桌子凳子一齐背上去交给主考官，震惊考场。徐渭戏弄考官的这件奇闻不胫而走。传说他由此被人戏称为"文长"。

题画改诗

据说明朝山里有座古寺，寺里有个肥头大耳的当家和尚，人称大头和尚。有一年，一位书生借宿此地，为答谢寺庙款待，临行前专门为大头和尚画了一幅像。大头和尚见之非常喜欢，就想请徐文长为此画作诗题字。于是第二天他起了个大早，直奔城里拜访徐文长。

大头和尚和徐文长素有交往，徐文长见状，

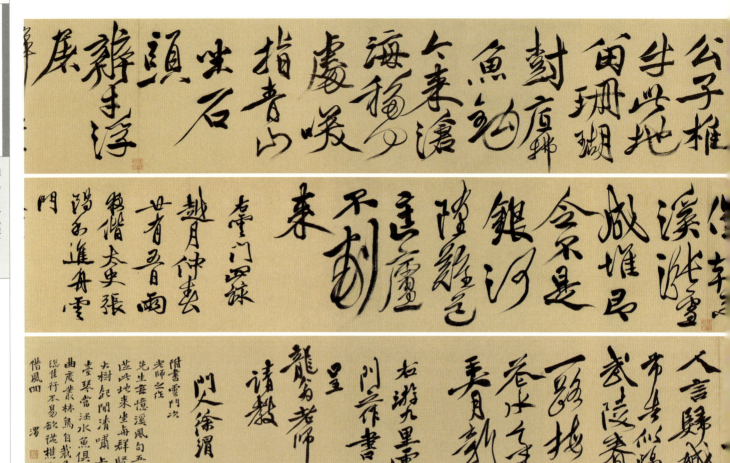

明·徐渭
《草书游九里云门》
手卷　纸本水墨

满口应允。他略思片刻，提笔便在画上写下了四句短诗：

相貌堂堂，挂在禅房。
若问此人，大头和尚。

大头和尚满心欢喜，特意请人装裱挂在禅房，常常在修禅礼佛之余自我欣赏一番。很快附近的人们听说了此事，都纷纷赶来观赏大头和尚的画像。但是令人费解的是，观者看后，往往笑而不语。大头和尚感到十分蹊跷，追问之下才知道，大家觉得此画虽像，但是画得大头和尚过于年轻，仿佛其弟。大头和尚暗自思忖也觉得有道理，因此，又专程来找徐文长求助，徐文长说纸上落墨不便涂改，于是他在原诗的每句后各加两字：

相貌堂堂无比，挂在禅房笃底。
若问此人是谁，大头和尚阿弟。

大头和尚看了喜出望外，随后把画像送与弟弟，希望弟弟喜欢。可是，没想到弟弟却不领情，嫌画像显得比自己老。大头和尚没辙，只好再求徐文长帮忙。哪知此事却一点也难不倒徐文长，他想了想，又生主意，继续在画上加字：

相貌堂堂无比威风，挂在禅房笃底当中。
若问此人是谁尊容，大头和尚阿弟之兄。

如此一番改动，终于遂了大头和尚的心愿。可见徐文长的机智与才华。

下雨天留客天

据说徐文长一次访友做客，由于天气阴雨羁

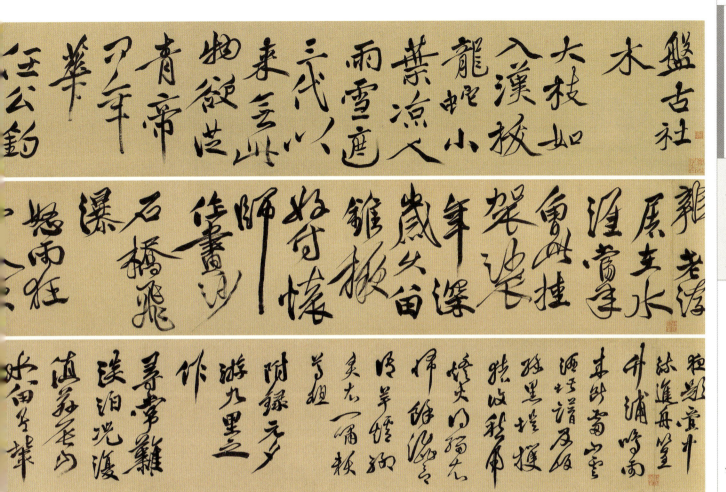

留了几日，友妇便撺掇友人在徐文长的床头书了"下雨天留客天留我不留"的文字。徐文长进房瞥见，便明白了友人是在下逐客令。但如果立时滚蛋，虽合情理，却未免尴尬。他想了一会儿，于是大声念道："下雨天，留客天，留我不？留。"继而说，"既然朋友如此盛情，速去不恭，我就再住几日吧！"原来当时标点尚未产生，文字要靠读者自己断句。徐文长避开两句五言诗的断法，别出心裁地以散文读之，使友人之意走上了反面，让其弄巧成拙。

称二斤缸

徐文长一日回家途中，走过集市遇到一个卖大缸的，便上前询问，哪知卖家却不爱应承，徐只好大声问之，一斤所卖几文钱。卖缸的见状存心想戏弄一下这个大外行，便答道："俺的缸百文一斤"。徐文长听后并不还价，只叫他扛了缸送到家里，卖缸的虽惊奇，但仍存了侥幸，寻思今日莫非遇到了一个发横财的机会。于是积极跟随着徐文长送缸。他们一前一后，走过几村又越几岭，花了不短的时辰终于来到了徐文长的家里。卖缸的累得气喘吁吁，就等着徐文长过称付钱之时，哪知徐文长从屋子里取了铁锤和秤，说到："你这缸我只要称二斤就够了。"卖缸的顿时目瞪口呆傻了眼，不知如何以对。末了，只好悻悻然又把缸扛了回去。

何必问老子

徐文长幼年上私塾时，城里有个迂狂的秀才，学识有限，但极爱显摆，从不放过任何一个在公众场合显示其学问高人一等的机会，久而久之大家都知道他的毛病，称他为狂秀才。他倒不介意，反以为荣。一天，狂秀才出门来到学堂前，看见大群的学童在嬉闹，便虚荣心作怪想在

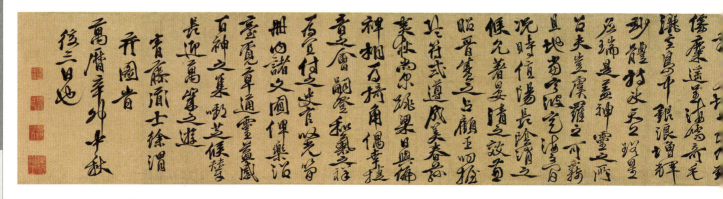

○半生落魄一怪才●徐文长○

大家面前叫板学馆里的老师，好当众出出风头。于是，他摆了派头径直上前，大大咧咧地往大门口一横，阴阳怪气地高声吟道："稻粱菽麦黍稷，这些杂种，哪个是先生？"

那群学童猛然间听了秀才的联句，都惊愕不已，不知道如何作答，秀才看到大家的呆状，得意极了。不料，突然有一个机灵的小学童站了出来，大声应道："诗书易礼春秋，许多正经，何必问老子。"狂秀才听了，一时语塞，竟无语相对，羞得满脸通红，在大家的哄笑声中，灰溜溜地遁去。而这个聪明的学童就是徐文长。

过桥妙法

一大早，小徐文长去私塾读书，路过石桥，看见桥头众人攒集，似有争吵，便疾步上前，挤进人群探个究竟。原来是船夫争道。一艘载了高高草垛的船堵在了桥洞口，因草垛高过桥洞不得而过，而其他的船只涌在其后也并不相让，使得此船进退维谷正不知所措。于是前船后船不可避免地争执起来，且愈吵愈烈。

吵到后来，终于有几个好心的围观者前来帮忙。他们对载草的船主说："哎呀，不要再吵了，大家不要怕麻烦，我们帮着把多余的草搬走，让船过了桥洞，然后再搬回就是了。"

此时，徐文长观察那只挡路的小船载草虽满，但只高出桥洞半尺左右，于是高声呼道："不用搬，不用搬，我有一个好办法！大家只要往船舱里舀水，使船身吃水深，船高自然就下去了嘛！何必费这么大的力气去搬运草垛呢？"

大家一听，都觉得有道理。船主依照徐文长的办法去做，果然毫不费力地顺利通过桥洞。于是争执与拥堵很快就化解了。

提水桶过桥

一天，伯伯存心想要考考徐文长，就把事先准备好的两只小木桶注满水，然后对徐文长和小伙伴们说："谁能把这两桶水提过桥，而且不把水洒出，我就奖他礼物。"这是一座矮小的竹桥，桥身很软，又贴近水面，只能勉强通过一人，如果负重两桶水，势必要将桥身压弯，使得人倒水洒。一时间小伙伴们面面相觑，不知怎么办。

徐文长知道这又是伯伯在考自己了，想了想，便胸有成竹地走向前说"让我来试试吧。"说罢，脱去鞋子，用两根绳子拴住小桶，将小桶放置在竹桥旁边的水里，手牵着绳子走上了竹桥，拖着浮在水里的小桶轻松地过了桥。

大家一看齐声喝彩。伯伯也暗暗称赞，却假装不露声色，接着说："文长啊，我说话算数，

明·徐渭
《行书白鹿表》
手卷 纸本水墨

明·徐渭《蟹》
立轴 纸本水墨

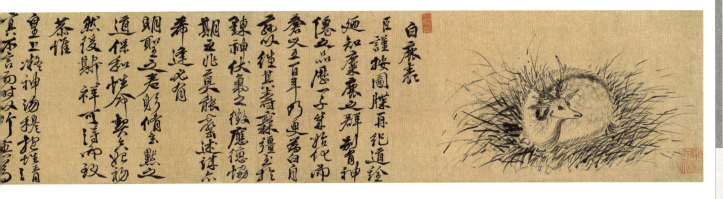

礼物这就给你，但是你得拿得到啊。"

原来，伯伯将礼物挂在了一根长长的竹竿梢上。徐文长正要上前去拿，却被伯伯喝止。"且慢！"伯父叫道，"这个礼物你可以拿，但是，第一不能把竹竿放倒，第二也不能踩凳子。"

小伙伴们对这个存心刁难的伯伯心生不满，众声嚷嚷起来。

徐文长却不慌不忙地笑道："好吧，那就这么办！"说着，他就举着竹竿，走到一口枯井边，把竹竿顺着井口慢慢放下，直到竹竿顶端的礼物落在他的手里。"好！"小伙伴们拍手称赞，伯伯也禁不住捻须大笑。

吝啬的舅舅

徐文长有一个吝啬的舅舅。一次他去舅舅家做客，等了半晌才见舅舅端出一盘菜，上面只有一只鸡蛋。舅舅不无遗憾地说：文长啊，你看你，来的真是不巧，要是晚来三个月，这个鸡蛋不就是一碗新鲜的鸡汤了吗？徐文长明白这是舅舅的老毛病又犯了，微微一笑说："是啊，真是难为舅舅的一片好意了。"

过了一阵子，徐文请舅舅来吃饭。舅舅高高兴兴来赴宴，哪知左等右等不见上菜，终于实在饿得不行的时候，才见徐文长冒了出来，奉上一盘竹片。徐文长说："舅舅啊，真是不好意思，您来的不巧，要是早三个月，这盘竹片不就是一碗鲜美的竹笋了吗？"舅舅见此气得鼓鼓，但又不好发作。

瓜，瓜，瓜！

一年夏天，小伙伴张三李四来找徐文长玩耍。夏日天长，酷暑难耐之际，张三暗地里将徐文长拉到一边说："文长兄，今日你如果能让李四呱呱呱叫三声，我就佩服你，请你吃晚饭。"徐文长笑着说："区区小事，相当容易。"

于是，徐文长把张三与李四带到附近的一片西瓜地里，徐文长用手指向瓜田对着李四说："李四兄啊，你看这一片葫芦长得多好啊。"李四纳闷道："文长兄啊，你糊涂了吗？这分明是瓜嘛，你怎么可以说是葫芦呢。"

徐文长道："这明明就是葫芦嘛。"李四大声肯定说："是瓜。"徐文长马上接着说："是葫芦。"李四："瓜。"徐文长："葫芦，葫芦，葫芦。"李四："瓜，瓜，瓜！"

青天高一尺

得知知县大人要迁升异地做官，当地的土豪劣绅都纷纷来送行，送金送银，谄媚阿谀，一时间门庭若市好不热闹。这本是世态常情，人们也见怪不怪，可让人大跌眼镜的是，素来清高的徐文长，却也让人送来一幅亲笔书法，上题"青天高一尺"五个大字，人们都丈二和尚摸不着头脑，不知道徐文长葫芦里卖的什么药。知县大人见了倒是满心喜欢，以为清高如徐文长者，终于也有俯首于老爷我官威之下的一天啊。如此思量，心里更加欢畅得意。见老爷高兴，一群善于攀附巧于势利的人马上围拢来，啧啧赞叹书法的高妙与雅意。

毕竟有围观的好事者对此十分不解，于是径直找到徐文长的门上诘问究竟。徐文长看到有人生气找来，不禁哈哈大笑，说此人为官一方，历三载，地皮刮一尺，当然也就"青天高一尺"了。众人听了恍然大悟。

129

放浪形骸感离乱
——陈老莲

陈洪绶为明末清初书画家、诗人,以人物画见长,除了绢本作品外,还创作了许多经典的版画作品,有《西厢记插图》《水浒叶子》《博古叶子》等版刻传世。陈老莲生情放诞,嗜酒狎妓,鬻画为生。

明·陈洪绶
《吟梅图》(局部)
立轴 绢本设色

还俗僧

明末清初,陈洪绶出生于绍兴诸暨市枫桥镇陈家村。传说其出生前,因有道人赠其父亲陈于朝一枚莲子,于是陈洪绶取名为莲,又名胥岸,字章侯,号老莲,别号小净名,晚号老迟、悔迟,又号悔僧、云门僧。

陈家祖上虽世代为官,但家道逐渐衰落。陈洪绶幼年丧父,母亲也在他成年后离开,加之与哥哥之间因财产问题产生矛盾,于是陈洪绶离开了家庭,独自在外谋生。在绍兴,陈洪绶师从刘宗周,跟随刘宗周究学问道,使得陈洪绶获益匪浅。陈洪绶之后参加会试不中,到处游学,拒绝加入内廷成为供奉。陈洪绶所经历的时代,正好是明末清初。清兵入关,为了避世,他入云门寺为僧,后还俗,以卖画为生。

才足比天,笔能泣鬼

陈洪绶著名代表作有《九歌》《西厢记插图》《水浒叶子》等,都是明清木版画的精品,其中《水浒叶子》四十幅版画精品,被后人赞为"才足比天,笔能泣鬼。"[1]

陈洪绶曾因临摹过历代帝王像,尤擅长人物画,且技艺精湛,遂与崔子忠齐名,号称"南陈北崔",著有《归去来图》《四乐图》《折梅仕女图》等。后世在评价他的绘画成就时指出:"洪绶画人物,衣纹清劲,力量气局在仇、唐之上。"[2]陈洪绶能得到这样的评价,除了富有天赋外,和他的勤奋努力分不开。他

[1] 陈老莲的《水浒叶子》选取了宋江、林冲等40人,不仅生动形象地画出了这些绿林豪杰英姿气度,而且表明了作者鲜明的立场观点,甚至用题赞来歌颂。如题宋江为"刀笔小吏,尔乃好义";题李逵云:"杀回虎,奚足闻,悔不杀封使君";题武松曰:"申大义,斩嫂头,啾啾鬼哭驾鸳楼";题刘唐为"民旨民膏,我取汝曹,泰山一掷等鸿毛"。《水浒叶子》绘画技艺精湛,有人称他是"才足比天,笔能泣鬼",叶子上的人物颊上风生,眉尖火出,一毫一发,凭意撰造,有昂藏伟岸之气。摘自《文学艺术》(《明末清初杰出画家陈老莲——水浒叶子》)
[2] 见《清史稿·陈洪绶传》。

除了早期临摹历代帝王像，还临摹了许多出名画家的画作，如李公麟的《七十二贤像》等。他的画作流传很广，国内外各个地区都有。当然，随着越来越多的人喜欢他的画，赝品也层出不穷，仿制品更多。据说宁波人袁鹍，在日本人船上当账房，为了送礼把两幅陈洪绶的画送给了日本船主，其中一幅为仿制品，但船主不识真伪，大喜过望。可见陈洪绶的画在当时多么受认可和欢迎。

陈洪绶晚年曾经居住在青藤书屋，而徐渭这个原来的屋主，无论是否与其有交往，但究其两人都曾生活在青藤书屋这一事实来说，无疑不是一种缘分。

名伶送春会

陈洪绶作画有怪癖，有钱人拿钱来求画的，他不予理睬，有当官的，以势压人求画的，他也不理。反而必须要有妓女与伶作陪，在歌舞升平、饮酒作乐中才能作画。明晚期的江南名妓大都能歌善舞，且有文采能编曲，因此往往风流名士愿与其在一起。例如，陈圆圆主演的《西厢记》，李香君擅长"玉茗堂四梦"，顾眉能演武生，等等。郑板桥的《板桥杂记》中还记载了卞玉京出演昆曲的演出记录。

林仲青是陈洪绶的好友，有一次邀请其去家中参加春会，席中吹拉弹唱无奇不有，顾烟筠、汪抑仙两名歌妓作陪，秦公卓吹笙，王璩歌唱流水。此种情形时有发生，陈洪绶就曾经在一幅画上题字对此情景进行描绘："辛卯八月十五夜，

陈洪绶像

烂醉西子湖，时吴香扶磨墨，卞云裳吮管，余乐为郎翁书赠。"[1] 可见，只要有酒喝，有女作陪，陈洪绶就会提笔作画，管你是贩夫走卒还是达官显贵，都有求必应，十足张狂表现。

过剑门

在杭州，陈洪绶与当时的著名曲评家张岱交往过密，成为张氏家族的座上宾，与张岱的兄弟也交往甚多。张岱出身于官宦世家，从小耳濡目染，精通音律戏曲，是明末清初著名的文学家。因其喜爱文艺，曾经自己拜师学艺，并在家豢养了层次不同的各种唱班，名伶也层出不穷。张岱不仅仅是喜欢，他还经常参加各种戏曲活动，对当时的梨园行当的人和事都相当熟悉，具有非常高的艺术鉴赏力，是精通戏曲的行家。凡有任何演出在经他观看时，演者都谨小慎微，生怕出错，大家把这个比作是"过剑门"[2]，从这里可以看出当时戏曲圈子对张岱专业的认可。由于张岱对戏曲的喜爱，陈洪绶又与之为莫逆之交，因此陈洪绶在杭州的这段期间，在张岱的鼓励督促之下，历时4月，完成了《水浒叶子》的版画创作。

文寄义伶

在杭州，陈洪绶生活过很长一段时间，遂与一些曲作家有了很深的交往，并且时常参加戏曲活动，还曾经为伶人写传。据说陈洪绶和女伶陈素芝等八人在杭州不系园游玩，与张岱会晤，遂一起吟诗喝酒，席间有伴奏演唱，而陈洪绶则在一旁画像。他们一直持续到晚上仍是久久不想散去，越唱越起劲，南腔北调样样都来，兴致高潮处还敲打竹节翩翩起舞，直至尽兴才归。

陈洪绶与女伶也有交往，似朋友，似情人，从未因为伶人的身份轻视她们，甚至因为敬重伶人的侠义行为和同情她们的遭遇，为其写传。传闻苏州的歌妓梁小碧，因兴趣相投，与陈洪绶的好友王玄趾结为挚友，交情深厚，形影不离。1645年清军攻占南京，南京失守，王玄趾投水殉

[1]吴、卞两人都是妓女，卞云裳即卞玉京，是名列"金陵八艳"的名妓，亦善画，陈还曾为她画的兰花题词。
[2]见张岱的《陶庵梦忆》。

节，梁小碧得知此事，邀请王玄趾的好友及兄弟在家中祭拜，述说王玄趾的英雄壮举。直至此时，大家才知王玄趾和梁小碧的义事之举。陈洪绶听了之后，感念两人的痴情，传了一篇《好义人传》，表达他的敬重之意，感叹梁小碧重情重义。张岱也同样写过一篇伶文——《祭义伶文》，以纪念红颜知己伶人夏汝开，文章感人至深。在明末清初，许多文人侠士寄情于勾栏瓦市，纵情声色，不能不说和当时的社会政治环境有一定的关系。

玉莲亭美人

据张岱的《陶庵梦忆》中《陈章侯》一文中记载，陈洪绶在崇祯己卯八月十三，坐船游湖，独自饮酒赏月。小船行至玉莲亭时，岸上有女子命其童子示意："相公船肯载我女郎至一桥否？"陈洪绶遂允。女子欣然登船，陈洪绶借着酒劲邀请其喝酒。女子毫不羞怯，举杯与其对饮。船到一桥，已过二更，陈洪绶在女子下船时问其住处，女子笑而不答，自顾走了。陈洪绶欲尾随女子查看一二，但见其走得飞快，已过岳王坟，于是放弃追赶。[1]

陈洪绶这样的艳遇时有发生。据传，他在杭州西湖游玩时，巧遇名妓董飞仙，董飞仙请求陈洪绶为她画一幅莲花。陈洪绶见其美貌婀娜，于是答应其要求，作莲一幅赠与她。然而，董飞仙的风姿，陈洪绶时隔多年仍记忆犹新，时常做梦也能梦到她。

幼年绘关公

陈洪绶从很小的时候就喜欢画画，且天资聪明，有"神童"之誉。陈洪绶绘制关羽像就发生在他年幼的时候。

幼年陈洪绶曾在年长的亲戚家里读过一段时间的书，在此期间，发生过许多非常有意思的故事。据说有一天，长辈家里的房间刚刚粉刷一新，晾晒期间害怕弄脏，于是吩咐侍童小心看

明·陈洪绶
《吟梅图》
立轴 绢本设色

护。陈洪绶玩耍后，进屋找长辈看到粉刷一新的墙壁，顿生画意，于是把照看墙壁的小童支开，取出笔墨，支上板凳桌椅，准备画画。画什么呢？想了半天，想起长辈对英雄人物关羽很是敬重，于是，在墙壁上画了一幅红脸单凤眼、一只手拿大刀，一只手抚长须的关羽像。画像足有整面墙壁大小，威严肃穆，栩栩如生。画毕之后，陈洪绶就去吃饭了，谁知，照看墙壁的小童回来一看，吓得大哭，不知如何是好。过了一会，长

©放浪形骸感离乱 ●陈老莲◎

[1] 见张岱的《陶庵梦忆》。

刘宗周像

辈回家，进屋一看傻了眼，以为是关羽显灵，让他又惊又喜，磕头跪拜之后，遂向众人表示要将此处作为供奉关羽的地方。由此事可见，当时陈洪绶的绘画水平已经很高了。

《水浒叶子》遍天下

陈洪绶书法、绘画样样见长，但他最重要的艺术成就却是表现在木刻版画方面，他的版画人物一直受到后世的称赞，尤其在中国美术史上，他的版画《水浒叶子》具有里程碑式的意义。

陈洪绶的版画代表作有《九歌图》以及《屈子行吟图》十二幅，《水浒叶子》四十幅，《张深之正北西厢》《鸳鸯冢娇红记》《西厢记》，等等。他所制作的这些木版画稿本，多数是为了制作休闲玩乐的纸牌上的图画所用，还有一部分用作书籍插图和制作。陈洪绶所创作的版画人物造型变化多端，具有鲜明的个性特点，刻画线条则疏中有密，粗细变化圆润中留露出刚劲，显得人物气质各不相同。

《水浒叶子》是陈洪绶在杭州创作的一组版画作品，共四十幅，是根据传统小说《水浒传》中的人物为原型创作的，笔下人物诙谐幽默，各具特征，栩栩如生。在画画过程中多用方笔，线条转折直上直下，变化强烈更能突出人物性格特点。这套人物绘画一出就得以传遍天下，后世给予其很高评价。这组版画是由著名镌刻者黄肇初所刻，画面真实地反映了原作的风貌及神韵，不愧是巧夺天工。当然，陈洪绶的《九歌图》及《屈子行吟》也是版画精品，尤其《九歌图》是他现存最早的版画作品，之后被钦点为《楚辞述注》的插图，《九歌图》的木版雕刻人为徽派高手黄建中。

明·陈洪绶
《人物册页》四帧
册页　纸本设色

师从刘宗周

刘宗周是明朝绍兴人，明朝儒学大家，有蕺山先生之称。他开创了蕺山学派，其心学造诣在中国思想史上占有非常重要的地位，他的儒家思想学说具有承前启后的作用。刘宗周不仅学识渊博，而且为人清廉正直，从政之后，仗义执言，敢于对抗权势，这种文人的清高风骨影响了陈洪绶的一生。下面就是讲刘宗周直言进谏，不惧权势的故事。

时姜垓、熊开元以言事下诏狱，宗周约九卿共救。入朝，闻密旨置二人死。宗周愕然谓众曰："今日当空署争，必改发刑部始已。"及入对，御史杨若桥荐西洋人汤若望善火器，请召试……宗周曰："在陛下开诚布公，公天下为好恶，合国人为用舍，进贤才，开言路，次第与天下更始。"帝曰："目下烽火逼畿甸，且国家败坏已极，当如何？"宗周曰："武备必先练兵，练兵必先选将，选将必先择贤督抚，择贤督抚必先……"宗周罢官家居，渊数往问学。尝有过，入曲室长跪流涕自过。杭州失守，渊方葬母，趣竣工。既葬，还家设祭，即投缳而卒，年三十五也。逾二日，宗周饿死。

——载自（清）张廷玉等，《明史》，中华书局点校本

陈洪绶曾拜师于刘宗周。他由于家庭原因，早年背井离乡，独自谋生。到了绍兴，就拜在刘宗周门下，就读于蕺山书院，跟随其究学问道，陈洪绶获益匪浅。陈洪绶之后参加会试不中，到处游学，后又乡试落第，出钱成了国子监生，机缘巧合，被皇帝看中临摹宫中历代帝王像，种种机遇随缘，却又无可奈何。陈洪绶所经历的时代，正好是明末清初，社会风雨飘摇、动荡，朝廷腐败无能，受老师刘宗周的影响，加上自身性格使然，最终走向归隐，直至清军入关，甚至落发为僧。

在得知刘宗周死后，陈洪绶被其誓与明朝共存亡的高风气节所感动，含泪送别老师。受刘宗周的影响，陈洪绶对明朝彻彻底底绝望，避世作画，过起了隐士的生活。但在明朝灭亡后，陈洪绶又忍不住怀念故国，心情沉闷，纵酒疯狂。

升庵簪花

陈洪绶善画人物，形式夸张，往往其所画人物追求一种幽默怪诞的表现。其人物画以绣像插图影响为最大，用笔圆劲细秀，富于装饰意味。陈洪绶因为身处于一个社会动荡的年代，自身虽学识了得，但无奈时事困境，对前途充满迷茫。不同的命运，却又相同的心境，使得陈洪绶对文人杨升庵遭遇非常同情，作画《杨升庵簪花图》。

《杨升庵簪花图》为绢本设色，纵143.5厘米，横61.5厘米，故宫博物院藏。所画人物杨

明·陈洪绶
《人物图》
立轴 绢本设色

明·陈洪绶
《屈子行吟图》版画

其画作为荣。

据说，陈洪绶临摹过许多前辈的画作，因此欣赏前辈的画作也成为他的一大爱好。曾经有一位官员很喜欢陈洪绶的画，多次向其求画，都被陈洪绶拒绝。为了能让陈洪绶给自己画画，官员便设计说自己有件古画，但不知其是宋画还是元画，想请陈洪绶帮忙去鉴定一下，于是陈洪绶答应了。可是他没有想到的是，那位官员根本不是要让他看画，而是要让他作画，直接拿出作画的工具，执意要让陈洪绶为他作画。陈洪绶一听便破口大骂，脱下衣服跳进水里，此事便不了了之了。

陈洪绶拒绝作画的轶事颇多。当年清军入关攻占南京，不巧陈洪绶此时正在南京被清军俘获，大将军固山大喜过望，就要指使陈洪绶为其作画，哪知陈洪绶拒不低头，拿刀威胁也没有用。当时的陈洪绶以个性狂放，喜好女色而闻名，于是有人对固山出主意，陈洪绶只要有美酒和女人，求画亦不难。固山依计行事，骗得陈洪绶为其作画。其实这是陈洪绶的缓兵之计，入夜之后，陈洪绶趁清军疏于防备，带着全部画作逃之夭夭。

虽然陈洪绶一生性格放浪且好色，但他受老师刘宗周的影响，始终活得有气节。

恐坠市道

陈洪绶除了有气节之外，还很重情重义，轻视钱财。陈洪绶曾经为救朋友丁良卯之子，向戴茂齐借钱，并为报答戴的友情，将刚画好的四十八页"博古叶子"送给了戴茂齐。之后，又因为自己家里无米下锅，于是又向戴茂奇借钱，为表示感谢，陈洪绶又作了一幅《春风蛱蝶图卷》送给了戴。有人问陈洪绶说，你送给戴茂奇的画远远不止他借给你的钱，难道你没有觉着不值吗？但陈洪绶却说，朋友的情谊不是以金钱来衡量的，友谊不能等价交换，"恐坠市道"。

升庵，明代著名的文学家，著有《升庵集》。杨升庵四川新都人，祖籍庐陵，曾考取状元，受翰林院修撰，嘉靖年间还做过皇帝的老师。明正德十六年，爆发了一场规模巨大、旷日持久的有关皇统问题上的政治争论。在这次争论中，由于杨升庵坚持正义，被皇帝流放到云南，直至郁郁而终。

陈洪绶所绘制的《杨升庵簪花图》，人物形象体态臃肿，双臂自然垂下，步履蹒跚，而神态则呆迟，古怪且笨拙。从画面上看，杨升庵长期心情压抑，表情萎靡，身后两女子担心地跟着他。此图颜色淡雅，布景简单，突出了杨升庵神态，栩栩如生，一眼就可看出他被贬之后的心情和对现实不满的心绪。

拒画轶事

晚年，陈洪绶以卖画为生，当时大家以拥有

明末遗民剑侠骨

——傅青主

在明末清初改朝换代之际，地处山西腹地的太原府阳曲县（今太原市），出了一位博艺多才、重气节、有思想、有抱负的著名人物，他就是明清之际的志士仁人傅山——傅青主。

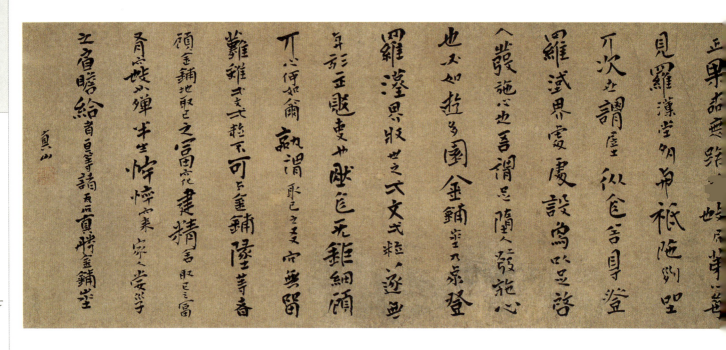

三立书院

山西名人傅山先生（1607—1684年）为明清之际的书法家、文学家，他不仅学富五车，还善于医术，是山西人的骄傲。他在有生之年所取得的成就离不开其较为优越的生活环境。他从小生活在官宦书香门第，再加上他少年时，聪明过人，博闻勤学。所以他15岁时就成为补博士弟子中的一员，20岁试高等廪饩，到30岁时，傅山就被当时山西省提学袁继咸选拔并举荐到当时山西省的最高学府"三立书院"学习。其间，他为人豪爽，学习突出，在人格魅力方面也深得同学们的拥戴，很快便成为三立书院祭酒式的人物。由于傅山人品才学出类拔萃，袁继咸特别赏识，便将他视为自己的得意门生。其间，师生相互尊重，在老师的教诲下，年轻的傅山受益匪浅。

晋中医圣

傅山在医学上可与东汉医圣张仲景齐名，在明清之际，他精湛的医术和崇高的医德广为流传，所以在当地有"医圣"之称，后发展成为一医学流派，被杏林尊为"终南医门"。他在内外科、妇、儿科方面有很高的技术，而尤以妇科为最。其医学著作《傅氏女科》《青囊秘诀》，流传于世。傅山被尊为医圣不仅仅是由于他医术高明，更重医德，对贫富人一视同仁，甚至在行医时优先贫人。而对于那些有名望、有地位的人则婉言谢绝。也许"好人害好病，自有好医与好药，高爽者不能治；胡人害胡病，自有胡医与胡药，正经者不能治"就是对他的最好的评价。

以画赔驴

傅山常年以行医为生，经常上山采药。一天

清·傅山
《书法》
手卷　纸本水墨

傅山要进山采药，向邻居老翁借了一匹驴以便驮载草药。谁知，采药过程中一不留神竟把驴丢了。原本以为老驴识途，可以自行回家。可待傅山返回后，左等右等不见驴影，知道驴确实是丢了。因此十分过意不去，想着要如何陪邻居的驴。邻居老翁本是厚道之人，也知傅山清贫，且平素仰慕傅山的才行，便不忍傅山赔偿，于是推辞不让。双方相互谦让几番，最终，老翁说那就请傅先生给我画一张驴吧，权作还驴。傅山知道对方心意已定，只好应允。傅山趁天未黑，依靠记忆，迅笔挥就一幅驴图，并悬挂在驴厩的墙壁上。哪知天晚时分，月黑风高，老翁路过驴厩，抬头看到驴厩里的驴画竟然以为是真驴，上前一摸却粘了一手未干透的墨迹。驴画如此生动，老翁更是喜欢。

牛粪治病

对于傅山行医神妙莫测，不同凡俗的形容有许多。用牛粪治病就是一个典型的范例：古时，一人得了头疼病许久，头一旦疼起来，其痛无比，看名医吃偏方都不见成效。久闻傅山大名，便前来寻医看病，傅山没把脉只是静静地看了看病人，说："你这个病根本不需要吃药。村子那头有个用牛拉水车的地方，你去那里等着。等到牛拉了大粪，就把热腾腾的牛粪敷在头上，用布把头包扎好了，快步走那么十来里路。如果头上很痒，千万不要停步，等到头一点都不痒了才可以停下来解开。"病人疑惑不解，对此药方产生了质疑，可来傅青主家看病的人实在太多，还没有来得及细问，就被其他看病的人挤到外面去了。在名医的头衔与自己病痛的折磨下，此人无奈之余还是试着傅山的方法去做了。把牛粪敷在头上，快步行了七八里，果然头痒得不行，可最后想起傅医圣的嘱托还是忍住了。按照方法该病人坚持下去，果然不痒了。最后那人把包头布解开一看，发现牛粪中竟然有数百条白虫子在蠕动。此刻，他先是目瞪口呆，紧接着便把牛粪扔在地上。再看那些形如细线的虫子，扭动了一两分钟，便都死了。此后，那人的头疼病就再也

没回来烦扰他。过后此人对于此事是既开心又诧异，便把自己的求医经历告诉给乡里的医生，医生对于此事可还是知其然也而不知其所以然也。由此可见，傅山的行医之道高深。

以草为媒

在傅山的医典里，不仅用粪治病是良方，而且草也是其良药。不信我们去看看：有一位妇女因自己的丈夫嗜好赌博，两人经常吵架，可能是由于气火攻心，导致该妇人气鼓之病，丈夫见状便问诊于傅先生。先生听后，没有把脉，更没有细察，随即从地上捋了几把草说，你要在你妻子面前用慢火来煮这些，你要和声和气，除每天侍奉好饭菜后，需每天这样煎煮十次。三天不到，该妇人的病就好了。有人问其中的缘由，先生便说，草在这里只是一种媒介，关键是要平妇人心和气。由此看来，傅山也是一名优秀的心理医生。

活死人

"望"是傅山行医的一种诊断方式之一。一位正在筑土盖房的少年，看见名医傅山经过，便想装病一试先生的医术是否名不虚传，于是从高地跳下。旁边人看到就请先生为少年诊治。傅山没采取什么诊断措施便说少年是个死人。围观人都以为先生在开玩笑都哄堂大笑。果然少年还未抬到家，就因肠子断裂而死了。这真叫人不得不赞叹傅山先生的医术。

黑色石头的妙用

行医必先通理，李小牛为其妻寻医治病就是典型的例子。太原一女子因受丈之气而得了病。小牛四处寻医不见效后，便去请医圣傅山。傅山先生听了小牛的叙述，沉稳地说："这个病，不见病人也能治，只是我手头药味不全，你去捡一块鸡蛋大小的黑色石头，用温火煎，水煎少了，再添上继续煎。啥时候煮软了，你来拿药。千万不能让水干了，要人不离火。"之后，小牛就找到一块鸡蛋大的深色石块，添了四十九次水，石头还没软。妻子开始着急起来，便坐起来

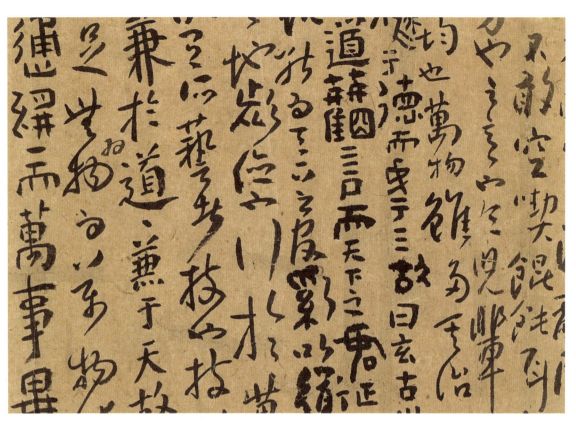

问："是不是煎法不对？"小牛说是按照傅山先生说的做，妻子觉的奇怪就让小牛去问先生，之后，她就下了炕自己去看火。小牛见到傅山便把事情的经过说了出来，傅山反问："现在谁替你看火？"小牛说自己的妻子在看火。先生又说："她病已好啦。此病要治首先得消气。她见你那么没明没黑地煮石头，气就消了。气消则肝木苏，肝木苏则脾胃自然运化。她能替你煮石头，说明病已好了。"先生说完之后小牛恍然大悟，开心地回家了，看到身体如初的妻子，更加崇拜傅山先生了。

谎言治病

　　善意的谎言是美丽心灵的一种绽放方式，傅山医圣就是这样的典型。某天，距西村二里远的一个年轻人求傅山看病，傅山诊断后只是说病情不要紧，先回家救火。未开药的后生吃了一惊，便一口气跑回家准备救火，当他汗流浃背地回到家中时，愣住了，家里一切安好，无异常发生。他想是先生弄错了，于是又立刻返到西村找傅山先生看病。傅山却说他的病已好。后生听后很是诧异，问道："你只是吓我跑了一趟，也没有给我开药吃，怎么病就轻了呢？"傅山便说："你身体很强壮，没有什么大病，只是伤了风，得了感冒。被我一吓，让你跑得出了汗，病就好多了。回去吧，路上注意不要再受风，回去休息一两天就全好了。"如先生所说，年轻人回去休息了一天，病果然全好了。多少年来谎言治病的故事在民间广为流传，不但没人说谎言的是非，反而人们越来越热爱和敬重傅山先生，更加钦佩他的医术。

为师鸣冤

　　傅山的老师袁继咸为人耿直，由此得罪权贵魏忠贤之流，被贬为山西提学，后又由魏忠贤死党张孙振诬告袁继咸陷京师狱中。傅山知道这事后，变卖家中许多田产，花掉万余两家财，与薛宗周等百余名联络生员，联名上书。他们顶着寒风，一路跟着囚车步行至京为袁诉冤请愿。在京城他们历时八个月，不畏强权，敢于斗争，曾受

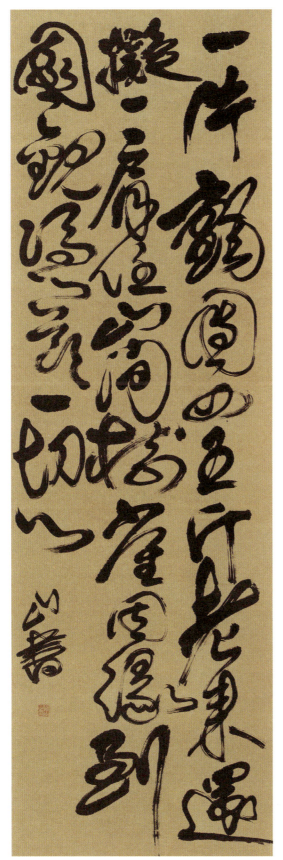

清·傅山
《草书七言诗》
立轴　绢本水墨

到不断的恐吓、威胁，但他全然不顾，甚至甘与当朝宰相针锋相对，还两次出堂作证，方使袁继咸冤案得以昭雪。魏忠贤的走卒张孙振，也以诬陷罪受到谪戍的惩罚。这次斗争是因傅山为领袖的诸多人士的决心和努力才获得胜利，马世奇为此写下《山右二义士记》，一时间傅青主这个名字便响彻大江南北，自此他以"义士"闻名天下。后袁继咸重新为官改任武昌道后，为表示谢意，曾多次推荐他做官，但都被傅山婉言谢绝。事实上傅山就无意官场仕途，后他返回太原以寺庙为书斋，悉心博览群书，掌握了丰富的知识。崇祯十六年，傅山受聘于三立书院讲学。后来，李自成起义军进发太原，傅山奉陪老母辗转于平定嘉山。不久，明亡。傅山闻讯写下"哭国书难著，依亲命苟逃"的悲痛诗句。后袁继咸再次被清军陷害，傅山又为其师整理书稿，做传立碑，以缅怀恩师。可以说，傅山对于恩师已是竭心尽力，死而后已。

朱衣道人

傅山作为一文人、医者，享誉当时，可是后来他出家做了道士。究竟是什么原因呢？原来是他不向清朝屈服，为表示对清朝剃发制度的不满与反抗，他拜五峰山道士还阳子郭静中为师，出家为道，道号"真山"，又有别号"石道人"（如石之坚）。自号"朱衣道人"，是由于他常穿一身红色道袍，其实朱衣简称朱姓之衣，隐含着傅山对亡明的怀念，更是他自己忠君爱国、抗清复明的一种寄托和掩护。用后人的眼光来看，傅山在当时也是被逼无奈，才出家。

抗清入狱

傅山是文人，也是志坚之士。人的意志和骨格是一个人最脆弱的地方，同时也是最强大的地方。是渴望南明王朝日益强大，早日北上驱逐清王朝匡复明室的信念，趋使着他与桂王派来山西的总兵宫宋谦联系，密谋策划，进行起义。然而，宋谦泄密被清军捕获，并供出了傅山，傅山被捕后，关押于太原府监狱，入狱期间，傅山矢口否认，即便是严刑逼供，傅山还是否认，一年之后，清廷不得傅山口供，只好将他释放。

傅山出狱后，反清之心不改。直到他考察确感清室国势日益强大，复明无望时，他才返回太原，隐居城郊，自称侨公，寓意明亡之后，自己是无国无家的流浪者。"太原人作太原侨"的诗句，正是他这种痛苦心情的写照。康熙二年（1663年）后，他曾与顾炎武、申涵光、孙奇逢、李因笃、屈大筠以及王显祚、阎若璩等名人和学者，多有来往。"岁寒之盟"就是曾在山东领导起义的阎尔梅也来太原与傅山会晤，并与顾炎武结交而得来的。

纵观傅山狱前、狱中、狱后的所作所为，可见他不愧为明朝仁人志士，其爱国情怀历历在心。

坚辞清职

古代，文人读书主要就是为了走进仕途，然而傅山却恰恰相反，将名利看得淡如水。清初，为了笼络人心，康熙十七年（1678年）清政府颁诏天下，令三品以上官员推荐"学行兼优、文词卓越之人""朕将亲试录用"。后他被推应博学宏词考试，对此傅山称病推辞不去，后官方促驾，强行将他绑在床上，送往京城。当经午门前，他竟然这样哭喊："如果后世的人把我看成是刘因那样的变节文人，我死不瞑目！"达京城后，他继续称病，卧床不起。清廷官员多次拜望诱劝，他仍称病拒绝参加考试，可是宽容的康熙恩准他免试并授封"内阁中书"之职，可是傅山先生仍然不跪叩谢接受。皇帝面对傅山这样的子民并没有恼怒，反而要"优礼处士"，诏令"傅山文学素著，念其年迈，特授内阁中书，着地方官存问。"后傅山由京返乡，地方诸官都去拜望，并称受封的官职，对此，傅山不语不应，甚至将阳曲知县戴氏奉命在他家门首悬挂"凤阁蒲轮"的额匾凛然拒绝。后他隐居乡间，远离官场，是"尚志高风，介然如石"的品格和气节使然。

骗题打钟庵

傅山的书法艺术在当时是无人不晓，有好多人想得到他的墨宝。比如，清代初年，北京城里"打钟庵"寺庙里的方丈想请傅山大书法家题写庵名。但傅山因厌恶方丈的庸俗之气，便较为直白地拒绝了方丈的要求。遭拒绝后，方丈并不甘心，便让自己的熟人、傅山的朋友钱南山去帮忙，钱碍于情面，便答应帮忙。于是钱南山提酒去看望好酒的傅山，并说道："朋友从远方带来一坛好酒，钱某舍不得独享，特来找兄台一醉。"说着，打开封口，一股扑鼻异香，顿时弥漫在空气中。傅山见到许久不见的朋友，还有美酒，两人便开始畅饮起来，两个人喝了有一个时辰，都有些醉意。钱南山忽然诗兴大发，吟起诗来：

> 月落霜打天，渔火愁点点。
> 寄客姑苏庵，钟声独难眠。

沉吟一会儿，便提笔写起这首诗，可这位钱老兄，并不擅书法，写得歪歪扭扭，不尽人意。但他并不灰心，不断重复地写，傅山见此情形，心急之下便要替写。但是傅山的举动正合钱南山之意，于是南山顺水推舟让傅山代之，傅山起身，摇晃之中，从钱的手中接过笔，略作凝思，轻轻笔落，跃然纸上，顿时一气呵成，其效果极佳。"好字！好字！"钱南山连赞不停，又说，"何不顺手署上兄台大名？"傅山在诗后又署上了自己的名字。过了十多天，傅山出行路过打钟庵，看到自己的手迹，顿想了好久才恍然大悟，大呼："上当，上当！"才知自己中计了，钱兄是趁自己酒醉赚了他的字。其实，这从侧面反映出傅山的书法技艺高超、享誉当世。

傅山之印

太原傅山纪念馆

一代侠客

傅山是兼多重角色的一位才子，竟然还是一位侠客。据史料载，傅山还精通拳剑，在终南形意拳、洪洞通背拳等拳术中尤擅醉拳，著有《傅山拳谱》并流传于世。据说，如今太原还有傅山的传人。虽说，有些事情还需进一步考证，但民间 "傅青主飞笔点太原""弓开如满月，箭走似流星"说法还在流传，足见傅山武艺之神，影响之深。他经常抱打不平，据说，有一次他在一家酒馆喝酒，喝得正起劲，忽然听见隔壁传来一位妇女的哭泣和呼喊声，他闻声而去，在众人中，他跌跌撞撞，左右摇晃，嘴里却念叨着谁在哭喊，有何难事，说罢就推开人群，走进当事人现场，看到一位男子调戏一妇女，妇女不从，男子便动起手脚。他见此幕，便挥起他的醉拳，一拳打到男子的鼻骨部位，瞬间血像水桶漏了洞一样 一直往外流，周围的人首先是大吃一惊，之后就是阵阵掌声，之后便撇撇小嘴，点点头，摸摸胡子说侠客也。由此来看，傅山确实可与《水浒传》里的梁山兄弟，侠义之人相提并论，他是那个时代的路见不平拔刀相助的大侠。

傅青主开票号

傅山是一代侠客，也是一代金融家。反清复明一直是他的夙愿，为了起义来挽救国家，为了聚拢财资，操控金融，更借以笼络人才，他与顾炎武和戴廷栻一起创办镖局，后以星火燎原的速度遍及全国。但是货物和现款的运输安全，成为极大的隐患，于是开设票号。票号开设的结果如何不说，仅立志抗清的决心就不得不让人钦佩。梁启超认为："山西票号相传为傅青主、顾亭林所创办。"而章太炎也在《顾亭林先生轶事》中说："有清一代票号制度皆顾、傅所创也。"考证谁先创办票号其实并不重要，重要的是让后人看到了傅青主对国家命运，民族荣辱兴衰的关注，和一片爱国的赤诚之心。

傅仙人

傅山是凡人，也是百姓心目中的仙人。康熙二十三年（1684年）初，傅山的儿子傅眉不幸逝世，面对这种白发人送黑发人的不幸遭遇，傅山悲痛欲决，由于承受不了如此巨大悲痛之冲击，不久也离开人世，享年七十七岁。傅山先生死后，送葬场面非常壮观。据《阳曲县志》载：在他下葬的那一天，四面八方前来送葬的人达四千多人。这些人忘不了这位多才多艺的尊者，在他的手中有多少生命可以重生。所以直到现在，在山西很多庙宇和老百姓家中，都供奉着一位叫作"傅仙人"的神仙，借此来守护一方水土的平安与幸福。因为在人们心目中傅山便是神仙。直到现在，我们每每提到杏花村，第一想到的不是美酒，而是伟大的傅山其人、其事，所以他在人们的心目中虽死犹生。

睥睨天下遁空门
——八大山人

　　八大山人为明朝宗室后裔，明朝灭亡后，落发为僧，与石涛、弘仁、髡残并称为清初画坛的"四僧"。清朝的艺术在画史上本属于靡靡末音，但八大山人的花鸟画却异军突起，不让历代成就。

清·八大山人
《河上花图》
长卷　纸本水墨

金枝玉叶老遗民

　　八大山人，原名朱耷，真名朱统𨨗，明朝宗亲宁王的后裔，江西南昌人。明朝灭亡后，八大落发为僧，是明末清初著名的书法家和画家，和石涛、石溪、渐江三人并称为画坛"四僧"。1985年八大山人被联合国科教文组织命名为中国古代十大文化名人之一。身为宗室子孙的八大山人本可以享受恩荫，然而到了明末，国家经济每况愈下，朝廷已自顾不暇，八大的父亲不得不靠卖画为生，贴补家用。八大在这样的困境之下，还曾经参加过科举考试，中得秀才，无奈时运不济。

　　八大山人的祖辈及其父亲学识丰富，而且多数擅长书法和绘画，从小耳濡目染，加上他聪明好学，幼年时就显露出非凡的艺术天分。八大山人擅长行楷，其用笔多圆润流畅，含蓄浑厚，他的书法呈现出一种对空间结构的自由把控力，而这种控制力，在他的绘画作品中也表现无遗。

　　八大山人的绘画延续了前人的绘画形式，却又另辟蹊径。他的画多以水墨写意为主，既画山水，又擅花鸟。他的绘画虽然看似简单，但简练之中透出内涵，总是用很少的绘画语言来营造出一个空间氛围，留给人无限地想象。八大通过对花鸟山石的夸张变形，空间结构的穿插组织，使得画面形象突出，寓意深刻。

八大山人现存于世的书法作品很多，如有一些是临《兰亭序》，还有许多临摹各大书法家的行书和草书轴卷。他的书法从董其昌入手，后追二王，以帖学为本，结字方式很特别，对字的空间构成进行夸张处理，有着独特的面貌。他的绘画作品留存也较多，著名的有《传綮写生册》《墨花卷》、《河上花图》（天津艺术博物馆藏），还有《孔雀竹石图》《孤禽图》《眠鸭图》以及《荷塘戏禽图卷》《河上花并题图卷》《鱼鸭图卷》《杨柳浴禽图轴》《芙蓉芦雁图轴》《古梅图轴》《墨松图轴》《芭蕉竹石图轴》《快雪时晴图轴》《幽溪泛舟图轴》《四帧绢本浅绛山水大屏》等等，这些作品大都被国内外的博物馆珍藏。

三月十九

历史上把甲申三月十九日（1644年4月25日）看作是明朝灭亡的日子，这只是按照李自成于1644年攻陷北京之后崇祯在煤山上吊来算的日子，其实他的宗室亲族弘光、隆武、永历，直到康熙元年（1662年）才都被杀，清朝在打击了台湾抗清，平定了三番之后，才能算是明朝真正的灭亡。

八大山人在明朝灭亡时才19岁，加上父亲

八大山人画像

刚刚去世，内心极为悲愤压抑，遂避世于山野。我们经常可以看到八大山人的画幅上有一种奇特的签押，仿佛像一鹤形符号，后人把它解读为以"三月十九"四字组成的符号，说是八大山人借此寄托怀念故国的深情。对此奇形符号的解释很多，但八大山人的真正意思就不得而知了。

和尚个山驴

清军入关攻占南昌，但凡宗亲一律格杀勿论。在这种情况下，顺治五年八大山人奉母之命带着他的弟弟"出家"，落发为僧，当时出家的地方是新县耕香寺。

八大山人的别号很多，又名朱耷，八大山人只是他其中别号之一，还号雪个、个山、个山驴、人屋、良月、道朗，等等。因其长相方圆，耳朵偏大，人们通常都叫他朱耷，"耷"有"驴"之意，是驴字的通俗写法，因此他也自称"个山驴"，把自己住的地方称为"驴屋"。

清朝1653年，八大山人28岁时，拜弘敏禅师为师，法名传綮，号刃庵。清1656年，八大任进贤县介冈灯社住持，一边潜心研究佛学，一边不辍书法和绘画。在这段时间里，随着他的名声鹤立，跟随他学习佛法的人越来越多。

隐居青云圃

据记载，八大山人在36岁时，回到南昌天宁观，他用了几年的时间对其进行修建，初具规模后更名为"青云圃（谱）"。"青云"两字原是根据道家神话"吕纯阳驾青云来降"的意思，取这个名含有"青高如云"的意思。八大山人在青云圃过着悠闲的僧侣生活，俨然成为一块世外桃源。然而，所谓名声在外，哪能不被扰呢？再好的桃花源，也不能久待。于是他做起了云游道士，讲经布道，不停地往返于南昌与青云圃之间。

这所道院后来由其弟弟朱道明主持重新修建。重建后，八大山人终于可以长期定居在青云谱，结束他奔波的生活，开始他稳定的画僧生活。在这长达二十余年的生活中，他创作了大量的书法和绘画作品。在他居住在青云圃的这段时间里，屡屡有人听到他的名声就来找他。在《八大山人传》中记载了这样一个故事，"住山二十年，从学者常百余人，临川令胡君亦堂闻其名，延之官舍。年余，竟忽忽不自得，遂发狂疾，忽大笑，忽痛哭竟日。一夕，裂其浮屠服，焚之，走还会城。独自徜徉市肆间，常戴布帽，曳长领袍，履穿踵决，拂袖翩跹行。市中儿随观哗笑，人莫识也。其侄某识之，留止其家。久之疾良已。"可见，八大对这种事十分苦恼郁闷，只能装疯卖傻。然而，无论八大山人是否痴傻，他这样亦僧亦道的生活，主要是为了逃避世事，而不完全在于宗教信仰。

据记载，清嘉庆二十年，状元戴均元将"圃"改为"谱"，以示"青云"传谱，有据可依，于是叫"青云谱"。

巧救豆腐女

据说，在青云圃的附近有一豆腐女，美丽大方，远近闻名，她的父母常常以她为傲，眼看两夫妇年过半百，膝下只有这么一个女儿，虽十八有余，却舍不得让她出嫁。哪知事与愿违，重阳节到了，府台下乡祭祖路过豆腐店门口，无意中看到了豆腐女，被她的美色所迷准备强行掳人，不管两个老人如何哀求，最后还是把她强行抢回了家。事已成定局，无法挽回。两个老人终日以泪洗面，为保佑女儿平安，去青云谱里烧香拜佛。八大此时正在观里，听闻此事遂写了一封信交与二老，并告诉他们这是一幅画，只要把这个交给抚台夫人，一定能接回女儿。其实，这封信里并不只是一幅画，还附赠一首诗：

知足不知足，得福不知福。
墙外又有墙，屋上再做屋？

二老救女心切，第二天一大早就赶往府台大人家，求见府台夫人。府台夫人听说八大山人派人给她送画很是高兴，接过画来一看，脸色顿变，八大画了一只蜘蛛，配上题诗，暗喻府台大人在外拈花惹草。夫人于是向两位老人问明情况，差人把豆腐女释放回家，而且还臭骂了一顿

府台大人。原来这位府台大人十分惧内，他之所以有今天的地位，完全是靠着老丈人的面子。八大正是利用了这一点，才把豆腐女解救了出来。

哭之笑之牛石慧

在八大山人甲子年时，开始在《行楷黄庭内景经》上出现"八大山人"的署款，其他名号弃之不用。而到了60岁时，署款"八"字带有了篆书的意味。

后世对于八大山人的署名有诸多解释和演绎，其中一种演绎较为流传，认为如果把"八大山人"四字连缀起来，仿佛"哭之""笑之"的字样，又仿佛是在向人表达国破家亡，痛苦悲伤的情绪。人们之所以联想到"哭之""笑之"，源于《八大山人传》中记载，他突然会在自家门上写上一个"哑"字，佯装哑巴，不肯对人说话。可是却会突然大笑，又会突然大哭，甚至一边饮酒，一边大哭大笑，疯疯癫癫，不知为何。人们对他的研究往往都会从他身份出发，由此展开联想。他这种忽哭忽笑的行为，可能是他极度愤懑的情绪无法得到排解的原因。在后人看来，他的弟弟朱道明的署名"牛石慧"，也和他的"八大山人"有异曲同工的妙义。

当然，无论后世对八大的署名作何解释，那都是仁者见仁，智者见智的事。

残山剩水身

在八大山人晚年，南昌城内北竺寺、普贤寺等地是其常常驻足的地方。北竺寺的方丈澹雪是八大山人的好友，两人友谊深厚。八大每次来到南昌，总是在此停留，很多想与八大见面，总是委托澹雪帮忙。澹雪也喜好书法，常常与八大交流心得，但澹雪本性方硬倔强，因说话得罪权贵，被其抓进监狱，死在狱中。澹雪死后，北竺寺被毁不复存在。八大山人无法排解心中的悲伤和寂寞，于是云游四处访友作画。这个时期的创作，达到了八大的鼎盛时期。

晚年的八大是在孤独与困苦中度过的。直到他去世，都一直居住在他在南昌城外搭建的一所草房，题名为"寤歌草堂"。传说八大山人葬于

清·八大山人
《涉事册》四帧
册页 纸本水墨

清·八大山人
《荷花翠鸟图》
立轴　纸本水墨

清·八大山人
《书法》
册页　纸本水墨

清。一动一静，一热一冷，既表现了八大天真烂漫、率真一面，又见他的高雅与禅意。把他的画与他的身世相联系，可以看出八大内心既有纠结与愤慨，又有一种对命运不屈，不服输的坚毅。郑板桥就曾经这样说过八大："横涂竖抹千千幅，墨点无多泪点多"，就是暗指他的心理活动。

南昌城外的英家山上，但另有《新建县志·西山志》载：八大山人墓在县西北三十里即今西山璜溪的猴岭一带。墓葬到底在哪，不得而知。

墨点无多泪点多

八大山人的绘画特点，是具有独特的创作新意的，遵从古人的笔法，却又开辟新境，董源、巨然、米芾、倪瓒、黄公望以至董其昌等人都是他学习的榜样。还以简练的形式创造出空旷的意境，笔墨精简，以少胜多，总是在一棵树、一枝花、一座山、一只鸟之间营造出一个空间。他的用笔奔放自然，苍劲圆秀。他能画形抒情，通过画面形象来表达真实的感情。他画的鸟和鱼这些动态的动物，都有其特殊的造型，要么鼓着腮帮子，要么瞪着眼睛，形态逼真，似乎在宣泄着某种情绪，而这些动物在气质表现上又是那么的可爱，露出勃勃生机。与之相反，八大在描绘山水、树石时，却让人感到残山剩水、老树枯枝的凄凉与冷

三扇屏

据说当时八大的画名在江西可谓是家喻户晓，人人都以能得他的墨宝为荣。据传，一位县太爷为附庸风雅，想要八大山人为其作画，是春夏秋冬四景的山水画轴。八大山人答应了，哪知却只给他做了三幅画，且附言"四幅之中止得三幅呈上。八大的这种行为其实就是一种暗讽。

当然这样的故事不止一件。明末清初，宋荦投靠清朝，成为新王朝的官员。宋荦这个人非常喜欢画画，对八大山人极为仰慕，曾经多次托人想要求画一幅。然而，这样的一个投靠清廷的明朝官员，八大山人怎么可能给他好脸色呢？八大拒不见面，直到后来八大山人不胜其烦，终于答应为其画一幅凤鸟图。宋荦拿到画作之后，打开一看，画面上的凤鸟没有羽毛，秃头秃脑，既没有凤凰的华丽，也没有凤凰的高傲，咋一看，这只凤鸟就像是一只摇尾乞怜的哈巴鸟，滑稽之至。

梅花苦瓜二高僧
——渐江与石涛

　　渐江与石涛同列清代画坛"四僧"，主张创造，反对摹古，并在实践上有开创性的成就。石涛本姓朱，号苦瓜和尚，为明靖江王后裔，幼年即遭家国变后，遂出家为僧，一生云游，卖画为业。著有《苦瓜和尚画语录》。渐江，俗姓江，为僧后名弘仁，自号渐江学人、梅花古衲，安徽歙县人，是"新安画派"的代表人物。

侍母至孝

　　渐江是明末清初的遗民画家。原名江韬，字六奇，又名舫，字鸥盟，法名弘仁，安徽歙县人，"新安画派"创始人。他的山水画曾师从画家孙无修和萧云从，并且取法宋元，尤其受倪瓒的影响较大，注重从大自然中寻找灵感，他的大部分作品以黄山和齐云山为题材，将山水实境升华为超脱了现实世界的理想化的境象，给人一种远离现实生活的"世外山"的感觉，隐晦地传达出他的遗民情感。

　　渐江出生在一个富贵家庭，家族世代都是书香门第，年少时随父亲迁居到杭州，受到良好的教育，从小受到周围环境的耳濡目染，琴棋书画样样精通，尤其对绘画情有独钟，明朝末年，他考中秀才。然而，好景不长，父亲去世后，家庭状况也慢慢衰落，他和母亲不得不又回到了故乡安徽歙县，后来，他拜当地名师汪无涯为师，刻苦钻研四书五经，准备继续参加科举考试。

　　自少年起，渐江就是一个极守孝道的人，父亲早逝，剩下母亲和他相依为命，他靠卖柴禾、为别人抄写文书奉养母亲，过着非常清苦但却母子温馨的生活。他生性孤僻，母亲离开后他决定终生不婚，效法宋代的林逋[1]梅妻鹤子，半读半隐的平静生活。

梅花古衲

　　明朝灭亡后，他满怀家仇国恨，立志反清复明。1645年，清兵进逼徽州，一批明朝义士在率领着大家进行坚决抵抗，其中有渐江，还有他的同乡金声、江天等，在力量悬殊的情况下，终因寡不敌众而失败。金声和江天等人被俘，并于南京通济门外被清军杀害示众。渐江遂与友人程蚀庵挥泪送别，没多久，渐江收拾行李与其师汪无涯逃往福建。后来投奔当时在福建称帝的唐王政权，继续参加抗清复明的斗争和活动，直到次年八月唐王政权也失败，反清复明的最后一丝星火也彻底熄灭了。

　　垂头丧气的渐江无奈之下与一批跟随唐王的将士们躲进武夷山，碰巧在天游峰遇到了古航道舟禅师，没想到，这次相遇竟改变了他的一生。第二年，他同汪沐日、汪蛟、吴霖等人一起皈依了武夷山古航禅师，出家削发为僧，法

清·石涛
《搜尽奇峰打草稿》
手卷　纸本水墨

---

[1] 林逋（967—1028年）字君复，又称和靖先生，汉族，浙江大里黄贤村人（今杭州钱塘）。北宋著名词人，幼时刻苦好学，通晓经史百家。书载性孤高自好，喜恬淡，勿趋荣利。代表作品《山园小梅》《山中寄招叶秀才》《孤山寺端上人房写望》等。

名弘仁，字无智，别名渐江，又号梅花古衲，时年38岁。数年之后，弘仁返回安徽老家，隐居五明寺澄怀观、太平兴国寺等处，居于歙县西郊黄山披云峰下。

他的生活经历深深地影响了他后来的艺术创作，弘仁所画山水笔墨简洁洗练，善用折带皴和干笔渴墨，意境静穆空寂，丘壑完整奇崛，林木刻画真实。

装病学画

渐江尤为推崇倪瓒[1]的绘画，他有诗云："迂翁笔墨予家宝，岁岁焚香供作师"，可见他对倪瓒的人品和画品都是极其崇拜的。渐江非常喜欢倪瓒的绘画，但苦于一直买不到真迹，后在丰溪吴伯炎家中有幸见到了真迹，这让他欣喜若狂。他多么想能每天观摩它，欣赏它，怎么才能每天看到呢？他灵机一动，居然装病不走，像赖上吴伯炎一样，就这样，他就在吴家留了下来，好在都是老乡又是熟人，人家也乐意管吃包住。渐江在吴家日子过得十分惬意，虽然一直在撒谎，但这"善意的谎言"对他来说是十分值得地，每天有倪瓒的佳作欣赏，素食美果吃着，渐江的画艺每天都在突飞猛进。

吴伯炎家自曾祖父时期就开始收藏书画，到

石涛画像

吴伯炎这一代稀世珍品更是愈加丰富，其中倪瓒的作品不仅有《幽涧寒松》《东冈草堂》还有《吴淞山色》，等等。吴家有这么多藏品，完全不能怪渐江想装病赖着不肯走，由于渐江与吴伯炎的兴趣相投，在看画交流之余，渐江和吴伯炎也慢慢变成了好朋友。吴要去扬州做生意，渐江就作《晓江风便图》祝愿他一帆风顺，希望平安归来。

怀着对此地的眷恋和情感上的依赖，渐江在这一带创作了很多画，先后有《云根丹室图轴》《丰溪山水册》《江山无尽图轴》《为伯炎画山水轴》等大批画作问世。

至灵之笔写黄山

经徽州友人汤燕生牵线，渐江拜著名画家萧云从[2]为师学习画艺。萧云从对渐江说："天下至奇之山，须以至灵之笔写之。"渐江似乎茅塞顿开，立刻赶赴黄山和雁荡山之间写生，并居住在黄山莲花峰下，朝夕观察松、云、泉、石变幻之景象，数月后，当他从黄山归来时，拿出他的一本画集《黄山图册》给萧云从看，萧云从看后大加赞赏，给予极高评价。对书画深有造诣的曹雪芹的祖父曹寅也在渐江《十竹斋图》的题跋上更说道："渐师学画于尺木，而品致迥出其上。"这真是后浪推前浪，青出于蓝而胜于蓝啊！渐江与查士标[3]、孙逸、汪之瑞并称"新安四大家"（亦有称"海阳四家"）。渐江除画山水外，亦擅长写梅花和双钩墨竹。以弘仁为代表的新安画派产生于明末清初之际，由于地缘关系、人生信念以及画风都具有相似特点的原因，把在徽州区域的画家和徽籍画家，统称为"新安画派"。他们善用笔墨，借景抒情。他们能与娄东、虞山、金陵等画派并立，自成一派的确也是难能可贵的。查士标曾在弘仁山水画上题："渐

[1]倪瓒（1301—1374年），元代画家、诗人。初名珽，字泰宇，后字元镇，号云林子、荆蛮民、幻霞子等。江苏无锡人。家富，博学好古，四方名士常至其门。元顺帝至正初忽散尽家财，浪迹太湖一带。擅画山水、墨竹，师法董源，受赵孟頫影响。早年画风清润，晚年变法，平淡天真。疏林坡岸，幽秀旷逸，笔简意远，惜墨如金。以侧锋干笔画皴，名为"折带皴"。与黄公望、王蒙、吴镇合称"元四家"。存世作品有《渔庄秋霁图》《六君子图》《容膝斋图》等。著有《清閟阁集》。

[2]萧云从(1596—1673年)，字尺木，号于湖老人、无闷道人、默思。安徽芜湖人，明末清初芜湖著名画家，姑熟画派创始人。

[3]查士标（1615—1698年），字二瞻，号梅壑散人，懒老。新安（今安徽歙县、休宁）人，流寓江苏扬州。明末生员，家富收藏，故精鉴别，擅画山水，为海阳四家之一。清初著名画家，书法家和诗人。代表作品《云山图》《空山结屋图》《秋林远岫图》《云山烟树图》等。

公画入武夷而一变，归黄山而一奇。"

此外，当时大家习惯把以画黄山而著名的人称为"黄山画派"，石涛、梅清及渐江都是代表人物，"得黄山之真性情"，就是对他们这群画黄山人的写照。渐江所画黄山深得传神和写生之妙，用笔瘦劲谨严而简洁，具有极强的装饰意趣，格调空逸冷静。石涛曾说："公游黄山最久，故得黄山之真性情也，即一木一石，皆黄山本色。"

渐江跪画

"渐江跪画"的故事在清代文人吴之在《桂雨堂文集》中有记载：渐江和尚观赏宋元名画时"每至欣赏处，常屈膝曰：是不可亵玩。"其严肃认真的样子，如同他崇拜的画家倪瓒一样，迂腐可笑。跪着欣赏名画，可见渐江对绘画痴迷的程度，同时也反映出他心底对艺术最真诚的态度和执着。吴之骚和渐江为同时代的友人，其言也较为可信。关于渐江屈膝赏画的事，渐江的友人汤燕生说到：渐江每当看到喜欢的画就长跪观看，就抑制着自己的呼吸使不出声音，以表示画作的恭敬和对作者的崇拜。渐江知晓谁收藏有名画，就主动找上门去，如果人家不肯借给他看，就执着地站在他家门口不肯离去，直到天黑，如果还未遂愿，就告知收藏者改日再来拜访。这种对艺术的真诚和痴迷，怎么不感动画的主人呢！于是收藏者总会翻箱倒柜地把藏品找出来给他欣赏，渐江如愿以偿。每当看到佳作时，渐江如同着了魔一样，就像前面汤燕生所讲，他就屏住呼吸，长跪细看，可见他对艺术的执着和不懈追求。

对于渐江跪画的传闻想必石涛也是有所知晓的。往来于歙县和扬州的程浚和当时在扬州卖画的画家石涛私交甚好，程浚把渐江的《晓江风便图》取出让石涛题跋，石涛跋曰："吴不炎家藏古画甚夥，公与不炎交好，日夕焚香展玩，不独捧跪而已。"石涛已是大师，他的话自然不是诳语，论画艺，自倪瓒之后首推渐江，渐江常年游走于黄山之间，早已对描绘黄山之性情轻车熟路，渐江虽学倪瓒之画法，但不陷落其中而不自拔，他能变倪瓒之风而为己用，青出于蓝而胜于蓝。这一切都归于他朝夕对倪瓒绘画的不辞辛苦的观赏和研究，对此他心里如明镜般。

石淙舟集

康熙二年农历癸卯六月十六日渐江参加了在歙县练江古渡口的聚会——"石淙舟集"，这是徽州文化史上一次极为重要的文人雅集盛会。不幸的是，在聚会时渐江因为一时兴起"不禁解衣脱帽"而伤风感冒，数月未愈终而逝去。

清代作家许楚的《青岩集》对渐江创作的《石淙舟集图》的过程及渊源记载得很清楚，许楚本人也参与了这次集会。话说渐江外出踏山寻水，写生归来之后，吴氏兄弟为其接风洗尘，留他住了半月之久，日日饮酒作乐。

农历六月十六这天，吴氏兄弟准备雇船送渐江回五明寺，族叔吴惊远和侄子兼弟子江注也一起陪同。在船上，大家一边品尝美酒，一边摆上笔墨纸砚，只等兴起之时提笔作画。吴伯炎还取出了自己珍藏多时秘不示人的祖传之宝——王羲之的《迟汝帖》，以及一些宋元珍贵书画以供大家品评欣赏。就这样一路顺流而下，饮酒、

清·石涛
《水墨兰竹图卷》
手卷 纸本水墨

读帖、作画很是快活。到灵金山时，大家下船吃饭。之后继续坐船在练江上飘行，两岸的风光迷人，湖光十色到处郁郁葱葱，如临仙境，这样一派景象引得众人吟诗度曲、挥毫弄墨。天色渐暗已近黄昏，船行至西干山披云峰下石淙处，吴伯炎又命歌女唱歌弹曲，江注从则吹长笛和之，此时此景，恐怕只有天上有。众人尽情欢娱，不觉夕阳西下，远处"黄岳弄云，光怪陆离，摇曳万状"。对于渐江来说这样的场面他怎么可能见过，当兴致至极之时，一向矜持的渐江和尚按捺不住内心的激动和满腔的豪情，"不禁解衣脱帽，捉纸布图"，众人屏气观望，不发一语，《石淙舟集图》就这样诞生了，就如同王右军创《兰亭集序》一般。"绘图既毕，各赋一诗"，众人又推许楚作跋于图上。

"石淙舟集"是渐江一生中最重要的一次集会，也是他人生道路上的最高峰，同时也是徽州文化史上一次具有重要纪念意义的盛会。遗憾的是渐江过于高兴，以致感染风寒，从此染病。这一年渐江五十五岁，十月他欲再进黄山之时，但已心有余而力不足，一直咳到年底就撒手人寰。渐江临终掷帽大呼："我佛如来观世音"，圆寂于五明禅院。

生世浮沉遭突变

石涛是与渐江同时代的著名画僧，俗姓朱，名若极，法名原济，一作元济，字石涛，又号苦瓜和尚、大涤子、清湘陈人等，石涛本是明末靖江十三代王朱亨嘉之子，皇族后裔，曾拜名僧旅庵为师，性喜漫游，曾屡次游敬亭山、黄山及南京、扬州等地，晚年居扬州。石涛生于明崇祯十五年（1642年），明朝灭亡时年仅3岁。清军入关，大明王朝统治瓦解，石涛的父亲靖江王在无重兵守卫的情况下贸然自称监国，岂料引火上身。结果，不等清军入桂，实力略强的同宗唐王朱聿键就将他囚禁起来，后来惨遭杀害。这样一来，石涛这位还不经世事的小王爷就成了逆臣子嗣，不管按照明律，还是按照清律，都可定为造反叛乱之罪。于是，昔日贵胄之尊沦落为一介平民。

神蟾救主

据说，当年唐王的军队进靖江王府搜捕的时候是在子夜时分。该抓的人抓了，该抢的东西抢了，该杀的人都杀了，唯独找不到小王爷石涛。一个乳臭未干的娃娃能躲到哪里去呢？于是士兵们分头四处寻找，就差掘地三尺了。最后有人听见附近独秀峰的刘海洞内有孩子说话的声音，众人认定这个孩子的声音一定是他们搜捕的叛逆子嗣石涛。将士蜂拥至岩洞前，想夺头功。千钧一发之际，洞内跳出一只蟾蜍，从众人头上越过，不等众人反应过来就跳进了洞外的月牙池。

有眼尖的士兵发现，蟾蜍背上驮着一个孩子，想必一定是靖江王的儿子。搜捕的将军大发雷霆，命令就是把月牙池的池水抽干，也要把蟾蜍和孩子找出来。于是，将士们开始设法抽水，可池水越抽越涨，三日以后，水深如故。人们说，这是神泉。还有在石洞内壁上发现"刘海戏金蟾"的石刻，那只蟾蜍早已不知去向，当然，这只是传说。

眼空兜率是前身

国破家亡后，石涛随母亲隐姓埋名一路颠簸

逃往全州，入湘山寺为僧，后又逃至梧州冰井寺避难数年。直到他晚年其身世才有少许人知晓。他给另一位画僧八大山人写过一首诗，或许因为二人有着相同的遭遇，这首诗也是写八大山人的，他写的是"金枝玉叶老遗民"。八大山人和石涛有若干相同经历，都是前朝的遗民，都出身于朱明皇族，心中都充满了国破家亡之恨，却又对此无能为力，都是出家当了和尚，都是当时著名的画僧。

石涛的山水人物和竹兰花木看似无法而变古法为我法，想象力丰富，构图新颖自然，笔墨纵肆潇洒，意境生气奕奕，充满了昂扬的激情和旺盛的活力，从而成为我国绘画史上别具一格的一派宗师。他的画法和画理对之后的"扬州八怪"以及近现代画坛产生了深刻的影响。

智斗升官迷

据说，某天石涛化缘回到全州城，时过晌午，肚子饿得咕咕直叫。他想找处人家化些斋饭，正巧，这时一家餐馆的饭菜香味扑鼻而来，顺着香气寻去，发现原来是北门街上新开了一家小餐馆。于是石涛便抱着试试看的态度走了进去，但不知何故，餐馆里的客人非常稀少。老板说，他与婆娘是变卖乡下家产来城里开餐馆的，但生意非常清淡，照这么下去，连交房租都很困难了，现在正一筹莫展呢，虽然生意不好，但老板还是给石涛准备了些斋饭和茶水。

石涛吃罢，向老板作揖致谢。唐老板知道石涛是何许人，因此对石涛说，画师能来小店吃饭，小店蓬荜生辉，怎能向你要钱呢？清朝初年，全州地区连年遭受战火灾难，石涛知道老百姓生活拮据，说："你小店生意不好，日子过得不轻松，我乃出家之人，岂忍吃你们的白食，不知有何报答之法？"唐老板虽然生意不好，但为人大方，他知道石涛就是全州湘山寺里的大画师，说："画师能到小店一坐，已是小店之荣幸，若大师不介意，不知可否为小店画一幅画。"

石涛沉思了片刻，知道老板心地善良，绝无小人鼠辈之奸诈，便点了点头。唐老板大喜，便取出文房四宝，摆在桌上。石涛一手按纸，一手

执笔，时而点点戳戳，时而挥洒泼墨，一炷香的时间，一幅《筵席图》便画好了。唐老板喜上眉梢，连连称谢。石涛走后，唐老板请人将石涛画的《筵席图》装裱起来悬挂在店门口。这《筵席图》一挂出来，很快就吸引了老百姓的驻足和观赏，一传十，十传百，不久便满城皆知石涛给这家餐馆画了一幅《筵席图》，纷纷过来观画，自然餐馆的生意渐渐地红火起来。

餐馆的生意越来越好，每天都宾客满座，老板也有钱了，但他富不忘本，年底的时候拿出一百两银子向石涛表达谢意。石涛也不推辞，就收下了餐馆老板送来的银子。但石涛除了拿出一部分捐给湘山寺外，大部分都施舍给当地无家可归和生活困难的百姓了。

唐老板靠石涛所赠的一幅《筵席图》发家致富的消息，瞬间传遍全城。当地知府李令闻听后大受刺激，李知州夜里做梦都想升官发财，他想，餐馆老板靠石涛一幅《筵席图》发了财，我何不也找石涛帮帮忙，画一幅《升官图》好升官呢。

李知州曾经与石涛有过几次不愉快，他深知邀请石涛画画，来硬的是不行的。于是李知州不惜屈尊来到湘山寺，先请石涛去府上赴宴。石涛尽管对李知州毫无好感，也猜测到李知州很可能是要他去画画，但知州亲自来寺院请他，他也不能让知州下不了台，也不好拒绝，所以只好跟随李知州来到知州府。李知州为了能让石涛乐意给他画一幅《升官图》，特意准备了满桌子的斋食，目的就是为了让石涛高兴，能按照他的意思作一幅《升官图》。李知州经过与石涛的接触，这次他学聪明了，他闭口不谈请石涛画《升官图》的事。俗话说，吃了人家的嘴软，他的如意算盘是，先伺候石涛玩得高兴，吃得开心后，他再开口请石涛画《升官图》。他心想，到时候看你石涛还有什么好推辞的！反观石涛，虽然明知李知州请他是不怀好意，但他这次将计就计，一反和他作对的态度。

人逢喜事精神爽，嗜酒如命的李知州担心石涛过河拆桥，不给他作画，一直不敢开怀畅饮，但他发现石涛这次特别容易说话，毫无反对

之感，便打消顾虑，一杯接着一杯地大喝起来。反而石涛却以出家人不食酒肉为由，一直以茶代酒，很快李知州就醉得迷迷糊糊了，这时石涛指着李知州早已准备好的笔墨纸砚说："知州大老爷，还要不要……"

此时的李知州已经醉得没有意识了，听石涛这么一说，以为又要给他敬酒，忙说："不要，我不要了……"石涛赶忙指着那文房四宝对衙役说："你们听清楚了吗？知州大老爷不要画了，你们快收起来吧。"说罢，拔腿便匆匆走出知州衙门，回湘山寺去了。

画像缉盗

一天清早，石涛正在城里行走，忽闻有哭喊声，就闻声而去，原来是全州城里米店的黄老板夫妻在大声哭泣，石涛很是好奇，就侧身细听，原来是米店被盗了。原来，最近这段时间米店生意繁忙，老板忙不过来就雇佣了一个外地人来帮忙，眼看米店的生意越来越红火，货仓里的米都快卖完了，黄老板夫妇喜出望外。

这天，黄老板正打算拿些钱去贩些米回来，谁知，清晨叫雇工做事的时候，竟不见了雇工的踪影，这让黄老板甚感意外。顿时他感觉不妙，后背隐隐发凉，他赶紧回到房里一看，大事不好。原来，雇工趁黄老板睡觉，夜里将钱柜撬开，把所有钱财洗劫一空，眼见自己辛辛苦苦积攒起来的钱财就这样拱手让人，老板夫妇心有不甘，于是大哭起来。石涛沉吟了片刻，对黄老板说："你可知道那雇工家住哪里？"黄老板说："湖南永州人，估计他已逃回永州了。"石涛说："好在我经常路过你店，那新来的雇工我也倒有几分印象。你别急，快拿笔墨纸砚来。"黄老板听罢一怔，急忙拿出画具，将信将疑地望着石涛，不知石涛接下来要做什么，这时只见石涛挥毫泼墨，一个活生生的雇工人像便呈现在面前。老板连连称赞。石涛说："你看，我画的这个人可否与你店里逃跑的那个雇工相像？"黄老板连连点头说："像，像极了！"于是，老板就拿着画像去官府报官了。

全州知州接到报案，料定那盗贼窃得钱财必

清·浙江
《天都峰图》
立轴 纸本水墨

然急于外逃，所以又请石涛将雇工像多画了数份，让衙役拿着画像火速赶往各地关隘守候。果不其然，那盗贼盗得钱财后以为安枕无忧，正在黄沙河码头南岸准备乘船逃之夭夭呢，衙役们立即按图画像不费吹灰之力便将盗贼擒获。

石涛画像寻盗之事顷刻间全城皆知，在全州城里一时成为津津乐道的美谈，并流传至今。

石涛见驾

后来石涛有一段时间一直居住在一枝寺，1684年康熙皇帝南巡恰巧驾临一枝寺，石涛见驾。此时的石涛已进入不惑之年，看到社会的繁荣昌盛与康熙的威风，作为一个前朝遗民，不知该如何是好，内心充满矛盾又无可奈何！

1689年由于曹寅的推荐，石涛在扬州平山堂再次受到康熙帝接见，在现实生活中的康熙下江南六次，石涛作为明朝后裔竟接驾两次，这也许是中国历史上极为少见的怪事！但回头想来，想必石涛的山水画在当时是很受康熙所喜爱的。因为就在同一年，石涛应满族文友博尔都之约，北上京师。认识了王士禛[1]与洪升[2]，那年，洪升因《长生殿》而成名天下，结果被弹劾入狱，晚年才返回杭州！

在京三年间，博尔都安排石涛与王原祁[3]合作过《兰竹图》（现藏台北"故宫博物院"）。王原祁当时声名显赫，备受世人及达官贵人尊崇，石涛则我师我法，他俩的合作可谓是难得一见。后人认为此乃艺坛超越门派和画法，进行合作创作的典范。

天宁寺画山

据说在康熙二十六年，石涛应友人之邀，来到扬州游历山水，写生创作，就暂住在天宁寺。

[1] 王士禛（1634—1711年），原名王士禛，字子真、贻上，号阮亭，又号渔洋山人，人称王渔洋，谥文简。新城（今山东桓台县）人，常自称济南人，清初杰出诗人、学者、文学家。博学好古，能鉴别书、画、鼎彝之属，精金石篆刻，诗为一代宗匠，代表作品《池北偶谈》《古夫于亭杂录》《香祖笔记》等。

[2] 洪升（1645—1704年）清代戏曲作家、诗人。字昉思，号稗畦，又号稗村、南屏樵者。汉族，钱塘（今浙江杭州市）人。代表作《长生殿》。

[3] 王原祁（1642—1715年）字茂京，号麓台、石师道人，江苏太仓人，王时敏孙。康熙九年（1670年）进士，官至户部侍郎，人称王司农。与王时敏、王鉴、王翚合称"四王"，代表作品《仿梅道人秋山图》《江乡春晓图》等。

当时天宁寺的当家和尚早已久闻石涛的大名，便问石涛："扬州景物，法师以为有何特色？"石涛答："唐人云：园林多是宅，车马少于船，果然如此。"和尚说："扬州尚缺一景，不知法师可曾注意？"石涛曰："山。"和尚笑道："真是慧眼慧心。不知法师可否方便为寒寺留点墨宝，也算是补偿扬州的无山之憾。"石涛点头应许。和尚看着石涛说："不敢多劳，殿侧耳房，一房一幅。"石涛微微皱了皱眉头，又点点头。待他走到屋外，仔细一数，才知道天宁寺有耳房七十二间！画七十二座不同的山峰，这真是一件不可思议的事情。

相传石涛和住持商定，他每日一幅，需要画七十二天才能完成。待到第七十三天时，扬州城里有好多人来观赏石涛是否完成画作。但是大家才出城门，就觉得烟雾缭绕，犹如山岚，隐隐还传来飞瀑之声。后来才知道，原来石涛为每个房间画了一张山水画。七十二峰，迥异不同，自不必说，而山中之雾、溪间之水，竟都惟妙惟肖，众人无不为之惊叹。

叠石妙心

石涛年轻时四处游历于大好河山之间，对山石的见识和感受自然的领悟力也高出常人一筹，因此他在园林叠石方面也很有研究。据史料记载，石涛四十一岁结束云游生涯后，在扬州居住多年。

扬州的个园是嘉庆年间两淮盐总黄至筠的私宅，据说院内叠石的设计也是出自石涛之手，黄至筠爱竹之心，扬州城内众人皆知，"个园"之名也源于汉字"个"的造型类似竹叶。个园建成后，他每日陶醉在院内的美景中，好似秀色可餐。亦可随时在宜雨轩、抱山楼、拂云亭或住秋阁中宴请高朋，真是无拘无束，潇洒自由。当然，这一切的成功离不开一个性情豪迈，又极具创新精神的画家的设计。石涛

满脑子的奇思妙想，他在竹林中散落一些石笋，暗喻雨后春笋；在荷花池畔叠以湖石，进入洞中犹如炎夏浓荫；以黄石堆砌成起伏状的假山，配以丹枫林木，引人登山远眺，大概就是这等感觉；冬景采用宣石堆垒似积雪未消。经过抱山楼的"一"字长廊，位于院内东侧的便是气势磅礴、威武雄壮的秋景，秋景用黄山石堆叠而成，山势较高，奇险冷峻，面积也较大，到处崇山峻岭。整个山体分中、西、南三座，有"江南园林之最"的赞誉。

与八怪之交

石涛在扬州的天宁寺居住过很长的一段时间，当时在扬州颇有名气的画家"扬州八怪"对石涛仰慕至极，先后来到天宁寺拜会他，与他交流作画的心得，于是天宁寺便成了他们的栖身与集会场所。"扬州八怪"，通常是指李鱓（复堂）、汪士慎（巢林）、高翔（西唐）、金农（冬心）、黄慎（瘿瓢）、郑燮[1]（板桥）、李方膺（虬仲）、罗聘（两峰）。这八位画家因为与石涛都有交情，并且都与天宁寺结下了不解之缘。因此天宁寺两百多年来，留下八位画家无数的身影，同时也见证了中国古代画坛当时人才济济，百家争鸣的繁荣景象。

瞎子会

1707年石涛病逝于扬州，时年66岁。石涛晚年在扬州居住的时候，作为前朝皇族遗民，内心充满对先人祖辈的怀念。每年3月19日，他还组织了一个"瞎子会"，数百盲人集聚太阳宫，抬出"眼光菩萨"巡游，以表达"复明"之愿，因为世境的无奈，石涛做了和尚，但他却并不喜光头，他画中的人物画的不但长胡须而且有头发，还喜欢给人物穿上道装，认为道装更像明朝的服装，可见他对大明王朝的缅怀。

[1]即郑板桥（1693—1765年），清代画家、文学家。名燮，字克柔，号理庵，又号板桥，人称板桥先生。一生主要客居扬州，以卖画为生。"扬州八怪"之一。其诗、书、画均旷世独立，世称"三绝"，擅画兰、竹、石、松、菊等植物，其中画竹已五十余年，成就最为突出。他的诗清新脱俗，朴实泼辣。著有《板桥全集》。

清·石涛
《游华阳山图》（局部）

◎梅花苦瓜二高僧●浙江与石涛◎

难得糊涂芝麻官
——郑板桥

郑燮，字克柔，号板桥，江苏兴化人。康熙秀才、雍正举人、乾隆元年进士。客居扬州，鬻画为生，为"扬州八怪"之一。擅画兰竹，著有《板桥全集》。

难得糊涂

难得糊涂

"千磨万击还坚劲，任尔东西南北风"，他是顽强坚劲的郑板桥，"衙斋卧听萧萧竹，疑是民间疾苦声"，他是清廉刚正、对下层百姓充满同情的郑板桥。一句"难得糊涂"，让我们永远地记住了中国历史上的这位小小芝麻官，他位居"扬州八怪"之首，出生于江苏兴化，本名燮，字克柔，板桥为其别号，因其所作书画常以"板桥郑燮"字样落款，人们便称他为"郑板桥"了。其诗、书、画被称为"三绝"。其画多竹、兰、菊、松等，其诗给人以超凡脱俗之感。说起"难得糊涂"，有这样一段来历。郑板桥在山东任七品县官时，一次游览莱州的云峰山，观赏山中的郑文公碑，不觉天色渐晚，于是就近于山中一农舍借宿。农舍主人为一长须老者，板桥见屋内有书籍、古琴，想必不是一般的农家，自是不敢倨傲，便请教主人尊姓大名。主人笑着谦称"我糊涂老人也"。品茶相叙时，郑板桥忽见角落里有一方砚台，上手细细品之，只见石色苍青，石质细润如玉，是一方不多见的好砚，不禁赞叹道："此砚涩

不留笔，滑不拒墨，乃世间珍品哪！"老人笑道："这方砚是当年胶州朋友高凤翰赠予在下的。" 高凤翰属于"扬州八怪"之一，喜好藏砚，有上千方之多，著有《砚史》。板桥得知此翁也是高凤翰的朋友，心里更加贴近了几分，同时也认定老者非等闲之辈也。二人酒逢知己千杯少，你斟我酌好不欢畅，在酒酣耳热之际，老人忽然起身恭请板桥为此砚题字。板桥欣然从命，展纸磨墨，低头敛思，不觉中深深感到"糊涂老人"的大智若愚，大巧若拙，大清若浊的不凡气度，于是用自己的"六分半书"沉稳写出"难得糊涂"四个大字。并用行草书跋：

聪明难，糊涂难，由聪明而转入糊涂更难。
放一著，退一步，当下心安。非图后来福报也。

书写完，板桥拱手请教，老人捻须含笑，片刻不语，遂后指着板桥的书法说："老夫也缀数语，以记此石？"板桥连声称好。糊涂老人

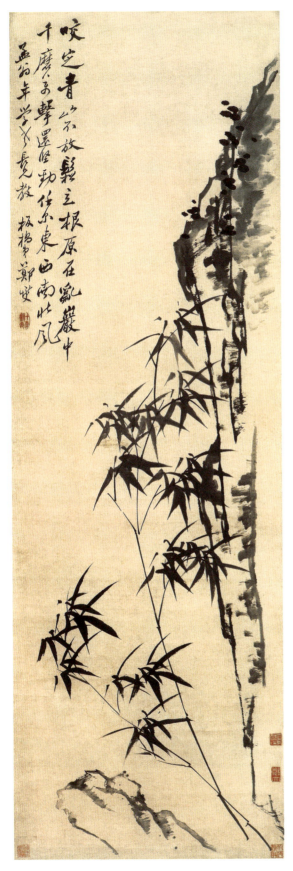

清·郑板桥
《墨竹》）
立轴　纸本水墨

跋云：

得美石难，得顽石难，得美石所化之顽石更难。美于中，朴于外，不炫人目，识者心知肚明也。写完，署名、钤印，落款乃"某年进士云云"。

看见郑板桥惊讶，老人便讲起了自己的过往，出于无奈，退求独善其身，便辞官而隐。因钟爱云峰山种种碑刻，便隐居于此，在自然与人文的怀抱里，滋养性情，颐养天年。在此巧遇板桥，实属机缘可贵。板桥深深被老人的言谈与气度打动，大有他乡遇知音的感觉。

郑板桥本是聪明博学之人，为何偏偏爱写"吃亏是福""难得糊涂"呢？其实"聪明难，糊涂难，由聪明而入糊涂更难"！通过郑板桥的画来看，属于聪明画，是才情外露的那种。倘若在艺术和做人的境界上，不流于一般的小聪明，那就要在个人修为上更上层楼，臻于大痴大愚境界，那才是真正的大聪明。但是，要达到这样的境界，就需要更加勇敢的求索和不沾沾自喜于世俗的小得。作为文人的郑板桥生性旷达，不拘小节，明知其不可为而为之，并不惜弃掉乌纱帽，宁可返回冷飕秋江钓鱼。也正是这份率真，才显得洒脱，"难得糊涂，一生清白"的为人处世之道实属难得。"难得糊涂"听似平淡，却蕴含人生哲理，实属人生境界之追求。标榜也罢，心之好之也罢，总之板桥之后，文人儒官对此名句是颇为青睐。

六分半书

郑板桥是聪明人，加之学书勤奋刻苦，所以，早年已手写众家字体均能以神似取胜，但他却终觉得有不足。一日睡觉时，他心里想着字的笔画与结构，手却不知不觉地在妻子背上划来划去。妻子不耐烦道："你有你的体，我有我的体，你总在人家的身体上比画什么？"无意间的一席话竟一语双关，使得板桥恍然醒悟，自己不能总依附于他人之体，效法他人之体，唯有在个人感悟的基础上，另辟蹊径，自创一体，方能实现独领风骚。这也算的上是王国维所说的在学术上苦苦求索，终有所得的境界吧。正所谓，为伊消得人憔悴，蓦然回首，那人却在灯火阑珊处。郑板桥在长期的求索中，渐渐找到了自己的道路，他取黄庭坚之长笔画入八分，夸张其波折，又以画兰竹之笔入书，创出最被称道的"六分半书"。郑板桥书法作品的章法特色鲜明，他擅将大小、长短、方圆、肥瘦、疏密错落穿插，号称"乱石铺街"，看似随笔挥洒，却于挥洒中见规矩。

送贼赠诗

郑板桥年轻时生活贫困，当时的他一无名气，二无背景，字画也卖不了几个钱。据说，穷得叮当响的郑板桥还遇到过贼。一天郑板桥读书至深夜，上床睡觉，辗转苦思画艺学问而不得眠，好不容易刚刚入梦，却被异声惊醒，只见窗纸上映出一个鬼鬼祟祟的人影。郑板桥心想，糟了，来贼了！不过转念一想，家中也实在没有什么可偷之物啊。反倒有几分同情此运气不好的贼了，不禁高声吟起诗来：

> 大风起今月正昏，有劳君子到寒门！
> 诗书腹内藏千卷，钱串床头没半文。

小偷一听，知道惊了主人，来错了人家，慌忙要遁，这时又听郑板桥念：

> 出户休惊黄尾犬，越墙莫碍绿花盆。

窃贼急着爬墙，不小心碰落墙砖，引来家犬狂吠。郑板桥出得门来，喝住家犬，放窃贼从容离去，并对其背影作揖一别，吟诵曰：

> 夜深费我披衣送，收拾雄心重作人。

郑板桥是兴化县有名的"康熙秀才""雍正举人""乾隆进士"，有诗、书、画"三绝"之誉，时人推崇备至。但文胆才名虽大，却一生清贫。晚年担任十余载"县太爷"，为官清正廉

郑板桥像

明，始终"一贫如洗，两袖清风"。正因为其志趣高洁，又有底层生活的体验，所以对世事更有一番别样的洞悉。

巧断情案

古代地方官断案，判词多刻板冗琐、墨守成规。于山东潍县担任县令的郑板桥之断案判词却与众不同。值得一提的是他判的三起偷情案，慧心巧思，足智多谋，独具一格又不失大体，令人拍手称赞，且成为回味无穷的经典判词流传下来。

一起是和尚和尼姑的偷情案，多年前一对少男少女从小一起玩耍，两小无猜，长大后，他们就背着父母私定终身，但女孩的父母却不同意她和男孩在一起，还为了钱财逼着她嫁给邻村的一个老地主，女孩宁死不屈，为了表示对爱情的忠贞不渝，最后无奈到天月庵削发为尼，男孩知道后，伤心不已，也选择了远离尘世，出家为僧。可是，命运就是如此地捉弄人，后来，有一年在

当地的风筝节上，两人不期而遇，破镜重圆，旧情复发的他们开始私下约会，不料被人抓个正着，于是将其扭送至县衙问罪。郑板桥明察秋毫，非但没有判他们的罪行，令人诧异的是竟让他们二人还俗成亲，真是神来之笔的判决。他的判词更是传为一段佳话：

一半葫芦一半瓢，合在一起好成桃。
从今入定风波寂，此后敲门月影摇。
鸟性悦时空即色，莲花落后静偏娇。
是谁勾却风流案？记取当堂郑板桥。

另一起是一个书生和一个妙龄少女的偷情案，他们相互爱慕，由于种种原因，书生不得不半夜翻墙到少女家与其幽会，结果被人发现后扭送至衙门。经过郑板桥的详细询问和调查，知道书生并非奸诈之人，便以《逾墙诗》为名，命这个书生作诗一首，书生随即提笔写下：

花柳平生债，风流一段愁。
逾墙乘兴下，处子有心搂。
谢砌应潜越，韩香许暗偷。
有情生爱欲，无语强娇羞。

不负秦楼约，安知汉狱因。
玉颜丽如此，何用读书求。

郑板桥看到书生写的诗后对他的才华赞叹不已，不但判其无罪，还为他们做媒，让书生和少女成亲。

还有一起，有个姓张的书生风流倜傥，与当地金家的女儿两情相悦，私下谈情幽会时被金家抓个正着，被扭送至县衙门，金家小姐来衙门为他求情。郑板桥见这对男女谈吐得体，气质文雅，应该是相互爱慕的一对痴男怨女，于是他成人之美的瘾又被勾起来了，问二人是否会作诗，二人先是对判官之问题备感惊奇，进而点头作答。郑板桥正好看见屋檐下有个蜘蛛网，一只蝴蝶不幸被粘在上面，他便指着蜘蛛网对书生说："如果你能以这个情境为题，作诗一首，本县就恕你无罪。"书生听后大悦，稍加思索便开口念到：

只因爱采太癫狂，游遍花丛觅异香。
不幸误投罗网里，脱身还借探花郎。

身为著名诗人的郑板桥听后连连点头，认为

清·郑板桥
《兰花》
镜片　纸本水墨

清·郑板桥
《行书自作词》
手卷 纸本水墨

书生很有才思，且言辞之中颇有有悔过之意。便又指着门上挂的竹帘子要求金小姐赋诗一首，金小姐略加思索，随口吟道：

> 绿筠劈成条条直，红线相连根根齐。
> 只为如花成片断，遂令失节门前低。

郑板桥听完连连夸赞，立刻挥笔写下判词：

> 佳人才子两相宜，致福端由祸所基。
> 判作夫妻百年好，不劳钻穴相窥隙。

书生与金小姐对郑板桥感激不尽，磕头拜谢。金家没有办法只好答应。不久之后二人便完了婚，这事被后人传为一段佳话。

吟蟹讽贪官

郑板桥在潍县任知县时，有一次正巧他的顶头上司知府大人路过潍县，想去潍县看一看，但郑板桥却没有出城迎接，因为郑板桥知道知府的乌纱帽是靠捐钱买来了，而且此人才疏学浅，心胸狭隘，毫无知府应有的气势，因此，郑板桥自然不把他放在眼里。

知府来到潍县后，郑板桥还是设宴接待了他，但知府仍然为郑板桥不出城迎接他而心有怒气，知府心知肚明郑板桥瞧不起他，就想找个机会好好羞辱他一番，杀杀他的锐气，此时，正好差役端上来一盘螃蟹，知府急中生智，他想：为何不以蟹为题，让郑板桥即兴作诗，如果他无法作出，就羞辱他让他当众下不了台，以解我心头之恨。

于是，他便指着盘中的螃蟹说："此物横行江河千万年，向来旁若无人，早就听说郑大人才思敏捷，聪明过人，不知郑大人能否以此为题，即兴赋诗一首，以助酒兴？"郑板桥当然知道知府醉翁之意不在酒，他灵机一动，就张口说道：

> 八爪横行四野惊，双螯舞动威风凌。
> 孰知腹内空无物，蘸取姜醋伴酒吟。

知府听后羞愧难当，自取其辱，这次终于知道郑板桥的厉害了。

缺一少十

相传有一年冬天，郑板桥出了扬州南门外，直奔近郊的文峰塔，想去那里游玩一番。可是刚走到南门街，忽见一户人家破门头上贴了一条横批："南北"，而且门的两边还贴了一副非常怪

163

异的对联：二三四五，六七八九。郑板桥看着对联思考了半天，突然急忙返回家中，从家里拿了一些东西，返回贴着对联的这户人家，并走了进去。这家主人一看郑板桥进来，所拿之物正是自己需要的，心生感激，问道："您是如何知道的呢？"郑板桥便回答说自己是因为看到了门上的对联。究竟对联上所写为何意呢？请读者猜一猜。

乌纱掷去不为官

郑板桥做官期间时常下乡体察民情，上级前来视察，时常不见其人，免不了责问。郑板桥是个廉洁奉公的官员，他体恤民情，把百姓的生活贫困当作自己的痛苦，乾隆十七年，潍县遭遇了自然灾害，郑板桥不忍百姓遭受饥荒，就上奏朝廷拨款救灾，结果不但愿望落空还得罪了他的上司，遭受罢免，索性决心返回扬州作"诗书画"。离开潍县时，当地百姓怀着依依不舍的心情来给他送行，郑板桥做了十多年的县令，仍一贫如洗，只有三头毛驴，自己骑着一头，一头驮着他的家当，还有一头别人骑着给他带路，他的廉洁让送行的人们无不为之动容。郑板桥十分感动百姓对他的恋恋不舍之情，于是留下了许多画作，并在画上赋诗：

乌纱掷去不为官，囊橐萧萧两袖寒。
写取一枝清瘦竹，秋风江上作渔竿。

自此，重返扬州的郑板桥在扬州以卖画为生，度过了贫寒却有气节的一生。兰四时不谢，竹百节长青，石万古不败，板桥一生只画兰、竹、石，这正好与其性格相合。其画作构图简洁，构思布局巧妙精湛，让人感到勃勃生气。

将错就错赋妙诗

返回扬州的郑板桥，潜心吟诗作画于家中，怡然自得、颇为自在。相传在离扬州城几十里的乡下，有个秀才是一私塾的教书先生，他在那里教了几十年的书，慢慢地年纪大了，东家就想把他辞退，想请个年轻的先生，老先生自然不能丢失饭碗，还要养活一家老小。这天午饭之时，老秀才忽然对东家说郑板桥为其学生。东家听了，自是不相信。心想老秀才在此教书几十年，倘若真如其所言为郑板桥的师父，为何从未听闻。东家心里这么想，嘴上却附和，并说自己久仰郑板桥大名，决心置办酒席，让老先生将郑板桥请来，言下之意便是若请不来，老先生也就不要来了。老先生顿时手足无措，他本以为东家听了郑板桥的大名后会对他网开一面，但没有蒙混过关，反而搬起石头砸自己的脚。这可如何是好。无奈之下，老秀才抱着死马当活马医的心态决定进城找郑板桥求救，经过多方打听找到郑板桥后，老先生"扑通"一声跪于郑板桥面前。板桥连忙将老人扶起，让老先生直说便好。老先生讲明来意，郑板桥听后，连连讲："无妨，无妨，我从此就称你为老师了。"老秀才摇头，又将东家请客之事说明。郑板桥历来同情穷秀才，一口应承下来。老秀才这才放心，匆忙赶回学馆。

东家心想郑板桥自然是不会光临，第二天一早便问老秀才："你大名鼎鼎的学生板桥先生有空来吗？"说此话时心想：谅你这个又穷又酸的老秀才也请不动郑板桥。未想到老秀才爽快回答："一定来，但他很忙，要等到三天之后。"第三天一大早，东家就邀请了当地几个名士和文人来家里给郑板桥作陪。过了一会，郑板桥真的出现了，大家慌忙将他让至上座，哪知郑板桥摇头拒绝说："在下的老师在这里，学生一直没来看望，已是有错之人，现在哪敢坐在首席的位置。"众人一怔，急忙将老秀才让至上座，老秀才心里早已乐开了花。众人敬他酒，他全"咕咚咚"灌进了肚中，眼睛半睁半闭，舌头都直了，不一会儿就醉了，说道："板桥学弟，还记得老夫我当年教你作的诗——'雪白桃花落无声'啊……"在座的均是举人、秀才，个个都是作诗的行家，谁不知桃花红色，怎会为雪白？哪有此诗？郑板桥一听，将错就错，连忙起来拱手说：不错不错，这的确是您老当年作的一首好诗，我可是记得清清楚楚，现在我不妨再吟给诸位听听：

> 玉蟾银辉照暖风，还忆颜色隐约中。
> 西厢醉看空明夜，雪白桃花落无声。

这一将错就错作的诗，实在妙不可言，初春的夜晚里，粉红色的桃花在洁白的月光里显得没有半点粉色，犹如纯洁的雪花一般，而且这时候诗人是酒后即兴作诗，迷离的眼色下哪能辨清是桃花还是雪花。真是别出心裁，这样反而用雪花的洁白暗喻出桃花的高洁，也体现了诗人多情的性情。众人听后拍手称赞，自愧不如，对老秀才充满了敬畏和钦佩之情。郑板桥见状欣慰地笑了笑，于是与众人告别。老秀才酒醒后，方知自己酒后失言，多亏郑板桥点石成金，救了场。自打那之后，东家就对郑板桥是老秀才的学生的事情信以为真，对老秀才也越来越照顾，辞退他的想法也打消了。

作诗骂刁吏

郑板桥返回家乡后，因为做过十几年的县令，与官场上的人也较为熟络，经常与当地的一些官吏来往，当时在扬州城里，官位最高的是官至三品的两淮盐运使卢雅雨，卢雅雨是个爱才好客的人，喜欢广交宾朋，常常与文友吟诗唱和，跟郑板桥的私交甚好。据传，有一次，郑板桥去盐署拜访卢大人，看门的衙役上下打量着他，见他穿着普通，心想你也就是个普通老百姓，就想故意刁难板桥先生，拒绝通报卢大人。旁人提到此乃扬州文士，不可怠慢。那个刁蛮的衙役长得尖嘴猴腮，却肚大如鼓，跟他手里用来喝茶的紫砂壶形态颇为相似，那衙役眼珠一转便指着那茶壶对郑板桥说："你若能以这紫砂壶为题作诗一首，我便为你通报。"板桥指壶便作：

> 嘴尖肚大耳偏高，才免饥寒便自豪。
> 量小不堪容大物，两三寸水起波涛。

这首诗看似在描写那茶壶，实际上板桥先生是在暗讽那刁蛮的衙役，衙役听后羞得脸涨红，在场的人更是被郑板桥的文采和机敏所折服。

茶香酒熟田千畈雪白
山青却一湾善是老天

宽我顿暮年来共
白鸥闲

板桥郑燮

清·郑板桥
《行书七言诗》
双联　纸本水墨

三朝老民真画师

——金农

清中期，伴随着商品经济发展，富庶的扬州聚集了一批代表新兴市民趣味的审美风尚的画家，金农便是其一，他是扬州画派的代表性人物，其书画风格高古奇谲，学识渊博。

金农隶书手迹

钱塘老布衣

清代书画家金农祖籍浙江钱塘，字寿门、司农、吉金，号冬心先生、昔耶居士、稽留山民、金二十六郎，他生活在康熙、雍正、乾隆三朝，因此自封为"三朝老民"。他一生处于贫困当中，布衣终身，一生不得志，到了晚年更是凄惨，由弟子罗聘为他养老送终。金农精鉴赏，通词律，尤擅书画，他的书法风格独体，时称"漆书"。他喜画花鸟，以及鞍马、佛像、人物，山水亦能画，尤精工于画梅，是"扬州八怪"里文化修养最为全面的一位。

金农的长相阔脸方额，憨厚老实，虽然其貌不扬，却秀外慧中。因喜爱书法，历代的经文诗词、碑版古帖，他都有涉猎，常常不吝向高人名士请教。据史料记载，十七岁的他已懂韵律，工诗词，并在当地名人盛集的诗会上表现格外出众，引人注目。二十岁时，他渡钱塘江抵萧山，求教于从京师告老还乡的著名学者毛

奇龄。91岁的毛老先生非常喜欢金农的才华，夸赞他的一首九言诗言道："我已老朽，每况愈下，但读了郎君的大作，其感染力真让我老夫几欲颠狂。"

又一年，他去拜访长洲宿儒何焯。何焯是康熙四十一年的进士，字屺瞻，号义门，官至编修，曾经行走于南书房，教过太子读书。他不仅知识渊博写过很多著作，而且对历朝历代的碑帖也精于研究，具有很高的鉴赏力。他的书法可追溯晋唐，有顾恺之、王羲之等大家的风骨，与姜宸英、陈奕禧、汪士鋐并称为"四大家"。金农在此受教两年，经史诗文上大长见识外，也在字画碑帖领域颇有收获。

在不断追求上进，虔诚好学，勤于诗书期间，金农拜望名师，结交广泛。主盟东南词坛的大名家朱彝尊也与之交情甚好，当朱彝尊见到他一眼就认出他来，开着玩笑说："这不是钱塘金二十六郎吗？因在周林高士家赋词一

首——《木莲花》而闻名，我今虽已老掉了牙，但这诗太好了，现在还能吟唱出来呢。"前辈先贤们对他好评不断，金农对前程信心十足。但是命运多舛的他并没有因此入仕及第，老师何焯因政治牵连又获罪入狱，金农自己也被一次疟疾折磨得几乎死去，而且父亲的去世也使得家境一落千丈。

宦途镜中花

金农才华横溢，禀赋甚高，仕途生涯却如镜中花，水中月。乾隆元年（1736年），金农50岁，机会终于垂青于他，这也是他人生中仅有的一次"知遇"，浙江归安县令裘思芹因喜爱他的诗书作品，邀请他教自己儿子读书。那时的时局正是清廷为笼络汉族知识分子，因此颁布了"博学鸿词科"的诏令，要各地保荐人才。裘思芹力推金农，但被金农婉言谢绝。当时雍正皇帝正好驾崩，此事也就没有下文。直到乾隆登基征召之

事重新恢复，金农的名字仍在上面，再加上好友杭世骏、厉鹗的极力推荐，金农只好匆匆赴京。但是结果等了两个多月，无人过问此事，盘缠也已耗尽。他终于看清了"清廷皇恩浩荡"的虚假面孔，他心灰意冷之际发誓终身不再步入仕途，愤然离京，开始了布衣终老的生活。

诗人反被画名累

金农迫于生计，抱着"鬻书而食"的信念来到当时繁华的扬州，也在杭州待过。在他漂泊数年的生活中，他先后在各种寺院的斋舍中度过。他的日常生活就是诵经写经和作画。在这期间由于受到禅宗思想的影响，在绘画上也深受启发，绘画题材也随之变化。由一开始的画竹和梅，后又画人物和山水，最后转向画佛。其实他本来也许想做一个诗人，但不料竟在扬州画坛上一时名声大噪。

柳絮飞来片片红

金农一生虽坎坷，也不乏有助人为乐之事。有一次，一位盐商邀请金农参加宴会，在宴会过程中玩了一个行酒令的游戏，规则要求每个人说一句古人的诗句，但必须带有"红""飞"二字，否则罚酒。一些经常玩此游戏的人都陆续过了关，轮到一个年轻的盐商时，因为慌张，怎么也想不出来合适的诗句。众人见他答不出，硬是要逼着他认输喝酒。他在情急之下竟然说出一句："柳絮飞来片片红。"众人闻听哄堂大笑，你这简直荒唐至极，柳絮怎么能是红的呢？罚酒！这时金农却一言不发，看到大家见年轻的小盐商憨厚老实，总想欺负与他，便想着是否应该帮他一下。于是金农此时缓缓地站了起来，把大家的目光吸引过来说道："这位小兄弟真是难得，竟然连元代诗人的佳句都知道，不简单呀！"大家听了之后半信半疑，想让金农把全诗读出来给大家听听，金农微微一笑念道：

廿四桥边廿四风，凭栏犹忆旧江东。
夕阳返照桃花渡，柳絮飞来片片红。

清·金农
《书法册页之一》
绢本水墨

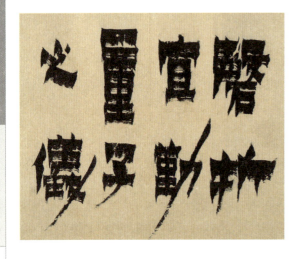

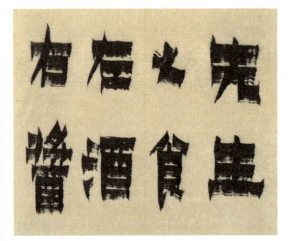

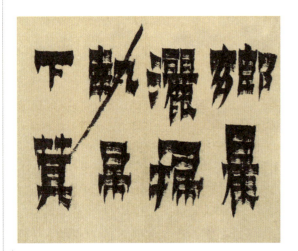
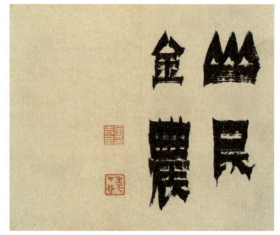

清·金农
《书法册页》六帧
纸本水墨

　　众人听了，疑团顿解，这才了事。那小盐商顿时一愣，见金农频频向他点头示意，这才恍然大悟。隔日，那小盐商奉上一千两银子作为答谢之礼。事实上这并非是元代诗人的诗句，实为金农为那位小盐商解围而急中生智，自己杜撰出来的一首诗。

不是没有德

在扬州流传这样一个故事，有一个客店老板，此人缺德，常常蛮横欺世，不讲道理，所以百姓们都憎恶他，所以管他叫"没有德"。金农便想为民除害，整蛊他。听闻"没有德"六十大寿时想找画师给自己画像，金农顿时觉得这是一次天赐良机，于是赶忙在客店的斜对面支了一个专画肖像的摊子。"没有德"见到金农支了个画摊，便询问画画的润格。金农看着他说道，那要看你画哪种层次的画像了，我这是按等论价的，富贵像为一等像，白银二十两；寻常像是二等像，白银十两；低贱像是三等像，铜钱十枚。骄横的"没有德"听罢，心想自己当然是富贵相了，就画一等的吧，可是又嫌银子要得太多。思来想去，就想出了个鬼主意，不管他画得像与不像，都说他画得不像，不给他钱。于是打定主意问金农，如果你要是画得不像，怎么办？"若是画得不像，听您发落便是。""没有德"听了很是高兴，坐在金农面前让他给自己画像。不一会儿像就画好了。这画像不仅外形逼真，就连神态也丝毫不差，呼之欲出了。"没有德"一看，也觉像极了。但他坚决不说像，说像得交二十两银子，"不像"还能有二十两银子挣，太划算了。于是硬是说，画得不像。金农听了，也不急着争辩，还认了罚，但唯一要求就是让"没有德"签上'不是没有德'五个字。"没有德"哪知这里的蹊跷，心想签字又不花钱，于是就在画面上签下了这五个字，随后金农也爽快地交给了他二十两银子。

谁知到了又一天早上，"没有德"就听见自家门前的街上吵吵嚷嚷的，"没有德"赶快去观看，只见许多人都围着金农的画摊议论纷纷，"没有德"走过去一看，当即差点没晕过去，只见是自己那幅画像被挂在了树上，定睛一看，画像上的自己带着枷锁，一副因犯的样子，来来往往的人群见到此画无不捧腹大笑，直鼓掌叫好。"没有德"气得直跺脚，叫来仆人回家拿四十两银子把画像赎回来。仆人照着他的吩咐去做，结果回来说："四十两不行，人家要五十两。""没有德"一听说："那就给他五十

两。"仆人去而复返说："那人收摊走了，不知去向。""没有德"欲哭无泪又无可奈何拿着银子，在城里到处寻找金农。

最后，"没有德"在集市上找到了金农，人头攒动，热闹非凡，那张画像被放在最显眼的位置，引得许多人驻足观看，"没有德"一看此景，向金农要求买回自己的画像。可金农说什么也不卖。百般劝说下，金农才勉强说道："一百两银子，要买就买，不买拉倒。""没有德"苦着脸问："怎么又涨了？"金农说："不买吗？这次不买，下次还涨。"说着就要收摊。"没有德"只好交出一百两银子，把画买走了。众人看了齐鼓掌，都说金农做得好。

组团游九州

金农还具有浪漫主义情怀，他一生喜欢结交各种各样的朋友，上至名门公卿、富豪巨贾，下至普通百姓都在他交往的范围之列。性格使然，他交友有其自己的癖好。与他不对缘法的人，不但不与你说半句话，还往往对其报之白眼，更别想向他求诗文字画了。而对看的上眼的人，无论你是贫穷还是富贵，他都以礼真诚以待。在金农众多的朋友中，他与郑板桥的交情甚笃，两人常常喜欢一起"把酒言欢，弹琴作画"。郑板桥之所以和金农要好，除了有共同的兴趣爱好，个性脾气相投也是一个主要原因。与知己友人交往是金农人生中的乐事，他也酷爱旅游，足迹踏遍半个中国。他游历在外长达十五年之久，旅资除了依靠化缘和僧院友人资助外，他还靠挑选的一批能工巧匠自给自足，这些人都有一技之长，可以靠特长养家赚钱，这些人每到一地，由金农指挥着去办各种各样的活动以筹集资金，当然这种方式在"八怪"中也是绝无仅有的。

金农实属一个不修边幅的书画家，一个才华横溢的旷世奇人，具有无拘无束的野逸气质。金农晚年穷困潦倒，四壁皆空，到了无钱入殓的境地。尽管不能排除当时的社会原因，但也有属于自身的主观因素，这无疑是一个人生悲剧。

乾隆二十八年九月，金农病倒在寄宿的扬州佛舍里，享年77岁。

祸不单行说悲盦
——赵之谦

　　赵之谦诗书画印兼长，存世有《二金蝶堂印谱》。齐白石为其篆刻所倾倒，四十岁左右时对其心追手摹愈十年。赵之谦在学习传统中，力求确立自家面貌，曾说："独立者贵，天地极大，多人说总尽，独立难索难求"。

大坊口赵氏

　　赵之谦（1829—1884年），字撝叔，号冷君、铁三、憨寮，又号悲盦、无闷、梅庵等。会稽人。所居之室曰"二金蝶堂"等。工诗文，擅书画，是中国清代著名的书画家、篆刻家，曾为江西鄱阳、奉新知县。他于1829年生在绍兴城内开元寺东首大坊口赵宅。据赵氏《家乘》载，赵氏很早以前是大厦连楹的望族。本居浙江嵊县，明代弘治年间迁来绍兴，分住城内大坊口、观音桥、广宁桥三处。大坊口赵氏，世代小本经营，到赵之谦这一代时，因长兄赵烈被仇家诬告打官司败诉而倾家荡产，从此家道中落。撝叔19岁那年，与范敬玉结为伉俪，20岁考中秀才，因家贫，竟无力去省城赴乡试，幸有族叔曼仙公资助，始得成行。在此期间，他的家庭生活，濒于绝境。幸亏乡人缪承梓代理杭州知府，撝叔被聘入幕，办理文案之事，使生活暂时有了着落。祸不单行，他24岁时父亡，长兄也出走福建，音信全无，后两家生活重担便全部压在赵之谦的身上，为维持生计，撝叔唯有"终岁奔走，卖衣续

食而已"。

绍兴师爷

　　赵之谦总是在不断地解决困难，改善现状，这不仅仅是为了寻找自身的前程和出路，咸丰七年（1857年），当时他29岁，参加了淮军。参军期间，他认识了皖派篆刻家绩溪胡澍，从此他对皖派印艺产生浓厚兴趣，于是力学皖派宗师——邓石如的书法和篆刻艺术，使其受益匪浅。第二年他终于中举，其艺术创作也更加勃发，不仅书法和印作增加，而且开始了大量的花卉写意画之作，如《花卉图十四帧》《锦石秋花》等。此后，他又回归了幕府生活，在常山和江山先后任职，成为"绍兴师爷"。到这个时候，他的生活开始渐入好转状态。

花残月缺

　　然而，好景不长，就在他在杭城任师爷的第二年，也即赵之谦31岁，太平军攻克杭城，他只好回到绍兴避难。第二年春，撝叔应故人之招，

去了温州，后相继客居于瑞安、福州等地。同治元年，在福州，其一岁多的女儿惠榛夭折，妻范敬玉伤心过度，不久也病殁于绍兴娘家，时仅35岁。当"家人死徒，屋室遭焚"的噩耗传来，撝叔悲痛欲绝，他所刻"如今是云散雪消、花残月缺"等印，正是他当时心情的写照，他也仅能这样来寄哀思，排遣无尽的悲伤，从此他便更号悲盦。看得出来，赵之谦的际遇和家庭生活很不幸。

文章憎命达

赵之谦的生活总是充满波折，同治二年春（1863年），为寻求自身的进一步发展，他从温州到达北京，寄居在山阴会馆，以卖字刻印勉强度日。可是他的精神世界并不贫乏，他常与一些文人如吴县潘祖荫、绩溪胡澍、川沙沈树镛、仁和魏锡曾（稼孙）等人来往，或谈文论艺或访碑刻印，这使他的艺术创作活动进入了盛期，因此大量绘画、书法、印章等方面的佳作不断呈现。

赵之谦的境遇刚刚开始好转，病祸就降临到他的头上，同治四年，他生病一百余日，窘迫的生活威逼他只能把心爱的碑帖卖掉度日。其间，他多次应礼部考试，但都落第。直到他44岁时，才获得了"以《国史录》誊录议叙知县"的机

赵之谦42岁石刻像

会，投谒于江西巡抚刘坤一。后被委任编纂《江西通志》的工作，他辛苦作六年之久，但仍不免遭谤，最终为主持者所"礼遣"。之后，他先后担任过鄱阳、奉新、南城等县县令。在鄱阳任职期间灾潦不断，民不聊生。撝叔竭尽全力救灾，长期积劳成疾，最后旧病复发，导致肺心病。可怜撝叔一片爱民心，可是在那个年代又有谁能理解并同情他的遭遇呢？

婚姻坎坷

赵之谦的婚姻比较不幸，在他56岁时他再婚的30岁的妻子陈氏也早故，对于年迈的他，无疑又是雪上加霜。万念俱灰的他，已无任何活下去的勇气，再加之久病之躯，于是他在该年十月离开人世。让人怜悯的更是他死后的安葬，在友人捐助下葬于杭州丁家山，张鸣珂为之撰写挽联，由程秉钊撰其墓志铭。这样一位杰出的艺术家，以这样的方式离开人世，实在让人惋叹。死亡对于他来说也许是一种解脱，可以让他免受人生之苦。他虽故去，但是他的艺术成就却熠熠生辉。在书法方面，他初学颜真卿，篆隶法邓石如，后专意北碑，能以碑法写行书，且自成一家，所作楷书，笔致婉转圆通，人称"魏底颜面赵体书"。在写意花卉方面，学石涛，为清末写意花卉之开山，与任伯年、吴昌硕并称"清末三大画家"。篆刻方面熔古今于一炉，继法秦汉玺印，复参宋、元及皖派，博取秦诏、汉镜、泉币、汉铭文和碑版文字等入印。对后世影响深远，近代的吴昌硕、齐白石等大师都从他处受益良多。

温州江二叔

江弢叔是当时最优秀的诗人之一，有"咸同诗坛之雄"之赞。他11岁时已读四库通五经。24岁，补府庠生。26岁，游学京师，贡太学。后来他的诗名越来越大。咸丰十年春，赵之谦在北京参加恩科会试，因战事所阻，绕道绍兴。赵之谦听从朋友建议，决定到温州请老朋友陈宝善帮忙找个生计的差事。咸丰十一年春他到了温州，与江弢叔相识。"温州二叔"（江弢叔字弢叔，赵之谦字撝叔）两颗文艺巨星第一次相聚。江赵

两人一见如故，很快成为莫逆之交。后因陈宝善的推介，赵之谦任瑞安县军幕（军事参谋）。赵之谦因职务关系，经常来温州城里，两人惺惺相惜，谈诗论艺，切磋学问，甚至合作论著，江弨叔《章安杂说》书成，赵之谦作卷首序。可见，二人的志趣相投，友谊之情。

嗜书如命

往往才艺卓越之人，首先得博览群书，善于学习，而前提是要善于藏书和积累。赵之谦就是一个典型。赵之谦年少时就嗜书如命，因家庭经济条件有限，只得想方设法借抄别人之书。他曾与藏友孙古徐收集藏本，刻成丛书，其种类甚多，后古徐病故，此事也就暂停。同治初年赵之谦至北京，在生活稍微好转时就大力搜求藏书。到他晚年，赵之谦终于聚书有成，汇编成"仰视千七百二十九鹤斋丛书"。书成有一定的来历，赵之谦52岁咳嗽病重时做怪梦，梦自己出门远行，当走到半山腰时，忽然看到天空大风刮过，他抬头一看，群鹤翔舞于天际。随同道士告诉他，这些鹤是去应仙人的超拔，空中已有一千七百二十九只，山外之鹤尚不计其数，归途时守山的老者又告诉他说，东壁下有道家的丹篆二十四字，记之当愈。梦到此处，他忽从梦中惊醒，后由梦而著书。可见，

赵之谦不仅嗜书如命，还才华横溢。

二金蝶堂

吴熙载，字让之，扬州人，是包世臣的弟子，在书法篆刻上师承邓石如，后影响很多名家。虽然赵之谦与他未曾相识，但赵之谦的篆刻艺术成就离不开吴熙载的激励。何以见得，倾听故事便知：赵的朋友魏稼孙为赵编纂《二金蝶堂印谱》时，特意去扬州拜访吴熙载想让前辈为印谱做序，吴品读完赵的作品后，钦佩与感动至深，不仅答应作序，并作出如此评价："刻印以老实为正，让头舒足为多事。以汉碑入汉印，完白山人开之，所以独有千古。先生所刻，已入完翁室，何得更赞一辞耶"，并为赵之谦刻下了"赵之谦"与"二金蝶堂"两枚印章。赵之谦看到吴熙载的评价后，受到鞭策与启发，于是更加勤奋地专研金石书法之道，努力开创格局，最终成为成就甚至超越了吴熙载的一代名家。

兄弟相轻

李慈铭字炁伯，号莼客，晚清名士，集学者、文学家于一身，被视为越学之大成者，著作甚多，其《越缦堂日记》为晚清"四大日记"之一，是中国近代史上非常著名的人物。更为凑巧

近代·赵之谦
《桃花》
团扇　绢本设色

近代·赵之谦
《篆书》
扇面　纸本水墨

的是赵之谦与他是表兄弟，同为会稽名士，但是
两人的关系很不好。比如有一次，清朝重臣张之
洞喜观赵之谦、李慈铭作画，便邀诸多名士在北
京"龙树寺雅集"，在这次雅集上，赵、李二人
险些当场争执起来，碍于张之洞之面，最后才化
干戈为玉帛。李慈铭在《越缦堂日记》中称赵之
谦是"鬼蜮之面而狗彘之心"，经常骂他为"妄
人"，攻击他"亡赖险诈，素不知书"。人们很
是奇怪，到底是何故？我们进一步去探究一番：

其一，是由于家族内部的人情世故所积怨，
导致二人关系变僵。

据刘成禺《世载堂杂忆》书中"李莼客的怨
气"一则，讲到李最恨的两人，一妹夫周季贶，
另一就是赵之谦。当年李慈铭卖田产买官，把钱
交给也要进京捐官的周季贶，托他办理。没想到

周带的钱不够，就挪用了李的钱，结果误了李的
事，就此结怨成仇。后来李就责令畇叔代弟还
款，畇叔不肯，李慈铭自然生了怨恨，而赵之谦
与畇叔又是姻亲，所以李攻击畇叔时把赵之谦也
株连了。

其二，可能是李的偏见。

李的《越缦堂日记》中说赵之谦不通一字，
而好为大言。赵之师，亦是无赖，妄子（指赵之
谦）媚之，无所不为，又称弟子于宗涤翁，日与
其门下款曲，屡乞贷於人。实际上，赵之谦是先
从缪梓学，而第二年得中秀才，入缪梓幕做了师
爷。至于说缪梓是"无赖"，说赵之谦是投机钻
营者，即指这一桩历史旧案。

另外一件事情也可证实，当时："北有讲
宋学之李如松，南有讲汉学之赵之谦，可谓双

近代·赵之谦
《隶书》
扇面　纸本水墨

绝。"但凡评论别人的不好，都会扯上赵之谦，比如宋学名士李如松，处理家事不当，导致其父自杀。后就有了上面李慈铭讽刺言语。他以为宋学与汉学表面上水火不相容，而实质上却有惊人的相似性。在他看来，伪君子也是南北对称的，无论讲什么学问，李如松与赵之谦的骨子里都是伪君子；他们互相痛骂对方是卑鄙、无耻、下流的家伙，殊不知自己就是对方的镜子；他们的汉学与宋学分野并不重要，其实精神境界是一样低下。

可见，李慈铭处处针对赵之谦，其度量之小可见一斑。

其三，是李慈铭与赵之谦见识不同。

潘祖荫为咸丰二年探花，授编修，数掌文衡殿试，在南书房近四十年，光绪间官至工部尚书。他通经史，精楷法，藏金石甚富，当时潘祖荫与翁同龢并称"翁潘"。同治三年赵之谦结识潘祖荫，潘祖荫不仅对赵之谦的金石艺术、诗抄赞不绝口。即使赵氏看似随手拈来的题识，潘也认为隽永可喜，有功于世道人心。于是他对赵之谦非常赏识并礼遇有加。在潘祖荫府中，金石考证商于撝叔，诗文评论则有赖莼客，潘视他俩为左右手。但是，每每两人相逢都会有撝叔知莼客在座避不来，莼客知撝叔列席亦不至的局面，正如杜甫诗中所说"人生不相见，动如参与商"。

然而面对这些，赵之谦从未予以反击，只是说："待知己出，须一二百年。"他作《自题小像》言："群毁之，未毁我也，我不报也；或誉之，非誉我也，我不好也。不如画我者，能似我貌也。有疑我者，谓我侧耳听，开口笑也。"可见他是一位真正的君子。

其后不堪

赵之谦虽然一生穷困，经历坎坷，但他从来不趋炎附势。传说，有一恶霸花钱给其子买了一个官位，很是开心与荣耀，于是便让儿子穿官服，戴官帽，让人画像，并托赵的朋友邀赵题字，赵碍于情面，便答应了，于是就题诗一首："锦绣官服，红顶官帽；孔雀开屏，其后不堪。"此诗充满嘲讽之意，这就是有正气的赵之谦。

近代·赵之谦篆刻
《魏锡曾稼孙印》

赵之谦印谱

近代·赵之谦
《花卉册》三帧
册页 纸本设色

地怪天惊一画奴

——任伯年

晚清"海派"画坛有"海上三任"，即任渭长、任阜长、任伯年，其中，以晚出的任伯年声誉最高。任伯年绘画上极有天分，对物象的生动造型有着非同一般的把握，绘画题材丰富，手段也多样化。

近代·任伯年
《蕉石图扇》
扇面 金笺设色

写真神笔

任颐（1840—1895年），初名润，字小楼，后改字伯年，号次远，因崇拜湖州籍画家费晓楼后改号为小楼，别号山阴道人、山阴道上行者等，浙江山阴（今绍兴）人。有极为深厚的创造精神与写生本领，被认为是19世纪"海上画派"的中坚。擅长花鸟、人物，其中人物肖像画为任伯年"出自庭训"的看家本领。

任伯年自幼受其父指导与熏陶，其父任鹤声，字淞云，为民间画像师。作为读书人的任淞云，无做官之志，甚至对做官之人心怀鄙视，宁愿开米店糊口，也不为五斗米而折腰。在其内心深处，亦不希望其子走上仕途之路。任伯年因幼时家境贫寒，并未有机会饱读诗书，只能跟随其父耳濡目染，所学有限，文学修养上的不足或多或少地对任伯年后来在艺术领域中作出更深层次的探索与贡献产生了一定影响，成为一份无法弥补的缺憾。

由于自幼受父亲影响较深，并深受父亲民间写真术的影响，勤劳聪慧、天资聪颖的任伯年虽未饱读诗书，却继承其父衣钵，将更多的时间与精力用于绘画之中，为其今后的艺术创作打下了扎实的绘画根基。浙江山阴、秀水等地，多有写真传统，为明末清初曾鲸之派绪，故而，肖像画为任家之家传。约十岁时，任伯年开始接受父亲任淞云传授给他的写真术，并继承了曾波臣一派先画墨骨后填彩之绘画方法。任淞云始终对伯年严格要求，家中凡是有客来访时，若他外出，任伯年需画下客人容貌。这为后来任伯年扎实的绘画功底打下了坚实的基础。

一日有客来访，恰逢任淞云外出，伯年热情招待客人，许久未见其父返回家中，客人便告辞离去。任淞云回来后询问哪位客人来访，伯年遂将客人容貌画于纸上，任淞云看了之后，当即认出了客人。天资聪颖过人的任伯年在父亲的指导下，加上自己的勤奋和仔细的观察，练就了一身默画临写的技艺。他善于将瞬间、动态的人物肖像定格于纸上，生动逼真。

任伯年前辈善画谢太傅东山丝竹故实余所藏有一东性工摹仿真耳可见颐翁对谢太傅乙卯钱也时乙卯重阳之间猩蝉教能乎三鉴书屋晨照

光绪乙未长夏月山阴任伯年

近代·任伯年
《人物山水图》
立轴 纸本设色

少年时任伯年痴迷习画，一日于家中作画，忽闻人喊"牛打架了"，遂跑去观看。欣赏之余很是激动，聪明的他便撩起衣衫，用指甲绘出斗牛场面。后以速写形式绘出记忆画《斗牛图》，以瞬间的姿态描写于画面且不失动感，充满生机，颇有一番韵味。

行列。关于这段经历，后来在任伯年的儿子任董叔写在伯年四十九岁时所拍摄的照片上：

先处士少值俭岁。年十六陷洪杨军，大苗令掌军旗。旗以纵衮二丈之帛连数端为之，贯如儿臂之干，傅以风力，数百斤物矣。战时麾之，以

近代·任伯年
《花容玉貌图》
团扇　绢本设色

以后多年，伯年于萧山一带潜心研习、作画，浙东的山川风光与古越悠久的历史深深触动其心灵，启发了他的诗情与才思，并为其后来绘画中所表现出的浓厚历史感做了良好铺垫。

太平军旗手

技艺全面、富于创新精神的任伯年是清末上海画坛的杰出画家。他一生阅历丰富，年轻时曾加入太平军，参加过太平天国运动。1861年，李容发分别准备攻克绍兴、杭州。恰巧伯年和父亲也在绍兴，二人相约同往包村亲戚家躲避战事。但是，任伯年在不知不觉中就被卷入太平军革命

为前驱。既馁，植干于地，度其风色何向，乃反风跌坐，隐以自障。敌阵弹丸，挟风嘶嘶，汰旗掠鬓，或缘干坠，坠处触石，犹能杀人。尝一弹猝至，感（通"撼"）旁坐者额，血濡缕，立殪！先处士顾无恙。军行或野次，草由枕藉，露宿达晨。瀌粮蓐食，则群踞如蹲鸱，此岭表俗也。年才逾立，已种种有二毛，嗜酒病肺；捐馆前五年，用医者言，止酒不复饮。而涉秋徂冬，犹咳呛哕逆，喘汗颡。陷槠军时道涂霜露，风所淫且贼也。此影盖四十九岁所摄。孤子董敬识。[1]

[1] 见《美术界》2011年第3期。

近代·任伯年
《老子授经图》
立轴　纸本设色

　　从中可知，任伯年短短数月的少年从军经历，使他经历诸多苦难，身体受到了严重损害，从而导致他后来的身体一直被风寒与病痛所折磨。在这之后他又经历了丧父之痛，当时太平军撤离杭州后，任伯年立即返回寻父，不幸的是任父已于自绍兴逃往诸暨包村的途中遇害身亡。任伯年遂于清同治二年（1863年）返回萧山。这给他的人生留下难以忘怀伤痛，同时也对他的创作产生巨大的影响。

冒名卖扇

　　任伯年家境贫寒，为谋求生计，1865年之后便过上了颠沛流离的生活，先后辗转至宁波、杭州，后又去了苏州等地。出身民间的任伯年从民间画风起步，这些地方深厚的民间艺术渊源为任伯年的民间画风提供了丰富的艺术营养。

　　穷困潦倒、颠沛流离的生活没有使任伯年丧失斗志，反而是坚持依靠卖画维持生计，后流落至上海，自己摆摊，自画扇面出卖。不起眼的卖画少年每日在为温饱拼搏努力着，过着吃了上顿便无下顿的穷困艰难生活，眼看在这十里洋场的大上海难以维持生计了。一次偶然的机会，他见到有二人为争名画家任渭长的一幅画而吵得面红耳赤，经打听，画价颇高，伯年非常感慨，顿生念头：何不仿任渭长的画呢？久而久之，他模仿的画越来越逼真，人们见有名家的画作，纷纷前来购买。这不仅解决了缺钱的燃眉之急，还有了解决生活困境的方法，地摊上的生意一天天地好起来。

　　时间长了，当时正于上海作画的任渭长也得知市面上有人假借他的名在作画卖扇。于是一打听找到了这家扇摊，订了五把任渭长画的扇子。任伯年当然不知这便是任渭长本人，只顾着接生意的他满口答应了下来。隔了数日，任渭长前来取画，五把所谓任渭长画的扇子一把不少如期交付。任渭长和任伯年说了几句话后，发现自己竟然成了任伯年的叔叔了。于是大笑地拍着任伯年的肩膀说道："那我就算是你叔叔吧。"任伯年这时才回过味来，真是弄斧碰见了鲁班，羞愧得无地自容，遂伏地请罪。任渭长问起任伯年为什么要仿冒他的画，任伯年这才给他讲了自己的处境。任渭长很是同情，又看任伯年有画画的基础，表示愿意收伯年为徒。任伯年正所谓因祸得福，立马叩头拜师。这段经历无疑是任伯年艺术旅途中的一份收获。

任阜长弃砚

正所谓伯乐喜得千里马，任渭长遇见了这样的人才自然是十分欣慰，并将徒弟任伯年介绍到苏州卖画的堂弟任阜长之处学画，可任伯年仅于苏州学画半年便折返。重返上海卖画的任伯年将每把扇子卖到两百铜钱。得知此事的任阜长赶往上海，他的扇面却仅能卖到一百铜钱，并且几乎无人问津，一气之下，曾为师的任阜长将砚台弃于黄浦江中。听起来是一则趣闻，却能从中得知任伯年到上海后画风的变化，那时他的画风已不再完全走陈洪绶路线，开始适应时代的需要与上海画商的需要。在任渭长的指导下，任伯年长进很快，他的观察能力极强，所作画作有颇强的生命力，得自然生动之趣。未到壮年，伯年之画已名满江南。所谓青出于蓝而胜于蓝，任阜长感慨万千的同时却也无可奈何。以后的时间，任伯年一直长期寓居于上海以书画为生，直至56岁早逝。

尽得神理入画图

任伯年起初住在沪北一带，后来境况稍好，移居城南，其住所豫园三牌楼旁有一座"春风得意楼"。每当心情不佳时，任伯年便到"春风得意楼"品茶。每当喝茶时，一边品茶一边精心观察楼下养的群羊，时间一长他笔下的羊便尽得羊之神理。后来，任伯年又买来许多鸡养于屋中，虽然所住之处仅是个半间房的小屋子，但任伯年在下面养鸡上面住人，久而久之又画得鸡之神态。上海的庙街上，有许多鸟肆，伯年又每天伫足观望鸟的歌鸣，久之又尽得鸟之神态。后来，又细心观察人们的行走情形，观茶楼中热闹的景象、出游少女的妖冶情态，默写心记，实现了由眼中之竹至胸中之竹再至手中之竹的神妙创作过程。任伯年的铅笔速写方法习惯受其一位朋友的影响较深，据沈子瑜记载：任伯年和一个叫刘德斋的人交情甚好，往来甚密。刘德斋当时是一个图画馆的主任，这个图画馆位于上海徐家汇土山湾，是由上海天主教会所办。刘的西洋画素描功夫很是深厚，对任伯年的写生素养产生了一定的影响。任每次外出，必备随手可拿的工具，一旦见到感兴趣的景物，就迅速勾勒下来。所谓拳不离手，曲不离口。正是这样长期的观察与动手的习惯铸成了任伯年"尽得神理入画图"的绘画之功。

海派名士

任伯年的作品题材多样，内容丰富，画面绚丽，具有豪发、活泼、清新之笔调。上海画家中投合时尚的最好例子莫过于任伯年，刚在上海立足的任伯年，受到商人的高度推重，"古香室"经理胡铁梅尤其对其才华非常赏识，聘他在"古香室扇笺店"作画，因此结识了许多名流人士与商人，对他的事业起到了良好的推动作用。后来画名大盛的任伯年不忘知遇之恩，在每年十二月份均住胡铁梅"古香留月山房"为其作画。上海有名的大富商章敬夫非常喜爱书画，故收藏甚多，在故居旁构筑"清荫草堂"，号青衣农。章敬夫对任伯年最是敬重，因为喜爱他的画，曾向任伯年索画翎毛《五伦图》，一直未得。直到三年后任伯年把《五伦图》画毕，赠予章敬夫。此外，收藏任伯年画的人很多，不仅有"九华堂"店主朱锦裳、银行家陶浚宣等，还有许多外地商人。这些商人四处做生意，在他们所经过的城市将任伯年的名字传播开来，任的名气几乎为整个中国南方所知。任伯年的画名与商人的传播密不可分，在名气渐长的同时，任伯年也必须应付这些前来索画的商人。《海上画语》中记载了一事：一个广东商人前来买画，任伯年当年住在城北，多次欲见却未见成。于是一次专门守株待兔，碰巧看到任伯年外出来归，商人尾随其后进入任家。伯年见此便让他止步。商人也没办法，便离开。后此故事流传下来，可见，任伯年在绘画方面的知名度。

学徒索画

任伯年之绘画风格，反映出清末中国社会发

近代·任伯年
《拜仙图》
立轴　纸本设色

生变故后，市民阶级对绘画艺术的审美要求。随着任伯年绘画名声的增长，求画者日益增多。据《新语林》载：

> 求画者踵接。然性疏傲，且嗜鸦片烟，发常长寸许，每懒于濡毫。倍送润资，犹不一伸纸。纸绢山积，未尝一顾。

指出山阴任伯年，绘画名声很大，然而他生性疏傲，又喜好吸鸦片烟，头发都长得有一寸那么长了，还是懒的提笔作画，即使润资加倍，他也不屑一顾，纸绢像山一样堆积在画案上，也不正眼瞧瞧。

相传有一日，一掌柜派一学徒拿着钱去让任伯年作画，学徒几次去取，都没拿上，因此学徒受到掌柜的责难，学徒无奈之下大哭起来，正好任的两位好友看到，问起缘由，就带着学徒去找伯年，并怒斥任一番。伯年见状，只好快速作画。顷刻，两扇并就。后学徒开心地回去交差去了。任伯年平日不苟言笑，对人冷淡，其实为人做事洒脱。

丑人入画巧安排

任伯年的肖像画擅长突破传统样式中的呆板格局与姿态，善于突破传统，将人物神情动态刻画至惟妙惟肖、自然生动之境，形貌肖似传神。民间对于他画人物画的传说很多。

绍兴城有一长相丑陋的人，一天他请很多画家为他作画，画虽形象，但老板均不满意。后请伯年给他作画，任为避免他的比较丑的正面脸孔，就画了一幅侧面的正在打算盘的工作肖像，可谓形神兼备，老板看了非常满意。任伯年所作画作可谓有道有艺，绘画技术与精神得兼，既富含熟练的绘画技巧，又于画作中见神韵。

生活取象传神气

出身民间的任伯年脱离不了民间题材，他的画作既能打破封建绘画之中的雅俗观，又能提高民间绘画的品位，可谓雅俗共赏。伯年喜画猫，一次，一人让任画一幅《狸猫图》。画了很多

近代·任薰
《罗汉图》（局部）
立轴　纸本设色
任薰即任阜长，为任伯年的老[

近代·任伯年
《渔樵耕读四屏之一》
条屏　纸本设色

境遇，较为同情，便招呼到自己家中宣传他的画作。倪田受其很大的影响，后潜心学习，终于有一天他超过了王氏。所以后有"今之学任颐者皆倪田别派"的说法。伯年还有一位弟子叫王一亭，王的早年经历坎坷，任在见到王和王的作品时，很是赞赏，于是就收他为徒弟。后来在任的指导下，王提高很快，王很感激伯年，因此王在任的《墨竹》题跋："修竹数竿，任先生遗画，清风习习，亟貌缶翁于其中。距先生落墨时已廿易寒暑矣，回首师门，清泪盈睫。"借此来表达他对任的感激之情。

其实任伯年收的徒弟还是比较多，俞达夫就是其中一个，此外与任走的最近的要数吴昌硕，他是经人引见于任的，后拜伯年为师。在任那里学画的那段时间，长居任家。任伯年曾教导吴昌硕曰："子攻书，不妨以篆籀写花，草书作干，变化贯通，不难其奥诀也。"吴受到任的指点，从此作画特别勤快。他在任的教导下不断尝试、实践，最终形成"形健古茂，盎然有金石气"的艺术特点。后来两人越走越近，在师生关系的基础上又产生了深厚的友谊。吴常记他的知遇之恩，给予尊称之际，还经常看望任，在任病逝后，吴悲痛难平，为老师作挽联：

北苑千秋人，汉石隋泥同不朽；
西风两行泪，水痕墨气失知音。

以表达对任的敬慕之情。

丹青劳碌终一生

1890年51岁的任伯年身体每况愈下，到1894年肺病加剧。考虑到长远之计，他将自己历年卖画所积攒下来的二三万金交与他的表姐夫，让替他在老家绍兴买田产，但是这些钱最后被赌徒姐夫给挥霍尽了，后以假田契糊弄任伯年。任得知此事，非常悲痛，病情加重，无心情作画，直至秋后，他才作了几幅遗作：《送子观音图》《竹涧流泉图》和《洗耳图》。最后他于1895年11月4日病逝，享年56岁，他的走是书画界的一大损失，让无数文人不禁惋叹。

遍，都没出现令他满意的作品。后来一天晚上，他忽听到邻居房顶上有猫的叫声，他正准备开窗观看，不料猫被惊跑了。他不罢休，爬上房，终于看到了猫咪的全貌，而且看得很入神，竟然一失足而摔到房下。邻居得知此事，排除了他是贼的嫌疑，并把他送回家。任伯年的观察能力强，每遇可取景物即加以勾描，在日常生活中注意积累形象，于绘画中时常信手拈来，得自然之妙趣。

师徒相持画艺传

任伯年始终不忘知遇之恩，对于任渭长一手提携培养，伯年始终将这份恩情铭刻于心。成名后的他，对于有才的后辈也是不遗余力地给予帮助。比如倪田未见任伯年时常因学艺不精而受王氏师父的指责。后他偶遇伯年，任得知他的

南海圣人碑学师
——康有为

　　康有为因"戊戌变法"而闻名于世。他有许多著名的学生，如梁启超、王国维、徐悲鸿和萧娴等。他既是改革家，又是保守派。他既是政治家，也是书论家，在不同领域都很有影响。一生经历跌宕起伏，曾周游列国十六载，吴昌硕给他刻了一枚印章："维新百日，出亡十六年，三周大地，游遍四洲，经三十一国，行六十万里"。

现代·康有为
《书法》
手卷　纸本水墨

书法重天下

　　康有为（1858—1927年）字广厦，号长素，又号明夷、更生、西樵山人、游存叟、天游化人，康有为是中国近代史上著名的思想家、政治家、教育家和文学艺术家，资产阶级改良主义的代表人物，清末"戊戌变法"的主要发起者。康有为的书法名重天下，备受追捧，自然也常常是造假者模仿的对象。无锡富豪荣德生曾以500银圆之价托人求得康有为墨迹，不料后来被康有为本人证伪，康有为旋即当场作字，以真换假。

　　作为清代"碑学"书法的积极响应者和亲身实践者，康有为是继包世臣后又一大书论家，社会影响很大，书法的润格也随着名气渐涨。康有为书法的买家多是官僚、地主、军阀、富商等这些有着附庸风雅需求的人，康有为也因此获利，好的时期每月卖字收入约1000银圆，大致相当于今天的数万元人民币，收入应该说是相当可观了。康有为为了打理自己的卖字业务，还在报刊上登载卖字润格广告，在上海、北京各大书店放置"康南海先生鬻书润例告白"，广而告之，请索必应。明码标价，公平交易——这也算是遵循商业规则的成功推广了。

　　康有为的书法广受认可，价格不凡，据说其书法润格，大致为："中堂七尺者三十圆（银圆），每减一尺减二圆，每加一尺加二圆；小横额三尺内二十圆。磨墨费加一（圆）。"至于为厅堂楼阁题写"匾额"，价格更高。

　　清末之际，康有为在书法方面惊世骇俗地提出了"尊魏卑唐"和"尊碑抑帖"学说，《广艺舟双楫》是康有为所著书学名著，其主旨实为延续阮元、包世臣尊碑的传统，高举碑学大旗，将魏碑、北碑等推于至高地位。碑学《广艺舟双楫》体例严整，论述涉及诸多内容：文字、书体的历代变迁，传统名迹品评，执笔用笔等技术探讨，是一部前所未有的系统的书法理论专著。这部"挺碑"著作无疑在理论上为碑学的发扬光大奠定了重要的理论基础，碑学在该书问世后成为有系统理论的一个流派，并在书法史上占居了重要地位。

　　康有为不仅在理论上倾心碑学研究，在实践上也身体力行，进行碑学书法的创作探索。他参悟诸碑，中得心源，借鉴北碑的结字造型与用笔方法，大抵主要是《石门铭》，参以《云峰山刻石》《六十人造像》等，以及碑派书家张裕钊的

《公车上书记》

书法影响，逐渐融会贯通，独出机杼，形成气质朴拙、结体开张、分行疏宕、恣肆雄放的个人风格。康有为不仅文章得天下称道，康书更是大气磅礴，其文风与书风互为表里，堪称妙能。

万木草堂聚群英

康有为出生于封建官僚家庭，祖父康赞修是道光年间的举人，父亲康达初为江西候补知县。康有为自幼学习儒家思想，他信奉孔子的儒家学说，并致力于将儒家学说改造为可以适应现代社会的国教，曾担任孔教会会长。著有《新学伪经考》《孔子改制考》《大同书》等。19岁时曾拜师于朱次琦。在宋明理学的影响下，康有为鄙弃繁琐考据，企图另辟新的治学之路。他在认真钻研理学的同时感到不满足，认为理学"仅言孔子修己之学，不明孔子救世之学。"渴望自己能够学以致用，实现救世之志。为此，年轻的康有为在求学的道路上不断精进，勇猛发力。22岁那年，曾独自一人前往西樵山白云洞读书，饱读经世致用之书，同年又游历香港，开阔眼界。

康有为、光绪帝、梁启超

后来当他读了《海国图志》《瀛寰志略》等书后，他的思想更加开阔，眼界开始由中国转向世界，对西学的兴趣也渐渐浓厚："购地球图，渐收西学之书，为讲西学之基矣"。1882年到北京参加顺天乡试的康有为未能考取。返乡途经上海时，购买大量西方书籍，吸取了西方之进化论与政治观点，在中西知识的混杂摄取中，康有为的维新变法的思想体系逐步形成，从此他的命运也在不知不觉中改变了。康有为在光绪十四年（1888年）又一次进京参加考试，并借机上书光绪帝，这是他第一次上书请求变法，因中途受阻并未上达。中法战争后，康有为在广州中山四路长兴里3号设立万木草堂，试图宣传其维新变法思想并培养一批变法人才，他开始收徒讲学，万木草堂重视中西学术结合，还重视体育培养，有着自己的特色，许多青年学子慕名闻风而来，起初学生连20人都不到，后来许多青年慕名而来，增至100余人。万木草堂是中国近代资产阶级维新派的著名学堂，宣传改良主义思想，培养出梁启超、陈千秋等一批维新变法的人才，成为戊戌变法策源地之一。

其弟子梁启超于光绪十五年参加广东乡试，一次便顺利考中举人，排名第八，是这次新会籍考生中成绩最优秀的一位，当时年仅17岁年纪最小。考中举人的梁启超并未因此满足，继续在广州读书，结识了同学陈千秋，两人相交甚好，也是学堂里的高材生。陈千秋有次外出归来，极为兴奋地对梁启超说，听说南海康有为先生上书皇帝请求变法，皇帝不同意，已从京师回来，想去见识一下康有为的学问与才识。但见梁启超没有反应，便向他继续介绍康有为的学问和思想，还讲述了康有为的《上清帝书》（向光绪皇帝提出变法主张），除此之外，还有许多他前所未闻的思想观点。于是梁启超受到了极大地震动，恳求陈千秋带他去见康有为，陈千秋高兴地答应了。与康有为见面后，三人所谈甚为投机，在思想方面不乏志同道合之处，梁、陈二人均为其才学和识见所倾倒，遂拜康有为为师，并请求康有为开学馆，以便追随学习，于是康有为在广州长兴里成立了"万木草堂"。

康有为1893年中举，比徒弟梁启超中举晚四年，1890年梁启超认康有为做老师时，康有为并未中举。梁启超拜康有为为师可谓举人拜秀才为师，为历史中所罕见。也可由此看出康有为的学问不同寻常，思想新颖，学识渊博，才使得已中举的梁启超拜于其门下。梁启超也没有因为那时康有为还未中举就不拜其为师，而是虚心好学，看重老师康有为的真才实学，甘愿拜其为师。

慧眼识萧娴

萧娴（1901—1997年），字稚秋，号枕琴室主，又号蜕阁，贵阳人，南社成员。著名女书法家、诗人。萧娴出身书香门第，父亲萧铁珊，是西南名士，清末当过广东三水县县令，民国时参加南社，曾任孙中山独子孙科的秘书。萧娴自幼受父启蒙，研习名家翰墨。她天资聪慧，爱写字，习篆刻、精绘画、通诗歌，少年时名震书坛，被誉为"粤海神童"。萧娴是康有为的关门女弟子，才情颇深，18岁入广州书法社，20岁时师从康有为学习书法，受康有为影响很大，从此以篆隶入手，直追书之滥觞，但她取法石鼓文较多，这又是她与康师不同之处。萧娴一生的艺术成就主要得益于《石鼓文》《石门颂》《石门铭》（三书合称为"三石"）这三本书，被称为"三石老人"。

萧娴的父亲萧铁珊，在担任康家的家庭教师期间颇得康有为全家敬重。康有为是无意中看到了年仅15岁的萧娴所写之字——临习《散氏盘》的日课，深觉其好，并责怪萧父这么好的苗子，培养上却还不够倾心尽力，应该送她来这里亲自点拨。随后康有为在书房中细谛萧娴所写的书法，一时竟爱不释手，兴之所至忍不住在后面写了一首绝句：

> 笄女萧娴写《散盘》，雄浑苍深此才难；
> 应惊长老咸避舍，卫管重来主坫坛。

从中可见康有为从萧娴15岁时所临写的《散氏盘》中，感觉她难得的才分，甚至觉得这种天然的才分和孩童特有的纯真之气不让那些苦学一

现代·康有为
《淡泊宁静六言句》
立轴　纸本水墨

辈子的老书法家，萧娴简直如同古代的女书画家卫夫人、管道昇再世，前途十分了得。

后来的事实证明了康有为的眼光的确老道，没有看走眼。现代最为著名的女书法家萧娴被康师发现，并演绎出一段师生缘分，可谓书坛佳话。

维新领袖

康有为作为维新领袖，致力于变法维新，先是多次上书，又经历变法失败，同仁被杀，经历坎坷。

"公车上书"是康有为到北京参加会试那年

得知《马关条约》签订后，率同梁启超等1300多名举人上万言书的著名历史事件，反对在甲午战争中败于日本的清政府签订丧权辱国的《马关条约》。但此次上书没有成功。1895年5月底，他又第三次上书，终于上书成功并深得光绪帝赞许。同年7月，康有为与梁启超等在北京创办《万国公报》，是维新派创办的第一份刊物。《万国公报》由康有为、陈炽等筹集经费出版。随当时的"邸报"免费送给在京的政府官员，在官员中产生了很大影响。12月改名《中外纪闻》，同时期还在北京组织起旨在"求中国自强之学"的强学会，后来成为维新变法时期北京维新派重要的政治团体。1897年，德国强占胶州

现代·康有为
《天近山深五言联》
对联　纸本水墨

湾，面对此境，康有为又以上书请求变法。至1898年1月，他向光绪帝分别呈上《应诏统筹全局折》《日本明治变政考》《俄罗斯大彼得变政记》等书。同年4月，以救国图强为号召组织保国会。6月16日，光绪帝召见康有为，任命他为总理衙门章京，准其专折奏事，筹备变法事宜，史称戊戌变法。后来掌有实权的慈禧太后发动政变，维新运动以失败告终。作为失败的代价，光绪皇帝被软禁，自顾不暇，谭嗣同等六人被杀害，康有为逃亡法国。变法共历时103天，史称"百日维新"。

从此康有为开始了历时十六载的海外流亡生活。他为了得到政治支持，筹措经费，"保救大清皇帝"，实现他君主立宪的政治理想。在16年里先后游历英、法、意、日、美、加拿大、墨西哥、新加坡、印度、巴西、埃及等数十个国家和地区。据称康有为在海外16年，行程相当于绕地球3周。1913年12月当他回国后，曾请好友吴昌硕刻了一枚印章，上书"维新百日，出亡十六年，三周大地，游遍四洲，经三十一国，行六十万里"。康有为在海外组织保皇会，鼓吹开明专制，无奈随着国内政局的发展，保皇主张早已大势已去，康有为后半生的政治诉求虽然执着，但多少有了点堂吉诃德式的悲剧色彩。

1911年辛亥革命爆发，封建帝制终于被共和新时代所取代，而康有为这位始终抱定君主立宪，宣称自己忠于清朝的固执老人，落了历史车轮的后面。他在辛亥革命后回国，所主编的杂志《不忍》极力宣扬尊孔复辟思想。作为保皇党领袖，他反对共和制并一直谋划溥仪复位。1917年康有为与北洋军阀张勋联合发动复辟，拥溥仪登基，旋即以失败告终。他曾在溥仪被逐出紫禁城后亲往天津觐见探望，可见对"皇帝"之衷心一片。直至1927年康有为在青岛溘然长逝，其政治主张一直未有改变。他的一生跌宕丰富，坎坷多舛，虽心牵国运，但徒劳无力凄惶晚景，令人感喟！正如他逝世前一年，想当年百感交集所吟诗句"草堂万木草萧萧，吾道何之离索遥"。

绝艺未敢谈其余
——吴昌硕

吴昌硕是我国近现代书画艺术发展过渡时期的关键人物，"诗、书、画、印"四绝的一代宗师，海派著名的代表人物，在当时，他被公推为艺坛泰斗，留下了许多感人至深的逸闻佳话。

现代·吴昌硕
《春风吹出红盘盂》
镜片　纸本设色

一月安东令

吴昌硕（1844—1927年），原名俊，字昌硕，别号缶庐、苦铁等，汉族，浙江安吉人。吴昌硕在艺术领域贵于创造，最擅长写意花卉。

清道光二十四年，吴昌硕出生在一个读书家庭。从小随父读书，后上了邻村私塾。十余岁时就喜欢篆刻，在父亲的指导下，初入门径。他17岁时，因战乱全家避于荒野中，弟妹和未婚的原配章氏先后病饿而死，仅有他和父亲逃出，

战乱平息后，又与父亲失散，在外流浪历尽千辛万苦，在他21岁时终于与父亲团聚，并定居于吴城芜园。他喜欢读书，由于家里藏书不多，为了满足自己的求知欲望，不远千里去借书，之后废寝忘食，不分昼夜苦读，也特别珍惜书籍。一直到晚年，他都有修补残书旧拓的习惯，这得益于他早年爱书惜纸的旧情。他在22岁时，勉强应试而中了秀才后，从此绝意功名，一直以做小幕僚及卖艺为生。同治十一年（1872年），他与吴

兴施季仙结婚，婚后不久，为了谋生，也为学艺，他背井离乡、常年不归，游学各地，一边游历一边替人刻印。光绪八年（1882年），吴昌硕38岁时把家眷接到苏州定居，后又迁居上海，来往于浙、苏、沪之间。这一时期，他观阅了大量的历代金石碑版和字画，艺术素养和视野渐次开阔。1904年，吴昌硕在杭州孤山创办了"西泠印社"，1915年起任"海上题襟馆"金石书画会会长。至此，他的生活和事业才基本稳定下来。

拜师杨见山

浙江湖州人杨见山是当时小有名气的文人，他本名岘，号庸斋，自号藐翁，工书法，精经学，擅诗文。吴昌硕一直崇拜他，想做他的徒弟。其实，他与杨见山早年在吴兴华楼桥潜园主人陆心源家认识时，吴昌硕随陆氏手拓《千臂亭古砖图录》，早有拜师之意。他很热爱艺术，能弃官从艺，两次诚恳拜师就是最好的体现。

第一次，他庄重备帖，前去拜杨见山为师。当两人见面时，一个正装肃穆，一个衣衫不整，蓬发满头，脚上随意趿了拖鞋，两人相互谛视，不禁哈哈大笑起来。吴昌硕正要呈帖，杨见山马上就说"快快收回，大家同里同艺，哪里有师徒之说呢！"推辞未接，吴昌硕第一次拜师失败。第二次，他又用工楷极其认真写了一封长信给杨见山，再次拜师。杨又以"来函敬悉，如此称谓，未免太俗，师生尊而不亲，弟兄则尤亲矣。一言为定，白首如新"而婉言谢绝。从此以后，杨吴两人不断诗书来往，交情甚密。他俩深交数十年，吴昌硕虽未能拜师成功，但一直师称杨见山，自称"寓庸斋内老门生"。他在杨见山的遗像前回忆他拜师杨翁时，写下"师说一篇陈历历，门生再拜舞蹲蹲"。正由于杨见山待人诚恳平易，求真好学，多数艺术圈内的知名人士都非常乐意与他交往，其中尤以任颐、张子祥、胡公寿、蒲华、陆廉夫、施旭臣、诸贞壮、沈石友等人与他相交较深，可谓艺术知己，既在艺术上相互交流，又在生活中交谊甚笃。杨见山也从朋友们的交流中受益匪浅，也有机会看到很多历代文物和名人书画真迹，勤学苦练，孜孜以求，艺事

精进。这一切离不开他对艺术的热爱和他谦逊的学习态度。

铁砚磨穿人生路

从事高雅职业有利延年益寿，就像吴昌硕，虽年过七十而鬓发不白，看去不过四五十岁的样子。他每天的生活习惯大致是这样的：

每天早起，梳洗后，就面对书桌默坐，后安排工作程序，然后再进早餐，兴致来时，来不及进餐便开始工作。他在作画之前，先要构思，待酝酿到胸有成竹时，灵感随即勃发，便凝神静气举笔泼墨，一气呵成，画好后，就挂在墙壁上反复观赏，并请友人品评。直到没有意见，方可停止修改，甚至重新作画。直到78岁高龄，还以读书、刻印、写字、绘画和吟诗作为日课，乐此不疲。用"铁砚磨穿"来形容吴昌硕，虽有夸张之意，但他晚年确实曾经把友人赵石农所赠一方虞山砚池磨穿一个小孔。情况是否属实，我们先不去追究，仅就他的学习习惯来说，足以让我们叹服。

三次"从政"

吴昌硕绝意功名以后，曾有三次"从政"，第一次是1882年，39岁的他携家眷到苏州，卖艺不能维持生计，在友人的举荐下做了数年县小吏。另一次是1894年日本侵略者侵占我国领土，湖南巡抚吴大澂特邀吴昌硕参佐戎幕。他不顾亲友劝阻，毅然慷慨北上，同赴国难。最后，甲午战争虽以失败告终，但此次从军却在他的艺术人生中留下了浓重而闪光的一笔！同时也体现了他的一片赤子之心和爱国情怀。最后一次是，1899年，56岁的他在友人兼同里湖州"六才子"之一的丁葆元的举荐下，他受任江苏安东（今涟水县）县令。上任一月因不喜官场逢迎便辞去此职务。后刻了两枚印，分别是"弃官先彭泽令五十日""一月安东令"。这可能就是"本性难移"所致吧！

知足常乐

世界上有"人心没尽"一说，亦有"知足常

乐"一说，吴昌硕的生活状态就属于后者。他在衣、食、住各方面都十分简单，对物力非常珍惜，他反对铺张浪费，提倡勤俭节约。在上海时，他住在北山西路吉庆里，住的是一幢很普通的三上三下的"弄堂房子"，因此许多人觉得他住的房子与他的身份不相符合，不止一次劝说他觅新居，建洋房，以安度晚年。事实上以他的财力物力建房觅新居都不是问题，可是他总是心满意足地说："想当初我刚到上海的时候，跟张子祥一道租一间小房住，连阳光也很少照到；里面摆了两张床和一张画桌，就塞得满满地，两个人没有回旋余地，那才真狭窄呢！"这样知足的境界，与他从小养成的艰苦朴素好习惯有着很大的关系。

与卖豆浆者友

　　吴昌硕在生活方面勤俭节约，但在待人方面却很大方，他心地善良，乐于助人。亲友如果有病，他还出资相助；对于贫者，以料理丧葬和抚育遗孤为己任。在他的眼里，没有身份之分，贫贱之别。如有一次，他居住苏州时，从友人家回来的路上，在避雨时遇到一个卖豆浆的人，交谈很是融洽，卖豆浆者知道他是一位画家，就请求他为自己作一幅画像，他便爽快答应。几天后，卖豆浆者到他住的地方取画，他未失言不仅画作得逼真，还题诗一首，叙述这次邂逅经过，以作纪念。这也许就是歌唱家刘欢所唱的"该出手时就出手"吧！

安得梅边结茅屋

　　吴昌硕爱梅，喜欢表现山野之老梅，主要是因为被梅的精神内涵所吸引。他22岁时随父迁家至吴城新居时，就辟屋外荒地为芜园。芜园墙边有一株老梅树，为不使老梅孤寂，便将36株野梅移植园中，从此他朝夕与梅为伴，为友。因此他笔下之墨梅，有"墨池飞霹雳，黑龙挂天外"之赞，红梅也是劲枝繁花，艳如赤城霞，而且不失梅花傲骨之旧意。除此之外，他画梅还有一些特点即总是把环境和气氛省略到不能再添置一笔，有如特写镜头，细致逼真间透出真性灵。到他

吴昌硕像

60岁时，其艺名享誉海外，日本有一人来求画并赠名刀一口、篆刻用刀一盒，昌硕先生作墨梅为酬，画得像怒蛟冲霄，在画梅之余也表达着他忧国忧民的情怀。

　　后人说吴昌硕画的梅好，还在于他时常赏梅，他曾两次去超山赏梅，一次是在1923年春，赏梅之余还赋诗吟颂，亭中石柱上，至今还留有昌硕先生为之撰并书的联句："鸣鹤忽来耕，正香雪留春，玉妃舞夜；潜龙何处去，看萝猿挂月，石虎啼秋。"另一次是1927年春，为避兵乱，昌硕再度携儿孙重临超山，正逢梅放时节，香风拂面，沁人心脾。可是两次登临超山，同地同梅心情却不同，愿"安得梅边结茅屋"就是他此次的心愿，处处隐含着家国安定，百姓安康的愿望。

毕生临习石鼓文

　　"石鼓文"是我国现存最早的石刻文字，是刻在鼓形石上的篆书，其属大篆字体。因记述秦国君游猎之事，故名"猎碣"；因发现它在岐山之阳，又称"岐阳石鼓"；到唐代时，石

鼓一直被委弃于陕西陈仓之野，又有"陈仓石鼓"之称，是中国刻石书法最为著名的文物。石鼓文自唐初出土以来，经杜甫、韦应物、苏东坡等人题咏，一直在书法和历史研究中有着重要的地位，历代研究和摹写者源源不断，名家高手纷纷辈出。杜甫在《李潮八分小篆歌》有"陈仓石鼓久已讹，大小二篆生八分"的诗句，韩愈也写过一首《石鼓歌》，后人将该诗选入了《唐诗三百首》。可是千年书史中，对《石鼓文》临习最多、最深且最有独到之处的应当数吴昌硕。因为他能"透过刀锋看笔锋"，深刻体会，并得其神髓，学习之余又有所发展，就拿吴昌硕得潘瘦羊所赠《石鼓》精拓本来看，他潜心研究，写出的石鼓文比原刻更为雄强恣肆，笔法上强调书写性，使得笔刀更为率意，充满节奏和动感，结体上则参糅金文、甲骨的优长，更加灵活多变。他学习石鼓文七十余年，

现代·吴昌硕
《佛手瓶花图》
立轴 纸本设色

足见其对该艺术的钟爱。

明月前身

吴昌硕的婚姻很不幸，定亲而未成婚，事实虽此，可是他与未婚妻的关系和情意，胜过结发妻。造成他们婚姻悲剧的主要原因是当时的社会动荡不安。咸丰十年（1860年），16岁的吴昌硕受父母之命与安吉县过山村的章家之女定亲。不久，战乱频临，为了应付时局，章氏就来到了吴家，让其女随未婚夫逃难，以便有个照应，当时，吴昌硕就跟随父亲仓皇出逃他乡，而章氏因缠足不便赶路而留下来照料吴昌硕的母亲。吴离家那天，两人挥泪惜别，场景很是感人。数年后，待吴昌硕返乡时，章氏已在他回家前饥病而死，与妻重逢的愿望破灭，此事令吴昌硕哀痛不已，生离死别是最好的形容。吴母将章氏点点滴滴的好以及死后无棺入殓，草草掩埋于桂花树下的情形告知于儿子后，更加剧了吴昌硕哀悼和追念章氏的悲情。后又因时局不宁，吴昌硕含恨再度外出，两年后才随父亲返回老家。为寄托对章氏的念念不忘之情，吴昌硕决定将其遗骸挖掘出来重新埋葬。他亲自开掘，不料因墙垣早已倒塌，不见半根尸骨。吴心不甘，又在四周多方开挖，仍一无所获，最后他陷于绝望之中。距爱妻去世廿二年后，吴昌硕寓居苏州，在某夜竟梦到了章氏。据梦中情景，吴昌硕刻了一枚"明月前身"的朱文印章。印石一侧刻有章氏夫人的背面像，"明月前身"四字用小篆，印石另一侧则有边款："原配章氏夫人梦中示形，刻此作造像观。老缶记。"简单几句话，却记载着吴对妻的思念之情。吴昌硕十分珍视这方印章，直到晚年，他还时常在自己的画作上钤上此印，特别是在画梅花时用得更多。在吴去世前，就留下遗命，他死后与章氏夫人合葬于余杭超山报慈寺西侧山麓吴昌硕的墓穴。人死才能相聚，时代悲情也！

社结西泠

1913年"西泠印社"的建立是中国印学界发

生的一件划时代的大事，从此，中国印学界第一次有了自己的学术组织。印社以"保存金石，研究印学"为建社宗旨，凝聚了众多人的努力。浙江篆刻家叶品山、丁辅之、吴石潜、王福庵、吴昌硕等人通过十年努力，印社同仁集资购地，修造亭堂，发展社友，最终成立。其后，作为第一任社长的吴昌硕为印社亲题社额，并撰一长联：

印岂无源？读书坐风雨晦明，数布衣曾开浙派；

社何敢长？识字仅鼎彝瓴甓，一耕夫来自田间。

仔细品读上下联，联语无不表现着先生襟怀坦荡、虚怀若谷的高尚情操。

在近百年的发展史中，西泠印社全体成员为"保存金石，研究印学"做出了卓越贡献，其中最著名的当属抢救国宝《汉三老碑》一事。

于清咸丰初年余姚客星山董氏墓地出土的《汉三老碑》简称《汉三老讳忌日记刻石》。该碑收藏辗转多人，开始由金石嗜好的周姓人所藏，后又落入陈姓人手中。1921年陈为牟取暴利企图将该碑高价卖给日本人，消息传出，印社同仁即与社长吴昌硕义愤填膺，立即以抢救三老石为己任，奔走呼吁，邀集浙江同乡及印社社友数十人之多，昼夜奋笔作画写书，发起书画义卖，筹措资金。经几月努力，筹集八千银元，将该碑赎回，后在孤山之巅建室永存，挽救了国家文化遗产。

倒画讽哈同

对于文人吴昌硕来说，画作是其最有利的攻击防御武器。他以画讽洋人哈同就是典型的事例。1914年在上海的一天，靠贩卖鸦片和房地产投机起家的英国冒险家哈同来到吴家以重金求一幅画，无论哈同怎样诱惑，还是威逼恫吓，吴还是不予理睬，经画界名人吴杏芬、沙辅卿等人说情，吴碍于同道情面，才提笔画了一幅树叶子超大柏树图。哈同来取画时，很是奇怪，于是问道："柏树叶子为何竟如此之大？"吴便说：

"不妨倒过来看看。"哈同又说："倒过来却像葡萄。"吴昌硕佯装认真地说："我也是这个意思。"哈同又不解地问："为何要倒画呢？"此时，吴忍不住笑了，说："我是按照你们办事的逻辑画的，你们喜欢颠倒，把黑说成白，把好说成坏，把人吃人说成慈悲，当然我给你的画也只好颠倒挂了。"听完，哈同真是哭笑不得，自讨没趣，后悔莫及地离开。因为吴是上海绘画大师，哈同也不敢发他的脾气。

死了一起送

"死了一起送"出自吴昌硕本人，短短五字既诙谐又充满着无尽的讽刺，此句缘由何来，让我们推着历史车轮回到20世纪初去看看。1917年，吴昌硕再配夫人施氏在上海去世。于是吴昌

现代·吴昌硕
《菜根香》
立轴 纸本水墨

硕委托朋友替他办理丧事，前来吊唁就是几位同道挚友和施氏的好友，待简单吃了丧饭后就由儿子带施氏灵柩返回故乡安葬。丧事过后，陈氏交给吴一份奠仪单。吴昌硕接过一看，奠仪中有一元、二元，也有七八元，十多元的大多是亲戚挚友所送，还有就是邻居，对此他很惊讶，却也很是感动，也觉得世态炎凉，曾向他要过书画的达官权贵一个也未到，想想这些年所饱受的人情冷暖，已让他看透世俗之态。为了感谢这些亲朋挚友的吊唁和馈送的奠仪，吴昌硕旋即取来纸笔，认真书写谢辞，遂一一奉上。而接到"谢唁帖"的，个个喜出望外，如获珍宝，互相传诵。而那些达官权贵知后都深悔自己当时未送"奠仪"，更有甚者想补送。可是吴昌硕没给他们这次机会，吴昌硕以"你去对他们说，这次不必事后补送了，就等以后我死了一起送吧!"为说辞回应。好一个精彩的"死了一起送"，以后便广为传颂开来。

戏题铜像

日本雕塑家朝仓文夫对吴昌硕的书画金石非常热爱，1920年来华，专程与先生相见，遂与先生结成忘年之交。回国后，便为吴塑造了一尊半身铜胸像，后亲自将塑像送到杭州。吴昌硕对此赞叹不已，并题："非昌黎诗，咏木居士;非裴岑碑，呼石人子;铸吾以金，而吾非范蠡，敢问彼都之贤士大夫，用心何以。辛酉八月昌硕戏题年七十八。"于铜像上，所题文字无不体现着这位艺术大师的宽广胸怀。之后，吴任杭州西泠印社第一任社长之后，便将此塑像放在印社的小龙泓洞内。不料，一老妇错把吴昌硕的胸像当成佛像跪拜供奉，吴昌硕见此景头疼不已。此虽为一则小事，但无不体现着吴昌硕的艺术才华以及人们对他的热爱与尊敬。

吴潘艺坛忘年交

吴昌硕艺术成就卓越，就连潘天寿对他也仰慕不已。一天，在友人陪同下，潘前来拜访80岁的吴昌硕。见吴翁很是认真谦虚，潘让吴看自己的画，吴翁看完后眼前一亮，以少有的赞扬语气说："你画得好，落笔不凡，格调不低，有自己的面目。阿寿，你要好好努力。"潘听着亲切的"阿寿"，从此潘天绶改名"潘天寿"，画画也多以"阿寿""寿者"题款，从此两人结下了"忘年交"，情谊甚笃，对于绘事，两人常有交流。一天下午，吴翁翻看潘天寿的画，有感而发，便写下对联："天惊地怪见落笔，巷语街谈总入诗。"潘天寿一直小心珍藏，视同宝贝，只可惜毁于战乱。

潘是一个善于感恩的人，吴对他的关照，特别是在艺术上的指点和启发，使他画艺大进，潘对此铭记心中。吴想赠画与潘天寿，儿媳对此画爱不释手，便没把画送给潘，后来吴翁知道后，当面向潘天寿道歉，又重画了一幅相赠。潘天寿学习吴昌硕大写意的精神，但在方法上又不拘泥吴的成法。两人的风格特征一望便可分别，吴昌硕笔墨老道，大气磅礴，犹如钝铁顽石一般沉雄。而潘天寿出笔奇谲，似邪亦正，在章法上奇谋善布。吴昌硕曾感叹："阿寿学我最像，跳开去又离开我最远，大器也。"

衣钵传人王个簃

王个簃出生于江苏海门书香门第，自幼攻读诗文，始学书画、篆刻，得李苦李、陈师曾、诸宗元等指点，奠定了他深厚的传统文化艺术功底。

吴昌硕在八十寿辰那天，李苦李和诸宗元把王个簃引见给他。但是当时人多事多，也未多聊。王个簃从上海回来，就决心拜吴昌硕为师。为实现愿望，他毅然辞去南通一学校教师职务，带着自己的书画、古琴，给家里留下一句话"到上海后自会寄钱回来的"就来到上海。他暂住到一堂兄家里，每个礼拜携习作到昌硕先生那里一两次，请他指点。开始两年，因职业无着落，生活极为艰苦。后吴昌硕得知，就聘请他作孙子吴长邺的家庭老师，并让王个簃住到自己的寓所里来。从此他就可与昌硕先生朝夕相处，亲聆教诲，这让他无比开心。这样，王个簃就成了吴昌硕晚年最为接近的亲授衣钵弟子。吴昌硕往往喜欢在夜深人静时和王个簃交谈，交流意见，师生

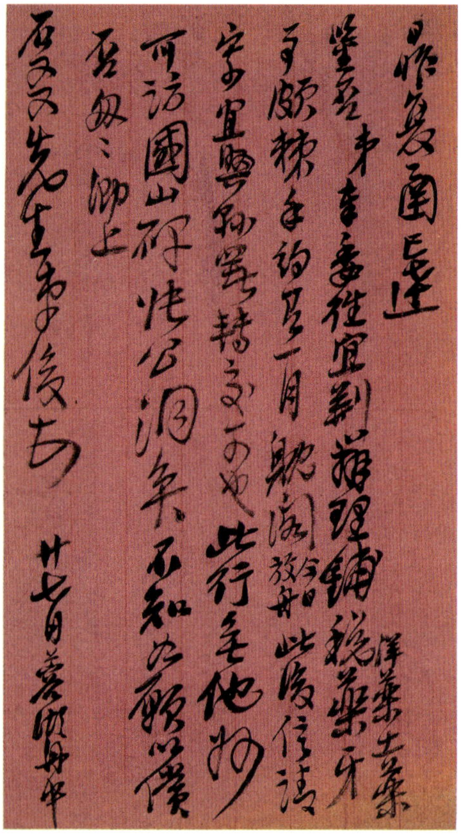

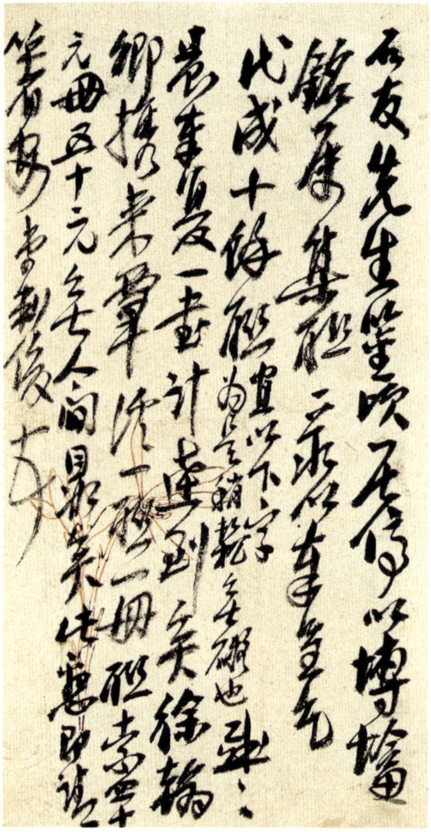

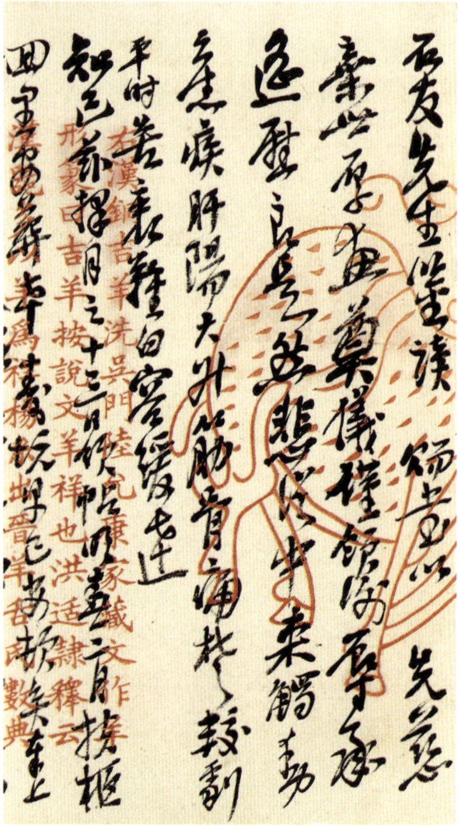

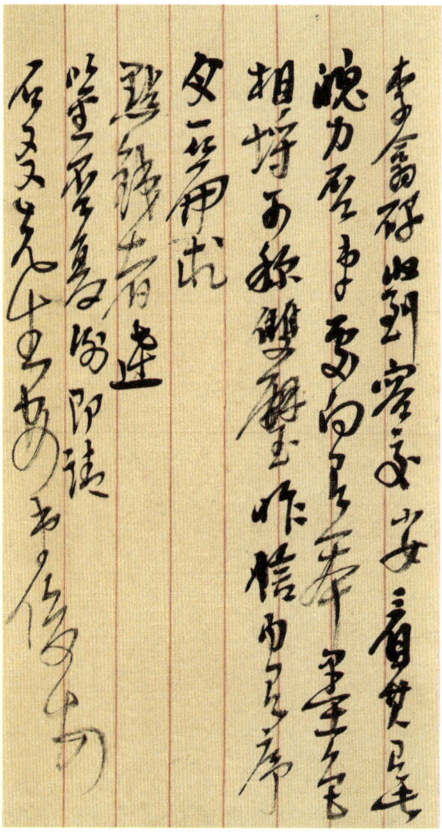

194

现代·吴昌硕
《信札》四幅
册页　纸本水墨

之间朝夕相处，王受益匪浅。遗憾的是，他们师徒朝夕相处的时间并不很长，前后才五年。1927年春，"四一二"反革命政变爆发。为此吴昌硕与家人偕同个簃先生一同前往杭州，住在孤山西泠印社的观乐楼。他们在这里度过夏天，秋天离开，在他们返沪不久后，昌硕先生因患中风而与世长辞。吴去世后，王个簃缅怀恩师，常拿出师父亲题"个簃大弟泼墨处，浑穆生动兼而有之，时手鲜有其人。缶亦当退避三舍"看了又看。在他前行的艺术道路深得恩师吴昌硕的教诲，他得吴书画篆刻艺术的真谛，继承"重、拙、大"的绘画特点，创作了大量的作品，终成一代大家。

现代·王个簃
《菱藕丰收图》
立轴 纸本设色

两吴世交系丹青

吴昌硕知己之一吴伯滔，是清末同治、光绪年间的著名山水画家，能诗善书。其子吴待秋亦专心致志于书画，名声大噪。吴待秋的婚姻和家庭很不幸，在他早年时，两妻和子均不幸亡故，后再娶嘉兴的沈氏，一年后，生有一子，取名救木。有一天，吴昌硕邀吴待秋一家三口来家做客，79岁高龄的吴昌硕见了吴救木非常高兴，把孩子抱在怀中，并授以画笔，吴救木紧握不放。待午饭过后，吴昌硕笑问吴待秋来的原因，吴待秋答："老伯今日如此高兴，不知何故？"吴昌硕笑答："我知道你婚姻不幸，续弦得子，实属不易，今我特意授画笔与娃握之，乃祈望你家衣钵能够传之有继啊。"吴待秋听后道谢而归。待吴昌硕逝世后吴待秋常以这番话教诲其子。吴救木后来不负父亲和吴昌硕之望，也成了中国画名家，曾任苏州"吴门画派"研究会会长、苏州国画院副院长等职。

1982年的夏，吴救木先生来到杭州，他到西泠印社瞻仰吴昌硕先生的铜像。两鬓已斑白的老人不胜感叹："救木身弱，曾几次得重病，均垂死得生。老人之言，虽不可信，而老人之心，爱人如爱己，可为后人之鉴焉！"可见，吴昌硕与吴伯滔三代的缘分之深。

梅派戏曲发烧友

艺术大师吴昌硕认为：艺术是相通的，戏曲艺术可以促进书画艺术发展，书画艺术的造诣一样可成为戏曲艺术发展的营养。他不仅爱好书画文学艺术，也通京剧和昆曲。梅兰芳两次来沪献艺，两人都曾相见，而且两人都彼此仰慕。1920年，当时不少名流汇聚上海，两人都很谦虚，交谈甚好，自此两位艺术家，就成为了忘年之交。此后，梅先生每次到沪演出，必然要拜访昌硕，邀昌硕先生观看演出，并向他请教绘画艺术。1921年四月，昌硕之子吴东迈去北京，梅先生就像见到亲人一样热情接待，临别又送自绘折扇，扇面上画的是啼跃于枝头的绶带鸟。东迈回到上海后拿给父亲看，老人观扇称赞之余，题跋于扇面上，其后，著名书法家、词家朱古微又将"缩

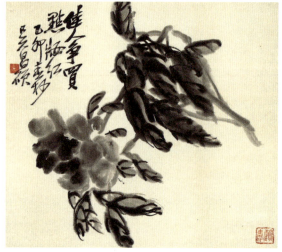
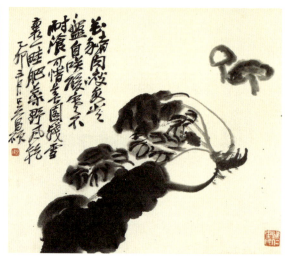

现代·吴昌硕
《水墨花卉》四帧
册页　纸本水墨

结同心绶带宜，合欢消息好春时。妍风怀袖美人贻，容易绿毫消玉腕。何如翠羽恋琼枝，白头犹自说相思。"题于扇背。小小扇面上，竟留下了四位大家的合作，实数奇观。

　　癸亥年八月初一，昌硕先生八十大寿，梅兰芳先生也特地从北京赶来贺寿，并演唱了自己经典剧目《拾玉镯》。当年十一月，《申报》主持人获平子在丽都酒楼宴请梅兰芳先生，昌硕也出席并为先生乘兴挥毫，作《墨梅》一帧，又在画左侧空白处长题自作梅花旧诗，后又在画的右边侧题："癸亥岁十一月为畹华写于丽都酒楼老缶时年八十。"可看出昌硕先生对梅兰芳的厚爱之情，当时在场的于右任先生也趁兴在画右下角题了四句即兴诗。到冬天时，北京传来消息，说梅先生又将来沪表演，昌硕闻之，欣喜若

狂。并提前画了幅梅石图，并题诗，借此使梅派艺术播香万里，传之千秋。至此，他二人的故事传为佳话。

两次绑架案

　　《世纪》杂志曾经发表过一些吴昌硕晚年在上海的生活轶事，其中讲到在20世纪二三十年代，吴家先后两次遭绑匪光顾，且都出自周遭熟人之手！

　　1926年发生了吴昌硕的长孙吴长邺绑架未遂事件。中秋节过了不久，吴家突然收到匿名恐吓信，说要"借"款，并威胁如何如何。没过几天，又收到一封匿名信，此信似乎是通风报信，问是否接到恐吓信，自称知道绑匪身份但不便透露，又言绑匪的意图是绑架吴志源（即吴长邺）。

吴长邺的父亲、吴昌硕的三子吴东迈收到信之后，没敢声张，瞒着83岁的老父亲暗中托人找到当时上海赫赫有名的青帮头目，与杜月笙、张啸林并称上海滩上青帮三大亨的黄金荣，请他帮忙。黄金荣知道后，痛快应允。

黄金荣十几岁从苏州刚到上海时，曾在一家

裱画店当过学徒。而这家裱画店紧邻着上海著名画家任伯年的寓所，吴昌硕常常来拜访任伯年，也不时惠顾裱画店。那时吴昌硕对还是学徒的黄金荣多有照顾，所以黄对吴一直心存感念。此时黄金荣已今非昔比，为一方得势之人，听说吴家有难，自然要伸手相助，当下便指派亲信出面解决。

黄金荣的手下很快便查到可疑之人，并抓了逼问，方知幕后主使者为姓骆的。吴东迈得知后，大感意外。因为骆也是个上海滩的书家，且时有往来，平日就住在吴昌硕创办的以文会友的团体海上题襟馆里。事情败漏后，骆氏闻讯逃掉，并且还打电话回来向吴东迈赔罪。

后来查明，通风报信的人为熟人戴某，大概是出于正义感和报恩目的。

1927年吴昌硕刚刚去世后，吴东迈分得一笔可观的遗产。1934年冬，吴东迈到家乡鄣吴村省亲。在表弟莫永祥陪伴下，穿皮袍，戴大帽，带了大大小小的行李，派头十足地衣锦还乡。

他们到湖州，经梅溪镇，一路拜谒长辈乡绅，哪知刚刚离开梅溪没多远，水路上迎面开来两条小船，从船上跳下数人，持枪将吴东迈和行李劫走，并让其他人带话回去准备赎金。莫永祥吓坏了，赶紧回去通报。

劫匪待到半路就分赃，吴东迈身上的华丽穿戴也被抢去。

天色渐暗时，吴东迈见机逃脱，可算是虎口脱险。遂向官府报案。

绑架案惊动了安吉、孝丰两县警察局。大批探员调查了一个多月，毫无所获。转眼到了来年正月，官家巡查人员某日遇见有个乡下人穿戴贵气，上前盘问，他起初还狡辩搪塞，最后经不住刨根问底，就将当初伙同他人抢劫吴东迈的事情如实招来。可让人万万没有料到的是幕后策划者，竟然是吴东迈夫人的继子赵介生。

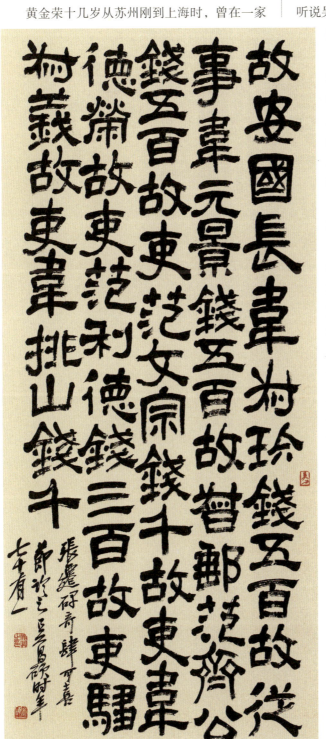

现代·吴昌硕
《节临张迁碑》
立轴　纸本水墨

大匠阿芝古今奇
——齐白石

　　齐白石是20世纪中国画艺术大师、世界文化名人，他在书、画、印、诗等方面均有很高的造诣。他的画贵在"真"与"天趣"。出身农民而自我造化而成大器，他是中国社会知名度最高的画家之一。

现代·齐白石
《九秋风物图》
手卷　纸本设色

芝木匠拜师

　　齐白石（1864—1957年），生于湖南湘潭一个农民家庭，原名纯芝，号渭清、兰亭，后老师为其改名齐璜，字濒生，别号白石、白石山人等。幼时家贫，只读了半年村塾便辍学回家，少时随叔父学木匠活，次年改学雕花木工，被乡里人称为芝木匠。做木匠期间自学书画，起初只是反复临摹无意间得到的《芥子园画谱》，后在胡沁园家里进行诗词等方面的学习。

　　光绪十四年，27岁（实为24岁，由于生日原因虚两岁，道士说他75虚岁有难，于是75岁那年便将自己的年龄说大了两岁，故年龄要比公历的实际岁数长四岁）的纯芝应邀去胡沁园家做家具，胡沁园是当地有名的文人，擅长诗词歌赋和琴棋书画。胡见他一举一动中才气过人，性格正直，认为若悉心栽培定前途无量。于是，胡问他是否愿意拜他为师学习书画，芝木匠一听非常开心，但又担心"家里穷，年岁又大了，怕学无所成。"胡沁园告诉他："《三字经》里面的

'苏老泉，二十七，始发愤，读书籍'，你这个年龄，只要想学，什么都学得好，你如果拜我为师，可以在我家一面读书，一面卖画养家。"芝木匠听了激动地立即向胡沁园行了拜师大礼。

　　从此，齐白石在胡家刻苦钻研诗词书画。胡沁园教导家人不得怠慢和冷落纯芝，为了让他安心学习，没有后顾之忧，还准备了十五担谷、三百两银子送到他家。为了纯芝将来作画题诗方便，胡沁园与为纯芝授课的陈少蕃先生一起琢磨着给他取名与号。他们认为斜玉旁的璜很有意思，于是给纯芝改名齐璜，取"湘江之滨生，湘江之滨长"的濒生为字，又因纯芝的家离白石铺近，遂取号白石山人。从此，"齐白石"这个名字，传遍了大江南北五湖四海。

　　齐白石酷爱诗，因为学诗不但能够提高自己的文化素养，还能培养自己的创作力和想象力，对作画也非常有帮助。于是齐白石在胡家日日吟诗作画，不到半年就把《唐诗三百首》基本读完，后读了《孟子》《春秋》，然后继续研习

唐宋八大家的作品，两个月的时间把一部164卷的《唐宋八大家文钞》也记得滚瓜烂熟。通过大量的学习，齐白石进步神速。在一年一度的诗会上，胡沁园让齐白石也吟诵一首。齐白石落落大方地走上前去，向大家深鞠一躬，遂吟道："盛名之下岂无惭，国色天香细品看。莫羡牡丹称富贵，却输梨橘有余甘。"齐白石的惊艳亮相博得诗友们的热烈掌声。胡沁园说："盛况难再，是不是还要濒生画幅画，助助兴？"齐白石也不推辞，一会儿，一幅盛开的蜡梅跃然纸上。作为齐白石拜师后的第一幅画，诗情画意俱佳。

以后，齐白石便在恩师的指点下，开始了卖画养家之路。最开始，经老师胡沁

现代·齐白石
《和平延年图》
立轴　纸本设色

园的引荐，齐白石为胡的姐夫——一位七十多岁的长者画像。黄昏时分，一张高三尺多、宽二尺多的画像便完成了，大家纷纷称赞他画得传神。经此一事，请齐白石画像的人越来越多，家庭生活有了转机。此后，齐白石还被选为"龙山诗社"的社长，随着名声的渐高，求画者也越来越多。

在齐白石艺术成就中，诗、书、画、印都有着很高的造诣。有一天，齐白石正在裱画，上浆的时候胡沁园来了，他对那幅画很满意，但总觉这幅画没有盖印，不算完整，遂说道："濒生，印在每幅画中很关键，中国画是以诗书画印为一体的姐妹艺术，盖印也是一门学问。"然而，当时齐白石还没有一方属于自己的印章。于是，胡沁园送给齐白石几方寿山石，让他找陈家垅刻印名家丁可钧刻方印。丁可钧性格高傲古怪，对齐白石爱理不理，齐白石无奈，只得把石头放在刻桌上就走了。第二天他去拿章，丁可钧把那方寿山石扔到齐白石身上说："拿回去磨平再来。"一气之下齐白石把石章拿了回去。晚上，齐白石用修脚刀自刻一方闲印章，叫"死不休"，也算是他的第一方印。至此，诗、书、画、印一一俱全，齐白石展开了对艺术道路的全新探索并以文人画家的身份出游各地。

1914年，齐白石的恩师胡沁园先生不幸逝世。听闻消息，他为老师画了二十多幅画，裱好后拿到先生灵前焚化，并专门写了祭文和挽联以悼念亡师。为了感怀先师，齐白石作《往事示儿辈》一诗，诗中云："村书无角宿缘迟，廿七年华始有师。灯盏无油何害事，自烧松火读唐诗。"其中一首云："学书乖忌能精骂，作画新奇便誉词。唯有莫年恩并厚，半为知己半为师。"胡沁园先生于白石来说，真是半为知己半为老师呀！

似与不似之间

齐白石是我国著名的画家、诗人，在艺术方面取得了很高的成就。27岁前，是一名雕花木匠，受民间美术和审美观念的熏陶；27~40岁，拜师学习文人绘画并从事民间画像工作，主要擅

长工笔；40~45岁，"五出五归"，眼界大开，画风逐渐由工笔转向写意；55~65岁，在陈师曾的指导下，进行"衰年变法"；65~94岁，创作高峰期，艺术臻于化境。

齐白石艺术渊源，善画花鸟，也能作写意山水和意笔人物。在花鸟画方面，创造出"工虫花卉"，将工笔草虫与粗笔大写意结合起来。齐白石推崇徐渭、朱耷、石涛、金农。曾说："青藤、雪个（朱耷）、大涤子（石涛）之画，能纵横涂抹，余心服之。恨不生三百年前，为诸君磨墨理纸。诸君不纳，余于门外饿而不去，亦快事也。"在师法徐渭、八大山人、石涛的基础之上，又吸收吴昌硕、赵之谦等人的长处，独成一家。他所画的必是他所见的，所有的创作必带着他的真情实感，这种真情实感是基于他对家乡的热爱和怀念，因而他的作品总是带着浓厚的乡土气息和天真浪漫的童心。在研习传统的基础上，他还摸索出一套"万虫写照，百兽传神"的笔墨技巧，以达到"妙在似与不似之间"之间的信条。齐白石认为作画"妙在似与不似之间，太似为媚俗，不似为欺世"，他笔下的花鸟与虫鱼虽然在形上有许多"不似"，然而这种"不似"却更有利于"神"的肖似。"似与不似之间"的造型妙趣在于不能极工或极简，太似则沦为自然的奴隶，不似则歪曲了客观事实。晚年的齐白石的画风日趋简化，强化了"不似之似"的造型，使"神"成了主导地位，这种无法而法的表现技巧

使画面达到"笔愈简而神愈全"的境界。

齐白石在绘画上的另一重大成就是在海派的基础上大胆地引进了民间艺术的审美特色，将文人传统与民间传统、文人修养和农民气质自然地结合起来，鄙弃文人画的程式与民间美术中的低俗因子。他追求热烈明快的色彩，并努力使这些色调更加纯化，但仍保留了以墨为主的中国画特色，比如他在画《百虾图》时，巧妙地利用墨色和笔痕表现虾的结构和质感，以金石笔法描绘虾须和长臂钳，这些用纯墨表现的数量庞大的虾子与画面右上角伸出来的色彩明亮鲜活的藤萝形成墨与色的对比。

齐白石凭借高超的艺术成就享誉海内外，被西方艺术大师毕加索评价为中国了不起的画家。

现代·齐白石
《寿桃》
成扇　纸本设色

通身蔬笋气

齐白石非常喜欢画白菜，也画得好。这不仅跟他喜欢白菜有关，也与他对家乡的怀恋有莫大关系。齐白石定居北京后，仍然对家乡念念不忘，他想念家乡的一草一木，但家乡草木却不能随他来到北京，画家只好通过手中的毛笔感怀它们以舒缓自己思乡的苦闷。当齐白石画《白菜辣椒》时，令他有感触的不单是红与黑的对比，也有对"牡丹为花之王，荔枝为果之先，独不论白菜为菜之王"的不平。在有关画白菜的题句中，齐白石所表示的"不独老萍知此味，先人三代咬其根""不是独夸根有味，须知此老是农夫"正

现代·齐白石
《消夏图》
扇面　纸本设色

是《农耕图》中老农的自白，也是齐白石对自己本质毫不掩饰的自我肯定。

齐白石把白菜看作是菜中之王，他常以白菜肥大、脆绿、嫩白的特点入画，画出的白菜总是那么的水灵，充满生机。他常说自己"通身蔬笋气"，这大概与他出身农家有关，所以在他看来能够画好白菜是很自然的事。

曾经有位画家私下里学齐白石画白菜，可总画得不像，最后他忍不住去请教齐白石画白菜的诀窍，齐白石哈哈一笑，说："你通身无一点蔬笋气，怎么能画得和我一样呢？"

知我者徐君也

齐白石与徐悲鸿是艺坛上的忘年交。同样是20世纪的中国美术大师，但是在年龄、出身、家庭背景等方面两人却有着诸多的差异，所走的艺术道路也不一样。但是徐悲鸿却相当推崇齐白石的艺术，认为齐白石的艺术具有独创精神，他不仅收藏齐白石的艺术作品，还把齐白石请上了大学的讲台，对于齐白石的私人生活也是照料有加。作为20世纪中国美术的旗帜性人物，两人的交往对于中国美术的发展产生了巨大的影响。

徐悲鸿在担任北平大学艺术学院院长期间，邀请齐白石去学校教授绘画，但齐白石却对去学院教学没有自信，因此拒绝了徐悲鸿的邀请。后在朋友力劝和徐悲鸿再三请求下，且徐答应齐白石教画可以只做示范不讲解，并亲自作陪，才令齐白石勉强答应。到了学校以后，学校的老师尊

敬他，同学们也接受他的教学方式，令齐白石大感欣慰，因而非常感激徐悲鸿的邀请，曾作诗一首"草庐三顾不容辞，何况雕虫老画师"。

徐悲鸿和齐白石的交往很深，两人常有书信来往。徐悲鸿曾在1932年为齐白石编选的画册作序，而齐白石也曾扶病前往参观徐悲鸿在艺文中学举办的小型画展。1939年徐悲鸿写信向齐白石求画，齐白石就把早年画的精品《耄耋图》赠之。

抗战胜利后，两人一直相知相交直至徐悲鸿去世。1946徐悲鸿出任北平艺专校长，聘请齐白石为名誉教授，可见徐悲鸿对齐白石的赏识。1949年改名中央美术学院后，有人建议取消齐白石挂名教授的资格，但徐悲鸿校认为"现时并无挂名教职员，齐白石、张大千是中国有数之名画家，虽不授课，但可请其来校指导"，因而继续保留着齐白石名誉教授的职位，还把工资送到他手里。每年春节徐都去给齐白石拜年，齐过寿添孙，徐悲鸿赠送书画祝贺。1953年徐悲鸿去世，徐家人考虑到齐白石年事已高怕受刺激，就没告诉齐白石。后来徐的夫人廖静文探望齐白石，齐白石还问到悲鸿怎么没有来，廖静文只好谎称徐悲鸿出国了暂时不在云云，一开始齐白石还相信，时间长了齐白石就不相信了。大约过了一年左右，齐白石雇了一辆三轮车，在他儿子陪同下亲自到徐悲鸿家里看望他。到了以后才发现徐悲鸿的家门口早已挂上了"徐悲鸿纪念馆"的牌子，这时他就明白过来了。对于徐悲鸿的知遇之恩，齐白石感戴终生，他曾不止一次对人说"生

我者父母，知我者徐君也"。

李可染拜师

1946年，在中国画坛已有较高声誉的李可染，经徐悲鸿引荐，见到了崇拜已久的齐白石老先生，并表达了自己想拜师求教的心情。一年过后，李可染再次拜见齐白石，并带着20张画想请齐白石指点，由此还引出一个故事。

齐白石正闲坐在躺椅上养神，接过手中的画看了起来，一开始他还是半躺着看，后来则不由自主地坐直了身体，眼里放着光，最后竟站了起来，说道："这才是大写意呢。"晚年的齐白石认画不认人，在看完画以后，便将注意力移到可染身上，问："你就是李可染？"李可染忙答应。齐老非常高兴，赞许道："30年前我看到徐青藤真迹，没想到30年后看到你这个年轻人的画。"将李可染与他非常喜欢的徐渭相比较，可见他对可染的赏识。李可染的画像是在写草书，齐白石最大的愿望就是写一写草书，就这样，以画为媒，两人也亲近起来。据传当时李可染告辞时，齐老留他吃饭，李可染推辞，齐白石因为这个还生气了，最终李可染还是留下吃了饭。由此齐白石与李可染开始交往了起来。

李可染觉得拜师仪式必须郑重，所以期间拖了一段时间。但是齐白石却等不及了，问他："你愿不愿拜师了？"李可染忙说："您早就是我的老师了。"不想齐白石却会错了意，心情郁闷，不时地对身边的护士念叨，李可染不拜我做老师了，李可染听到这话急忙向齐白石解释原因。消除误会后，当天李可染就向齐老执了弟子礼。齐高兴地眼睛都有点湿，喃喃地说："你呀，是一个千秋万世的人啊。"从此以后，李可染真正成为齐白石的弟子了。

齐白石和李可染的师生情谊十分深厚，两人经常作画送给对方。齐白石曾画《五蟹图》送给可染，上面题句："昔司马相如文章横行天下，今可染弟书画可以横行也。"李可染画了一幅写意人物《瓜架老人图》送给齐白石观看，题句曰："可染弟画此幅，作为青藤图可矣。若使青藤老人自为之，恐无此超逸也。"还在《耙草歇牛图》上题："心思手作，不愧乾嘉间以后继起高手，八十七岁白石丁亥。"李可染对齐师感情甚笃，晚年时仍念叨着齐白石。他多次对人说起齐白石对他画画上的帮助。后来李可染终成了一代山水画艺术大师，与陆俨少齐名。

苦禅拉洋车

李苦禅也是齐白石的学生之一，在北京跟随齐白石学画。由于生活贫困，他除了白天在北京艺专听课外，还要拉洋车，使生活有基本保障。但是害怕丢老师的脸，自己也觉着没有面子，他每次拉车时，总是把帽檐压得低低的，以防有人认出他来。哪知事有凑巧，李苦禅拉生意时，正好碰到齐白石和几位朋友从一间书画店里出来。李苦禅非常吃惊，连忙要拉车躲开，身后却传来齐白石的喊声："苦禅，还不过来，送我回家。"李苦禅只得转过身请老师上车，拉起就走。拉车途中，齐白石问他是否生活困难，李苦禅却所答非所问说，对不起老师，给老师丢脸了。齐白石说听了这话，批评了一顿李苦禅，认

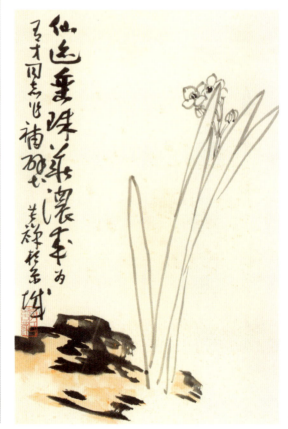

现代·李苦禅
《水仙图》
镜片 纸本设色

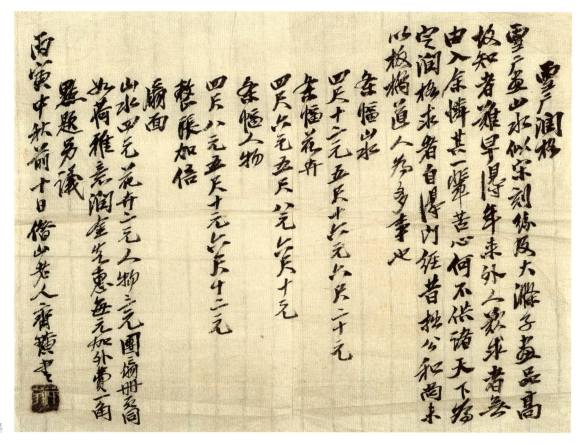

现代·齐白石
《雪庵润格》
手札 纸本水墨

为只要靠劳动吃饭就不丢脸。

齐白石被拉回家后让他把洋车退掉，并让李苦禅搬到自己的家住，还选了李苦禅的一些画，亲笔题款后去画店卖掉，以资助他学画。在齐白石的关心下，李苦禅终成一代大家。

锅里煮吾儿画

齐白石的"甑屋"，悬挂着一幅字：

"余未成年时喜写字，祖母尝太息曰：'汝好学，惜来时走错了人家。俗语云：三日风，四日雨，哪见文章锅里煮！明朝无米，吾儿奈何！'后二十年，余尝得写真润金买柴米，祖母又曰：'哪知今日锅里煮吾儿之画也。'匆匆余六十一矣，犹卖画于京华，画屋悬画于四壁，因名其屋为甑，其画作为熟饭以活余年，痛祖母不能同餐也。"

这幅字是他在北京定居后，以激励自己不忘

早年艰辛学画的生涯而写的。

现在此文被收藏于北京画院齐白石纪念馆，参观者看之无不为此文的朴素深挚的情感所打动。

量米而炊

白石老人家里人口很多，每天煮饭的米都是老人亲自量，用一个香烟罐头。"一下、两下、三下……行了！"，"再添一点，再添一点！"，"吃那么多呀！"有人曾提出把老人接出来住，这么大岁数了，不要再操心这样的家庭琐事了。老舍先生知道了，给拦了，说："别！他这么着惯了。不叫他干这些，他就活不成了。"

由此看出齐白石很会过日子。他把买东西得来的大小纸都留着，起画稿用。后来这批东西都由家人捐赠给北京画院了。

要钱不耻

齐白石卖画卖印，从不讲情面，大家都要按规矩办事。他家客厅里长期挂着一张告白："卖画不论交情，君子有耻，请照润格出钱。"之后又出一告白：

> 花卉加虫鸟，每一只加十元，藤萝加蜜蜂，每只加二十元。减价者，亏人利己，余不乐见。庚申正月除十日。

可见他认为卖画要钱不可耻，无论谁都要照价付酬，不赊不减。有一次，王缵绪托在京的友人请齐白石刻印，并一再邀白石游蜀，说入蜀可挣丰厚润资。于是齐白石带着宝珠和两个最小的孩子去了四川，在成都等地为王缵绪刻印又作画。但此行王缵绪并未按原答应给他3000元酬金酬谢他，只给了400元。白石后来在《蜀游杂记》写道："半年光阴，曾许赠之3000元不与，可谓不成君子矣！"蜀游使白石老人对王缵绪这个人颇有微词，后来就不再交往了。

齐白石也有求画未收金的时候。有一次，齐白石从北京回长沙，碰到老友向他求画，白石老人欣然答应，而且没收他的报酬。第二年，齐白石再回到长沙，那位朋友又来求画，还得寸进尺要老人画一条大鲤鱼给他，齐白石什么也没说，把画画好后让人送去，却在画上题了一首诗：

> 去年相见因求画，今日相求又画鱼。
> 致意故人李居士，题诗便是绝交书。

可见，白石老人有其做人的原则的。他托人办事，或受人以惠，大多以送画为报，他把这视为人情与物值的交换，如果他感觉不合算，下次就不再进行这类交换了。比如有一回，周维善通过王森然向白石赠画像，白石按规矩以一画相报；又比如，后来周维善又给白石老人画了一张像，老人送周一幅《东方朔偷桃》。这事发生之后，老人在客厅中写了个牌子，上写道若以后再有人照像、画像，概不应酬，因为"双方不划算"。而且齐白石在请朋友帮忙时，比如让林纾等朋友写序、题辞时，也都依照对方的润例付酬，绝不含糊。

虽然齐白石把作画的酬金看的很重，但他决

不为钱而降低对艺术追求。他曾经写过这样一个告白：

> 余年来神倦，目力尤衰。作画刻印，只可任意为之，不敢应人示……作画不为者：像不画，工细不画，着色不画，非其人不画，促迫不画。刻印不为者：水晶、玉石、牙骨不刻，字小不刻。印语俗不刻，不合用印之人不刻，石丑不刻，偶然戏索者不刻。贪画者不归纸，贪印者不归石，明语奉告。滨生启。

这段告白显示了齐白石不会为钱丧失创作的自由，虽然有时不得不迁就顾主，但基本还有对艺术自由、人格独立的追求。

八年抗战期间，齐白石曾在大门上贴出一张告白：

> 画不卖与官家，窃恐不祥。告白：中外长官要买白石之画，用代表人可矣，不必亲驾到门。从来官不入民家，官入民家，主人不利。谨此告知，恕不接待。庚辰正月八十老人白石拜白。

他明言不愿意和日伪人员打交道。这样的告白，表现了白石老人的勇气和胆量，也表现出他是一位正直的、具有民族气节的艺术家。

天真的老顽童

有一年一位外国要人访华期间，邀请齐白石为其作画，齐老挥洒自如，一幅《牡丹醉春图》顷刻完成。然而这时一滴不合时宜的墨汁滴落在了画上，白石老人却泰然自若，淡定地在那墨点添加了几笔，一只活灵活现的小蜜蜂出现在画上，全场齐为老人喝彩，齐老则风趣地说："怎么样，这小蜜蜂可算得上国宝？"

还有一次，诗人艾青陪外宾去拜访他，外宾走后老人很不高兴。艾青问他怎么了，他说："外宾看了我的画，没有称赞我。"艾青说："外宾称赞了，你听不懂。"老人说他要的是外宾向他伸出大拇指来。事后艾青回忆起这件事时，感慨地说："老人多天真哟！"

现代·齐白石
《秋色有香图》
立轴　纸本设色

画学正轨追宋元
——黄宾虹

黄宾虹擅长绘画、书法、篆刻，并有大量学术著作。倡北宋画学正轨，创"黑、密、厚、重"的独特山水画风，孜孜追求"浑厚华滋"的山水画"内美"，为山水画一代宗师。著有《黄山画家源流考》《虹庐画谈》《画法要旨》等。

现代·黄宾虹
《墨竹》
手卷 纸本水墨

黄宾虹早年

黄宾虹（1865—1955年），中国近现代画家、学者。名质，字朴存，别署予向、虹叟。擅画山水，中年后改名宾虹。祖籍安徽歙县，生于浙江金华。六岁时，临摹家藏的沈庭瑞山水册，曾师从郑珊、陈崇光等学花鸟。早年受"新安画派"影响，以干笔淡墨、疏淡清逸为特色，晚年笔墨以黑密厚重、黑里透亮为特色。他的山水画受李流芳、程邃、程正揆等影响较深，兼法宋、元，屡经变革，自成一家。他对中国画笔墨技法有过深入的研究，从中概括出"五笔七墨"。所谓五笔，即平、圆、留、重、变；所谓七墨，即浓、淡、破、泼、积、焦、宿。他在创作法则上重视虚实、繁简、疏密的统一；用笔如作篆籀，洗练凝重，遒劲有力，在行笔谨严处，有纵横奇峭之趣。他的书法"钟鼎"之功力较深。其画风苍浑华滋，意境深远。黄宾虹曾任商务印书馆美术部主任、上海博物馆董事、故宫古物鉴定委员、国立暨南大学艺术系教授、杭州国立艺专教授、国立北平师范学院讲师、中国美术家协会华东分会副主席等职。代表作品有《山居烟雨》《溪山垂钓》《雁宕纪游》《新安江舟中作》等，著有《黄山画家源流考》《虹庐画谈》《画法要旨》等。

南黄北齐两高峰

在中国近现代绘画史上，有"南黄北齐"之说，"北齐"指的是晚年居住在北京的花鸟画巨匠齐白石，而"南黄"说的就是浙江及周边地区闻名的山水画大家黄宾虹。二人绘画风格观念各不相同，一个以花鸟画创作为主，另一个主要涉猎山水；一个在传统上追徐渭、八大的花鸟写意传统，并兼有民间艺术的特质，另一个则在艺术上上溯宋元，追摹"倪黄"正脉。但是两个人也有很多一致的地方，如都是在长期学习传统的基础上，自出新意的有创造、风格独特的大画家，也就是说他们是在延续传统的基础上创新；比如两人也都注意对生活的观察写照，并以自己独有的写生方式去介入生活丰富自己的创作，但这种写生活之生意终究是不同于后来学院派的对景写生；又比如他们都长寿，活到九十几岁，这样两个相当勤奋的人，有着一般人没有的很长的一个艺术实践量，两人都在长期的艺术探索中，衰年变法，在接近生命终点时，在艺术上有了重大突破，达到自己艺术的顶点。

笔墨集大成的积墨大师

黄宾虹在山水画、花鸟画、书法，以及古物鉴定和美术史研究上都有造诣。他名于世者，主要是他的山水画，近年来人们对他留存不多的花鸟画也予以了高度重视，认为同样有着极高的创造性。黄宾虹注重传统的临摹，并在书法和书画鉴赏方面下了很多的功夫，他也注重写生，但一生辗转流离，命运坎坷，他的绘画真正享有大名是很晚的事了。在他晚年，著名的翻译家傅雷先生，独具慧眼发现黄宾虹"黑画"的艺术价值，并极力推崇。今天看来傅先生眼光如炬，洞察犀利。总的说黄宾虹的山水画以临摹入手，如李流芳、程邃、髡残、弘仁等都是他取法的对象，作为安徽人，新安画派疏淡清逸的画风对黄宾虹一生都有很大的影响。50岁以后逐渐趋于写实，70岁后，受生活实景感受的启发画风渐变，所画作品，兴会淋漓、浑厚华滋，喜以积墨、泼墨、破墨、宿墨互用，使山川层层深厚，气势磅礴，惊世骇俗。80岁以后，才真正形成了人们后来所熟知的黄氏风格"黑、密、厚、重"的"黑画"画风。黄宾虹晚年的山水画，所画山川层层深厚，这一显著特点，也使中国的山水画有了前所未有的创造。

他总结传统学习："先摹元画，以其用笔用墨佳；次摹明画，以其结构平稳，不易入邪道；再摹唐画，使学能追古；最后临摹宋画，以其法备变化多。"不同于今天画史中的断代，他习惯

黄宾虹像

将五代北宋之际的荆浩、关仝、董源、巨然等统称为北宋大家。如其在20世纪40年代的题画中曾说："宋画多晦冥，荆关灿一灯；夜行山尽处，开朗最高层。"这里就将荆浩关仝视为北宋一代的璀璨明灯。

黄宾虹非常重视理论研究和学习。著有《黄山画家源流考》《虹庐画谈》《画法要旨》等。此外他在题画、语录中留下了很多论画思想，言简意赅中表达了他对绘画的真正灼见。如：

作画应使其不齐而齐，齐而不齐。此自然之形态，入画更应注意及此，如作茅檐，便须三三两两，参差写去，此是法，亦是理。——1952年语。见王伯敏编《黄宾虹画语录》。

中国画讲究大空、小空，即古人所谓"密不通风，疏可走马"。疏可走马，则疏处不是空虚，一无长物，还得有景。密不通风，还得有立锥之地，切不可使人感到窒息。许地山有诗："乾坤虽小房栊大，不足回旋睡有余"。此理可用之于绘画的位置经营上。——1952年语。见王伯敏编《黄宾虹画语录》。

我说"四王"、汤、戴陈陈相因，不是说他们功夫不深，而是跳不出古人的圈子。有人说我晚年的画变了，变得密、黑、重了，就是经过师古人又师今人，更师造化，饱游饫看，勤于练习的结果。——见张振维《浑厚华滋 刚健婀娜》

山水的美在"浑厚华滋"，花草的美在"刚健婀娜"。笔墨重在"变"字，只有"变"才能达到"浑厚华滋"和"风健婀娜"。明白了这一点，才能脱去凡俗。——见张振维《浑厚华滋 刚健婀娜》。

初学（画）宜重视者三：一曰笔墨，由练习（书画）、读书得之；二曰源流，由临摹赏鉴悟之；三曰创造，由游览写生成之。非明笔墨则源流莫窥，未讲源流则创造无法，未讲创造则新境界又从何而来？——见张振维《浑厚华滋 刚健婀娜》

师造化，多写生很重要！——见张振维《浑厚华滋 刚健婀娜》。

写生只能得山川之骨，欲得山川之气，还得

闭目沉思，非领略其精神不可。余游雁荡过瓯江时，正值深秋，对景写生，虽得图甚多，也只是瓯江之骨耳。——1948年语。见王伯敏编《黄宾虹画语录》。

山峰有千态万状，所以气象万千，它如人的状貌，百个人有百个样。有的山峰如童稚玩耍，嬉嬉笑笑，活活泼泼；有的如力士角斗，各不相让，其气甚壮；有的如老人对坐，读书论画，最为幽静；有的如歌女舞蹈，高低有节拍。当云雾来时，变化更多，峰峦隐没之际，有的如少女含羞，避而不见人；有的如盗贼乱窜，探头探脑。变化之丰富，都可以静而求之。此也是画家与诗人着眼点的不同处。——1952年语。见王伯敏编《黄宾虹画语录》。

实中虚白处，不论其大小、长短、宽狭，要能在气脉上互相连贯，不可中断，否则便要窒塞。但所谓气脉上的连贯，并非将虚折白的各个部分都连贯起来。实中虚白处，既要气脉连贯，又要取得龙飞凤舞之形。如此使实处既能通泄，也使通幅有灵动之感，更能使通幅有气势。——见朱金楼《近代山水画大家——黄宾虹先生（上）》。

画有四病，邪、甜、俗、赖是也。邪是用笔不正；甜是画无内在美；俗是意境平凡，格调不高；赖是泥古不化，专事摹仿。——1948年语。见王伯敏编《黄宾虹画语录》。

谭黄不愧道中人

黄宾虹不仅是一位久负盛名的一代国画大师，而且还具有强烈的正义感和民族责任感，他无时无刻不关心着广大劳动人民的处境和民族的兴衰。中日甲午战争后，以康有为、梁启超为代表的维新派要求变法图存，黄宾虹与友人经常讨论维新活动，研读康、梁著作，并致画康梁表述自己的政见，认为"政事不图革新，国家将有灭亡之祸。"后来经朋友牵线搭桥，在上海，黄宾虹见到了谭嗣同，与谭嗣同交谈甚欢，不谋而合。戊戌变法失败，谭嗣同遇害，年底时，黄宾虹才知道谭遇害的消息。当时，他正在家乡，噩耗传来，宾虹悲痛至极，不禁感慨万分，他一

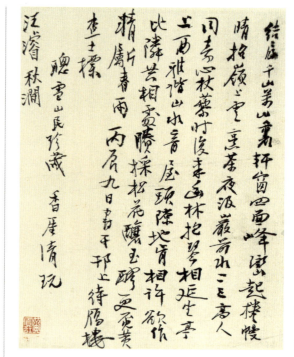

现代·黄宾虹
《临查士标题记》
册页　纸本水墨

直认为谭嗣同虽与他同岁，但是他一生学习的榜样。他以"千年蒿里颂，不愧道中人"之句，以示对谭嗣同人格尊严的敬佩。

他经常对他身边的人说："谭嗣同是一位豪侠之士，不怕天，不怕地，见义勇为，维新爱国，可敬可佩啊！"

1899年，他因被人以新派嫌疑告发而仓促出走，一波三折又归隐山乡，研习书画，此后任歙县新安中学堂国文教员。其间与陈去病、许承尧等友人组织"黄社"，为纪念明清之际的进步思想家黄宗羲，表面上是结社论诗，但内含反清意识。1907年，黄宾虹四处为同盟会筹款，又一次被人告密，遭清政府严查通缉，只好化装出逃上海，继续他反清的革命梦想。

为革命铸钱币

"黄社"的办公地点就设在黄宾虹的家里——"怀德堂"，他们利用当地地形复杂、交通不便的优势，经常在此聚会、讨论，此地当时是清政府统治力量比较薄弱的地区。黄宾虹积极筹集经费支持革命活动，于是他们想到了秘密铸造钱币以此打乱清政府的经济秩序。黄宾虹为人正直，意志坚定，做事稳重，于是就被推举为主

现代·黄宾虹
《山水》
立轴　纸本设色

事人，来担此重任。

　　黄宾虹收到任务指示后，心里很清楚，一旦走漏风声，或被他人告发就有不可预测的严重后果，还要连累家人，但当他想起谭嗣同为革命事业的献身，他就备受鼓舞，充满了力量。于是他便秘密四处打听购买铸造钱币的机器，又去山东请来了十分可靠的铸造师李师傅，在设备和各种材料都购买完备后，第二年春天，他们就在"怀德堂"的后院开始了秘密铸造钱币的工作。他们夜以继日的操作，虽然提心吊胆又工作辛苦，但他们每个人都精神抖擞，因为他们心中有一个梦想，就是支持革命事业，推翻清政府的统治。天有不测风云，就在首炉铜坯即将出炉时，他们被人告发了，革命党人私造钱币的事情传到衙门了。

　　幸运的是，还好他们在衙门里有革命党人的内线，千钧一发时将危险消息提前通知了黄宾虹，宾虹当机立断，连夜拆散销毁机器设备，遣散工人，销毁现场，在弟兄协助下，外逃至杭州又辗转去了上海。家人得知后，也相继外逃，数月后才敢返回家乡。

一面白旗赞革命

　　1907年初，经朋友介绍黄宾虹在上海认识了柳亚子[1]、邓实[2]等民主革命战士，并加入了当时名声大噪的"国学保存会"，同时担任"国学保存会"创办的刊物——《国粹学报》的主编，还和邓实、黄节等人创办了《政艺通报》《国学丛编》《神州国光集》等书刊，这些书刊基本都具有爱国主义思想和民主革命信念，时刻受到清政府的封杀和查禁。当时的《国粹学报》团结了一大批仁义之士和爱国青年，他们都是在各行各业有所成就的人物，都是有理想有抱负的人，于是，他们就成立了南社。柳亚子说："南

[1] 柳亚子（1887—1958年），江苏省苏州市吴江区北厍镇人，出生于大胜村的港上港南中段。创办并主持南社。曾任孙中山总统府秘书、中国国民党中央监察委员、上海通志馆馆长、中国国民党革命委员会中央常务委员兼监察委员会主席、三民主义同志联合会中央常务理事、中国民主同盟中央执行委员。新中国成立后，柳亚子曾历任中央人民政府委员、全国人大常委会委员。
[2] 邓实（1877—1951年）字秋枚，别署枚子、野残、鸡鸣、风雨楼主，广东顺德人。1877年生于上海。从青年起，便崇拜顾炎武，"喜为经世通今之学"。与黄节、章太炎、马叙伦、刘师培等创立国学保存会、神州国光社，出版《风雨楼丛书》和《古学会刊》，主编《国粹学报》，在知识界产生过较大的影响。

现代·黄宾虹
《写生画稿册》六帧
册页　纸本水墨

社的宗旨是推翻清朝政府，为什么叫南社？南社就是对抗北方朝廷的意思。"黄宾虹是最早加入南社的有志之士，其间多次参加南社的集会和讨论。

1910年10月10日，具有划时代意义的武昌起义获得了胜利，黄宾虹欢喜若狂。他在思索着：以何种行动和方式表达对革命的拥护和强烈的支持呢？怎样才能把这振奋人心的消息迅速传达出去呢？他经过慎重考虑，制作了一面白旗（当时白旗有光明正大的含义），挂在了自家房顶，借此以告知众人："上海光复！"此消息瞬间传遍了四面八方。

1912年元旦，中华民国成立，孙中山在南京就任中华民国临时大总统，有不少像黄宾虹一样的南社成员纷纷到临时国民政府担任中央各部职务，包括柳亚子都去做了几天的总统府秘书。但是宾虹不为所动，坚决不前往南京就职，也不答应安徽都督府的邀请回去做官。他的师弟汪律本亲自登门劝说宾虹去安徽赴任时，但他拒绝道："我是不会当官的，要去你自己去吧。"

黄宾虹是个典型的学者型画家，他有强烈的社会荣辱感和民族正义感，虽然为革命事业付出了巨大的牺牲和精力，但他却不慕禄位，也洞察到当时时局的混乱和政治的漩涡，于是他又专心致志地投入到创办《真相画报》《神州时报》的美术创作中去，做好期刊的编辑出版工作。黄宾虹的一生既参加过维新革命，甘洒一腔热血；又教书育人，研习书画创作，琴棋书画俱佳，可谓德才兼备……最终成为中国现代美术史上的山水画一代宗师。他的生命历程是辉煌而又朴实的。

拒聘伪职

1940年黄宾虹在北平，由于当时正值抗日战争时期，国家动乱不堪，人民生活穷苦，黄宾虹的境遇也非常艰难，经济拮据，有时候竟不得不把自己得意的名画也卖掉，以填补家用，真可谓一分钱难倒英雄好汉。此时，黄宾虹在国际画坛上已名声在外，英国人史德尼编印《中华名画集》，还特意请黄宾虹为其作序。日本画家田边华敬十分崇拜黄宾虹，就请他作幅山水画他，并

写信表示感谢。为此，北平文物研究会曾极力向日伪政府推荐黄宾虹出任北平美术馆馆长，并接二连三地来邀请黄老去就职。尽管当时黄老处境不佳，生活不是很乐观，但是他坚决地对夫人宋若婴说："这和当年筹安会派谢莲荪来劝说我有什么区别！"

原来，当年袁世凯窃取革命果实称帝时，为巩固其统治，四处派人笼络知名人士为其出谋划策。黄宾虹在上海创办书刊，出版书籍，是上海文化界的名人，自然也在袁世凯的拉拢范围之内。这天他刚刚午睡起来，家人告诉他有客人来访，是从北京来的，现在在客厅等候。黄宾虹走出来看到来者不由心头一怔，来者是当时北京筹安会的谢莲荪，此人是袁世凯的爪牙，虽然过去与他认识，但黄宾虹并不待见他。见到黄宾虹，谢莲荪开门见山说："在下代表筹安会特意来邀请黄兄进京，与兄弟共创辉煌，请一定答应。至于待遇方面，只要黄兄提出的，筹安会一定办得妥当。"黄宾虹却义正言辞的说："鄙人才疏学浅，恕难从命。"谢莲荪走后，宾虹对朋友说："谢莲荪是筹安会的人，特来为袁世凯作说客的。我是绝不会忍辱屈从的，为虎作伥之事，是小人所为。"黄宾虹对袁世凯称帝恨得咬牙切齿，当年的南社不少社员和革命志士就惨遭袁世凯及其党羽的杀害。

现在我们的民族处于灭亡的边缘，日本帝国主义在中华大地上为非作歹，杀害我们的同胞。要黄宾虹去当日伪政府的北平美术馆馆长，他对此嗤之以鼻，根本不予理会。黄老径直走到画室，不一会画出一幅梅花图，题词曰：

> 烟云富贵，铁石心肠。
> 耐此岁寒，以扬国光。

晚年遇知音

1937年春，72岁的黄宾虹应古物陈列所的邀请，到北平故宫任古画鉴定专家，并受聘兼任北平艺专教授、古物陈列所国画研究院导师。后来直到1948年才离开北平。

抗日战争期间，因为国内局势的混乱，黄宾

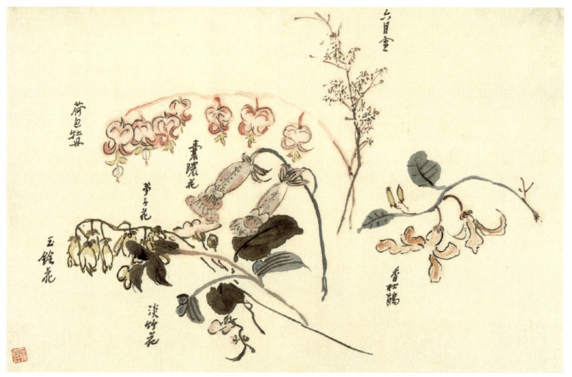

现代·黄宾虹
《花卉册》二帧
册页　纸本设色

虹一直居住在北平，基本与外界失去联系，外界对他的绘画与画理几乎毫无知晓。无独有偶，他却有傅雷[1]这个知音一直关注着他。1933年，

傅雷从昆明艺专回到上海，致力于外国文学的翻译事业，他也是我国第一位从西方艺术欣赏的角度来评论黄宾虹的文艺评论家，他与黄宾虹年龄

[1]傅雷（1908—1966年），字怒安，号怒庵，汉族，生于原江苏省南汇县下沙乡（现上海市南汇区航头镇）人，翻译家，文艺评论家。

相差很大，他对艺术品位的要求十分苛刻，唯独对黄宾虹的画却异常推崇。其实他们早已认识，早年都在上海美专任教，是多年的同事，而且傅雷又是黄宾虹的徒弟——顾飞的表兄。当年傅雷在上海艺专观看黄宾虹展出的峨眉山写生画作时，就留下了深刻的印象；后来又经常在顾飞那

现代·黄宾虹
《莲花峰初晴图》
立轴　纸本设色

里看到黄宾虹从北京寄给顾飞的一些画作，也了解了一些黄宾虹对绘画的新认识和创新，洞察到黄宾虹在艺术的道路上越走越远，十分佩服。

　　从1943年5月起，傅雷开始与黄宾虹通信交流。在北平深居简出的黄宾虹与傅雷开始通信，他们经常交流绘画创作的心得和理念，并深刻地谈及中国传统绘画的发展方向和其象征的民族命运。黄宾虹经常对很多人说当今上海地区研究绘画理论的只有傅雷一个人，他总是以新的观察角度引人关注。而傅雷也极力称赞黄宾虹的中国画创作，认为他是中国现代画坛当之无愧的领军人物。傅雷曾说，他这一辈子只有三次主动为朋友办展览，其中一次就是1943年黄宾虹的八秩纪念画展。对于那次画展，傅雷凡事都亲自过问，决不马虎。

　　1948年5月，傅雷夫妇从上海到了北平，这一对忘年交终于可以面对面交谈画论了；7月，黄宾虹受老友、杭州艺专校长潘天寿的邀请到杭州艺专担任国画教授。1952年秋后，黄宾虹视力出现下降，白内障的问题加重，右目几乎失明。第二年经过手术后才康复。后来他配上了眼镜，照样像往常一样书写作画，还能写蝇头小楷。

　　1954年，已步入耄耋之年的黄宾虹，依旧身板硬朗，毫无91岁的状态，走路也不需要拐杖，每日坚持读书作画。他常说书画是治疗身体的特效药，可以修身养性。也就在这年，他的弟子李可染从北京来看望他，还亲眼见他一晚上在灯下勾画出八张山水画轮廓。11月，傅雷去北京看望他，在他家看他画了两天画。黄宾虹还对傅雷说近年来自己的一些旧作都被来访的亲朋好友带走，以后还能不能创作出一些精品，要看上天给不给他时间了。这也是傅雷和他的最后一次见面。

　　1955年1月，黄宾虹染了风寒，从此一病不起，但他心中依然放不下绘画，他在床头上准备着纸和笔，借助放大镜创作一些小幅山水画，以解心中的枯燥之情。3月25日，一代山水画大师黄宾虹不幸病逝，享年92岁。

遗世独立佳公子
——弘一法师

弘一法师早年曾留学日本，归国担任过教师、编辑之职，后剃度为僧。他在音乐、美术、书法、文学、戏剧乃至佛法诸多方面均有不俗的造诣。丰子恺等为其学生。现代文学家夏丏尊评："综师一生，为翩翩之佳公子，为激昂之志士，为多才之艺人，为严肃之教育者，为戒律精严之头陀，而以倾心西极，吉祥善逝。"

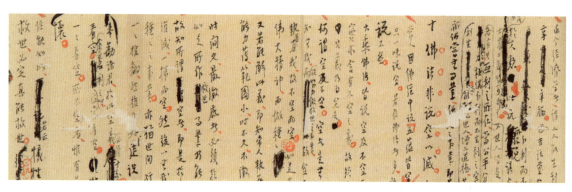

弘一法师手迹

214

弘一法师

弘一法师（1880—1942年），原名李叔同，祖籍浙江平湖，出生于天津，弘一法师是他出家后的法名。李叔同一生异名极多，初名文涛，改名广候。丧母后改名哀，字哀公，又字息霜、婴等。39岁出家，释名为演音、弘一，号晚晴老人。别署笔名总计有二百个之多，其中以叔同、弘一最为世人所熟知。

李叔同出生于天津官商世家，自幼受到良好的教育，后东渡留学日本，开启中华灿烂文化艺术之先河。是卓越的艺术家、教育家、思想家、革新家，在书画、音乐、戏剧、篆刻、诗词等艺术方面造诣颇深。由于受父亲的影响，他从小接触佛教经典，受佛法熏陶，后一心遁入空门，是中国传统文化与佛学文化相结合的杰出大师。

李叔同是中国近现代文化发展史上的一个传奇人物。赵朴初先生对他的一生就有极高的评价："无尽奇珍供世眼，一轮圆月耀天心。"他以独特的人格魅力和超凡的艺术造诣，为中国近现代艺术史上培养出画家丰子恺、音乐家刘质平和吴梦非、文学家夏丏尊等艺术精英。

文艺园地走个遍

李叔同的一生充满了传奇色彩，他是中国绚丽至极归于平淡的典型人物。

李叔同的父亲李筱楼是同治年间的进士，曾任吏部主事，后来辞官经商，兴办银行，为津门富宦。他心地善良，乐善好施，有"李善人"的称呼，晚年时热衷佛法。李叔同是庶出，他出生之时其父已68岁，他的幼年时期就经常会在家接触到出家僧人，在潜移默化中，深受其父影响。李叔同五岁的时候，他的父亲去世，虽然失去父亲的庇护，但他少年时的生活仍然是极为优裕的。他的兄长和母亲对他严格施教，母亲教他家规礼仪，他随兄长接受家庭启蒙教育，八岁拜入常云庄门下学习书法、金石等技艺，从未间断。13岁的时候，家里专门给他请了天津名士赵幼梅教他诗词，唐静岩教他篆隶和治印，加之他本人极为聪颖好学，从家庭教育到名师传授，李叔同小小年纪便积累了非常深厚的国学修养。

李叔同18岁奉母之命，与俞氏完婚，由于家庭变故，19岁随母亲南迁上海。晚清的上海，既有传统文化的底子，又有"欧风东渐"的浸染。李叔同在上海入南洋公学时，师从蔡元培，与谢无量、邵力子、黄炎培等人同学。这期间，本来一向接受系统儒家经典教育的他，又吸纳了"新学"的精华，这更加激发了他奋发积极的心态。当时上海文坛中以"沪学会"最有名，而李叔同应征的文章，在众多俊杰中出类拔萃，屡居第一，受到许多文人学者的关注和欣赏。

1900年，李叔同的篆刻作品集《李庐印谱》一经问世就产生了巨大的反响，学术界对他的书法评价很高，并认为他将中国古代的书法艺术推向了极致。当时李叔同年仅21岁，被视为"才子"驰名于上海滩。直到1905年3月，平静的生活被打破，李叔同的母亲王夫人病逝于上海"城南草堂"，李叔同只好携家眷扶柩返回天津，按母亲的遗愿举行了西式追悼会。在西式追悼会上，面对四百多位前来吊唁的中外来宾，李叔同一边弹钢琴、一边唱悼歌，以此来寄托对母亲深深的哀思。这次追悼会被天津《大公报》称之为"文明丧礼"。

同年秋，李叔同东渡日本留学。初到日本，对于日本明治维新全盘西化之后所造成的影响与带来的结果深感羡慕，因此开始了对西洋艺术全面研攻。李叔同对音乐和美术都感兴趣，于是他一边在上野美术学校西画科学习油画，师从

弘一法师李叔同像

黑田清辉等画家，同时又到音乐学校跟随村上音二攻习西方音乐并兼学作曲，业余还研究西方戏剧。由于他在日本接受了较为系统的音乐理论学习，并依靠所学知识亲自创作了音乐作品，可以说他在音乐素养和创作方面具有较高的水平。李叔同在日本期间还创办了一份音乐期刊杂志《音乐小杂志》，这是我国第一本音乐期刊杂志，以传播西方音乐为主。后来回国后，他创办了中国第一个话剧团体"春柳社"，与萧友梅、赵元任、黄自一起被认为是我国近代音乐的"四大拓荒者"。李叔同的绘画才华也受到日本各阶层的广泛关注。日本记者曾专访这位"清国留学生"的画室，该访问记录就被刊登于当时的《国民新闻》，令时人瞩目。留学期间，李叔同创作了大量油画、水彩画、国画和版画，他的作品在当时日本美术界获得了很高评价，回国时仅油画作品就有数十幅。

1911年李叔同在日本完成学业归国后，先后担任过音乐教师、编辑之职，1913年受聘为浙江两级师范学校（后改为浙江省立第一师范学校）音乐、图画教师。1915年起又兼任南京高等师范学校音乐、图画教师。

弘一大师学养全面，他在文化艺术的各个领域都有所建树，丰子恺曾说："文化艺术的园地，他几乎都走了个遍。"梁实秋、林语堂等文人名士也对他给予了很高的评价，说他是值得每个人用一生细细体味慢慢领悟的，就连素来清高的张爱玲也说："不要认为我是个高傲的人，我从来不是的——至少，在弘一法师寺院围墙的外面，我是如此的谦卑。"

翩翩佳公子

提及1982年拍摄的电影《城南旧事》，很多观众都会情不自禁想到那首主题曲《送别》：

> 长亭外，古道边，芳草碧连天。晚风拂柳笛声残，夕阳山外山。天之涯，地之角，知交半零落。一瓢浊酒尽余欢，今宵别梦寒。

这首《送别》的词曲作者正是李叔同，是他

在出家之前送别挚友许幻园的原创作品，被称为是音乐与文学的完美结合，风靡当时而且一直被传唱至今，经久不衰，歌词让人吟之落泪，有"二十世纪最优美歌词"之美誉。

李叔同青年时进出名场，才情横溢，擅长书法、绘画、音乐、戏剧等，和艺术相关的事他无一不精，无一不专，他过人的才华和与学生亲密而融洽的师生关系，为中国近代艺术史上培养了一大批艺术大师，丰子恺、刘质平、吴梦非、潘天寿……都是影响中国历史的"重量级"人物。然而李叔同在其风华正茂，事业鼎盛之时，毅然决然地遁入空门，令世人震惊的同时也给人们留下了诸多揣测，更是给这位超凡脱俗之人扑朔迷离的人生增添了一份神秘色彩。

李叔同为什么会出家，其原因不得而知，众说纷纭，民间传闻说他是出于对爱情的绝望。李叔同的婚姻是奉母之命传统包办的，他那时年仅18岁，与妻子俞氏没有什么感情基础。虽在柳巷青楼处邂逅了几位红颜知己，情投意合，但都由于各种原因不了了之。和常人一样，正值青春年少的他也向往爱情，渴望心灵的慰藉，然而事实总是让人无法预料，爱情也总是与他擦肩而过。

俗语说的好，"才子配佳人"。年少轻狂、风流倜傥的李叔同，自然令众多"佳人"所神往。李叔同出身于官商世家，从小衣食无忧，可谓少不更事，闲时也只是舞文弄墨、吟诗喝酒，游山玩水。在李叔同16岁的时候，由于之前所受的压抑积蓄造成"反叛"倾向抬头，对文艺产生了浓厚兴趣，尤其是戏曲。天津福仙楼当时有戏园，李叔同也因此成了那里一个不折不扣的票友。在此期间，他结识了一位名伶叫杨翠喜。自相识之后，李叔同经常去听她唱戏，散戏后还送她回家。因为李叔同在戏剧方面有着深厚的底蕴，因此两人在戏剧方面有许多共同语言，他还为她讲解其所演绎的戏曲中的历史背景、人物性格，甚至指导杨翠喜舞台身段和唱腔。至于两人最终何种原因结束了这段恋情，不得而知，可能是李叔同身为豪门才子，他的家庭不容许他爱上一个戏子吧！

1901年夏天康有为、梁启超等戊戌变法，李叔同表示支持，当局对他严密监控，形势对他极其不利，为避祸他携家眷同赴上海。在上海的几年，他处于人生低谷，意志消沉，不得不让他对许多事从新思考，这个时期是他思想的蜕变期。此时他与上海滩的名伶名妓们走得很近，与沪上名妓李苹香、朱慧百和谢秋云等结为好友。其中，李苹香的才气颇受李叔同欣赏和喜爱。两人的感情，远远超过了一般的友谊。后来，李叔同进入南洋公学，两人的交往更加频繁，一段缠绵悱恻、风花雪月的爱情也因此展开。但是李叔同母亲病故之后，这段爱情也无疾而终了。同年，李叔同远赴日本留学，两年后在东京留学期间结识了一位名叫福基的日本模特女郎，二人因画结缘，产生感情。

在东京美术学校的李叔同学习的是西洋绘画，其中人体写生是一项必修课，但人体模特却不好找。说来也巧，李叔同房东的女儿名叫福基，其女颇有作模特的特质。于是，李叔同向她发出邀请，福基也同意了。后来两人日久生情，跨越了画师与模特的界限。展开了一段异国之恋。1911年，李叔同学成归国，福基相随。李叔同那时并没有和福基一起，而是把她安置在上海生活，自己则先后在天津直隶模范工业学堂和浙江省立第一师范学校任教。直到1918年，李叔同决心脱离尘世皈依佛门，于是前往杭州虎跑寺出家，至此他和福基这段长达十余年之久的异国情缘也宣告结束。李叔同的才情俘获了一个个女子的心。据说就在他出家后，还有对他爱慕已久的女子去寺里找他，被拒后甚至终身未嫁。

半为艺术半为佛

1918年春节，39岁的李叔同在杭州虎跑寺度过，那时候的他已经萌生了出家的念头。直到这一年8月19日，李叔同正式在虎跑寺出家。出家后的李叔同，内心平静，断绝尘缘过着清修的生活，同时他还积极弘扬佛教。他为振兴律学，将失传七百余年佛教中戒律中最严的南山律宗拾起，深入研修，实践躬行，被后人誉为第十一代律宗祖师。

从李叔同到弘一法师，身份的变化使得他的

声誉更盛。为避开尘世间繁杂的俗世往来，他谢绝一切应酬，掩关静修，但由于名气过盛，慕名求字的人络绎不绝。起初他还婉拒，后来干脆就写佛经给他们，把书法当作弘扬佛法的手段了。抗日战争爆发后，日本人邀请他去日本弘扬佛法。弘一法师听罢，面斥日本人的强盗行径，不与之为伍。日本侵略到厦门时，弘一大师也不躲避，还愿以身殉国，将自己的居室改为"殉教堂"。他不但以身作则，愿意以身殉教，保节爱国，还经常教育众弟子要像他一样。他用自己赤诚的爱国心感动并感染着每一个人。

遗憾的是，他始终没能等到抗战胜利的那一天，于1942年10月13日圆寂于福建泉州不二祠温陵养老院。他在临终前书"悲欣交集"四字以为绝笔，遗偈数篇，于弥留之际分发示友。其偈云：

> 君子之交，其淡如水，
> 执象而求，咫尺千里。
> 问余何适，廓而亡言，
> 华枝春满，天心月圆。

"前世情圣后世僧，半为艺术半为佛"是弘一法师一生的真实写照。他年少即享盛名与富贵，后历家国忧患，品人间悲喜，始终用情至真至纯，终于了悟人世，舍却虚幻，赴身纯粹曼妙的精神乐土。

师范谨严

用"严师出高徒"来形容李叔同与他的学生们，恰如其分。丰子恺记忆中尊师的处事始终秉承着"做一样，像一样"的态度，是个治学态度十分严谨的人。李叔同曾在浙江省立第一师范学校里任教音乐课，经常会在学生进教室之前提前到那里，将点名簿、讲义、笔记簿、粉笔依次有序摆放好，与上课有关的教具也准备就绪，像解开钢琴衣，打开琴盖，摆放好琴谱，在琴上放一只时表，黑板上清晰地书写好了当堂课应该掌握的知识点……当一切都已就绪后端坐在钢琴前等上课铃一响，向学生们深鞠一躬，开始上课。他的这种认真严谨的态度，培育出了音乐教育家刘质平，美术教育家吴梦非、李鸿梁，文学家曹聚仁、蔡丏因、黄寄慧，还有画家丰子恺、潘天寿、沈本千……李叔同门下这些高徒取得的成就也证实了他的这套教学思路和育人方式是可取的。他为中国的艺术和教育事业做出的贡献是无人可替代的。

李叔同在教书育人的过程中因材施教，很有自己的一套办法。有一次，就在李叔同任教的学校，有个学生实施行窃，夏丏尊知道了很着急，作为学监的他请求李叔同给出对策。李叔同建议他以人格感化的方式了结此事，首先向学生认错，理由是学生偷窃是因为老师没有教育好。然后鼓励偷窃的学生站出来认错并承担过错，如果偷窃的学生不肯认错，老师当以毙命来弥补教育的失

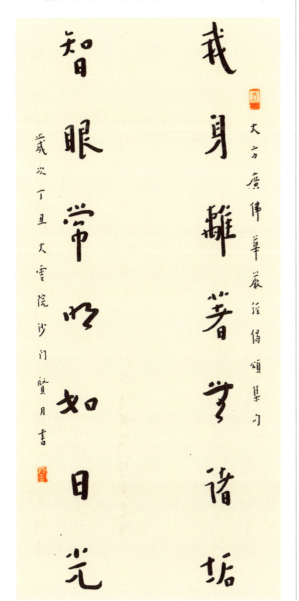

现代·弘一法师
《我身智眼七言联》
立轴　纸本水墨

败。李叔同还强调道君无戏言，话一出口，就当执行。但是夏丏尊始终担心，那个行窃的学生不会站出来，最终没有实施李叔同给出的建议。

"认真"是李叔同一以贯之的态度，有时甚至夸张到"不近人情"的冷漠。他在浙江第一师范任教的时候，屋子外面装有信插，他外出的时候，寄给他的信件就投放在信插里。他的作息很规律，早起晚睡，几乎不改变。一天晚上，他已经睡下，学校的收发员突然敲他房门来送电报，他并没有起身，只是在屋里回话收发员让把电报放在信插里。直到第二天早上，他才打开信插取看电报。一般人都不会理解他的这份"认真"，认为发电报预示着有紧急事情，怎么能耐着性子搁置一晚上呢？但是李叔同认为，今天既已过，紧急之事，总归要次日才可办，倒不如淡然处之。这该是多么超然的心态呢！李叔同在学校里很少与同事有走动的，几乎不去教员休息室。下课后直接回到房间。步伐极快，从不左右顾盼。所以在校园里很少能见到他。即使严冬也不生火，穿得很少，冬天衣服穿得很少，被褥也很薄。此时的生活状况，已有佛门清修之意。

留学日本时，一次李叔同和欧阳予倩约好早上八点在他家会面。由于两人的住所相距甚远，加上因电车耽搁，欧阳予倩就迟到了几分钟。李叔同就拒之不见，欧阳予倩很无奈，只见李叔同跑到二楼打开窗户喊道："你我约的是八点，但是你迟到五分钟，我现在很忙，没时间了，改天再约吧。"说完就关上窗户，欧阳予倩扫兴而归。

据李叔同的友人韩亮侯回忆，他们二人的相识经过也很戏剧化。东京留学的时候，有一次，韩亮侯去听西洋音乐会，一般听此类音乐会，需要着装正式，干净整洁，而在他旁边的观众却衣衫褴褛，与衣着光鲜的名流雅士形成了鲜明的对照，韩亮侯不免有些诧异。散场时，因彼此打了个招呼而熟络起来，这个不起眼的观众就是李叔同。两人聊得很投机，于是李叔同就邀请韩亮侯到家里做客，韩亮侯恰对这个谈吐不俗的"怪人"充满好奇，就跟随去了。过了一会，两人走到一座外表十分考究的西洋式小楼前，李叔同住二层，一进门，韩亮侯大吃一惊：满屋子堆满了

书籍和极富品位的艺术品摆件，最为奢华的是置于屋角的那架钢琴。在他还没有从衣衫褴褛到眼前这一切的天差地别中缓过神来，只见李叔同早已退

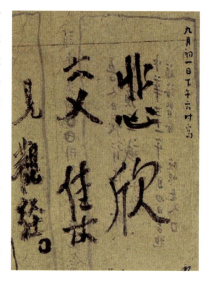

弘一法师绝笔
《悲欣交集》

去刚才的衣服，换上一身整洁、笔挺的西装，邀他外出就餐。但是，自李叔同遁入空门之后直至圆寂时的衣着打扮，几乎一直就是这副令韩亮侯惊诧的破衣烂衫的翻版。

春柳社

李叔同对语言文字驾轻就熟，英语也不例外，他在南洋公学期间就曾精读原本的《莎士比亚全集》，并倾心于西洋戏剧。1906年，他在日本东京编印刊物《音乐小杂志》，后寄回国内发行。同年，他与同学曾孝谷等人倡导话剧的传播，并组织创办中国第一个研究话剧的团体——"春柳社"。

次年二月，春柳社成员闻讯中国淮北遭遇水灾，为筹集赈灾义款，决定在日本组织义演，这也是这个团体迈出话剧实践的第一步，由于当时女演员紧缺，李叔同就反串饰演茶花女玛格丽特，他为了串演女角，不惜严格节食，还剃掉胡须，特意订做了几身女装，很是投入，直到出演茶花女的那天，他自己又把腰束小。身着白上衣和拖地白长裙，两手托裙。丰子恺每每提到尊师在日本创建春柳社，以及扮演茶花女的事，都满脸敬仰。他回忆出演话剧的李叔同照片，头微微向右歪侧，眉头紧蹙，泪眼婆娑，活脱脱把茶花女自伤命薄的神情表现得淋漓尽致。就连这次演出李叔同写的戏单印刷品，都被日本帝国大学图书馆珍藏。

同年七月，李叔同以主角身份又出演《黑奴吁天录》，影响很大。由于剧中有反对民族压迫的内容，此剧还遭到清政府的禁演。

李叔同在留日期间，就加入孙中山领导的同盟会，参与反清革命斗争。1911年李叔同从东京毕业回国后，在上海加入文艺革命团体“南社”，创作了使人振奋的爱国歌曲《祖国歌》《大中华》等。同时他还担任上海《太平洋报》艺术副刊主笔，始终作为一名坚定执着的爱国者为祖国效力。

可谓善知识

李叔同与他同时期的很多文人雅士结下了墨缘。像鲁迅、郭沫若、叶圣陶、徐悲鸿、吴昌硕、王一亭等。在鲁迅先生的日记中曾详述，自己在挚友内山完造[1]家里求得李叔同墨迹时甚为欣喜若狂。认为读书人要以培养自己的器量和见识为首任，以提升自己对社会、对人生的基本信仰和价值观为追求，然后才是学习“六艺”，提升才华。

现代著名音乐教育家刘质平先生是弘一大师的高足之一，据他回忆在弘一生活的那个年代，国民党对弘一法师的大名早有耳闻，为了政治目的，想请他归顺国民党，并为之效力，还请求他用双款为蒋介石书写对联，多次派人劝说，软硬兼施，都被法师拒之门外，最终没有落墨。相反，普通百姓则可以轻而易举地请法师写字，更有甚者，如果在寺院附近的，他有时还亲自给送上门。不难看出大师质朴、善良、慈悲、极具感染力的人格魅力！

丰子恺像

据说著名文学家郁达夫先生曾到福建拜访弘一法师，会面交谈之后，郁达夫竟有个好奇尚异的想法，他也想削发为僧，追随大师。弘一法师微笑着摇摇头，说道：“你与佛无缘，还是做你应该做的事情吧！”并以几件著作相赠。正如爱国是郁达夫毕生的精神支柱，郁氏后来因英勇抗日，惨遭日本宪兵杀害。

徐悲鸿先生一生敬重弘一大师，并曾为其画油画肖像，我们经常可以在弘一大师各种版本的纪念论文集中看到这幅油画。据徐悲鸿的夫人廖静文女士回忆，就在弘一出家后，徐悲鸿曾多次进山探望。有一次，徐悲鸿注意到一棵已枯死多年的树木突然焕发出生命力，很是吃惊，便发感叹：“此树发芽，是因为您这位高僧来到山中，感动这枯树起死回生吗？”大师答道：“不是的。是我每天的精心呵护为它浇水，它才渐渐地活过来。”也许徐悲鸿在弘一肖像画中的题记“以全力诣其极”，就深刻流露出对这位艺坛前辈庄严与慈爱的景仰之情。

柳亚子先生与弘一早年同办过《太平洋报》，弘一出家后，就与柳亚子失去了联系。不过，柳亚子倒是可以理解大师所为，他认为弘一选择出家是拯救苦难大众的另一种形式，同样可敬。1939年，弘一六十寿辰，那时候正值抗战相持阶段，民族命运岌岌可危，柳亚子特意为在福建泉州的弘一写了一首祝寿诗：“君礼释迦佛，我拜马克思。大雄大无畏，迹异心岂异。闭关谢尘网，吾意嫌消极。愿持铁禅杖，打杀卖国贼。”

当时在场祝寿的人看到这首诗，没有不瞠目结舌的，弘一大师坦然一笑，提笔回赠友人：“亭亭菊一枝，高标矗劲节。云何色殷红，殉教应流血。”柳亚子读阅后，不由感慨道：“大师真不愧是博学多才之人啊！”他深深地为弘一的气节和他以身殉教的的决心所打动，不禁感慨：“人生得一知己，不过如此。”

[1] 内山完造（1885—1959年），日本冈山人，1916—1947年一直居住在中国，主要经营内山书店。是鲁迅先生的挚友。晚年从事日中友好工作，1959年9月20日病逝于北京。

笔挟元气风骨苍
——谢无量

谢无量是现代学者、诗人、书法家。他学识渊博，研究范围覆盖了文学、史学、哲学、经学等众多领域，堪称博学深思的学术大师；他著有诗集《青城杂咏》；作为书法家，由于他博古通今，含蕴深厚，兼之具有诗人气质，襟怀旷达，所以表现在书法上就超逸不凡，在书坛独树一帜。

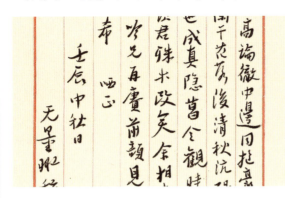

谢无量手迹

蜀中奇才

谢无量（1884—1964年），原名蒙，又名沉，号希范，字无量，原籍四川，后随父迁居安徽。六岁就进入私塾读书，并在父亲启蒙之下开始了他的书法学习。谢无量排斥八股，喜读史书，十岁时就能吟诗作文，所作《咏风筝》一诗备受关注。之后，他又拜在晚清进士著名学者汤寿潜[1]门下，汤寿潜是他父亲的挚交，曾经在张之洞手下任职，与章太炎等大学者交游，主张废八股科举考试。由于汤寿潜是马一浮[2]的岳父，因此，年轻的谢无量与马一浮很早就结识，并成为至交。在汤寿潜的指引下，二人很早就被龚自珍和康、梁的维新思想侵染，并拜读他们的著作。年轻有为的谢无量被当时的有识之士称为"蜀中奇才"。

1901年，谢无量赴上海南洋公学，这段求学经历对他的启发和影响很大。邵力子、黄炎培、李叔同等与谢无量都为同学。课余时间，谢无量

与马一浮、马君武共同创办翻译会社，并出版杂志《翻译世界》，主要翻译世界名著和社会科学书籍。同时期，也为《苏报》撰稿。这时期，谢无量结识了章太炎、邹容、章士钊等人。1903年6月，邹容因著《革命军》被捕入狱，谢无量受到牵连，遂逃往日本赴日留学，次年3月回国，在江浙皖等地任教。1907（1906年？）年应章太炎、于右任之邀赴北京，担任《京报》主笔，每天撰写社论，评论时政。1909年被聘为四川存古学堂监督，兼教授词章，教学之余潜心研究古典文学。同年十月与张澜等一起参加立宪运动，并受托撰写《国会请愿书》。

博学大才多著作

谢无量登高能赋，在学术界声望很高，他的研究范围覆盖了文学、史学、哲学、经学等众多领域，满腹经纶，学识渊博。同时也是传统文化系统研究的先驱，在诗词，书法、文史研究、文

[1] 汤寿潜（1856—1917年），原名震，字蛰先（或叫蛰仙），浙江萧山人。清末民初实业家和政治活动家，是晚清立宪派的领袖人物，因争路权、修铁路而名重一时。他的遗言"竞利固属小人，贪名亦非佳士"可谓自己一生写照，他对中国近代化发展做出的贡献将永留史册。

[2] 马一浮（1883—1967年），名浮，字一浮，浙江会稽（今浙江绍兴）人，中国现代思想家，与梁漱溟、熊十力合称为"现代三圣"，现代新儒家的早期代表人物之一，原浙江大学教授。于古代哲学、文学、佛学，无不造诣精深，又精于书法，合章草、汉隶于一体，自成一家，丰子恺推崇其为"中国书法界之泰斗"。

物鉴赏等方面都允为一代大家。

其中，谢无量的历史观在其所著的《中国大文学史》《中国六大文豪》《平民文学之两大文豪》《中国妇女文学史》几部文学史著作中得到了充分展现。他论述问题的深度和对事物客观公正的评价，得到了众多学者的认可和赞许。

不仅如此，谢无量还开创了我国中学语文教材以单元组织课文的先例。编写了《国文教本评注》，进行教材的大胆革新，使得教材的助读系统明显地得到扩充，以期提高学生的阅读能力，领悟文章构思安排。

谢无量在哲学史方面也有很高的造诣，在他的著作中既有详尽的记言叙事，也有对历史名人中肯的评论。代表作品有《中国哲学史》《孔子》《韩非》《王充哲学》《朱子学派》《阳明学派》《佛道学说诠解》等。

除此之外，在思想史的研究和探索中，谢无量涉足的方向也很全面，在政治思想方面著有《古代政治思想研究》，经济思想方面有《中国古田制考》，以及在道德思想上也有深入研究，著有《妇女修养谈》。

1919年，五四运动期间，谢无量积极响应新文化运动的思潮，著有《马致远与罗贯中》《楚辞新论》《古代政治思想》三种。受到鲁迅先生的认可和孙中山先生的称赞。

谢无量像

少年"白丁"任校长

1909年，时年25岁的谢无量以少年"白丁"的身份，担任成都"存古学堂"监督（校长），一时"蜀中才子"的事迹被传为佳话。那一年正值清政府宣布废除科举制度，取而代之的是"保存国学"，于是在全国兴办七所"存古学堂"，成都就在其中。刚开始，很多有才之士对谢无量还不屑一顾，对他的能力存有诸多疑虑，故意提出很多问题诘问谢无量，想以此刁难。不料经过一番交谈后，结果令他们始料不及，眼前这位举止洒脱的青年男子，竟然能引出数家经典从容应对，举证广博，言辞精准，对答如流，令众人心悦诚服。他渊博的学识在很大程度上得益于1902年南洋公学解散后他前往杭州文澜阁大量阅读四库书籍的积累。经乔树楠、周紫庭等人的力荐，少年"白丁"的谢无量担任成都"存古学堂"校长便顺理成章。谢无量上任后，干劲十足，锐意进取。并聘请了曾学传、刘师培、吴之瑛、罗时宪、廖季平等知名学者任教，学校所设科目除理学、经学、史学、词章外，还增设了地理、算学、医学、英语等新学科，他还亲自任教理学，四处为学校搜求各类古籍以备教学之用。为"存古"尽心擘划，一时之间，成都"存古"风气盛行。因此，学校培养了不少人才，如蒙文通、陈志学、刘晦愚、杨子敬等都毕业于此。"桃李竞芳誉天下"，蜀中一带的学子都以在这英才辈出的学府就读引以为荣。最有趣的是，谢无量还被称为"比学生还年轻的校长"，是因为在学堂里比他年长的学生大有人在，尽管谢无量当时还年少，但是在成都一带的学术界内，他的排行绝对是泰斗级别的。

一品香里穷风流

谢无量天资聪慧，读书一览成诵，出口成章，才思敏捷，下笔极快。虽然他名望很高，然而在生活中却很随意，不滞于物、不拘礼节，行为极其风流萧散，与魏晋时期名士们所具有的那种率直任诞、清俊通脱的行为风格颇为相似。

谢无量出手阔绰，挥金如土，尽管担任主讲席长达十年之久，但是并没有什么积蓄，经常囊空如洗。他每年都会去上海小住一段时间，每次去了按惯例都住在"一品香"。妓院、赌场也是他常常光顾的地方，不分昼夜，不到人光、钱光、天光不肯罢休。

谢无量与其友曾通一长时间定期入住"一品香"，积欠房租多达一千余元，二人无力结算一直拖欠，这在当时可算是一笔巨额欠款。"一品香"老板去世的时候，临终还不忘嘱咐："就不必索还谢无量和曾通一两人的负欠了。"商人一向看重利益，但是涉及到文人，定会对他们油然而生敬重之意，只是不曾想到谢、曾二人竟然会为如此庸俗之事获得这般优待。

赌场拜师

在谢无量任监察委员的时候，经常去上海小住，去时必赌，只是逢赌必输。当时上海法租界有一家轮盘赌很有名，可谓"蜚声国际"。谢无量就时常光顾于此。

有一次，他已输得身无分文了，还不愿离开，突然看见邻座一位女子的桌子面前放着很多筹码，毫不客气就顺手拿来几个下注，但很快又输光了，就这样反复几次，一直没有翻身。谢无量与那位女子萍水相逢，唐突强取女子赌注，刚开始那女子还以为他是赌场的流氓无赖一类的人，正要训斥几句，但仔细一端详，发现此人面貌和善，气度非凡，不像下流之辈，就转声问道："先生您贵姓？"谢无量一心只顾在轮盘和筹码上，并没有答她。女子又问，谢无量才淡然答说出自己的名字，那女子一听脸色大变，笑道："天啊！原来是大诗人谢无量先生，久仰久仰！"说完，把自己所剩的筹码，全供给诗人做赌注，直至输光为止。原来这位女子，对谢无量大名早有耳闻，幸得赌场邂逅，一睹风采，女子毫不犹豫，当即就拜他为师，立志要跟他学作诗。

澡堂戏友

谢无量与其友曾通一同为四川同乡。无独有偶，他们两人的不自拘检、怪诞行径，不相伯仲。曾通一是章炳麟的弟子，两人每次相约一同赴上海游玩，都要一起住在"一品香"。有一

次，两人赤贫如洗，困在宾馆，百无聊赖，曾通一突然对谢无量说："很久没洗过澡了，非常不舒服，如何是好呢？"谢无量答道："我昨天刚借了点钱，用来洗澡的话足以应付。"曾通一听了很高兴，于是两人一起去了澡堂。曾通一最大的爱好，就是每次洗澡必然要擦背，直至全身脉络打通。等他享受完后，才发现谢无量早已无影无踪，一听说洗澡钱还没付，他心里直着急，幸好算得上是澡堂的老顾客，老板允许他下次结算。曾通一终于松了口气，刚要穿衣服时，发现裤子也已经被谢无量拿走了，无奈只能暂且把短衫当裤用，两脚插入袖子中，上身披了一件空心长衫，狼狈而归。途中却不巧遇见同为监察委员的王陆一，王陆一坚持邀请曾通一吃饭，边说边把曾通一拉入一家酒楼，当时正好是炎热的夏天，王劝曾脱去外套，曾通一支吾半天推辞没脱，王以为曾是不好意思太过拘束，趁曾通一没注意，就上前强行为他解开纽扣，谁也没想到，这么一脱，曾通一的上身就赤裸裸地暴露在大庭广众之下，真是令人尴尬至极，哭笑不得。

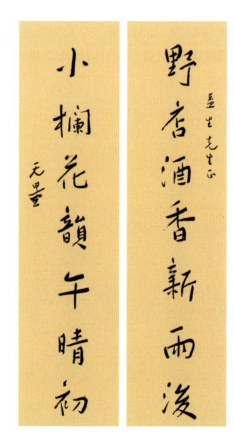

现代·谢无量
《野店小栏七言联》
对联　纸本水墨

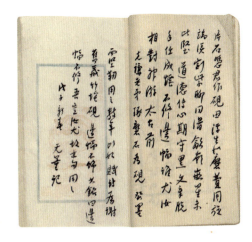

谢无量手迹

孩儿体

"谢无量博古通今，含蕴深厚，兼之具有诗人气质，襟怀旷达，所以表现在书法上就超逸不凡，在书坛独树一帜。" 这是吴丈蜀[1]于《中国书法鉴赏大辞典》撰写谢无量一节中，对他的书法艺术作出的精准评述。由于谢无量受山居生活的影响，和长期对老庄思想研究的熏陶，他的书法随性而起，听任自然，毫无拘束，因此，被书法界誉为返璞归真的"孩儿体"，乍看东倒西歪，像是小孩子信手涂鸦；仔细看的话，这些东倒西歪中透出一股天真灵气，单个字苍劲挺秀，列阵成篇且绰约多姿，出神入化的笔法集各家之长于一炉，能融会贯通，博采众长，创造出自己的书体，确立了在中国书史上独有的流派。

20世纪50年代，全国知名书法家齐聚北京献书艺，谢无量名副其实当属一流。他的墨迹被很多人视为珍宝收藏，日本学者也有不少专门研究谢无量的书法艺术，对他更是推崇备至。

然而谢无量本人却不以书家自称，他只承认自己是一个学者，他认为书法和诗只是抒写自己胸怀的一种方式。他真正花费在书法上的时间多是用于读帖，与鲁迅同属一类"书家"，他们的书法好像是不讲求法，而那些耐人回味的东西却自然随意地从字里行间流露了出来。如果完全从"法"的角度来讲，其书作中也存在不少任笔为体的细节和个人的习气，但与处处讲究法、笔笔讲究来历的作品相比，有更深的耐人寻味的意趣。这种书法艺术中的"自然天真"之气源于他的学养、天分和对书法艺术本质的超悟。欣赏他的书作，一眼看不出其所宗，反复体味中便发现他同时继承了晋帖的气韵生动和南北朝碑刻书法的质朴自然，同时也受了些沈曾植书法的影响。他的字神采飞扬且有安静自在，运笔如行云流水，天趣盎然。"言有尽而意无穷""聊以自娱耳"用来阐释谢无量的书法也未尝不可。

据高伯雨回忆，早年他在上海的时候，有一次与谢无量同去赴宴，谢无量酒后醉酣之时，人们趁机请他挥毫落墨。谢无量来者不拒，眉开眼笑地一一应对。那时期，他的书法作品从不钤印，落款往往是"梓潼谢无量"，或只写"谢无量"三字。有人对他讲，写字绘画需盖印，否则如美人有目无眉，姿态欠佳。谢无量却有自己的一套说辞，他认为如果用印章来证明字画的真伪，或为之增色，那字画本身就有问题了。直到1938年，他在香港时，赠人书作，照例不钤印，虽然他有好些个出自名家之手的印章，但是几乎用不上。于右任对谢无量书法甚是推崇，曾经作出"笔挟元气，风骨苍润，韵余于笔，我自愧弗如"的评价。沈尹默也曾称赞他的书法是有魏晋之遗风，笔力扛鼎，奇丽清新。显然，谢无量作为书法界中的革新派，是书法创新的先驱。其书法艺术的外在呈现是基于诗人内涵的升华，完全是功力和修养达到炉火纯青之境的自然流露，是"美"与"真"的外化。

1960年8月，国务院聘请他为中央文史馆副馆长，知识界同仁齐声称善，拍手叫好。1964年12月，谢无量在北京医院病逝，享年80岁。一代才人与世长辞，海内嗟叹，英国《泰晤士报》也对他的去世发出报道，表示悼惜。同时，马一浮也为友书挽联哀悼：

在世许交深，哀乐情忘，久悟死生同昼夜；
乘风何太速，言语道断，空余涕泪洒山丘。

[1]吴丈蜀（1919—2006年），字恂子，别署荀芷，生于四川泸州。当代著名学者、诗人、书法大家，主要研究方向为中国古代文学，侧重于古典诗词格律研究。曾任湖北文史研究馆馆长《书法报》社社长，湖北省书法家协会副主席。

◎笔挟元气风骨苍●谢无量◎

泪湿神州美髯翁

——于右任

于右任是国民党元老，曾任国民政府监察院长。擅长诗词书法，所创"标准草书"深受海内外学人欢迎。著有《于右任诗词集》《标准草书千字文》等。复旦大学、上海大学、西北农林科技大学的创办人、校长，中国近现代高等教育重要奠基人之一。

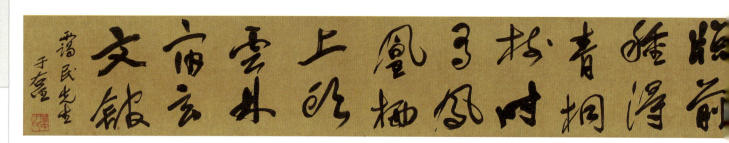

现代·于右任
《行书七言诗》
手卷　纸本水墨

旷代草圣

于右任（1879—1964年），原名伯循，字诱人，陕西三原人，祖籍泾阳，是我国近现代政治家、教育家、书法家。尔后以"诱人"谐音"右任"为名；别署"骚心""髯翁"，晚年自号"太平老人"。他从小就跟随毛汉诗先生临摹学习书法，把握金石碑版的精髓，终练就了其雄豪婉丽、冲淡清奇的书法风格。到了晚年，他的草书更进入到超凡入圣的境界。于右任的草书集章草、今草、狂草于一身。他还积极推崇标准草书"易识、易写、准确、美丽"的原则，作到笔笔随意，字字有别，大小斜正，恰到好处。所以"旷代草圣"的称谓就是这样来的。

卅载功名清风袖

于右任一生追随孙中山先生。在民国政要中提起于右任无不佩服得五体投地。于右任虽做高官、享厚禄，但他几乎是穷了一辈子。他一生粗茶淡饭，勤俭节约，穿的衣服都是由他的夫人为他缝制的，这个传统一直保持着，直到他去世。

在30年代，他偶患伤寒，经上海的名中医陈存仁治愈，他无钱付诊费，于是亲书一帖怀素体的《千字文》赠之。于右任对陈说，我一小公务员，所挣薪水只能够应付家里的基本花销，哪里还有钱放在身上。别看我有一个"褡裢袋"，那里面装的只是我的两枚图章而已。有时需要应付场面的时候，拿出来用一用罢了。1948年，于右任竞选副总统时，这两枚图章可起到了相当大的作用，选票都是靠它们拉来的。于右任一生注重名节，晚年病重时，连住院费都交不起。于右任于1964年11月10日在台湾病逝。死后，人们整理他的遗物，竟然发现他的箱内既没有股票证券，也没有贵重财物，多为生前重要日记和信札，以及一些借款账单，还有夫人高仲林早年为他缝制的布鞋袜。这件事被人们广为传颂。

爱自由如发妻

于右任从小就很不幸，两岁丧母，由伯母房氏抚养，后在私塾就读，聪慧而好学，1895年考上县学，成为秀才，1898年参加岁试，以第一名成绩补廪膳生，出任陕西学政。后因诗文出众，深得叶尔恺激赏，并借书《出使四国日记》于右任，让他阅读，通国际形势。这很可能就为以后他成为一名政治家做了铺垫。后来担任国民政府高级官员，系同盟会、国民党的元老，近代民主革命先驱与刘觉民一起创办复旦和中国公学，并筹办《神州日报》《民呼日报》《民立报》，以宣传资产阶级革命主张。

他非常拥护光绪皇帝实行新政，曾经上书岑春煊，要求他"手刃西太后"，后被好友劝阻才罢。他面对清王朝政治腐败写下了不少忧国忧民、抨击时政的诗篇，痛斥慈禧太后"女权滥用千秋戒，香粉不应再误人"，自编成《半哭半笑楼诗草》。更激动的行为是右任中举后，特地到照相馆拍了一张赤裸上身，披散长发，右手提刀的照片以明志，还即兴写出一副对联贴在身后做背景：

换太平以颈血；爱自由如发妻。

他的这幅"革命造反披发像"及"反诗"诗集后来落到了官府，后以"昌言革命，大逆不道"的罪名上奏朝廷，清廷下令缉拿右任。亲友得知便急速向他报信。恰巧，西安的电报局和路驿均发生故障，致使清廷缉捕的公文反比于右任的家信晚到，他才幸运逃离开封到上海。右任作为一个思想激进分子，面对当时的国情，碰壁甚至面临危险是很正常的事，不过他临危不惧，敢于直面现状的勇气实为我们钦佩。

拜识马相伯

于右任逃亡上海后，连夜进入法国租界，住

于右任像

进一小旅馆。一为安全，二为便宜。他揣四块钱竟度过了漫长的一个月。生活虽然艰辛，但他积极向上的心还在不停跳动。于是他做出了第一个革命行动，就是剪辫子。并通过各种渠道，广泛收集和阅读传播进步思想的出版物。如邹容的《革命军》、章炳麟的《驳康有为书》、陈天华的《警世钟》等，这些进步的革命书籍，使于右任接触了当时中国社会最进步的思想，依稀看到了中国的希望和前途。在上海他还有一段这样传奇的经历：于右任一向很佩服马相伯，很崇敬，早就想拜识先生。终于有一天他与马相伯见面了，马先生对右任很是热情，并一再言明，学校决定破格免收他的学膳、杂费，接受右任入震旦学习。从此，于右任进入震旦就学。为了防止意外于右任名更为"刘学裕"，一边读书，一边替马老做事。对于右任的故事，他深情地说："亡命时期的行为是不可以用常情常理来解释的。"确实如此，人得适应社会，跟随社会大趋势发展。

创办复旦

时间就像流水，于右任在震旦大学一晃一年就过去了。光绪三十一年春节，震旦马校长不幸病倒，法国传教士以马先生病体不支重任新校长，其实醉翁之意不在酒，事实上是教会对马先生评论时事，宣传革命极不满意。所以那个黄发校长一到学校，就变动人事，强迫学生上宗教课程，唱天主教圣歌，早晚祷告，制定出一套严厉的校规来限制学生，不许谈论时事、不许结社，不许看进步书籍，等等。就连个人生活自由也要管制，所以学生们强烈不满，大批退学以示抗议。

马相伯先生和进步学生从此脱离震旦，挥泪离开了徐家汇，为了同法国教会抗争到底，马相伯先生采纳于右任等学生的建议，决定再办一所学校："复旦"，此名源于右任，他建议用《尚书大传》中"日月光华，旦复旦兮"的名句，取名为"复旦"，意在自强不息，"复旦者，即表示不忘震旦之旧，更含复兴中华之意。"后征得大家的一致同意，并一致公推于右任等七人为筹备委员。后于右任出钱、出关系并聘用马相伯、叶仲裕、邵力子等共同另行筹组复旦公学（现复旦大学），1905年中秋节正式开学。后很多反日回国的留学生就读于新学校，为反清革命造就了大批人才。

为民吁天

于右任作为进步人士，曾多次创刊，他的不屈不挠精神和行为让人尤为钦佩。1907年4月他创办《神州日报》，担任社长。创刊不久，广益书局失火，祸及报社。重新复刊时，因内部意见分歧，他退出该报。他于1909年5月15日创《民呼日报》，再任社长。此报"以'为民请命'为宗旨，有大声疾呼的意思，故曰'民呼'。"该报问世以后，文章大部分是以宣传新民主、揭露清王朝黑暗统治为主的，配上幽默又富有深意的漫画，受到了大家热烈的推崇。正因如此清政府对《民呼日报》和于右任恨之入骨，于同年8月3日将他拘捕。后进步人士违于君之意停刊，于右任才得以释放，可是出狱的他并没有屈服，10月3日又创刊《民吁日报》。他顽强地表示，即使双眼被挖，仍要为民吁天。可是清政府总是千方百计找于的麻烦，不久，租界又以该报报道朝鲜爱国志士安重根刺杀伊藤博文的文章"有损中日邦交"为借口，再次将于拘捕，可是于右任两进两出监狱，并没有被清狱所吓倒，他出狱之后，计划办一规模更大的报纸。在诸多爱国人士的资助下，1910年10月11日，以他为社长的《民立报》问世。后他以"骚心"为笔名，在《民立报》先后发表300多篇文章，对清王朝的统治进行了猛烈地抨击。报章杂志作为一种进步文化宣传形式也感动和激励了众多学子。毛泽东曾说："我在长沙第一次看到的报纸《民立报》，是一份民族革命的日报，这报是于右任先生主编的。"可见，于右任先生的影响力之大。

报国烈士身

于右任在为国家的命运奔走过程中，曾担任过很多职务，扮演过很多角色，为此也做出了很大贡献。南京临时政府成立，他被任命为交通部次长。1912年他随同孙中山辞职办报。"二次革命"失败，又从事反袁斗争。袁死后他又任陕西靖国军总司令，指挥这支武装。1922年协助孙中山进行中国国民党的改组工作，并任东南高等师范专科学校（后改为上海大学）校长，上海大学很快成为第一次国共合作时期在国内很有影响的一所大学。1924年1月，于出席中国国民党一大被选为中央执行委员。当年12月31日，孙中山抱病到京，命于右任和汪精卫等组成国民党中央北京政治委员会，处理北方国民党事务。1926年1月，中国国民党二大会上，他继续当选为中央执行委员。1926年"三一八"惨案发生后，于右任筹款安葬死难和抚恤受伤学生。当年9月17日在绥远五原任国民军联军总司令，国民党和国民政府副总司令。1927年2月将西北大学改建为西安中山学院，创办了西安中山军事学校，为革命培养人才。

1930年11月，右任在南京出席国民党三届四中全会，会上他被推选为国民政府委员兼监察院院长。第二次国共合作期间，于右任与中国共产党保持着良好的关

《关中于氏》
《于右任》

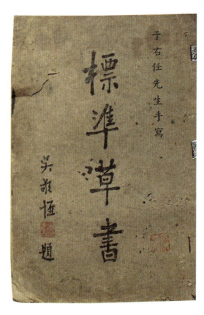

于右任著《标准草书》

系。于右任还为《大公报》撰文，首倡将对中国含有蔑意的地名"印度支那半岛"改名为中南半岛。综上所述来看，于右任就像一个螺丝钉，不停地在转，不停地在为国家的前途和命运发光发热，可以说为国为民死而后已。

夜里开火车

于右任是一个有担当的人，中华民国元年，在他担任交通部副部长时，为国家做了一件大事——开创沪宁铁路夜间行车，这是中国火车夜行的首创。其实，在任职期间他为事业付出了很多，当时，许许多多的工作摆在面前，为了处理好交通部每日大量的烦琐事务，他经常废寝忘食，胡子一连数日不刮，竟然胡子都飘拂到脖颈

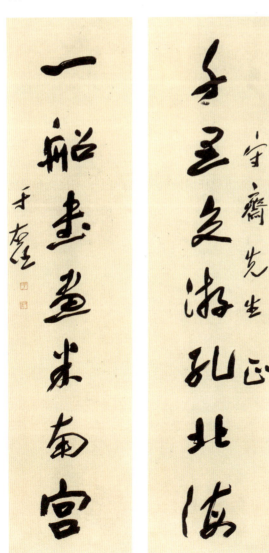

现代·于右任
《千里一船七言联》
对联　纸本水墨

以下了。同事们以"美髯公"称呼，后来"髯翁"之名大概由此开始吧。可是尽管如此，于右任也是忙得不亦乐乎，因为他的工作做得有意义，生活过得很充实。

西安事变宣慰使

于右任是知识界、军界、政界的大人物，故蒋对于右任很尊敬。也因此蒋选右任作了第三任监察院长。事实上，在一些事情上于也多有不满蒋，办事也有吃力不讨好的情况发生。如在"西安事变"中于亲自赴陕"宣慰"，最终还是招蒋的不满。具体情况是这样的："西安事变"发生后，国民党中央政治委员召开会议，讨论让于右任出面解决这个问题，因为杨虎城是于右任的老部下，事件又发生在西北，所以后由于右任任宣慰使，以"宣慰"之名赴陕西招安，见机行事，搞分化。于是当天，于右任就向张、杨发出电报，要求他们保证蒋的安全，避免战祸，并说明了自己即将赴陕的原因："中央命我入陕，因思东北与西北之将领子弟，情均骨肉，使我动无穷之感念。西北甫有生机之人民，此时之情，当更可悯"。第二天，于再次给张、杨发去电报，再次说明"我奉命入关，盼派人见我一详言也。"后张、杨回电于右任，表明"兵谏"是为抗日救国，为功为罪，听候国人处置。至于于要以"宣慰使"的名义来西北，则婉言谢绝。最后在中国共产党帮助下，"西安事变"和平解决。即便这样，蒋介石在机场看见于右任便以"张汉卿年轻，但杨虎城是于先生的部下，竟能如此，实出我之所料。"责备于他，此时，对于于右任来说真是无奈和委屈。

三番我就和了

现实生活中的于右任也是很幽默的一个人，有一次在成都乘汽车返回重庆的路上，出了一点小小的意外，乘坐的汽车冲出公路，跌入悬崖。但是这次事故有惊无险，只是擦伤一些，并无大碍，可是当局考虑到他年纪太大，为防万一，便送往医院治疗、观察。一天，蒋介石派秘书来医院慰问于右任，他双眼一闭，假装睡着了。这位

秘书微微一笑，蹑足来到于右任病床前，轻声问道："院长，您的身体好些了吗？委座特地派我前来看看院长，您老受惊了。"于睁开眼看了下秘书，未说话，随即又把眼睛闭上。

可是老蒋的秘书很有耐心，也很幽默，继续微笑着问："院长，听说您的汽车从山上掉下来时，在空中翻了好几个跟斗，当时您的感觉如何？车子一翻时您老的感觉怎样？"说完于没反应，又说："二翻的时候又如何？"此时，于还是默不作声，待秘书说："三翻呢，又如何？"话音刚落，任突然睁开双眼，瞪得溜圆，一把掀开被子，猛地坐了起来，大声嚷道："三番（翻）我就和（活）了！"由此话来看估计于善打麻将，看来蒋的秘书还真是有一套！

吴南轩作东

于右任在对对联方面是一位高手。一天，于右任和郭沫若一起邀请吴南轩到北温泉议事。当时酷暑难耐，吴南轩便想买一西瓜解渴。于右任才思敏捷笑着对郭、吴说道："游北温泉，吃西瓜，吴南轩作东。"之后郭、吴两位大文人无佳句以对。当天于、郭两人搭公共汽车返市区，车到上清寺时售票员说："到上清寺的乘客请在这里下车。"于忽听此言，灵感一来，并作上联曰：到上清寺，请下车，于右任朝左。其实于就住在上清寺的左边。此联中亦含有上下左右四个方位词，天衣无缝。吴、郭听后对他的才艺赞不绝口。

铭心之痛

我们都听过《望大陆》：

葬我于高山之上兮，望我故乡；故乡不可见兮，永不能忘。

葬我于高山之上兮，望我大陆；大陆不可见兮，只有痛哭。

天苍苍，野茫茫，山之上，国有殇。

这是于右任1962年1月24日写下了的悲情诗，字里行间透露着他刻骨铭心的身世之痛，

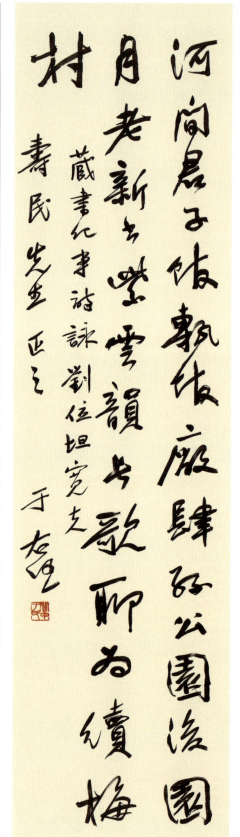

现代·于右任
《藏书纪事诗》
立轴　纸本水墨

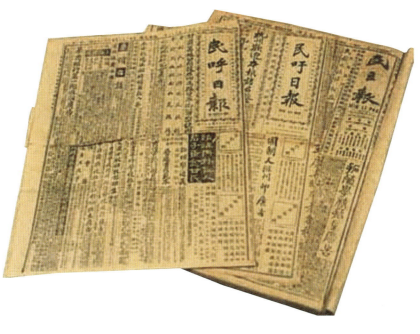

《民吁日报》等

怀乡思国之情以及盼望祖国统一的愿望。为什么于右任有如此悲情之作，让我们走进历史：新中国成立前夕，蒋介石见大势已去，试图抢夺钱财与人才逃往台湾。毛泽东和周恩来等对文化名人的去留极为关注，其中就有于右任老先生。当时，中共打算在渡江占领南京时，派飞机接于来北平，并与很多仁人志士一道组织新政协。当中共人士屈武刚到南京时，还是来晚了一步，于已被何应钦派人强迫接到上海，后又把他接往香港，随后转往台湾。从此，任的原配夫人高仲林、长女于芝秀等亲属仍留在大陆。到他暮年孤独无依，深念亲人，渴望叶落归根，抑郁苦闷，无以释怀之际，便写下《望大陆》。

指头之谜

《望大陆》写下两年之后，1964年8月于右任因病住院。一天，于的老部下杨亮功去医院探望他，因于于老喉咙发炎，无法说话。杨便拉着他的手说："院长有什么事情吩咐我？"于右任先是伸出一个指头，后又向杨伸出三个指头，杨猜测了几个答案都被于摇头否定。杨只好说："院长，等你身体好一些后，再来问你刚才表示的是什么意思，行不行？"于点了点头答

应。此后，于的病越来越重，于1964年11月10日与世长辞，享年86岁。他没有留下任何遗言，后他的遗体被埋葬在台北最高的大屯山上，并在海拔3997米的玉山顶峰竖立起一座面向大陆的半身铜像。此刻，在天堂的于终于可以了却登高远眺故土的心愿。此后，一个指头、三个指头，一直是一个谜。后来，陆铿猜测为："将来中国统一了，将他的灵柩运回大陆，归葬于陕西三原县故里。"假如此为真，那么《望大陆》可以得到诠释！

探究草书圭臬

对于草书的组织系统及结构规律的认识，于右任做出了重要贡献。他是发现草书构成规律（秘诀）和符号者的第一人。20年代末起，当时的于先生已开始研究草书。1935年夏，他从暨南大学毕业后进入草书社工作，并任社长，并亲自主持工作，"整理那千头万绪、茫茫无所归的草书"，使草书研究有了专门的机构，为草书标准化、规范化提供了可靠的组织保证。草书社同仁还对草书法帖集体研究，逐字比对，在前人积累的零散经验的基础上，发现了普遍存在的共同"代表符号"在草书中的重大作用，完成了标准草书的系统化、理论化工程。标准草书"解开了草书古今难传之谜，揭示了草书制作与普及的秘诀"。

于右任所创立的"标准草书"影响深远，《标准草书草圣千文》问世以后，在我国书法界引起了强烈的反响，得到了很多学者的一致肯定和赞扬。但他对"标准草书"精益求精，先后又出版了八个修订本，及第十次本，目的是使它更好地为国民所利用，可以说《标准草书草圣千文》是他全部心血和精力的凝结。

老树逢春也着花
——沈尹默

沈尹默早年留学日本，后任北京大学教授和校长、辅仁大学教授。沈尹默的书法主要受益于二王、米芾等，且对唐代诸家以及魏碑、汉碑都有涉猎。他精于用笔，清健秀润，自成一家。

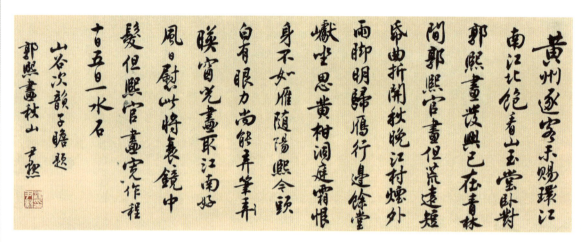

现代·沈尹默
《行书张丑诗》
横批　纸本水墨

竖起脊梁绝倾倚

沈尹默（1883—1971年），中国著名书法家、教育家，早期尝试派诗人。其原名本为君默，后改为尹默，字中，号秋明，是浙江吴兴（今湖州）菱湖镇人。他在书法方面的艺术成就卓著，著名文学家徐平羽先生认为他"超越元、明、清，直入宋四家而无愧。"已故著名书画鉴定专家谢稚柳教授更是对他青睐有加，赞誉道："数百年来，书家林立，盖无人出其右者。"已故国文研究所所长、台北师大教授林尹先生甚至将他的书法定义为"米元章以下"。沈老在文化方面也颇有建树，曾以创作的诗歌在新文化运动中产生重大影响，被鲁迅先生的夫人许广平称赞道："北平文化界之权威以三沈二马二周[1]为最著名。""三沈"指的就是沈尹默和他的兄弟沈士远[2]、沈兼士[3]，他们都是当时北平大学著名教授和学者。

沈尹默出身于书香门第，其祖父和父亲都在陕西做官。他5岁开蒙，教导他的老师是一位年过七十的秀才，老先生爱好诗歌，常将《千家诗》中的名句教他吟诵。8岁开始练字，他临摹碑帖极为认真，写得好时就常常得到老师的夸奖，因而对写字的兴趣也就愈来愈浓。15岁时就能够为人写扇面了，曾遵从父亲的命令书写30柄带骨扇。年轻时曾就读于嘉兴师范。1905年，与族兄弟沈士远、沈兼士一起去日本留学。

1913年，经胡仁源的推荐，30岁的沈尹默任

[1]三沈二马二周：五四时期，北京大学有"三沈"，即沈兼士、沈尹默、沈士远三兄弟，有"二马"，即马叙伦、马裕藻兄弟，有"二周"，即周树人、周作人兄弟。马裕藻，曾经担任北大国文系教授、系主任。他提出的以审定字音时使用的符号作为"注音字母"成为中国第一套汉字注音方案。马叙伦是现代学者、书法家，曾任政务院文化教育委员会副主任、中央人民政府教育部部长、高等教育部部长等职。
[2]沈士远（1881—1955年）著名学者，庄子专家。曾任北京大学预科乙部教授、北京高等师范学校、燕京大学教授。"新中国成立后，任故宫博物院文献馆主任。
[3]沈兼士（1887—1947年）中国语言文字学家，文献档案学家。北京大学、清华大学教授。在五四新文化运动中，倡导并写作新诗；在训诂、文字、音韵、档案学等领域建树颇丰。

北京大学中文系教授，主要讲授诗词等，后来又任北平大学校长。1917年1月，刚正式出任北京大学校长不久的蔡元培，亲自到译学馆拜访了沈尹默并围绕如何革新北大进行一番交流，这令他非常感动。五四运动期间他积极从事新文化运动，支持学生活动。作为《新青年》杂志的编辑之一，积极倡导白话诗，并同胡适、刘半农在《新青年》上尝试新诗的创作，他在《新青年》上发表的许多白话诗以自己的亲身实践为新诗的创作树立了典范，作品《月夜》可以说是"具备新诗美德的第一首散文诗"，他同时被誉为新文化运动新诗创作"三巨头"（沈尹默、胡适、刘半农）之一。

苦学成大师

沈尹默在书法上的造诣非常高，是继清末何绍基后，唯一收入《辞海》的人。1906年夏沈尹默归国，回到故乡湖州，开始为商界书写店号并受到人们的喜爱。次年，仅25岁的沈尹默到浙江高等师范学校教书。在杭州教书期间，他结识了青年诗人刘季平，二人关系十分友好。

一年重阳节，刘季平同沈尹默两人喝酒，

沈尹默像

沈尹默酒意正酣，即兴创作了诗《题季平黄叶楼》，刘季平听后十分喜欢，遂请沈尹默书写下来，贴在了自己的书房里。几日后，陈独秀去探望友人刘季平，看到书房里新贴的书法和诗，便萌生了结交作者的想法，他打听沈尹默的住所进行了拜访。见到沈尹默，陈独秀开门见山地说："我叫陈仲甫（陈独秀原名），在刘季平家看到你写的书法和《题黄叶楼》的诗，诗作得很高雅，我很欣赏，就是这张字，写得俗气了。"初次见面的陈独秀如此直奔主题，直率地提出自己的看法，令沈尹默一开始感到有些难堪，但后来一想感觉陈说的的确在理，自己的字笔法软弱，没有骨气，应该好好改进。

自此之后，沈尹默更加发奋钻研书法并立志要改正以前的错误。每天清晨起床之后，就开始练习。他认为自己的书法之所以不见骨气是由于自己不能悬腕且习气很重。于是先从执笔改起，每天坚持不懈地进行练习，指实掌虚，掌竖腕平，肘腕并起。他还用方尺大的毛边纸，临摹汉碑，用淡墨在每张纸上写一个大字，写完一张就丢在地上，如此写完一百张后，最初用的纸早已干透，他便再拿起来继续写，以后还在写过的纸上练习行草。他初学褚遂良，接着遍习晋唐和北宋各名家，他尤为喜爱苏轼、米芾及二王的字。十分注重笔法的他，每写出一笔，就要凝气练习，毫不懈怠，就这样不停地练习了两年多，终成一代书法大师。

沈尹默工楷、行、草书，尤其擅长行书。用笔清圆秀润，骨法劲健遒逸，颇有二王的神韵。他反对模拟前人，其作品大都风格清俊秀朗，气质雅美。浙江美院陆维钊教授十分欣赏沈老的书法，曾说："沈书之境界、趣味、笔法，写到宋代，一般人只能上追清代，写到明代，已为数不多。"代表作品有《历代名家书法经验谈辑要释义》《二王书法管窥》等。

鲁沈知交

沈尹默与鲁迅先生在杭州相识，经由弟弟沈兼士的介绍，当时两人志趣相投，互相欣赏。

后来经许寿裳[1]推荐,鲁迅在北平教育部任职,沈尹默则应蔡元培之邀,离开杭州到北大任教。之后,鲁、沈又共同为《新青年》杂志撰稿。五四前后,他们来往甚密,或交流诗文或一起拜谒前辈,相处得十分融洽,成为莫逆之交。胡适一度想排挤刘半农,进而独揽《新青年》编辑大权,但因沈尹默和鲁迅等人的坚决反对而没能实现。

北京女子师范大学风潮爆发后,沈尹默和鲁迅、钱玄同等联名在《京报》发表代学生拟的呈教育部文《对于北京女子师范大学风潮的公开信》,公开支持学生向反动势力作斗争,赢得学生的景仰和正义之士的支持。

至20世纪30年代,鲁迅因与胡适、钱玄同、刘半农意见不同而疏远了,但依然同沈尹默保持联系。在编印《北平笺谱》需要题词时,搭档郑振铎建议让刘半农、钱玄同来题,但鲁迅坚持由沈尹默、沈兼士昆仲(兄弟)来做。由此可见鲁迅先生多么看重沈尹默啊。沈尹默曾写诗一首怀念鲁迅:

> 雅人不喜俗人嫌,世路悠悠几顾瞻。
> 万里仍归一掌上,千夫莫敌两眉尖。
> 窗余壁虎干香饭,座隐神龙冷紫髯。
> 四十余年成一暝,明之初月上风帘。
>
> ——《追怀鲁迅先生》

沈尹默曾对诗中"壁虎"和"神龙"做过注解。原来沈尹默去绍兴探望鲁迅时,发现他家的窗户纸上有一只壁虎,胆子十分大,见到生人也不害怕。沈尹默感到奇怪,鲁迅告诉他:"那是我喂养的,每天还给它吃稀饭呢。"又看到一只弹弓挂在墙壁上,问道:"文人还要学武?"鲁迅解释:"那是用来射那些专门在院子门口随意小便的人。"沈尹默写道:"鲁迅真是个爱憎分明的人啊!"沈尹默钦佩鲁迅先生的人格。他最爱书写鲁迅的名句:"横眉冷对千夫指,俯首甘

吴兴 沈尹默
《秋明室杂诗》

为孺子牛。"在来日不多时,他拖着被折磨的奄奄一息的身体从床上爬起来,奋笔疾书这14个大字,用笔苍劲洗练,蓄势藏锋,表达了他对鲁迅先生的敬仰与怀念。沈尹默与鲁迅先生相交有二十多年,在《鲁迅日记》中曾不下数十次提到沈尹默。

沈君默改名

沈尹默原名沈君默,后改为尹默。在北大任教时,有位朋友觉着他不善言辞,遂开玩笑说:"君既默不作声,又何必多张口?"意思是:既然你名字中有了"默"字,那"君"字下面的"口"字岂不显得多余?

朋友的话启发了他,恰巧自己的同仁中有一位和他同名叫张君默。于是为了与同仁区别开,也为了表达自己的个性,更为了暗讽当时国民党反动统治的言论不自由,沈尹默毅然决定:"干

沈尹默故居

[1] 许寿裳(1883—1948年),中国著名作家、教育家、文史学者,鲁迅的同学、至交。应蔡元培的邀请,在中华民国教育部普通教育司做第一科科长。鲁迅就是经他推荐到教育部工作的。

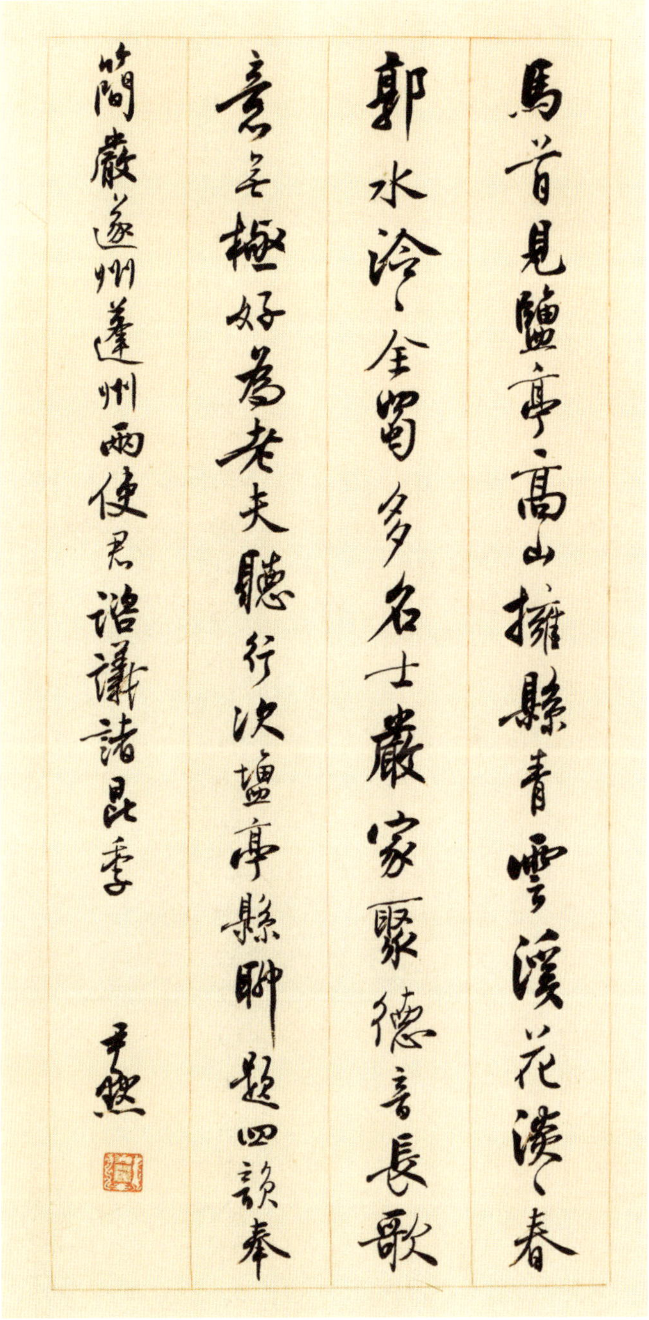

目睹了国民党政府的腐败，内忧外患之下，他曾联名弹劾国民党政界要员孔祥熙、宋子文等人。抗日战争胜利后，沈尹默无法忍受国民党政府的腐败黑暗，遂提出辞呈，返回上海，以卖字为生。后于右任又让人按时汇来薪资，尹默先生都没有收，因而专程去南京当面恳辞。清苦的生活中，他仍然不忘填词作画，画墨竹聊以自娱，并作大量墨竹诗明志。其不畏世俗权贵，洁身自好的性情展现出沈先生高贵的学养和人品。

陈毅微服访沈老

上海解放后，百废待兴，陈毅市长亲自登门拜访沈尹默，并与他亲切握手，说："我拜访上海市高级知识分子，第一个就是你沈老。"在了解沈尹默的日常生活情况后，陈毅又说："我们党需要像你这样的知识分子，党对知识分子是很尊重的。你可以到北京去看看，可以去见见毛主席。"陈毅的一番话让沈老十分感动。不久，沈尹默就被聘请担任上海市人民政府委员、上海市文物保管委员会委员，后来又被选为全国政协委员。1960年，受到周恩来总理的邀请，出任中央文史研究馆副馆长。

1959年，沈尹默前往首都出席全国政治协商会议，国务院副总理陈毅元帅又特地设宴款待。席间沈尹默向陈毅建议："陈老总，新中国成立了这么多年，国际威望越来越高，你对围棋很重视，已经有了组织，但对书法为什么不抓一抓呀？日本现在学书法的人很多，我们再不抓紧，今后怎么与人家交流？"陈毅听后觉得此事可行，又认真仔细地听取了沈尹默的意见和构想，大为赞赏。不久，经党中央批准，中国书法篆刻研究会在上海成立，沈尹默任主任委员。

除了工作，陈毅也喜欢填词作诗，练习书法。常在工作之余向沈尹默请教写字的经验，并不时索要沈老本人创作的诗歌进行收藏。

现代·沈尹默
《行书盐亭县诗》
镜片　纸本水墨

脆去掉'口'，就叫'沈尹默'吧!"从此之后他一直使用这个名字直至终身。

辞官卖字

1937年8月13日，在日军的疯狂进攻下，沈尹默从上海转移到重庆。当时的监察院院长于右任邀请他担任监察委员一职。任职期间，他

绝艺潇洒贯中西
——徐悲鸿

　　徐悲鸿曾留学法国学习油画，归国后从事美术教育工作，并长期担任美术教育领导职务。他油画、彩墨画兼长，艺术上主张中西融合，对现代中国美术格局的影响巨大。

少年徐悲鸿

　　徐悲鸿（1895—1953年），江苏宜兴人，中国杰出的现代画家、美术教育家。早年曾留学法国学习西画，归国后长期从事美术教育，并先后到国立中央大学艺术系、北平大学艺术学院和北平艺专任教。新中国成立后任中央美术学院院长。在绘画上，主张改良中国画，强调以西画技法革新中国画，钟情于西方学院派和写实主义创作手法。在作画上强调光线、注重造型和素描，因而讲求对对象解剖结构和骨骼的准确把握，并强调作品的思想内涵，尤以画奔马闻名于世。他擅画人物、花鸟、走兽，与张书旗、柳子谷并称为画坛的"金陵三杰"。

　　徐悲鸿6岁开始跟父亲读书，9岁便读完了"四书"、《左传》，于是开始随父亲学画，从此每天临摹一幅吴友如的人物。每次进城，他都要去画店观赏石涛、八大等人的画作，然后回家后凭记忆默画。他喜欢观察周围的事物并描绘它们，尤其是那些温顺的牛、奔腾的马，在他的笔下或憨厚正直或俊逸潇洒、活灵活现。就这样凭借着他对绘画的热爱和孜孜不倦的追求，积累了坚实的中国画基础。家乡遭遇大水那年他13岁，徐悲鸿跟随父亲徐达章去外地谋生。通过为人画肖像、刻图章等来赚取生活费。那时人像摄影已开始流行起来，但仅仅在大城市里才能见到，很多普通城镇的市民都无法照上一两张相，所以他们经常为人画肖像。这种要求形象极为肖似的绘画对他日后在人物画方面的卓越成就有着重大影响。他喜欢收集当时的强盗牌香烟盒，因为盒中附有动物标本的画片，可以让他对照标本进行写生。西方

现代·徐悲鸿
《愚公移山图》（局部）
横幅　纸本设色

绘画大师作品的复制品萌发了他想到欧洲学习美术的愿望，然而父亲染上重病，他们不得不返回故乡。这段卖画的经历对他以后的艺术创作产生了深刻的影响，不仅磨炼了他的艺术功力，也让他更近距离地接触到了下层社会的劳苦大众，并对他们产生了深深的同情，这也是为什么日后悲鸿的创作中总带着一种忧国忧民的情感意识。

弱冠赴海上

1914年，徐父去世，19岁的徐悲鸿只身来到上海，同乡徐子明将他的画推荐给复旦大学校长并受到赞赏，校长许诺给他安排工作。然而徐悲鸿在徐子明的陪同下来面见校长时，却因为他太年轻而没有给他机会。正当徐悲鸿彷徨无计时，徐子明又把他介绍到《小说月报》的编辑恽铁樵那里，恽铁樵看过他的画后，很是欣赏，答应为徐悲鸿在商务印书馆谋一个画插图的小职，并让他回去静候佳音。

不久，恽铁樵先生告诉他事情成功了，喜出望外的他立即赶回旅店，将这一消息写信告诉母亲及朋友。然而信刚发出，恽铁樵又跑来告诉他事情不行了。再次遭遇失败打击的徐悲鸿，无奈之下回到了故乡。除夕过后，镇上的一位民间医生很是同情他，送了他一笔小款。就这样，徐悲鸿再次来到上海，一个颇为偶然的机会下，上海富商黄震之看到徐悲鸿的作品，对他的才华十分赞赏，也同情他的遭遇，慷慨地为他提供食宿。然而没过多久，黄震之不幸破产，徐悲鸿又无所依靠。

就这样，受到连环打击的徐悲鸿在走投无路之时，看到震旦大学的招生广告，去报名考试，被录取了，在同乡阮翟光的帮助下才顺利筹到学费，入学后，一边攻读法文，一边仍继续作画。

穷途遇恩师

1916年，明智大学征求仓颉画像，在震旦大学读书的徐悲知道后，就画了一幅仓颉画像去应征。没想到这幅画得到明智大学所有教授们的一致赞赏。明智大学为哈同花园投资创建，于是聘请徐悲鸿为哈同花园的美术指导和明智大学的美术教授，并由校长姬觉弥的介绍，徐悲鸿结识了康有为先生这个对他一生都有重要影响的人。

徐悲鸿与康有为第一次见面时，已年近六旬的康先生虽然很少再收弟子，却仍然被徐的气质和才气所打动并破例收徐悲鸿为入室弟子。拜师之后，徐悲鸿开始进入全面的学习，在国文、书法、金石、绘画等多方面得到了康有为的指导。康有为还将自己收藏的大量历代书画、碑帖作品拿出来供他临摹。在康有为的亲自指导下，徐悲鸿艺术造诣一日千里。

康有为是民国初期最早提出"美术革命"的先驱人物，他改革中国画的思想对青年徐悲鸿影响非常大。康有为认为"罗马画为全欧第一"，而"我们的国画疏浅，远不如之，此事亦当变法"，并将中国画的改革上升到事关国家文明与复兴的高度并提出派遣留学生到欧洲学习。徐悲鸿与蒋碧薇相识相恋之后，康有为还亲自帮助他们赴日本留学。不到半年，徐悲鸿因花光了手头的经费，便返回上海。回来后，徐悲鸿向康有为老师表达了想去欧洲留学的愿望。康先生建议他先去北京，看能否弄到官费留学的名额再出国，并向他介绍了几位朋友。

徐悲鸿自画像

1917年12月，徐悲鸿和蒋碧薇一同北上，到达北京后，徐悲鸿拿着老师的介绍信拜见了康有为先生的大弟子罗瘿公先生。罗瘿公在北京很有名望，政教两界很有地位。罗瘿公看到老师的信后，写信给当时的教育总长傅增湘先生，请他给徐悲鸿一个官费出国留学的名额。于是在傅增湘和蔡元培的帮助下，徐悲鸿从上海乘船启程赴法，开始了他的艺术之旅。

康有为当红娘

进入哈同花园任职后，年轻的徐悲鸿与上海大同学院教授蒋梅笙之女蒋碧薇一见钟情。但蒋碧薇早在与他相恋之前，就遵从父母之命与苏州查紫含订了亲。查家作为姑苏的豪门大户，是不可能退亲的，这让这对年轻人十分苦恼。康有为得知后，决定帮徐悲鸿一把。康有为先说服了蒋梅笙同意女儿与徐悲鸿的事情，然后再用计安排徐悲鸿与蒋碧薇一起去日本。1917年5月，徐悲鸿事先躲进辛家花园康家，"失踪"几日后，蒋碧薇从家中化装悄悄潜出并留下"遗书"一封，到康家与徐悲鸿会合。事后，蒋梅笙特意买了口棺材，在《申报》上刊登爱女病逝的"讣告"，以掩人耳目。赴日留学的前一晚，康有为在宴会上亲书"写生入神"四字，赠与他们，并为他们饯行。

达仰的教导

1919年，徐悲鸿携妻子蒋碧薇赴法留学。到达巴黎后，徐首先在各大博物馆、美术馆观摩西方艺术并比较它们与东方艺术的不同之处，随后考入巴黎国立高等美术学校，跟随弗拉孟、高尔蒙学习。每次考试，徐都名列前茅。空闲的时候，他还要去卢浮宫和卢森堡美术馆研究临摹，他临摹过普吕东、德拉克罗瓦、委拉斯贵兹、伦勃朗等大师的作品，其中他最喜欢伦勃朗的作品。

法国大雕塑家唐泼特在1920年冬介绍徐悲鸿认识了法国著名艺术家达仰·布弗莱。达仰·布弗莱是法国国家画会的领袖，该画会反对陈腐的守旧模式，主张在吸收各派之长的基础上创新，在当时有很高的声望。从此，每到星期天徐悲鸿都要去达仰画室听课，并参加该派的艺术沙龙，

现代·徐悲鸿
《七喜图》
立轴　纸本设色

从中受益匪浅。达仰曾勉励徐悲鸿说："学美术是很苦的事，不要趋慕浮夸，不要甘于微小的成就。"在他的要求和教导下，徐悲鸿十分看重素描并养成默写的习惯。他最爱伦勃朗的画，时常去博物馆临摹，一画就持续十小时，甚至连一口水也不喝。特别是在临摹伦勃朗的《第二夫人》像时，他狠狠地下了一番功夫，虽略有收获但仍不能将此用到自己的作品上，于是更加努力勤奋。

徐悲鸿于1923年返回巴黎，作品油画《老妇》第一次入选法国美展。他又去拜访了达仰，并告诉他虽毫无松懈地学习，但仍觉进步很小。达仰告诉他要坚持有毅力，并要求他更精确地描绘素描，要一部分一部分地研究，体会其精微之处，不要简单地追求爽利夺目的笔触。徐悲鸿按照达仰对他的要求训练自己，很有成效，于是更加努力。先后有《怅望》《琴声》《抚猫人像》《马夫和马》等多幅作品入选法国国家美展，得到赞誉。

愿为知己者用

徐悲鸿善画马，并赋予马以内涵和精神，他笔下的马神采出众，跳脱狂放，野性十足。然有一幅画上的马却与众不同，就是他在1931年创作的《九方皋图》。此画是徐悲鸿的代表作品之一，属于他的早期作品，画法也较早。九方皋是古书《列子》中出现的人物，主要说的是名叫九方皋的人，很有识马的本领，能够"见其所见，不见其所不见；视其所视，而遗其所不视。"徐的画将九方皋智慧而又朴实的形象生动地塑造了出来。同徐悲鸿其他的画马作品相比，此画的不同之处在于画中的黑色雌马，戴上了缰辔。有人问他原因，徐回答说：

"马也和人一样，愿为知己者用，不愿为昏庸者制。"

从其回答中就可以了解到徐悲鸿创作这幅画的用意何在了，借马喻人，即使是不羁如悲鸿这样的野马也愿为知己者用。

伯年后身

徐悲鸿不但习西画，也研习传统，在这方面他最欣赏任伯年，并为他编写年谱。他在年谱中写道，伯年绘画最精彩处，在对于人物的嘴和脚的描绘，挺拔而有力。他说他自己是任伯年"后身"，因任伯年死的那天，恰是徐悲鸿出生之日。不过悲鸿也没想的是，任伯年58岁去世，而悲鸿也只活了58岁。

徐悲鸿很注重收藏任伯年作品，但由于他生活拮据又不愿意卖画，故见到任伯年的画，只好拿自己的画和别人交换。一开始，三四张徐悲鸿的画才能换任画一张，慢慢地数量就越来越少了，到20世纪40年代时一张徐画就可以换一张任伯年的画了。

为老师当伯乐

徐悲鸿独自在上海闯荡时，想学西画却找不到门路。在朋友的介绍下，他结识了教授吕凤子。吕凤子早年专注研究西画，精通油画、素描、水彩。听说徐悲鸿想学西画，吕凤子答应免费教他素描。1927年，徐悲鸿从法留回国后，吕凤子推荐他到国立中央大学艺术系西画组任教授。

徐悲鸿曾经向吕凤子学画水墨，吕凤子觉得他当时的画艺已经很高超了，遂不敢教。徐悲鸿则非常坦诚地对他说："中国有句古语：'三人行必有吾师'，能者为师不必推辞。"吕凤子不得不应允，两人至此之后亦师亦

现代·徐悲鸿
《马》
立轴　纸本设色

友。吕凤子倾囊相授中国画的精髓与技法，徐悲鸿在他的指导之下水墨画艺大进，人物和花鸟也都受到吕凤子的影响。

吕凤子的《庐山之云》参加了巴黎世界博览会，并被评为中国画一等奖。这是徐悲鸿瞒着吕凤子悄悄地为他报的名。"门生为老师当伯乐"，就是指的这件事。

勇荐白石

1929年9月，徐悲鸿就任北平大学艺术学院院长。不久，徐悲鸿便想要聘齐白石为教授。当时的北平画坛，一派死气，因袭古人，程式化严重。木匠出身的齐白石则独具创新精神，然而却得不到多少响应。

于是，徐悲鸿几次三番地来到齐家来请齐白石，白石老先生为其诚心而感动，说道："我一个星塘老屋拿斧子的木匠，怎敢到高等学府当教授呢？"

"你岂止能教授我徐悲鸿的学生，也能教我徐悲鸿本人啊！"徐悲鸿说，"齐先生，我徐某正要借重您这把斧子，来砍砍北平画坛上的枯枝朽木！"

齐白石的出山，得到了许多老师和学生的认可。白石老人本人也很感激徐悲鸿的邀请，曾作诗"草庐三顾不容辞，何况雕虫老画师"来纪念这件事情。

为泰戈尔画像

1939年冬，应印度大诗人泰戈尔的邀请，徐悲鸿到印度圣蒂尼克坦国际大学中国学院讲学。这所国际大学是由泰戈尔在1937年创建的，这所国际大学一直致力于和平事业，为了表达中印的友好关系，国际大学的中国学院曾多次邀请中国的学者、艺术家来此讲学，徐悲鸿就是其中一员，并有幸与这位大师共度了一段美好日子。

在圣蒂尼克坦，徐悲鸿得以拥有大量时间和精力来从事他的艺术创作。为了表达对泰戈尔的尊敬，他为诗人画了多幅肖像，有素描也有速写，大多表现了泰戈尔工作、生活中的情形。如今在中国介绍泰戈尔书籍中常用的一幅诗人彩色

现代·徐悲鸿
《直上欲倾七言联》
对联　纸本水墨

画像，就是徐悲鸿在这段时期完成的作品。1940年2月，印度"圣雄"甘地与妻子一道来圣蒂尼克坦拜访泰戈尔，泰戈尔为甘地举行了欢迎会，在这次欢迎会上泰戈尔向甘地建议举办一次画展，以表达中印两国人民友谊。泰戈尔的建议，给了徐悲鸿一个展示的机会。当时正逢国内抗日战争，徐悲鸿希望利用这个机会能酬得款项，以支持祖国的受难民众。甘地同意之后，徐悲鸿立即着手个人画展，在泰戈尔的支持和帮助下，画展获得成功，后又移往加尔各答举行。这两次画展筹得的款项，徐悲鸿全部寄给了正在战乱中的祖国。

1940年4月初，印度开始变得炎热，徐悲鸿便从圣蒂尼克坦转移到大吉岭山居住了三个多月，并在那里完成了大型国画作品——《愚公移山》。在这幅巨作真正动笔之前，徐悲鸿便为它画了100多幅画稿，最终确定使用巨幅宣纸来表现这些运动中的人体。此画以略带写意的写实手法，将愚公一家挖山不止的顽强精神淋漓尽致地表现出来。挖山的人，大多赤裸全身，动作幅度略加夸饰，突出的人体筋肉表现出人类的精神力量；画面中的老人、妇女、小孩在后面作为映衬，将团结一致的凝聚力和生生不息的坚定信念表现出来。徐悲鸿选择在国内抗日战争时创作这幅取材古代寓言故事的巨制不但表现了中国人民不屈服、不惧艰辛，持之以恒的精神，也鼓舞在民族危亡之时，全国人民同仇敌忾，坚持到最后

的必胜信念。

1940年7月6日，徐悲鸿返回到国际大学，并在印度各地游历数月。当年11月，徐悲鸿向泰戈尔辞别。泰戈尔在徐悲鸿离开印度几个月后在加尔各达去世。正在新加坡举办画展的徐悲鸿听闻这个噩耗，十分悲痛。不久之后，他以文字形式，记述了这次印度之行，并满怀感激地为泰戈尔写下了《泰戈尔翁之绘画》这篇文章，简要介绍泰戈尔在诗歌创作方面的成就并对其绘画进行较全面的介绍与分析。

《八十七神仙卷》

1936年，徐悲鸿应邀前往香港举办个人画展。在港期间，他从一位德籍的夫人那里选购出一幅中国古画，这是一件没有任何署款的白描

现代·徐悲鸿
《群马图》
横幅　纸本水墨

现代·徐悲鸿
《田横五百士》
油画

240

人物长卷，徐用随身所带的一万余元现金和自己的七件精品画换来了这件作品。这幅白描人物手卷长292厘米、宽30厘米，在深褐色的绢面上描绘了八十七位正在列队行进中的神仙。整幅画作没有施以任何颜色，但飘飞的衣袖给人营造出一种"天衣飞扬，满壁风动"的艺术感染力，颇具吴道子的的风范。虽然这幅白描人物长卷上没有任何款识，但是徐根据多年来鉴定古书画的丰富经验，一眼就认定这是出自唐代名家之手的一件艺术绝品，依据人物的线条特点他断定这是唐代吴道子的作品或是唐代名家临摹的吴道子的粉本。激动不已的徐悲鸿日夜揣摩这件长卷，并根据长卷中所绘神仙数量将它命名为《八十七神仙卷》，并加盖自己精心刻制的一方"悲鸿生命"的印章。

徐悲鸿在南京邀请张大千与谢稚柳等人对《八十七神仙卷》进行深入细致地考证与鉴定。张大千打开《八十七神仙卷》时，被长卷所绘惊得叹为观止，他与谢稚柳分别从画卷的场面、人物比例、人物神情、构图、线条特点等方面进行分析，最后得出结论：非吴道子之手笔莫属。徐悲鸿高度赞扬它的艺术价值，称它"足可颉颃欧洲最高贵名作"。

太平洋战争爆发，香港与新加坡等地被日军迅速占领，很不安全，徐悲鸿为了保证《八十七神仙卷》的安全，从新加坡取道缅甸返回中国，并到已迁往云南昆明的国立中央大学艺术系任教授一职。1942年5月10日，为了躲避敌机轰炸，徐悲鸿与师生们急忙躲进防空洞。然而当徐悲鸿从防空洞回到办公室时，他突然发现自己珍藏的《八十七神仙卷》和其他30余幅画作不翼而飞。国宝丢失后，徐悲鸿向国民党云南省政府报案，经过多番调查后，仍不能查到《八十七神仙卷》任何踪迹。

1944年夏，已离开昆明的徐悲鸿，突然接到一位学生来信，信中告诉徐悲鸿一个惊人的消息，她在一位新认识的友人家中发现了《八十七神仙卷》，并肯定就是原作。徐悲鸿听到这个喜讯后心情万分激动，决定连夜前往成都，因为担心索画的消息一旦泄露，藏画者会销赃灭迹。然而，这时突然一位自称刘将军的人登门拜访，在得知此事后自告奋勇愿代他前往。这位刘将军到达成都后不久，就给悲鸿打来电话说，他已见到了那位藏有《八十七神仙卷》的人，并声称藏画人要以20万元现金来交换这幅画卷。徐悲鸿听后，迫切的心情使他不再计较赎金的多少，拖着病体日夜作画筹款，好不容易筹齐20万元现金后，刘将军又打来电话说那位藏画人提出再追加徐悲鸿10幅画作为条件。于是徐悲鸿又急忙绘制10幅画如数交付，才终于得到心心念念的《八十七神仙卷》。

徐悲鸿突发脑溢血，不幸辞世。廖静文遵照徐悲鸿遗嘱，把他收藏的所有书画作品以及图书资料全部捐献给国家，其中就包括《八十七神仙卷》。

卖画义助傅抱石

1933年夏，徐悲鸿带着学生到庐山写生，归来途经南昌。听到消息的许多青年美术爱好者慕名前来拜访他，其中就有傅抱石。

当时的傅抱石处境十分艰难。当他带上自己的作品去了旅馆时，发现来拜访的人太多了，只好耐心等待。轮到傅抱石时，他将几块图章和几张画拿给徐悲鸿看。徐看过图章的拓片，发现刻得很好，只是署名却是"赵之谦"令徐悲鸿十分纳闷，遂问傅抱石，傅回答说，为了生活，他仿赵之谦的图章卖。徐悲鸿说他已刻得很好，完全不必要仿制。徐悲鸿又看了看他的画，透着一股灵气，令徐悲鸿十分喜欢。

于是他和傅抱石深入交谈了起来。在得知傅

现代·徐悲鸿
《泰戈尔像》
镜片　纸本设色

现代·徐悲鸿
《六骏图》
横幅　纸本设色

抱石是从书店里看书自学篆刻时，徐悲鸿颇有感触，这令他想起了自己当年学画是曾从香烟盒中搜集动物画片来临摹，在中华书局门市部、审美书店看美术书的那段岁月。这种相似的经历，令徐颇为动容，觉得他是一个十分有潜力的人。但因等待的人太多，徐悲鸿便请他晚上再来详谈，最好能够在十点钟以后。

傅抱石回到家里，非常兴奋，他让妻子把家里的画都找出来，并挑出自己比较满意的几张，卷好装好。等到吃了晚饭，傅抱石便带着十几幅山水作品来到旅馆。不巧得是徐悲鸿被几个老朋友拉走了，并留下口信，让他留下家庭地址，等有空再叙。

第二天突然下起雨来，徐悲鸿冒雨来访。徐在他家里又看了他的其他画，连连称好并建议他去法国留学，万分激动的傅抱石终于觉得自己选择美术这条路是对的。出身贫寒的他，从小时候就开始为生计奔波，一开始跟一个修伞匠当学徒，后因自己的爱好，他练习刻字，一直练到能在米粒大小的象牙上，刻出整篇《兰亭序》。后他又学治印和画画。对画画的热爱，令他打算后半生都献给绘画艺术，然而贫苦的生活却让他不知道自己选这条路是否真的正确。得到了徐悲鸿的肯定，傅抱石自是十分高兴，但困窘的生活却无法负担他出国的费用。

徐悲鸿了解后，告诉他："经费困难，我给你想办法。总会有办法的。"为了筹到傅抱石留学的经费，徐悲鸿去找了当时的江西省主席熊式辉。说明来意后，熊式辉并没有点头应允。徐悲鸿拿出一张画来才使熊式辉勉强同意出一笔钱。但这笔钱只够傅抱石去日本。傅抱石在东京留学期间生活困难，也写信向悲鸿先生求助。徐悲鸿为其解决。1945年9月17日，徐悲鸿五十寿辰，傅抱石精心绘制了一幅《仰止高山图》送给他以表达对恩师的感激和崇敬之情。就这样，在徐的帮助下，傅抱石最终成为中国著名的山水画大师。

慈悲之恋

徐悲鸿一生中有三个女人和他产生过爱情。第一位是他的第一任妻子蒋碧薇女士；第二位是他的女学生孙多慈女士；第三位是他的第二任妻子廖静文女士。其中，他与女学生孙多慈相识相恋却最终没有相守在一起。

孙多慈，又名孙韵君，1913年出生于安徽寿县的书香名门，中国著名国画家。孙多慈自幼酷爱丹青，是徐悲鸿女弟子中最得其真传且较有成就者之一。

1930年，17岁的孙多慈与35岁的徐悲鸿相遇在南京中央大学。当时作为美术系旁听生的孙与

作为美术系主任的徐悲鸿，两人一个是聪颖且极具绘画天赋的少女，一位是风华绝代的艺术大

现代·徐悲鸿
《竹鸡图》
立轴　纸本水墨

师，艺术上的相互倾慕也令两人在现实生活中变得愈发暧昧，悲鸿先生的笔下多了一些描绘孙多慈少女风姿的素描与油画，而少女面对大师的呵护与关照，其内心也是不复矜持。因此在当年的南京中央大学，一些小道消息就将两人的关系传得沸沸扬扬，同时也造成了徐悲鸿与其当时的夫人蒋碧薇之间的矛盾。

1931年7月，以第一名的成绩正式考取中央大学美术系的孙多慈，在以后的四年里，与徐悲鸿的情感日见笃厚。抗战爆发后，孙多慈一家辗转到了长沙，徐悲鸿终于抽身来到长沙与孙见面，并将孙的全家接到桂林。这段时间，他们常常一起去漓江写生，都创作了不少作品。几个月后，徐悲鸿在《广西日报》上刊出了一则与蒋碧薇脱离同居关系的启事，他们的朋友沈宜申拿着这张报纸去见孙的父亲，想要促成徐、孙的婚事。不料孙老先生竟坚决反对，并带着全家离开了桂林，转往浙江丽水。孙多慈听从父亲的安排，在丽水的一所中学任教。后来，徐悲鸿应邀去印度讲学，一去四五年不归，直到1942年春才回国，而这时的孙多慈，已迫于父命，嫁给了时任浙江省教育厅厅长的许绍棣。

解放战争后，孙随丈夫移居台湾。多年之后，已是著名台湾女画家的孙到美国看望旅居纽约的王少陵，在客厅悬挂的玻璃镜框里，看到悲鸿的一幅手迹，不禁潸然泪下，"急雨狂风势不禁，放舟弃棹迁亭阴。剥莲认识中心苦，独自沉沉味苦心。小诗录以少陵道兄悲鸿"，这是当年徐悲鸿赠她的一首旧诗。她曾寄给徐悲鸿一颗红豆和一条绣着"慈悲"两个字的手帕，徐悲鸿收到后即以《红豆》为题赋诗三首，寄还给她。而王少陵家里挂着的正是第三首。

1953年9月，徐悲鸿在北京病逝的噩耗传到台湾，从蒋碧薇口中得知徐悲鸿逝世的消息后，孙悲痛了许久。1975年1月，孙多慈因乳腺癌病逝于美国。有人说，孙多慈修养深厚，但也无法驱散她刻骨的忧郁，这才是她患癌症的真正原因。

往往醉后写江山
——傅抱石

　　傅抱石出生在江西南昌的一个修伞匠人家。青年时受石涛思想影响 "我用我法" "搜尽奇峰打草稿"。早年留学日本，后回国后执教。擅画山水，中年创"抱石皴"，笔致放逸，气势豪放，尤擅作泉瀑雨雾之景；晚年多作大幅，气魄雄健，具有强烈的时代感。人物画多作仕女、高士，形象高古。

现代·傅抱石
《山水人物图扇》
扇面　纸本设色

穷家才子得芳倾

　　傅抱石（1904—1965年），原名长生、瑞麟，号抱石斋主人。江西新余人。我国著名国画家、金石家、美术史绘画理论家。自幼酷爱中国传统书画、篆刻艺术，刻苦钻研，尤其推崇石涛。1921年考入江西第一师范学校，号"抱石斋主人"傅抱石从此走上艺术之路。早年留学日本，1935年回国后执教于南京中央大学艺术系。1949年后曾任南京师范学院教授、江苏国画院院长等职。傅抱石擅画山水，尤其是到了中年，由他创新的水墨技法 "抱石皴"，这种"皴法"看似粗头乱画，杂乱无章，用笔也不讲究，但是却有一股浑然一体之气，气势豪迈。傅抱石创作的画到了晚年多为大幅，气魄雄健，带有强烈的时代感和艺术精神。他的画多为泉瀑雨雾之景，再配上很小的人物来称景。人物画则多作仕女、高士，形象高古。著有《中国古代绘画之研究》《中国绘画变迁史纲》等。

　　傅抱石自幼聪明好学，在其5岁时就跟邻居学习识字，7岁时被送到私塾免费旁听，在私塾断断续续读到14岁时，插班进入江西省立第一师范附属小学开始了他正规的读书生涯。1921年，小学毕业后，傅抱石升入江西省第一师范学校继续学习，并开始了他美术创作和研究的艺术生涯。高小毕业时，傅抱石回到故乡章堂乡，他的家人及亲朋好友为其高小毕业举行了游乡庆贺的活动，在亲眼目睹了这热烈景象后，傅抱石压抑不住自己内心的冲动与激情，在油灯下铺纸研墨，一气呵成《乡居图》，记录了他的家乡"山乡景幽，农家无闲人"的景象。这也许是他平生第一次达到以笔墨抒写心中意境的境界。在第一师范学习期间，他辗转奔波于城里的旧书店，开始读一些关于古代画史画论方面的著作，这为他以后的美术史论研究做了一个良好的铺垫。一

傅抱石像

次，当他无意间读到陈鼎[1]所著的关于记述石涛的《瞎尊者传》时，其中的一句"我用我法"让傅抱石茅塞顿开，并对石涛"搜尽奇峰打草稿"的思想赞叹不已。为了表达对石涛画品及画论的敬意，他不仅刻制了"我用我法"的印章以为己用，还给自己起了个别号叫"抱石斋主人"。

　　小时候，傅抱石家附近恰好有一家画铺和一个刻字摊，他从小就在这些具有中国传统艺术气息、充满文化氛围的场所流连忘返，潜移默化，他常常写写画画，临摹瓷器上的彩绘，得到裱画师傅的赏识后，裱画店里的书画就成为了他学习的模本。在开始踏上艺术道路时，傅抱石将赵之谦所著的《二金蝶印谱》当成他学习篆刻的启蒙教材。22岁时师范毕业，因为考试成绩第一，傅抱石得以留任师范附小做教员。于是他开始了《摹印学》的写作，并把自己多年来治印的感受糅合其中。他不断模仿、学习赵之谦所刻印章，以至于后来真伪难辨，连教他刻字的师傅也惊叹不已。从此，南昌城里不断有"赵之谦"的印章出现，成为当时人们茶余饭后的议论话题，而傅抱石也多了一条养家糊口的途径。从此之后，傅抱石就有了"印痴"的称号，在南昌城里小有名气。

珠联璧合

　　1928年，傅抱石在省立第一中学教国画、篆刻及艺术理论。当时他二十出头，模样跟学生看起来相仿，自然相互之间比较容易沟通，亦师亦友。一次，当他上篆刻课时，坐在前面的一位女生举手说："傅老师，你在黑板上写了错字。"傅抱石心存疑惑，回头一看，这字果然少了一横。同学们哄堂大笑，后来，一个学生说明真相，原来正是那位举手的女生抹掉了其中一个字的一横。傅抱石这才知道，那个开玩笑的姑娘叫罗时慧，出生在沈阳，小名奉姑。自那以后，他开始留意起这个俏皮可爱的姑娘，每当看到她时，他的心跳会加快；每逢要到艺术科上课，他总有一种莫名的激动和紧张。

　　而早已"乱了方寸"的罗时慧也总想让傅抱石多关注她，于是她在课堂上常常提问，还会无缘无故地迟到。这天轮到傅抱石教绘画课，画的是学校旁边北湖的荷花，学生们着手作画，傅抱石在同学之间走来走去，仔细地纠正构图，说明墨色的层次。终于走到了那个让他既紧张又欢喜的罗时慧面前。他发现她的宣纸上，只是简单的画了几朵粉红的荷花，其他地方却是空白。"你为什么不把荷叶也画上？"傅抱石不由得皱起了眉头。罗时慧红着脸说："我不会画荷叶。"傅抱石心想，也许是她怕自己掌握不好落墨的力度和层次感吧，毕竟荷叶须根据荷花的形态、位置来精心布置和勾勒，甚至还要大胆的泼墨。于是他接过她手中的画笔，在她未画完的纸上顺势画起来。经他渲染描绘后，荷花立刻显得生机勃勃。他看了看，然后题上："罗时慧画荷花，傅抱石补叶茎，抱石题"。

　　下课后，傅抱石见罗时慧手里还拿着这幅画仔细观察他画的荷叶。罗时慧说："真奇怪，仅仅是几支荷花，几片荷叶，竟比满湖的荷叶荷花还要好看。"傅抱石不由问道："你的荷花画得很好，为什么不试着画一下荷叶呢？""我是故意留给你画的，这叫珠联璧合嘛！"罗时慧望着傅抱石，娇羞地笑了起来。傅抱石叶不禁怦然心动。

　　罗时慧出身于书香门第，是个名副其实的

[1]陈鼎，字理斋，安徽桐城人，一作镇宁人。官至广东香山县丞。善画山水，有王翚之才能，且具王时敏之俊逸。嘉庆十八年尝试作山水图。著有《茂林叠翠图》《八大山人传》等。

◎往往醉后写江山●傅抱石◎

大家闺秀，其实她那时已经悄悄对这个才华横溢、年轻有为的老师芳心暗许，而家境一般、出身低下的傅抱石却心存不敢高攀之念。后来，聪明的罗时慧为了多与傅抱石接触，就劝说父亲请傅抱石给她的两位弟弟做家庭教师，后来又以方便教育两个弟弟为由让父亲请傅抱石住到自己家里。

两年后，经过两人的不懈坚持，他们终于如愿以偿地结为夫妻。举办婚礼那天，傅抱石亲自用隶书写了一副对联"乾坤定矣，钟鼓乐之"张贴于大门两侧。

磨墨妇人是知音

傅抱石与罗时慧结婚时，因为傅抱石的家境太过贫寒，门第相差太大，以至于阻力重重，但之后几十年的生活他们一直甘苦与共，谱写了一段佳话。

结婚之后，每天早晨，罗时慧为了不吵醒辛苦工作的丈夫，总是一个人静悄悄地起床，先是准备好全家的早饭，然后再收拾傅抱石凌乱的书房，把他昨夜用过的毛笔一支支清洗干净，再把毛笔一支支朝下挂起来，以备再用，可见她对傅抱石的细心与支持。如果傅抱石不去学校上课，她就坐在傅抱石的画案前，为他铺纸磨墨，就像他的助手一般。这磨墨看似简单，其实很费神也很需要时间。磨墨时，第一次只能注入大约占砚台高度三分之一的水量，而且必须始终按顺时针方向均匀地用力，磨快了墨太粗，画画时毛笔不畅，磨慢了又不出墨。在磨的过程中还须适时加水。磨完一砚后将墨存起来，然后再加入清水继续磨，直到磨好够一天用的墨。整个工作才算做完，这个过程足足需两个小时，而罗时慧每天都要这么为傅抱石磨墨。

傅抱石曾说自己不能一天离开罗时慧，常常夸奖自己的妻子，罗时慧也常自嘲自己为"磨墨妇"。罗时慧不上课的时候，总是陪伴丈夫旁边，帮他整理一些他需要资料。而且对于一些家庭琐事她从来不去烦扰他，因为她知道绘画创作需要灵感和激情，当他进入到某种情绪当中时，千万不能打扰。因此每当傅抱石潜心创作时，

现代·傅抱石
《芭蕉人物图》
立轴　纸本设色

现代·傅抱石
《松阁观瀑图》
立轴　纸本设色

她总是悄悄地离去，并替他关好房门，然后静静地坐在堂前，一边等待傅抱石画完画，另外防止别人打扰到他。她最幸福的时刻就是，当傅抱石认为自己完成了一件满意的作品时，总会兴奋地大喊："时慧，快来，快来！"罗时慧便立即奔去，站在丈夫的作品前，仔细观察，与丈夫相互品评。有时傅抱石情绪不稳，作画毫无生气，她会直截指出其不当之处。傅抱石常说，没有时慧，他的某些作品不可能完成，妻子就是自己新作的"试金石"。

铜印现真功

位于南昌闹市的口瓦子角，有一家叫"天宝斋"的笔墨店，店主张老板的侄子张维是傅抱石的学生，曾得到过他的资助与支持，叔侄俩都心存感激，彼此成为了很好的朋友。张老板知道傅抱石家境贫困，生活紧张，就主动邀请傅抱石到店里悬牌刻铜印，以添补家用。说定之后，张老板向傅抱石预订了一百枚铜印，并在店门口贴出告示，上写"奉送铜印"四个大字，用朱砂书写注明这是特邀傅抱石先生治的印，润例每字五元，铜印奉送。告示很醒目，吸引了许多人前来购买。铜印一排一排整齐摆放在玻璃柜内，非常引人驻足。开始的时候他们认为五元一字的价格可能会高了一些，购买者可能会犹豫不定。不料马上就有顾客上门，原来傅抱石在江西南昌省立第一师范读书时，曾仿刻赵之谦治印二十余枚，后来被一人假冒以赵之谦名义售出，后来才知是傅抱石所仿制，所以傅抱石刻印名声很大，告示一出，颇具号召力，消息瞬间传遍全城，第二天就有人登门求印。傅抱石又回到了铜印的刻凿时代，向硬质材料开刀，令人感到惊讶。

后来据罗时慧回忆，当时画室的条件十分艰苦，很多应具备的工具都没有，也只能因陋就简，凑合着用。傅抱石把铜印夹固定在饭桌一角，因为饭桌边有一条凸起的边，容易固定，也不会偏移滑落。待到印文设计好之后，就一手抓住小锤，一手握住钢刀，双手并用，反复凿刻。南昌是全国天气最为炎热的城市之一，有时气温达到四十摄氏度，盛夏时节，傅抱石一边治印一边汗流浃背。以至于他用浸湿冷水的毛巾包着头来降温吸汗，罗时慧一直陪伴着他，给他用扇子扇着风。晚上的时候他就在煤油灯下刻，火花与灯火交错在一起，看得人眼花缭乱，他就揉揉眼再干。那个艰苦的年代，没有风扇，更没有空调，一般人家可能连纱窗都安装不起。因此，讨人厌的蚊子在夜晚显得异常疯狂，而蚊香的烟雾呛人，而且几乎不起作用。有时傅抱石就躲在蚊帐内刻，常常忙到三更半夜，有时困了、疲惫了，为了提神，就喝酒，以酒当茶。

刻铜印方法和技艺与刻石印有很大差别，刻铜印用力轻则刻凿不深，达不到效果；用力重则会影响点画线条的美观，或失刀刻坏。所以，傅抱石在长期的凿刻过程中细心体会，慢慢地掌握了规律与技巧，逐步进入佳境。他坚信一点：古人能做到的事，今人也一定能做到，而且要做的比古人技高一筹。

当时向傅抱石求印的人很多，有一次，来了三位有钱人和一个外国人，买了三枚象牙章和一枚铜印，四方印加起来总共有二十个字，一字五元，他们就先付润金一百块银洋。还说不急用，哪天有空顺路来取。哪料天有不测风云，一场百年不遇的龙卷风席卷南昌城，掀倒了不少房屋，马路上的许多大树连根拔起。飓风过后，暴雨倾盆而泻，到处飞沙走石，天地间一片混沌。人有旦夕祸福，四位已付润金的求印者，不幸在这场百年不遇的灾难中命丧黄泉。傅抱石早已将印刻好，但已无法送顾客，好长一段时间，他总是耿耿于怀，于心不安，多方打听他们的地址，希望把钱退还给他们的亲人。傅抱石这种对事负责，坦诚待人的君子风度，就如同《墨子》里所讲的"诚信者，天下之结也"。

代笔写抗日檄文

20世纪30年代，在日本留学时，傅抱石和流亡日本的郭沫若[1]建立了亦师亦友的深厚友谊。早年在第一师范学校小学做老师的时候，傅抱石就聆听过郭沫若的报告，印象颇为深刻。傅抱石经常向郭沫若请教史论研究中诸多问题，在绘画创作上也不时得到郭沫若的批评和指导，而郭沫若也逐渐地发现傅抱石的艺术天分和才华，每见傅抱石的得意之作都为之题咏，并为傅抱石在日本的首次画展题写了展名，给予了傅抱石精神上极大的鼓励。可以说郭沫若广博的学识和在日本的影响，为傅抱石在日本的发展提供了很大的帮助。1937年抗日战争爆发后，郭沫若从日本秘密回国投身于抗日的浪潮中，在国民政府军事委员会政治部第三厅任少将厅长。尽管他工作繁忙，但仍时常想念先前回国的傅抱石，曾多次寻找他的下落，傅抱石因家母病重，已于1935年6月提前回国。

1938年，在江西老家赋闲的傅抱石接到郭沫若的电报，应邀前往武汉。郭沫若对他的到来欣喜万分，为他在第三厅安排了职务，协助处理行

傅抱石所刻
印章《傅》

政事务，起草讲稿、公函及重要文告，参与三厅的抗日宣传工作。1940年9月，郭沫若离开第三厅到重庆，傅抱石也随之前往重庆。

在重庆时，蒋介石准备发表署名文章《告全国国民书》《告友邦人民书》，郭沫若让傅抱石代笔，并限两三天内交卷。傅抱石接到任务后激情澎湃，熬夜赶写，如期交稿，随后在《中央日报》上发表。文告写得铿锵有力，词严意切，郑重其辞，其中有几句话"地无分南北东西，人无分男女老幼，一致团结起来抗战……"一度广为流传。

戏画合璧

1942年初夏，由郭沫若创作的五幕历史剧《屈原》在重庆举行公演。该剧公演后受到广大群众的追捧，道出了人们的爱国心声，引起社会反响强烈，无数热血青年、爱国之士无不为之感动和受之鼓舞。当时的傅抱石在爱国热情上与屈原有着强烈的情感共鸣，看了《屈原》后，内心无时无刻都在感动着，感慨之余傅抱石挥墨创作了名作《屈原》，以表达他对屈原的崇敬之情。郭沫若称这幅画和历史剧《屈原》有异曲同工之妙，并且感慨激昂地为之题写了长诗。

后来，屈原被列为"世界文化名人"，郭沫若在《离骚》的今人翻译的基础上，又翻译了《九歌》《天问》《九章》等屈原的代表作。

[1] 郭沫若（1892—1978年），乳名文豹，原名郭开贞，字鼎堂，号尚武，笔名沫若。汉族。1892年出生于四川省乐山市，祖籍福建汀州府宁化县。中国现代文学家、诗人、考古学家、古文字学家、社会活动家，甲骨学四堂之一，新诗奠基人之一，中国历史剧的开创者之一，第一届中央研究院院士。同时也是历史学家、社会活动家。

现代·傅抱石
《山阴道上图》
立轴 绢本设色

傅抱石读了这些译作后赞叹不已，说这是"一两千年划时代的再创作"。1954年10月，傅抱石根据郭沫若的译作先后创作了《九歌图》《国殇》等10幅作品。不久，傅抱石还为郭沫若画了大幅《湘夫人》，另一幅《云中君和大司命》则尺寸更大，其中《云中君和大司命》在2004年纪念傅抱石100周年诞辰画展上展出后拍卖，以1870万元成交。

天价《丽人行》

1944年9月，傅抱石以杜甫的乐府诗《丽人行》为依托，创作了世纪名作《丽人行》。作品完成初稿时，傅抱石请郭沫若提些建议和批评，郭沫若看后认为画面上部的柳树太少，以至于画面压得太低。于是，傅抱石回去后又重新创作一幅拿给郭沫若看，郭沫若认为此件作品为傅抱石珍品中的珍品，特别喜爱。

当傅抱石第一次到北京参加全国第一届国画展时，他将此画赠送给郭沫若。1955年，陈毅到郭沫若家做客，郭沫若将此画展示给陈毅看，陈毅连声称赞："画得好，画得好！"1996年，郭沫若基金会为了筹集资金，把这件珍品拿出来委托嘉德拍卖，引起世人关注，最后以1078万元的天价成交。

艺途寻真我

1949年11月26日，时任文化部部长的沈雁冰[1]批准发布了《关于开展新年画工作的指示》，新中国从新年画工作中开始了改造旧美术的第一次运动。当时，各个画种的画家都在画新年画活动中，傅抱石自然也在其中。他也有心加入到时代的艺术潮流中去，当他创作了一幅用朱砂重彩表现海陆空三军的新年画时，他发现这幅画虽然歌颂了人民解放军，却失去了自己的原有的艺术风格。为此傅抱石在很短的时间内又重新审视自己在新社会的自我定位，寻求自己艺术的方向。

[1] 沈雁冰即茅盾。茅盾(1896—1981年)，原名沈德鸿，字雁冰。浙江嘉兴桐乡人。中国现代著名作家、文学评论家、文化活动家以及社会活动家，五四新文化运动先驱者之一，我国革命文艺奠基人之一。代表作品《子夜》《林家铺子》《蚀》三部曲及《鼓吹集》等。

250

醉写江山

　　傅抱石画作的闲章非常特别也很有意思，名曰："往往醉后"，表示得意之作都是在喝醉酒之后完成，由此可见美酒对于傅抱石作画起到了特殊作用。傅抱石作画时有一个习惯就是边画画，边饮酒，常常一手执笔，一手执壶，时而喝上几口，决不可无酒陪伴，在他看来酒像一团火一样从喉咙滑入胃中燃起熊熊烈火，烧起一腔热血与豪情。于是笔在心中，壮气盈胸，挥洒自如，抒发出满腔的激情。

　　关于傅抱石饮酒，还有一段有趣的故事广为流传。1958年至1959年间，傅抱石与著名画家关山月[1]合作，受命为人民大会堂绘制毛泽东诗意巨幅山水画《江山如此多娇》。那个年代的中国，经济也正处于困难期，物质资源供应紧张，很难买到酒。傅抱石在作画时怎能没有酒呢，这

让他坐立不安，无奈之下他试着给周总理写了一封信，向总理倾诉无酒之苦，请求总理能特批一些酒。周总理看完信后，不禁为傅抱石的直率逗笑了，也非常欣赏他的坦诚。总理理解艺术家的苦衷，就立即派人给傅抱石送去了好酒。傅抱石拿到酒后欣喜若狂，这一下为他解决了"后顾之忧"。打开瓶盖，一股醇香扑鼻而来，精神也随之振奋。再喝上几口，陶醉在醇香的酒味之中，有如久旱逢甘霖。他更为周总理的理解体贴和对他的关心而感激万分。有了美酒润笔，傅抱石的激情瞬间迸发出来，灵感顿生，很快与关山月构思创作出《江山如此多娇》。这幅大气磅礴的巨作深受中外贵宾的好评，连毛泽东主席也表示赞许。

　　酒是傅抱石作画的精神动力和灵感源泉。他的画与酒有着千丝万缕的关系，几乎非酒不画，同时他也深知酒对他身体的伤害，他曾多次试着

现代·傅抱石
《江峡图》
手卷　纸本设色

---

[1] 关山月（1912—2000年），原名关泽霈，1912年生于广东阳江。著名国画家、教育家。岭南画派代表人物。曾拜师"岭南画派"奠基人高剑父。1948年任广州市艺专教授。1958年后，历任广州美术学院教授兼院长、广东艺术学校校长、广东画院院长等职。中国美术家协会副主席、常务理事，广东省文联副主席，广东省美术家协会副主席。

戒酒，但终未成功。酒是傅老艺术生涯中的灵魂，没有了酒，也就没有了他创作的激情，可想而知，酒对于傅抱石来说是多么的重要。嗜酒而深知酒之害，戒酒又难以断酒，这矛盾的关系让傅抱石烦扰不堪。

1965年，傅抱石应上海市委之邀，为新建的虹桥国际机场大厅绘制巨幅国画。这一创作是傅抱石艺术生涯中的又一巅峰。绘制完成后，他提出要回南京与家人共度国庆节。临行前，上海方面为感谢傅抱石为虹桥机场所做的贡献，特地设宴款待傅老，也算为他饯行，上海文艺界的朋友纷纷前来作陪。傅抱石在宴会上与上海的朋友们推杯换盏，谈笑风生，而且雅兴大发，当场挥毫作画。谁知这一画竟成绝笔！回南京的第二天，傅老便因脑溢血昏迷不醒，在家中去世。留下了尚未出版的五六十万字的手稿和500余件没来得及落款的字画撒手尘寰，着实令人伤心又备感遗憾。

喻继高救画

"文革"期间的一天，罗时慧急匆匆地把喻继高[1]找来，告诉他藏在家里的一大批傅抱石的画作被造反派发现，而且他们扬言要烧掉这些"反革命"绘画。情况十万火急，因为这些画作可以说是傅老一生的呕心沥血之作。

喻继高是傅抱石在南京大学艺术系教书时的学生，当年跟随傅老学习中国传统绘画，受到傅老悉心的指导，使喻继高受益良多，创作水平提升很快。喻继高深知这些画作对于傅抱石以及中国国画发展的重要性，他急忙赶到现场，机智地告诉那些红卫兵，这批画可以作为将来批判傅抱石的证据，烧了就没有批判的根据了，红卫兵们

[1] 喻继高，1932年出生，江苏铜山人。1951年考入南京大学艺术系，1955年毕业于南京师范学院美术系，1957年参与筹备并调入江苏国画院，专门从事工笔花鸟画的创作和研究。系国家一级美术师。现任江苏省国画院副院长、江苏省美术家协会副主席、中国画研究院院委、中国工笔画学会副会长、徐悲鸿奖学金委员会委员等职务。代表作品《梨花春雨》《玉兰锦鸡》《春江水暖》等。

竟听从了喻继高的话，很快撤退。红卫兵走后，喻继高赶紧找人用20多辆三轮车把这批书画和印章运到江苏省国画院库房，密藏起来。后来又担心库房不够安全，喻继高又把这批书画转移到傅抱石的长子傅小石家中。

命运总是这么一波三折，谁也没有料到，藏在傅小石家中的这些画作最终还是被造反派发现，并诬陷这些画作是傅小石"反革命集团"的叛国罪证，然后被从家中抄走，傅小石也因此被打成"反革命"分子。后来，通过喻继高的奔波和与各方面的交涉，历经波折才把这些画作找回。1972年，这批画被交给了有部队把守的南京博物院，并进行了清点登记，总共是429幅。

据南京博物院的专家介绍，这批画作堪称傅抱石一生心血结晶。其中，有他二三十岁时临摹石涛的早期画作；有40年代金刚坡时期的代表作《潇潇暮雨》；有60年代早期的《雨花台颂》；更有两万三千里写生所得的《延安》《枣园》《待细把江山图画》；还有毛泽东诗意画《蝶恋花》《芙蓉国里尽朝晖》《更喜岷山千里雪》等。此外还有他赴欧洲地区的写生画作。从这些画作中可以看出傅抱石对创新中国画题材所作出的杰出贡献。

金刚坡下

傅抱石在抗战期间随郭沫若来到重庆办公，住在重庆西郊的金刚坡下，前后在那里居住了八年。在这段社会动荡不安的时期内，傅抱石以超乎寻常的勤奋和无限的热情，始终坚持自己对中国画的创作与研究，并且成功地找到了属于自己的艺术语言："抱石皴"。傅抱石独一无二的"抱石皴"给中国画坛注入了新鲜的血液。

由于傅抱石长期以来在美术史方面有大量著述，初到重庆时，很多人都认为他根本不会画画。在南昌的时候傅抱石虽然也办过画展，但他并不愿意将自己的创作展示给太多的人看。来到重庆后，面对川东的山山水水，傅抱石在苦苦酝酿着画风的转型，此时，他走在了自己艺术创作生涯中的交叉口。1942年，傅抱石在重庆成

现代·傅抱石
《古交化城》
镜片　纸本设色

功举办了"壬午个展"。他在《壬午重庆画展自序》中写到："成渝古道旁，金刚坡麓的一个极小的院子里原来是做门房的，用稀疏竹篱隔作两间，每间只有不过方丈大，往往写一封信，已够不便，哪里还能作画？不得已，只有当吃完早饭后，把仅有的一张方木桌，抬靠大门放着，利用门外照来的光线作画。画后，又把方木桌抬回原处吃饭，或作别的用途。"生活条件和创作环境是如此的艰苦，傅抱石仍然在"壬午个展"展出

了近百幅作品，并受到徐悲鸿、郭沫若、宗白华[1]等人的高度赞扬与关注。对傅抱石来说，1942年的"壬午个展"是一次成功的艺术宣言，也是他艺术人生的一个重要转折点，不仅让其名声大震，更关键是让其在"抱石皴"的探索完善上坚定了信心。在这段时间里，他经常使用"金刚坡下"的落款。长期以来，金刚坡一直被视为傅抱石的艺术圣地，而金刚坡时期的作品也一直被视为傅抱石一生创作中最重要的部分。

现代·傅抱石《历史人物》
镜片　纸本设色

[1] 宗白华（1897—1986年），雅号"佛头宗"，中国现代哲学家、美学大师、诗人，南大哲学系代表人物。代表作品《美学散步》《艺境》。现已出版《宗白华全集》。

天惊地怪见落笔
——潘天寿

潘天寿是现代画家、教育家，艺术上主张中西绘画拉开距离，强调对传统的学习和继承，并在此基础上创造。著有《中国绘画史》《听天阁画谈随笔》等。

现代·潘天寿
《雨霁图》
横幅 纸本设色

百花生日生

潘天寿（1897—1971年），浙江宁海人，现代画家、教育家，曾任中国美术家协会副主席，浙江省文联副主席，原浙江美院院长。早年名天授，字大颐，自署阿寿、雷婆头峰寿者、心阿兰若主持、寿者。擅画花鸟、山水，兼善指画，亦能书法、诗词、篆刻，受教于经亨颐、李叔同等人。潘天寿一生致力于传统绘画的创作，为中国传统绘画的继承和发展做出了可贵的贡献。著有《中国绘画史》《听天阁画谈随笔》，代表作品有《雁荡山花》《露气》《中国绘画史》《听天阁诗存》等。

农历二月十二是潘天寿的生日，传说中这一天是百花节，他非常喜欢自己是在百花节这天出生。所以在他成名后，其得意之作上经常会有他盖的"百花生日生"的印章。

在他童年时，和与父亲相比，潘天寿与母亲之间有着一种格外温馨的母子之情。母亲给他讲故事，教他背诗文、剪纸人儿、做灯笼，母子之情可见一斑。然而在1903年宁海的农村反洋教的运动中，其母因受惊吓在产后不幸去世。这一年潘天寿才7岁。童年的不幸遭遇使他比同龄人早熟了许多，也使他形成了沉默寡言、特立独行的性格，列强的欺凌、国家的灾难为他埋下了民族自尊的情结，为其以后的艺术创作带来了深刻的影响。

潘天寿自小接受西式教育，课余时间练习绘画、书法、篆刻等。一次，他在县城的书店偶然发现《芥子园画谱》和几本名家书帖，这使他爱不释手，《芥子园画谱》是一本中国绘画的入门书，他省吃俭用了几个月终于买了下来，这本书成为他学习传统绘画和书法的启蒙教材。

夫妻情深

潘天寿夫人原名何文如，是潘天寿的学生，婚后改名何愔。对艺术的共同爱好及对艺术的共同追求使他们相恋并很快走到一起，并于1930年结婚。在结婚当日的喜宴上，助教雷奎元口占一联曰："有水有田兼有米，添人添口又添丁"。这副对联上联合一个"潘"字，下联对一个"何"字，寓意着吉祥如意，婚姻和和美美。

潘天寿夫妇执手数十年恩爱情深，患难与共。"文革"期间，潘天寿被关入"牛棚"，他的夫人也难逃厄运，两人每天天不亮就出门，在瑟瑟寒风中打扫垃圾；潘天寿在1969年又被押到浙江嵊县、宁海等地游斗，在返回杭州的途中，潘天寿悲愤交加，从地上捡起一只空烟盒，写下了一首绝句："莫嫌笼絷狭，心如天地宽。是非在罗织，自古有沉冤。"

1970年冬天，身体长期遭到迫害的潘天寿病情加重，住进医院。何愔悲痛欲绝，她在丈夫病床边的水泥地上铺了一张草席，当作床铺，以便日夜照顾丈夫，不离不弃，伉俪之情，感天动地。1971年9月5日，潘天寿在听了向他宣读的"定案结论"（定案为"反动学术权威"，敌我矛盾）后，愤慨疲惫至极，再度送往医院抢救。9月5日天明前，潘天寿在冷寂黑暗中长辞人

潘天寿像

世。终年74岁。粉碎"四人帮"的第二年，中共浙江省委宣布为潘天寿平反昭雪。

秀兰失土

作为一名国画大师，潘天寿不但为传统绘画的发展和传承日夜操劳，还时刻关心着国家民族的兴衰，真正做到了天下兴亡，匹夫有责。潘天寿有一个学生叫朱培均，一直跟随他学习绘画。一次，朱培均画了一幅《兰石图》，拿到潘天寿家，请潘老为他指导。潘天寿看完之后，大为称赞，但就是感觉似乎少了些什么，于是他欣然提笔，在画中空白处题了一首诗：

最爱湘江水蔚兰，幽香无奈月初三。
楚骚已是伤心史，何况当年郑所南。

此时，国家正处水深火热之中，抗日战争一触即发，潘老见了兰石，自然想到了南宋遗民画家郑思肖[1]，此时此境，他对眼下中华民族的状况满怀感慨，不禁忧国忧民之心溢于言表。朱培均虽然是在描绘兰花，但潘老的感情却沉郁深远，蕴含着一种高尚的品德和中国人应有的情操气节。朱培均受益匪浅，他从中明白了艺德比技艺更为重要的深刻道理。

画贵情深乡土意

1928年春天，潘天寿定居杭州，先后担任杭州国立艺术院中国画主任教授，兼书画研究会指导教师等职务，同时兼任上海美专、新华艺专等院校的授课教师。自此之后，数年间奔波于沪杭两地，不辞辛苦，为中国传统绘画的人才培养呕心沥血。

这一年冬天，他与王一亭、刘海粟在名医徐小圃家宴请日本画家桥本关雪。桥本对他说："南宋画创于中华。可惜我不是中国人，更不在中国长大，对各地名胜古迹观光机会不多，于是才每隔一两年便来旅行写生一次，以弥补缺陷、

天惊地怪见落笔●潘天寿◎

[1] 郑思肖(1241—1318年)，号所南，福建人，南宋诗人。并兼擅绘事。曾为宋太学生，应博学弘词科。宋亡后，隐居苏州寺庙，终生不仕。擅长画墨兰、墨竹。由于自身的处境，常画露根之兰，以喻自己无国土可着之意。

增强修养。"在回去的路上，潘天寿感慨万分，他对刘海粟说："我们生在华夏，作为一个中国人，真是三生有幸。桥本是个很努力的画家，对我国南宋诸大家的绘画神韵颇为神往，一心想得其精髓所在，可惜感情欠深沉，笔触间仍难掩岛国之本色，作品回味不足。但我们也不能掉以轻心，要笔耕不辍，不能让这些外国画家走在我们的前面！"1929年，潘天寿随同"西湖艺术院美术教育参观团"赴日本考察美术教育。回国后，又再次修改所著的《中国绘画史》，并写成《域外绘画流入中土考》一文。1932年，潘天寿与其他几位学者在上海组建"白社画会"，呼吁发扬中国传统绘画，后连续出版《白社画册》。

半生风雨师生情

1928年，刚过而立之年的潘天寿应邀担任杭州国立艺术院中国画主任教授，兼书画研究会指导教师。首届学生人数不多，潘天寿对一个叫李寄僧（当时叫"李继生"）的学生印象特别深刻，这个学生是班里年龄最小的，讲着一口绍兴话，潘先生也非常关照他。

李寄僧是个爱学的后生，有一次他去潘天寿家拜访，师徒二人促膝长谈，潘天寿对他讲了佛教与绘画之间的关系，认为"作画须入静，无杂念，这正是僧心所在"。聊到兴致之时，潘天寿建议李继生改动一下名字，用"寄僧"代替"继生"，他认为这两个字的字义好，"寄僧"二字音与"继生"相似，但其含义却更为饱含深意。许多文学造诣深厚的学者，在对研究方向达到一定深度后，会自然而然地将所见所学与佛教研究联系到一起。潘天寿对李寄僧说，要想提高自己的绘画水平，必须要对文学艺术有更深的理解。

对于潘老的教诲，李寄僧感觉受益匪浅，至于名字的提议，他也欣然接受，觉得很有道理。从那时起，"寄僧"二字替代了"继生"。待到李寄僧毕业后，经潘天寿及李苦禅的推荐后，去北平师从齐白石大师，继续学习绘画对于李寄僧来说，潘天寿既是他艺术道路上的启蒙导师，又是他的赐名恩师，这让他铭记终身。

解放后，已在上海高行中学任教的李寄僧在

"文革"时被定为"右派"，被打入"牛棚"改造，但此时此刻令他最担心的却是导师的安全，后来他被"解放"出来的第一件事便是去杭州探望潘天寿夫妇。当时潘天寿夫妇还被造反派控制着，李寄僧不顾个人安危，几经周折，终于见到了他们。潘天寿看到他非常感动，也很激动，很珍惜这来之不易的见面，由于当时政治环境上的限制，师徒二人没能聊得太多，寒暄之后互相安慰，互嘱珍重，依依惜别，但这已让师生俩备感欣慰。事后，李寄僧赋诗曰：半生风雨忆寒窗，寻迹师门笑鬓霜。难得又逢同辈客，离愁别恨泪

现代·陆俨少
《唐人诗意图》
立轴　纸本设色

现代·潘天寿
《映日图》
镜片　纸本设色

20世纪国画大师生前有缘：潘天寿爱才如玉，当年在陆俨少深陷囹圄之时向他伸出援手；滴水之恩当涌泉相报，在潘天寿纪念馆筹集建馆基金之日，陆俨少慷慨捐赠4幅佳作，为纪念馆筹集了充裕资金。

　　陆俨少，学名同祖，号宛若，曾任中国美术协会理事，浙江画院院长，浙江美院教授，与黄宾虹、李可染齐名，并称"当代山水三杰"，著有《陆俨少画集》《山水画刍议》《中国名山胜景图》等。陆俨少自少年时代就酷爱绘画，几乎一日离不开丹青。与世无争的个性曾促使他购买浙江武康上柏山二十亩地，自办农场，归隐山林，修身养性，一边过着隐居的生活，一边安静地研习中国传统绘画艺术，过着五柳先生般的田园生活。在外人看来他不可理喻，但他却自得其乐，还写了两副对联，悬挂在房间里，以作明志。一副集杜诗："修竹不受暑，红梨迥得霜"；另一副集陆放翁句："野老逢年知饱暖，山家逐日

盈眶。

　　1971年，一代大师潘天寿含冤西去，李寄僧悲伤至极，专门为其写了悼文，并被刊登在《绍兴日报》上，也算圆了李寄僧对导师的追思之情。

陆俨少遇伯乐

　　陆俨少艺术馆于2003年秋天在其家乡上海嘉定揭幕。这一年正是潘天寿逝世三十周年。两位

◎天惊地怪见落笔●潘天寿◎

现代·潘天寿
《秋来犹有菱荷香》
手卷 纸本设色

了穷忙"。

抗日战争爆发后，他和家人迁往重庆居住。解放后，上海开始筹建中国画院，时任上海市长的陈毅力邀陆俨少，他以饱满的热情，积极的态度投入到中国画的创作中去。他还放下"架子"，创作了一系列的连环画，给孩子们的精神世界带来了无限欢乐和艺术灵感。

1957年"反右运动"中，由于陆俨少禀性耿直，言论不当，被打成"右派"，沦落为上海画院的"编外人员"，不让他画画。但他不被命运的逆境所击倒，唯一担心画艺荒疏，因此他白天闲时用手指蘸茶水，在桌面上作画，夜晚挑灯夜读，精心研读古人画论。在"左倾"思想泛滥的那段时间里，唯与一盏枯灯为伴，潜心读书。

1961年，浙江美术学院为推进教学改制，将中国画和西洋画分开教学，另设中国画系。碰巧的是，当时山水科教师顾坤伯因病不能继续任教，学校急需聘任一名山水画教师代替，这时一些画家闻讯之后毛遂自荐，纷纷到浙江

办展来自我推荐，但主持教学工作的潘天寿却坚持自己的主张，不肯降低要求，宁为玉碎不为瓦全，所以一时难有合适人选。潘天寿在江浙和上海等地奔波，寻求中国画教师的合适人选，可惜却总是无功而返，扫兴而归。当时浙江美院绘画系沪籍学生姚耕云在上海受陆俨少指导进修山水画，临别之时，陆俨少将自己画的一部杜诗册页赠给姚耕云以作留念。回到杭州后，姚请潘天寿院长鉴阅并请他在册页上题字。潘天寿看完陆俨少册页的杜甫诗意画、题诗与跋后，颇为振奋，赞不绝口："画、诗、书法皆属上品，气韵生动，笔法淋漓，正是我要请的中国画教师。"但他与陆俨少并不相识，于是在国庆节专程赶到上海商榷此事，不料却碰到了难题，丰子恺把陆俨少被定为"右派"分子的事情告诉了他，问他是否敢用陆俨少，潘天寿迫于无奈，只得返回杭州向浙江美院党委汇报了陆俨少的尴尬境遇，学校党委也颇感为难，未置可否。

潘天寿惜才如玉，求贤若渴，他没有放弃这

个难得的人才，于是再赴上海，找到上海画院画师。也是他的老朋友朱屺瞻等人，深入了解陆俨少的为人处世，人品才情。朱翁等一批老画师直言陆俨少做人清白，诚挚可信，人品绝无问题。于是潘天寿心里有了底，俗话说画品如人品，他也认为自己不会看错人，经过他的不懈坚持，据理力争，终于得到浙江美院党委的支持。虽然丰子恺舍不得放走陆俨少，但潘天寿不改初衷，最后与丰子恺商定权宜之计：陆俨少仍为上海中国画院画师，每隔两个月赴杭州授课一次。在潘天寿多次听过陆俨少的授课后，他心满意足地说："以前我请来黄宾虹当教授，现在又请来了陆俨少，他们都是我心目中的好教师！"由于潘天寿的提携和知遇，改变了陆俨少后半生的命运。粉碎"四人帮"后，陆俨少得以彻底平反，从而正式调入了浙江美院，成为中国画的专职教师。

对于潘天寿的知遇之恩，陆俨少铭记于心。1971年秋，陆俨少得知潘天寿离世的噩耗，感慨万分，悲伤至极，回到家里，他仰天长叹："知

我者潘翁也。他去世太早了，这是国家的重大损失，我也失去了一位良师益友。他的恩德，我终生难忘！"潘天寿墓筑在杭州，每逢清明时节，陆俨少不顾体弱多病，总要亲自前去祭扫。1982年春，年过古稀的陆俨少经过长途跋涉，专程赶往浙江宁海冠庄，瞻仰潘天寿故居。此前，浙江美院为筹集潘天寿纪念馆基金，恳请应征的海内外著名画家每人赠画一幅，作为筹建资金。于是，陆俨少连日泼墨，作三幅山水画，慷慨赞助。当时，潘天寿纪念馆欲建一座豪华的玻璃房，全部采用进口玻璃，价值20多万元人民币。而外商向潘天寿的公子、潘天寿纪念馆馆长潘公凯教授提出条件："本公司愿意奉赠全部玻璃给贵馆，但请回赠一幅陆俨少画作。"陆俨少闻讯之后，又是奋笔挥毫，在4尺整张宣纸上创作了一幅山水画，回赠外商。

潘天寿与陆俨少两位国画大师亦师亦友，虽都已驾鹤西去，但他们的高风亮节、人品才情永驻画苑，给后人留下了宝贵的精神财富，树立了学习的榜样。

五百年来第一人
——张大千

　　张大千是富有传奇色彩的大画家，社会影响大，善临仿，可乱真。1932年移居苏州网狮园，1948年迁居香港，后又旅居印度、阿根廷、法国、巴西、美国等国，1978年移居台北外双溪摩耶精舍。其辗转一生，留下许多传奇故事。徐悲鸿曾评价其"五百年来第一人"。

现代·张大千
《小帆风雨图扇》
扇面　纸本水墨

传奇大千

　　张大千（1899—1983年），原名正权，后名爰，字季菱，号大千，别号大千居士、下里巴人，斋名大风堂。生于四川内江，祖籍广东番禺。1983年心脏病发作，逝于台北。

　　张大千家里从事盐业，年幼的时候家境极度清贫，其后随着生意的扩展和积累，家道才变得富裕殷实，成为内江方圆百里显赫家族。张大千共有兄弟十人，排行老八，其父为人个性豪爽，而母亲曾氏是中国传统大家妇女的典型，持家有方，且多才多艺。张大千自幼曾随母亲、姐姐、兄长学画，打下了坚实的绘画基础。1917年，大千赴日学习染织。由于大千对染织的兴趣不大，于是他在课余之时自学绘画，其二哥张善孖当时也在日本，给了他不少帮助。在日本的那段经历对他以后的艺事生涯产生了重要的影响。张大

千一生富于传奇色彩，一生辗转世界各地。先是迁居香港，后又定居台北外双溪摩耶精舍。

　　"大千"这个名字，是他出家时由住持逸琳法师为他所取的法名，后来家人得知此事后极力反对，于是张大千在三个月后还俗，但是"大千居士"的名号，他却延用终生。

　　同多数画家的学艺道路一样，他曾用大量的时间和心血临摹古人名作，特别是他临仿石涛和八大山人的作品更是惟妙惟肖，几近乱真。因其诗、书、画与齐白石、溥心畬齐名，在画坛上有"南张北齐（齐白石）"、"南张北溥（溥心畬）"之称。对于张大千在中国画坛的历史地位，徐悲鸿这样评价："张大千，五百年来第一人。"作为徐的个人见解，可能受限于自己的主观判断，但是如此高度评价，可见张在徐心目中的重要程度。

张大千像

两位恩师

1919年国内局势风云骤变，张大千自日本完成学业返回家探亲，随后其弟张君绶一同到达上海，分别拜曾熙[1]和李瑞清[2]门下学艺，学习诗词、书法。书法主要是临摹"三代两汉金石文字，六朝三唐碑刻"，在临摹的过程中不断地揣摩前人的书写，逐步形成了自己的书法风格。由于两位老师都十分钟爱石涛和八大山人的艺术，因此受老师的影响，大千刚开始学画，就是学习八大山人、石涛等人的作品，研究其精髓，效法其绘画。自此开始，张大千一生通过不断钻研石涛艺术从而确定他的艺术道路。

在书画鉴赏与收藏方面，大千深受两位老师的影响。他们将珍藏多年的八大山人、石涛等名家的作品拿出来以供大千观赏、研究、临摹。为拓宽大千的视野，两位名师引荐大千结识了许多当时的诗书画名家，像"海派"画家任伯年、吴昌硕，"黄山画派"的梅清，南京的张风以及黄宾虹先生等，他由此增长了他的

见识，广泛地学习了众多古代书画家的艺术风格。曾熙和李瑞清两位老师对张大千的影响是巨大的，因此拜到二师门下，是大千一生艺术事业的一次关键转折。

虾身只有六节

据说，一日张大千与齐白石应徐悲鸿的邀请到其家里做客，为了答谢徐的夫人廖静文的热情招待，齐白石当场即兴用墨画了三片荷叶，又用赭红画了两朵荷花，张大千看后想要在此图上点缀几只小虾以表心意。但就在张大千创作正酣之际，齐白石悄悄地走到张大千身边，轻声提示虾身只有六节，而纸上所绘虾身数目不尽相同。张大千于是急中生智，在画面上多画了些水纹与水草，遮盖了节数不准确的虾身。回到住处，张大千立即买来活虾，通过仔细观察发现，果然不论大虾还是小虾，虾身全都是六节。张大千想起刚才的情景，不禁心生惭愧，非常佩服和感激齐白石对他的提示。

自此以后，张大千如果对作画对象没有透彻的了解，绝不轻率落笔。张大千也常对人这样讲：作画要明白物理，体会物情，观察物态，这才会达到微妙的境界。可见"虾身六节"的经历对他以后的作画甚至待人做事都产生了积极影响。

蝉头朝上

张大千早年间，应朋友之情，执笔亲绘《柳荫鸣蝉图》相赠以表谢意。画面上一只蝉落伏在柳枝上鸣叫。大千画后很满意，就让这位求画的朋友请白石先生为他题款。齐白石展开画卷端详良久，慢慢地摇着头说道："大千居士疏漏了，蝉伏在柳丝上应该头朝上，不能朝下。"求画的朋友把齐白石的这番话转述给张大千，张大千起初还不信。待到炎炎夏日在柳荫下乘凉，于是起身观察柳枝上的蝉，果然如齐白石所说那样，张大千不禁对齐白石更加钦佩了。

[1] 曾熙(1861—930年)，衡永郴桂道衡州府（今衡阳市）人。字季子，又字嗣元，更字子缉，号俟园，晚年自号农髯。中国杰出的书法家、画家、教育家，海派书画领军人物。书法自称南宗，与李瑞清的北宗颉颃，世有"北李南曾"之说。
[2] 李瑞清（1867—1920年）字仲麟，号梅庵、梅痴、阿梅，晚号清道人，玉梅花庵主，戏号李百蟹。江西抚州人。教育家，美术家，书法家。中国近现代教育的重要奠基人和改革者，中国现代美术教育的先驱，中国现代高等师范教育的开拓者。

现代·张大千
《荷花》
镜片　纸本设色

舍弃家产求名画

　　抗日胜利后，张大千曾借住在北京颐和园内，北京的文化氛围、风土人情皆让他神往，于是想要长久地居住在北京。打算定居北京的他，开

始寻找自己的住处，看到有清王府房屋出售，很是满意，于是和房主谈好价钱，并交付定金。不过事情总是难以预料，最终张大千没能买成这所房子。

　　与此同时，大千从一位古玩商那里得知，北

张大千和毕加索

京玉池山房购得了南唐顾闳中的作品《韩熙载夜宴图》。张大千听到后便迫切地想观赏并买下这张画。这张画本被末代皇帝溥仪带至东北伪满宫中，抗日胜利后，流散于民间，后辗转到北京玉池山房。听到消息的那天晚上，大千便带着弟子萧允中一起到玉池山房看画。

店里的马老板看到张大千师徒，便起身相迎，因两人私交甚厚，大千便主动询问珍宝下落，马老板对他的人品很是放心，便将尺余高的手卷示于张大千。鉴定为真迹之后，他急于得到画卷便询问价格，马老板要价500两黄金，思量再三，张大千决定先买下《韩熙载夜宴图》。他感慨地说，房子没了还能再买，而此图稍纵即失，以后也许就没机会再见了。于是他用买房的钱买了《韩熙载夜宴图》。

张大千视《韩熙载夜宴图》为无上珍宝。自画卷得手后，他时不时拿出来欣赏，还特意为该画卷刻了一枚印章，印文为"东南西北，只有相随无别离"，并且在图卷上钤上此印。

拥张派

1949年中华人民共和国成立之初，阶级斗争并没有消失，文艺界的思想斗争接连不断，也对张大千有种种议论，那时候肯站出来支持张大千的人里，叶浅予就是其中之一。作为美术家协会副主席的叶浅予，当然也听到过这些议论，可是他仍然坚持自己的看法。而此时早已迁居海外的张大千与祖国大陆之间，隔着万水千山，谁来担任这穿针引线的人呢？无疑是叶浅予[1]。

[1] 叶浅予 (1907—1995年) 原名叶纶绮，笔名初萌、性天等。浙江桐庐人。善人物、花鸟、插图、速写等。从事画教学和以舞蹈、戏剧人物为主的国画创作，中国漫画和生活速写的奠基人。创作长篇漫画《王先生》《小陈留京外史》及组画《天堂记》等，著有《画馀记画》和《十年恶梦录》。

北京画院于1956年10月在北京成立。成立之时，叶浅予与谢稚柳、于非闇等人一起吃饭。他们大都是大千的老朋友。谈论到大千，众人皆欲言又止，内心五味杂陈。叶浅予向于非闇建议为张大千写一篇文章。两个月后，时任北京画院副院长的于非闇写下了被刊登在香港《文汇报》上的《怀张大千》，并在文中提到他们的这次聚会，并诚挚要求张大千先生回来参观。

后来据叶浅予回忆说，50年代初的时候，他与徐悲鸿先生曾联名给当时正旅居印度的张大千写过一封信，信中邀请他一起重游敦煌。但是，大千让一个印度的学生捎信给他们，说是暂时无法回来，因为必须要料理一些债务问题，以后有机会再回。

国宝归国

1952年张大千准备远游阿根廷，为筹集这笔搬家费，他将自己心爱的三件名迹：董源的《潇湘图》、顾闳中的《韩熙载夜宴图》以及宋人册页忍痛交让出去了。这三件作品分别盖有他的"别时容易见时难""大风堂珍玩""南北东西只有相随无别离"的收藏印章。据张大千女儿张心庆回忆，他将这三件名家的大作交与给香港的一个叫徐伯郊的经纪人，并不忘交代徐说，要优先让给大陆。当消息传到文物局局长郑振铎耳中，郑把这个消息报告给了周恩来，总理一听当即委托他办理此事。郑振铎立即派人去香港接洽，张大千将这三幅珍贵的古画和其他一批心爱的中华珍贵文物，以四万人民币的低价全部"半

现代·张大千
《华山云海图》
手卷 金笺设色

"送半卖"给了国家，使这些本从故宫流出的珍品又回到了故宫博物院，为国宝找到了最好的归宿。国宝最终没有流失海外。张大千的家国情怀使郑振铎很受感动。

与潘玉良的交集

曾一起任教南京中央大学艺术系的女画家潘玉良[1]与张大千友谊深厚，他们曾前后交往长达三十多年，其间曾一起在台湾举办画展，大凡两人在一起时，总会合作绘画或互赠画作。潘玉良是大姐，要比张大千大四岁，因而他们常以"大千弟""玉良大姊"相称，情谊深厚。

1936年，张大千被聘南京中央大学艺术系教员，同时潘玉良也在中央大学艺术系任教，他们结识后，因为对艺术有许多共同看法和追求，私下的交往很是密切。更巧的是张大千喜欢京剧，而潘玉良也是个不折不扣的京剧迷。两人一见如故。有一次，潘玉良在南京展出她的画作，第二天发现有多幅画被破坏并写有侮辱言论。张大千知道后，特意画了幅《墨荷图》赠与她，比喻她"出淤泥而不染"的高贵品格。

新中国成立后，张大千与潘玉良各在异乡，鲜有联系，但内心还是惦念着对方的，数年后，两人终于在法国巴黎再度相遇。

[1] 潘玉良(1895—1977年)，原姓张，后随夫姓，改名潘玉良，又名张玉良，字世秀，安徽桐城人。出生于江苏扬州。中国著名女画家、雕塑家。幼年时就成了孤儿，14岁被舅舅卖给了妓院作歌妓，17岁被芜湖海关监督潘赞化赎出，纳为小妾，改名潘玉良。

1956年，张大千第一次去巴黎举办个人画展。那时，潘玉良早已定居法国多年，张大千来到法国第一个要见的人自然是大姐潘玉良。画展

现代·张大千
《青城山木兰图》
成扇　纸本设色

上海、北平等地知名的鉴赏家。据说黄宾虹、罗振玉这样的大家也曾被张大千仿的古画骗过，但是具体究竟有多种说法，真实情况如何也不得而

期间，潘玉良多次邀请"大千弟"到自己家里做客叙旧。为了招待他，潘特地请了一位高级厨师亲自烹饪。张大千在异国他乡吃到了正宗的家乡菜，感慨万千。

1956年7月，潘玉良第一次赴伦敦举办画展。出发前，她特意致函邀请身在巴西的"大千弟"结伴同行，张大千收到信后非常开心地答应。到了伦敦，张大千又特意画了幅国画《百感图》送给潘玉良，画上一位双目炯炯的古装老人，长须拂胸，伫立在旷野之中。张大千还在画上亲题七言诗一首。现在这幅画和《墨荷图》一起被安徽省博物馆收藏。

此后二人在大小场合多次会面并互赠礼物。两人相继逝世后，人们在他们的遗物中发现了两人几十年期间来往的多封信件，互赠的画册作品及很多其他礼物。"艺坛知己，姐弟情深"或许就是对两人情谊的最好写照。

大千与少帅

20世纪20年代后期，张大千仿画颇有名气，尤其是他仿石涛的画，极逼真，迷惑了很多当时

知。但是张大千的临摹古画的高超本领和聪明才华还是很得到大家公认。

张大千与近代中国叱咤风云的张学良，颇有渊源，他的"造假"功力之深，甚至骗倒了张学良。两人有着一段颇有趣的书画奇缘。

这位年轻的少帅也很喜欢石涛的作品，但没想到自己苦心搜来的藏品，竟出自一个仅比自己大两岁的画家之手，张学良知道后没有生气，反而产生了想要结识这位青年画家的想法。

1928年，张学良被调到北平。第二年，张大千北上，并住在长安客栈。张学良听说张大千来到北平后，举办宴会时便邀请了他。参加宴会的人都是当时北平书画界的名流，张大千一开始很是疑虑，而张学良谦恭的态度逐渐消除了张大千的顾虑。从始至终，张学良都没谈起假石涛的事，这才让张大千真正放下心中的顾虑。这便是两人第一次戏剧性的相识。之后两人交往频频，抗日战争前夕，张学良曾向张大千索画，张大千赠予张学良《华山图》一幅。

70年代初，从美国来到台湾的张大千，经过多方的同意才见到禁所中的张学良，当时的

张学良把一卷东西送给大千，让他回到美国的家中再看。

回到美国后，张大千打开东西一看，原来这是三十多年前，他在北平琉璃厂视若珍品的《红梅图》，当时商人失信于他把这幅画出售给他人，恰好买这画的人就是张学良，这幅画一直都由张学良收藏，张大千心中感慨万千，不由提笔画了一幅《腊梅图》，送给张学良以表心意。

新中国成立后，定居台湾的张学良与张大千交往更加深厚，两人经常与其他名流雅聚、品名酒吃美食。二人的兴趣及喜好，成为台北名流竞相效仿的高雅生活方式。"二张"的友谊也更为深厚。

现代·张大千
《贵妃鹦鹉图》
立轴　纸本水墨

落难匪帮

张大千16岁时，曾在重庆求精中学念书，一年放暑假时回家途中，被土匪绑去，被押到名叫"千斤磅"的地方，土匪要求他们写信回家要钱。等到张大千写信时，一个土匪见其写得一笔好字，便要求张大千做师爷。虽然张大千内心十分不愿意，但碍于生命危险，又不得不答应他们。到了龙井口，土匪头子将一对象牙章和一顶带红缨子的瓜皮帽送给他，让他打扮成师爷模样。

在这期间，张大千趁机学习作诗。其中一位进士出身的俘虏教会了他平仄对仗。三个月后，土匪遭到了地方军队的围剿，张大千获救。其土匪经历，颇具传奇色彩。

大千居士

闯龙潭入虎穴，侥幸得以全身而退的张大千本想到上海学习画画，但由于父母的命令，只得作罢，并在1917年，赴日本留学，在京都学习染织。

两年后，张大千完成在日本的学业回国。同年，其未婚妻患病身亡，他的未婚妻是大他三个月的表姐谢舜华。据传言，谢舜华温柔贤淑，长相清丽，与张大千是两小无猜青梅竹马，并在十岁时定亲。谢舜华对张大千很体贴，订婚之后尤甚，二人感情甚笃。但是好景不长，谢在二十岁便不幸逝世。

张大千因恋人的去世，受到了很大的打击，一蹶不振。回到上海后，他便立志要出家。1919年，大千到松江禅定寺做了五个月的和尚，逸琳法师为他取法号"大千"。自此之后，他便以张大千为名字，别号"大千居士"。

彼时数宁波观宗寺的谛闲老法师在佛门中声誉最高，张大千特地拜见并与老法师论道多日。然而，快到烧戒时，张大千却迟疑了。张大千和老法师辩论不烧戒也可出家，而谛闲老法师以遵循佛门规矩为由执意做烧戒。二人为此争论了一夜，却仍无法得出结果。第二天要举行剃度大典时，不甘心的张大千投奔了西湖灵隐寺。

寄住在灵隐寺的两个月，张大千心里极度苦

闷，不烧戒的和尚永远被看作是"野和尚"。某日写信给上海的朋友诉说心事，朋友在回信中表示已为他找好了上海附近的两处庙宇可供他暂住，这样还可以时常同朋友谈论书画。朋友约好在上海火车站北站接站，然后陪他去庙里。

但万万没有想到的是，张大千一下火车，就被二哥抓住。原来，朋友"出卖"张大千，偷偷地用电报将他的消息告诉给他二哥张善孖，他二哥知道后忙从四川赶来，将他抓回去了，算一算做和尚的日子，至此刚好一百天。

常言道，长兄如父。张善孖一向对张大千管教严厉，斥责大千之后，当即押送回四川。回到家后，在父母之命媒妁之言下，与一位叫曾庆蓉的女子结了婚。21岁的大千在完婚之后，就回到上海，决心学画。他先拜入曾熙门下，跟随曾先生学习书法。尔后，又拜在李瑞清门下，继续学习书法。这两位老师的艺术追求和对他的教诲，深深影响了30岁之前的张大千。当时，上海的文人雅士集中以"秋英会"最为著名。"秋英会"是成员边观赏菊花边吃螃蟹，即兴作画题诗。张大千第一次参加雅集时，无论是绘画、吟诗还是题字，全面才华的展示就使得大家对他刮目相看。在25岁时，张大千就已扬名上海。

敦煌面壁历三载

1941年参加完重庆、成都两地画展活动之后，大千先生不辞辛苦，长途跋涉八千里，到达敦煌。入洞探视那天天还没亮，他便迫不及待地提着灯参观千佛洞了。这一看才发现，原订计划的三个月恐怕不够，看了一些洞后，他说："别说三个月了，就是半年都还不一定够。"

张大千观览千佛洞后相当震撼，他看到每洞从顶到底，都被鲜明的壁画覆盖着，令人瞠目结舌。因此在敦煌初期，张大千的工作是扎实基础，为三百多个洞编号。单是编号等基础工作，他便耗费了五个月。为了补充食物、画具等，大千暂时回兰州进行补给，两个月后，第二次进敦煌，所带物品大概有七十八辆驴车之多，这次是要完成最重要的临摹工作。

在临摹壁画时，张大千一丝不苟地描摹，毫

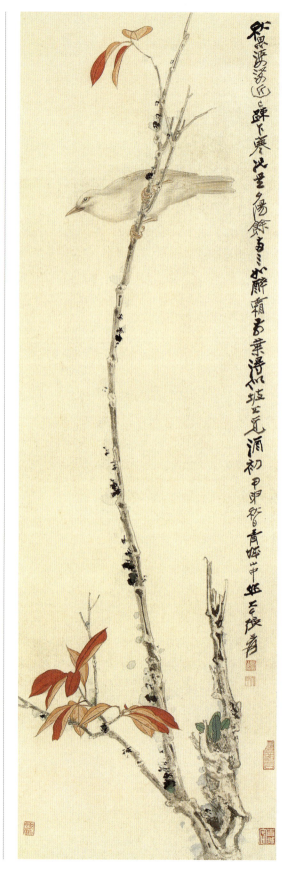

现代·张大千
《枫叶禽鸟图》
立轴　纸本设色

现代·张大千
《岩前松下七言联》
对联 纸本水墨

定初稿，人员间通力协作。因而，每幅画的创作手续都十分复杂，大的要花费两个月才能完成，小的通常也要十几天。就这样，他画了276幅画，用了几百斤石青石绿等颜料。

完成了异常艰苦的壁画临摹后，1944年3月，大千先生在四川成都举行"临摹敦煌壁画展"，在当时引起极大轰动，之后又到世界各地举行展览，引起了世人对敦煌艺术的关注与兴趣。

呢燕楼与八德园

1952年筹措完旅费之后，大千先生于该年举家搬往位于南美洲的阿根廷，居住在风景宜人的曼多洒，其住所被命名为"呢燕楼"。

在"呢燕楼"住了一年后，再乔迁至巴西。他在巴西买了一块地，按照自己的理想和绘画的艺术观点，建造了"八德园"。关于"八德园"的命名，它并不是一般人认为的取四维八德之八德，而是由于园子里的柿子农场。古代说"柿有七德"，一寿，二多阳，三无鸟巢，四无虫，五霜叶可玩，六嘉实，七落叶肥大。后来又得知柿树的叶子泡水，吃了可以治胃病，再加一德，故称为"八德园"。在"八德园"安定后，张大千就开始在世界各地开展国画画展，并引起人们的注意。

不搀杂个人意愿作为自己的原则。每临摹一幅壁画，他都会标记色彩尺度，力求逼真，工作不分寒暑昼夜。由于携带的材料有限，同时需要仔细

现代·张大千
《丹柿图》
镜片 纸本设色

海内榜书奏强音

——沙孟海

沙孟海在书法上受康有为、吴昌硕影响，尤以行草书最佳。他的擘窠榜书海内外罕以匹敌，被世人誉为"真力弥漫，吐气如虹，海内榜书，沙翁第一"。

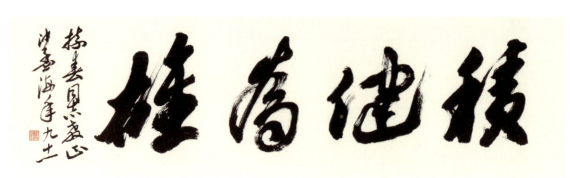

现代·沙孟海
《积健为雄》
横批　纸本水墨

书坛泰斗

近当代"书坛泰斗"沙孟海在中国书法界是一位很有影响力的人物，原名文若，字孟海。1900年生于浙江书香之家，早年间学习篆刻，后又研习书法，其书法远宗汉魏，近取宋明，学钟繇、王羲之、欧阳询、颜真卿、苏轼、黄庭坚诸家，得其神韵，业精于勤，且能化古融今，形成自己独具一格的"遒劲雄厚"的书法特色。擅长篆、隶、行、草、楷书，观其所作榜书大字，力透纸背，雄浑刚健，气势磅礴，实乃旷世罕见。

沙孟海天资禀赋，勤于用功，20岁左右就崭露头角，有了一定的名气，并得到过康有为、吴昌硕等大家指点一二。历任浙江省文物管理委员会常务委员、浙江省博物馆名誉馆长、中国书法家协会副主席、浙江省书法家协会主席、西泠印社社长、西泠书画院院长、浙江考古学会名誉会长等职。

沙家五兄弟

沙孟海是沙家的长子，下面有四个弟弟，年少时家中贫寒，五兄弟的学费很成问题，为了保证自己的弟弟们都能受到良好的教育，过上稳定的生活，他对自己的书法"明码标价"，卖字挣钱，为此经常通宵达旦地完成顾客们的作品。在如此拼命辛苦的同时，他的书法也更加精湛，基础更加牢固。

沙家的五兄弟各个都不是等闲之辈，二弟沙文求，在大革命时期担任广州市委秘书长，广州起义时被杀；三弟沙文汉，做过地下党，中华人民共和国成立后担任浙江省第一任省长，政绩斐然；四弟沙文威，曾是顾克农、潘汉年十分信任的幕僚，是他们的得力干将，曾冒着生命危险在国民党营垒中隐匿十八年，为中国革命的胜利做了许多贡献。

两篇电文定乱局

在抗日战争时期，1938年武汉会战后，日本采取"以华制华"政策，到北平督促吴佩孚出山，特派一个叫川本芳太郎的人督办此事，日本这一做法在当时霎时出现一种很热闹的局

沙孟海像

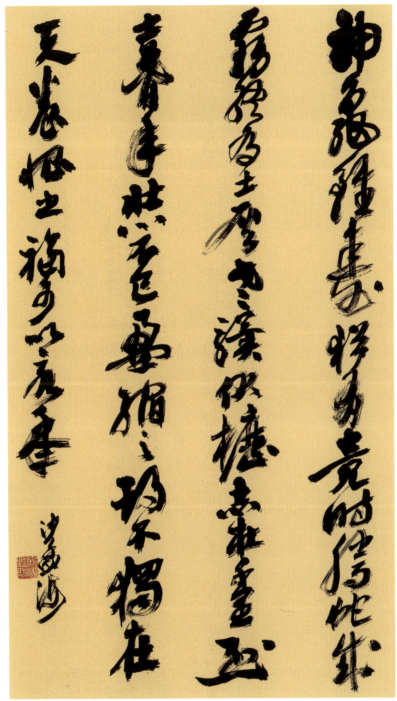

现代·沙孟海
《草书龟虽寿》
镜片 纸本水墨

山。蒋介石听了之后，默许了第二个策略。

沙孟海此时正在朱家骅手下当秘书，发给吴佩孚的劝解电文的起草任务就毫无悬念地交给了他，沙孟海知道这一次非同小可，是一次关系国家安危的重任，这个任务必须成功完成。当天晚上，从不喝茶的他却泡了一杯浓茶，在寂静的夜里独自一人凝神思索，夜在沉思中被无限拉长，他坐了很久，也想了很久，突然他好像有如神助一般，一篇五百余字的四六骈文在短短几分钟内完成。文章郑重地晓以深意，敦促吴佩孚一定要以民族利益为重，不要"一失足成千古恨"，留下千古骂名。朱家骅看了之后，对电文非常满意，立即命人将电文急送至吴佩孚的老友张芳岩处，再由他转发给吴佩孚。当时的吴佩孚就"出山"一事正在犹豫不决，朱家骅的这封信就在这个时候被寄了来。随从拿着这封信将他请进密室，将电文递交给他，他看完这封信雾时醍醐灌顶一般，当即对自己出山一事作出决定。过后，他反复诵读着那篇电文，一种自责的情绪充斥着全身。吴佩孚理清了头绪，拒绝了日本人的邀请，并回复了一句话给朱家骅："不做日本人的走狗"。

同年12月18日，朱家骅又获悉已经投敌的汪精卫欲拉吴佩孚下水，第二次叫沙孟海起草电文致吴佩孚。没过多久，朱家骅便收到吴佩孚通过张芳岩转交的一个电报，言词恳切："仆虽武

面，来自全国各地拥护吴佩孚出山"挽救大局"的电报纷至沓来。

关于吴佩孚出山之事在国民党政府中造成很大轰动。国民党中央秘书长朱家骅得知此事紧急求见蒋介石，认为应对此事一是让军统对其进行谋刺；二是他以中央委员会秘书长的名义给吴佩孚发一个电报，动之以情晓之以理，阻止他出

人，亦知大义，此心安如泰山。"

沙孟海与蒋介石

沙孟海的才华曾经颇得蒋介石的器重。据说在蒋介石故居内的报本堂有一副引人瞩目的楹联，上联曰：务本尊亲是谓至德要道，下联曰：光前裕后所望孝子顺孙。这副楹联，文采非凡，对仗工整，押韵恰到好处，颇见文字功夫，挂在祖堂之前也十分贴切。这副楹联的作者就是沙孟海，由此可见蒋介石对沙孟海文笔的青睐。

1946年，蒋介石得知沙孟海不仅擅长篆书和石鼓文等金石类书法，而且对研究家谱和族谱也颇有建树，特地邀请他重修《武岭蒋氏宗谱》。沙孟海没有理由推辞，这次重修工作历时两年多才最终完成。由于这次修谱有国民党元老、大书法家吴敬恒以及蒋介石的宠臣陈布雷的参与，所以沙孟海只能列在四个编纂之一。但修谱的实际工作主要都是沙孟海做的，所以在新谱定稿时，蒋介石特地在司职名单中亲笔加上"特聘武进吴敬恒先生为总裁主其事，慈溪陈君布雷、鄞县沙君文若为编纂，襄其成"，他把沙文若提到了副总编纂的地位，以示慰藉。沙孟海能力不容忽视，受蒋介石的器重程度也显而易见。

此次重新编撰蒋氏家谱之后，蒋介石委托沙孟海再为其另编一个简易的。在沙孟海为其编撰家谱的这几年时间，正是国内内战激烈的时候。之后，内战结束，沙孟海为蒋重修蒋氏宗谱这件事情便引起学术界的争论，沙孟海对这一争论给了一个完整的说法："家谱早在1948年12月蒋介石下野前即已修好，下野后只是请我另编一本简谱，这本简谱只为蒋介石随身携带方便之用"。虽然当时沙孟海已离开国民政府，但为了朋友之间的一份友谊，还是敢为朋友两肋插刀的。蒋介石离开时还想找寻沙孟海，但沙没有见他。1949年4月，蒋介石匆促离乡，蒋氏小谱只在中华书局排印了几页样本，随着蒋介石的离开，沙孟海与蒋介石的关系也就此结束。

"大雄宝殿"补题款

杭州灵隐寺"大雄宝殿"的匾额是沙孟海

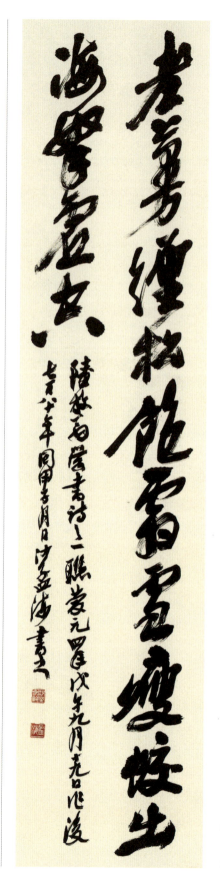

现代·沙孟海
《老蔓缠松》
立轴　纸本水墨

现代·沙孟海
《寿如松乔》
立轴　纸本水墨

经浙江书法界泰斗张宗祥推荐而题写的。不幸的是，1957年，时任浙江省省长的沙文汉被打成"右派"后，沙孟海作为兄长，也被牵连，于是他题写的匾额也不能继续存在了。上面领导作出决定：把沙文若三字从匾额上抹去！于是，在经过"整修内部，暂停参观"之后，呈现在万千游人面前的已是一块没有题款的"大雄宝殿"匾。

1970年，柬埔寨国家元首西哈努克亲王访华，在周恩来总理的陪同下游览了杭州西湖。西哈努克亲王是一个虔诚的佛教徒，既然来了杭州那么就要到灵隐寺去进香。当时，中国正处于"文化大革命"时期，虽然西哈努克亲王的这个要求无可厚非，但灵隐寺仍处于封闭之中，无法对人开放，如果亲王要进香，还得需要有特批的手续才行。乍一听，周总理处于两难之中，但又不便拒绝，权衡利弊之下决定开放灵隐寺。

西哈努克在周总理陪同下参观了灵隐寺，当走到大殿时，抬头驻足观看大殿牌匾上"大雄宝殿"四个字，这四个字气势雄伟，入目十分。大家都在看的时候，不防亲王询问身边的陪同人员："这是谁写的字？"这下可把人给问住了，不是不知道是谁写的，而是不知道能不能回答这个问题。于是惴惴不安地看了看周总理答道："无名氏。"周总理当然知道这件事情的原委，但是那个时候又不方便说话，只能等到此事结束之后再详查。不过，西哈努克亲王似乎也接受了"无名氏"的说法，没有仔细地询问。

后来，在周总理的指示下，省革委会负责人是这样说的，沙文汉是沙文汉，沙文若是沙文若嘛！我们不能因为沙文汉是"右派"，就搞株连，这不是党的政策。浙江当局彻底贯彻周总理的指示，找沙孟海要他去灵隐寺补一个名字。沙孟海也是倔脾气，并不是你叫我干嘛我就干嘛，对着来人就说，名字没法给补上去，只能重写一块匾，否则你自己看着办。来人没办法，只好请来另外一个人拼凑了"沙文若"三个字补上。"大雄宝殿"几个字与拼凑的字怎么看都不是很协调，但是无可奈何。

大器晚成震东瀛
——林散之

  林散之晚年得名，属于大器晚成。清碑学兴起后，帖学日趋冷落，林散之却独辟蹊径，经长期勤奋的努力，在草书方面做出了自己独特的创造。1984年日本书道访华团拜访林散之，团长、日本书坛巨擘青山杉雨题写"草圣遗法在此翁"敬赠。

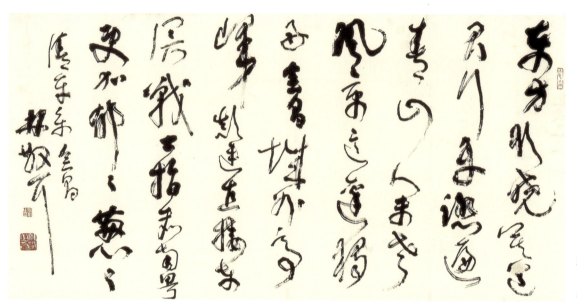

现代·林散之
《清平乐·会昌》
手卷　纸本水墨

乌江"三痴生"

  林散之，擅草书、诗、画，原名林霖，又名以霖，字散之，号三痴、左耳、江上老人等，江苏江浦县乌江镇江家坂村人（今属南京市浦口区）。1898年生于南京，卒于1989年，终年91岁，赵朴初先生誉林散之为诗、书、画"三绝"。他对现代中国书画艺术事业的贡献可谓"功莫大焉"。

  林散之自幼开始作画，他的父亲林成璋是一位读书人，敦厚老实、无意于功名，对林散之有着潜移默化之影响。林散之幼年时就展露了绘画的天赋，3岁就能画画，在大一点时已能对物写生了。他上学也很早，入私塾读书时年仅6岁，到了13岁时已读完了孔孟经典，擅长习作诗文，街坊邻居都知道其才名，常常邀他写

春联。在学习诗文的同时也不辍写生作画，时常临摹《绣像三国演义》《绣像水浒传》等中人物。正如每个孩童的童年都不乏顽皮趣事一样，天资聪颖的林散之童年也时常闹出不少趣事。他曾自述云：

  余8岁时，开始学艺，未有师承。16岁师从乡亲范培开先生学书。先生授以唐碑，并授安吴执笔悬腕之法，心好习之。

  余学书，初从范先生，一变；继从张先生，一变；后从黄先生及远游，一变；古稀之后，又一变矣。[1]

  随着父亲去世，家庭生活日趋艰难，那年林散之14岁，他并没有因为艰难而萎靡不振，反而

[1] 陆衡《林散之笔谈书法》古吴轩出版社，1994年，p90。

化悲痛为前进的动力，奋发图强，认真读书，还师从张青甫学习人物画。16岁时因疮疾返乡，继续学习诗文和书法，并得到范培开先生的指点。到17岁时，已经能以行书或楷书书写自订的诗集《方棠三痴生拙稿》，被其师评曰："词旨清婉，用典浑切，凤鸣高冈，自非凡响。"林散之对艺术的迷恋可谓如痴如醉，经常因为沉迷于吟诗作画之中，而忘记本来要干的事。林散之的一生在艺术上取得了卓越的成就，在社会中产生了重大的影响。

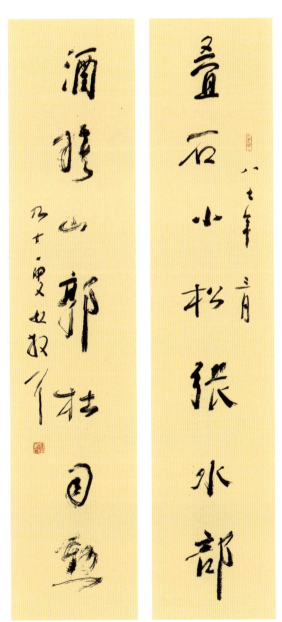

现代·林散之
《叠石酒携七言联》
对联　纸本水墨

大器终晚成

"大器晚成"的林散之虽然出名晚，却在学习上卯足劲下足了功夫。数十年寒灯苦学，专心致志，不仅练就了深厚的书法功底，同时其绘画、作诗等各方面的成就滋养了这一艺术奇才。18岁的林散之一边教书，一边还师从张栗庵学诗及文辞，只要一有时间就到老师的书房去看书，里面的书基本上都被他翻过一遍了，可见其努力刻苦的程度。当然书法在老师的指点之下也有了很大的进步。林散之的书法有二王的影子，笔法精妙，清新淡雅，飘逸俊秀，后又学米芾、褚遂良的书风，融合了多家的优点，逐渐开始形成了自己的书法风格。在他22岁那年，娶妻盛德粹甚是贤惠能干，且知书达理，能使其专心艺术创作。在林散之26岁那年，他开始着手编著《山水类编》，三年后完稿。这个时候，林散之的书法艺术已经初具规模。32岁时，他辞去教书工作，赴上海拜师在黄宾虹门下学习画山水。1934年，遵循导师黄宾虹的绘画理念"师古人，师造化"，林散之在37岁时，励志孤身游遍万里，最后终得画稿八百余幅，两百首诗。次年整理撰写成《漫游小记》，连载于上海的《旅行杂志》。此后不断在外写生，先后到过虞山、扬州、黄山等地，得诗十六首，画稿若干幅。直至抗日战争时期，虽然生活过得颠沛流离，但是林散之仍随身携诗稿、碑帖与笔墨纸砚，不辍绘画写书。他曾为抗战胜利作诗十九首。痴迷于诗、书、画的林散之，在艺术创作中蕴含其人之真、诗之韵、画之意，这些在其艺术作品中均可读出，才气不凡，艺术成就颇深。

书道功业非朝夕

林散之一生经历丰富，被选为县人代会常委，也出任过江浦县副县长，南京市政协常委，为官期间政绩颇丰。晚年的林散之只醉心于书画创作，不理世事。"文革"期间，失去老伴的他孤身一人生活在南京，当时他的两只耳朵都失去了听力，长时间自己待着很是孤寂，于是时而去扬州和乌江的儿女家小住。1970年除夕，林散之洗澡时不慎跌入开水池中，全身严重烫伤，在医院里救治四个月才痊愈，右手五指粘并，拇指、食指和中指因抢救及时保住了手指的活动力，尚可执笔，因自号"半残老人"。

林散之时常说，写书法不是一朝一夕的事，是要坚持不辍练习的，就像春蚕吐丝，蜜蜂采蜜一样。即便是躺在病床上，他依然念念不忘练习书法，甚至痴迷到用手指在肚皮上划字。其平生，无时无地不在推敲诗作、书画，卧病之时、睡梦之中，甚至走路吃饭都能兴起作诗，此非常人所能及。

桑愉相知情亦笃

林散之与金石家桑愉相识甚早，相知甚深。桑愉才华横溢，学养深厚，精于篆刻，也是扬州的一位教师。林散之常被好客的桑愉邀请至天宁街的家中，与书画界的朋友齐聚一堂，吟诗、作画、写字、论印。下面这首小诗是1970年林散之高兴之余手书的，戏谑桑愉"不务正业"：

> 笑子不能务正业，业余又向纸堆钻。
> 可怜毛笔兼刀笔，偷取风神石上刊。

当时大家一笑而过。又过了三年，林散之回忆往事想起了这首诗，于是他把这首诗重新抄录一遍，赠给桑愉留作纪念，桑愉收到信后很是高兴。1976年，林散之80岁大寿时，为了庆祝特意提前自作了两首诗与桑愉、魏之祯分享。林散之常常往来于桑愉家，和他的孩子们非常熟悉，常教桑愉的孩子们绘画写字，对他们很是喜爱。1979年桑愉英年早逝，林家人得到消息后瞒着林散之达半年之久，主要是考虑林老的身体状况，怕老人过于伤心难过承受不住，所以没敢告知。后来林散之终得知此噩耗，悲痛之余撰写了挽联送到桑愉家：

> 君病不知，君死未闻，离别感匆匆，哀泪顿抛瓜步雨；
> 我生多难，我老无成，友朋嗟落落，伤心空溯广陵潮。

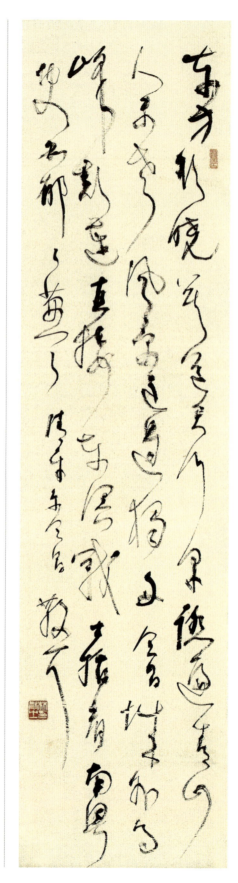

现代·林散之
《毛泽东词》
立轴 纸本水墨

276

当代草圣

20世纪70年代，日本书道界的访华团体来到中国，一般都要到南京拜访林散之，对其书法推崇备至。这里的一则故事可以说明林散之的书法在日本是有影响力的。1973年3月，以青山杉雨为团长的全日本书道界访华团来到南京，专程来见林散之，青山杉雨是初次见到林散之，这位日本书坛泰斗一向自视清高，对当时中国书法家的书法瞧不上眼，因此见到林散之时也不以为然。大家畅谈交流，以书会友。看到林散之的书法后，青山杉雨团长当场向林深鞠一躬，并敬题"草圣遗法在此翁"为赠，赞叹他的书法是瘦劲飘逸，追古法，有古意。从此以后，林散之的书法不仅在国内被无数人追捧，在日本也被越来越多的人知道，而且喜欢他的书法。林散之后来被誉为"当代草圣"。

林散之于1975年前往北京，想请赵朴初、启功给自己的诗集《江上诗存》手稿提点意见。二人看完之后，对诗集给予了极高评价，不仅赵为此书题了诗，启功还撰写了序言。四年后，诗集出版印刷了3000册，在文艺界引起了巨大反响。林散之不仅在艺术上取得了卓越的成就，他的社会影响也不容忽视。此后，他仍然孜孜不倦，勤奋创作，举办各种书法绘画展览，一件件好的作品不断问世。1980年，林散之先后于南京、合肥举办个人书画展，共展出作品一百四十件。1986年，草书《论书诗卷》在江苏美术出版社出版，该书收录了多幅林散之创作的草书书法，其中一件为1975年3月会见日本书法代表团而创作的草书"中日友谊诗"书法手卷，后来这件作品被誉为"林散之第一草书"。林散之从小开始学习书法，到他年过九十，仍然勤于练习，每日坚持日课，直到1989年病逝于南京。赵朴初为其题写挽联："雄笔映千古，巨川非一港。"

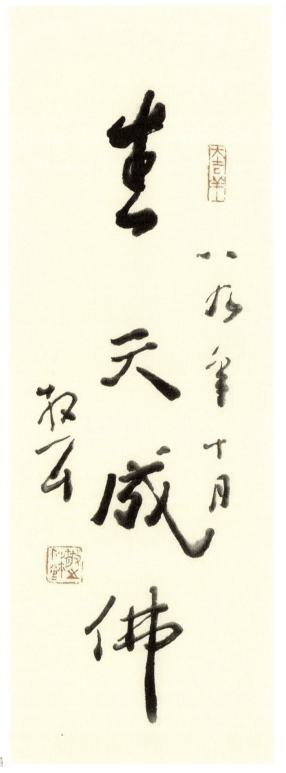

现代·林散之
《生天成佛》
镜片　纸本水墨

后来，林散之还专门为桑愉写了墓碑。桑愉逝世一周年，老先生又作《忆桑愉二首》，以纪念好友。可见林散之与桑愉之间深厚的交情。

后记

　　中国书画艺术大师数不胜数，灿若繁星，创造了无与伦比的辉煌艺术，受到了千秋后世广大粉丝们的高度崇拜，但在现实生活中他们的生命轨迹却千差万别，各不相同。他们有的是"帝王将相"，有的是"皇亲国戚"，有的是"高富帅"，有的是"官二代"，但也有从民间走出来的"草根蚁族"，等等。悠悠人生，匆匆过客，形成了一幕幕悲喜剧。在当时中国历史上，他们是如何度过自己的"艺术人生"，其间又有着怎样耐人寻味的酸甜苦辣？

　　"品艺如品人"。有精彩的故事，才有精彩的人生。和大师们亲密对话，将使你开颜一笑，心潮澎湃，相信你在关注那些生命的同时，神秘的艺术殿堂也会因你而随之打开，使你获得美的震撼与阅读的快感。

　　亲爱的读者朋友们，请跟我一起穿越时空隧道，走进书画艺术大师们的心灵吧！

谢先莹

二〇一三年底

图书在版编目(CIP)数据

中国历代书画家的传奇故事 / 谢先莹著. --北京：

荣宝斋出版社，2014.8（2019.11重印）

ISBN 978-7-5003-1710-4

Ⅰ. ①中… Ⅱ. ①谢… Ⅲ. ①书画家－生平事迹－中

国－古代－通俗读物 Ⅳ. ①K825.72-49

中国版本图书馆CIP数据核字(2013)第289621号

编　著　　谢先莹
封面题字　谢先莹
设　计　　郑子杰　王　勇
特约编辑　张　莉　陈华忠
责任编辑　王　勇

责任印制　孙　行　毕景滨　王丽清

责任校对　　王桂荷

读懂大师
中国历代书画家的传奇故事
Legendary Stories of Chinese Past Dynasties Painter-calligrapher

出版发行　　荣宝斋出版社
地　　址　　北京市西城区琉璃厂西街19号
制　　版　　北京燕泰美术制版印刷有限公司
印　　刷　　天津图文方嘉印刷有限公司
开　　本　　889毫米×1194毫米　1/16
印　　张　　18
版　　次　　2014年8月第1版
印　　次　　2019年11月第2次印刷
印　　数　　5001-7000
定　　价　　98.00元